创新思想与实践

未来产业

引领创新的战略布局

陈劲 朱子钦 著

THE INDUSTRIES
OF THE FUTURE

机械工业出版社
CHINA MACHINE PRESS

未来产业是新一轮科技革命催生的新物种。本书第一部分从国际、国内两个维度对未来产业提出的时代背景进行阐述，主要回答了为什么发展未来产业的问题；第二部分是理论篇，从政治意义、经济意义、文化意义、社会意义、生态意义、安全意义等维度进行多方位的意义审视和理论解构，尝试在中国特色社会主义理论体系下构建未来产业发展的理论架构；第三部分是工具篇，作者在对国内外实践的分析基础上，提出未来产业布局的统筹论、规划编制的方法论、培育的过程论，中国经验特点突出；第四部分是实践篇，从企业、科研院所、政府等主体以及技术、人才和资金要素等不同角度和层面，对未来产业创新发展的路径进行了系统分析，最后，对未来数字经济、未来生命健康、未来能源等行业发展进行了展望。

本书坚持理论和实践并重、国内和国际并重、预见和机制并重、方法和政策并重，旨在助力企业家和未来产业相关学者、研究者提升战略管理能力、战略预见能力、战略把控能力，助力产业转型升级和国民经济高质量发展。

图书在版编目（CIP）数据

未来产业：引领创新的战略布局 / 陈劲，朱子钦著. — 北京：机械工业出版社，2022.3（2024.5 重印）
ISBN 978-7-111-70255-9

Ⅰ. ①未… Ⅱ. ①陈… ②朱… Ⅲ. ①产业发展 – 研究 – 世界 Ⅳ. ① F269.1

中国版本图书馆CIP数据核字（2022）第032424号

机械工业出版社（北京市百万庄大街22号　邮政编码100037）
策划编辑：李新妞　　　　　　责任编辑：李新妞　李佳贝
责任校对：孙莉萍　王明欣　　责任印制：邓　博
北京盛通印刷股份有限公司印刷
2024 年5月第1版第3次印刷
169mm×239mm・22.75印张・1插页・367千字
标准书号：ISBN 978-7-111-70255-9
定价：88.00元

电话服务　　　　　　　　　　网络服务
客服电话：010-88361066　　　机　工　官　网：www.cmpbook.com
　　　　　010-88379833　　　机　工　官　博：weibo.com/cmp1952
　　　　　010-68326294　　　金　书　网：www.golden-book.com
封底无防伪标均为盗版　　　　机工教育服务网：www.cmpedu.com

推荐序
引领未来产业创新发展的中国思维

抢占未来产业发展先机，培育先导性和支柱性产业，推动战略性新兴产业融合化、集群化、生态化发展，这是国家面向未来、特别是面向 2035 年远景目标做出的一项重要战略决策。无论是从全球范围还是全国各区域来看，布局和推动未来产业发展都越来越受到重视。近年来，主要发达国家纷纷加强对人工智能、量子信息科学、先进制造、生物技术、先进通信网络等前沿领域的布局，持续加大研发投入力度，提前谋划颠覆性、变革性产业发展，未来产业已成为衡量一个国家科技创新和综合实力的重要标志。2020 年 4 月，习近平总书记在浙江考察时指出，要抓住产业数字化、数字产业化赋予的机遇，加快 5G 网络、数据中心等新型基础设施建设，抓紧布局数字经济、生命健康、新材料等战略性新兴产业、未来产业，大力推进科技创新，着力壮大新增长点、形成发展新动能。

未来产业是新一轮科技革命催生的新物种，如何发展未来产业，是亟待学术界作答的历史问卷。当前，学术界对未来产业的研究尚不够深入，缺少对未来产业的概念、内涵、特点、演进规律、发展路径的系统性研究。清华大学陈劲教授、朱子钦博士的新书《未来产业：引领创新的战略布局》是这方面的一个重要成果。本书系统论述了未来产业提出的时代背景，未来产业发展的理论、方法框架，未来产业发展的路径，并对重点行业发展进行了前瞻性展望，系统性强、内容丰富。

该书第一部分从国际、国内两个维度对未来产业提出的时代背景进行阐述，主要回答了为什么发展未来产业的问题；第二部分是理论篇，从政治意义、经济意义、文化意义、社会意义、生态意义、安全意义等维度进行多方位的意义审视和理论解构，尝试在中国特色社会主义理论体系下构建未来产业发展的理论架构；第三部分是工具篇，作者在对国内外实践的分析基础上，提出未来产业布局的统筹论、规划编制的方法论、培育的过程论，中国经验特点突出；第四部分是实践篇，从企业、科研院所、政府等主体，以及技术、人才和资金要素等不同角度和层面，对未来产业创新发展的路径进行了系统分析，最后，对未来数字经济、未来生命健康、未来能源等行业的发展进行了展望。

两位学者立足于中国实践，用一套更具有中国经验和话语特色的叙事逻辑对未来产业发展的内涵、规律和治理模式等进行了深入的分析，得到很多有价值的研究成果。

首先，本书并没有像其他产业经济学、创新经济学学术著作那样直接从概念体系入手展开分析，而是将未来产业作为大变局时代的一个重要命题，从夯实双循环新发展格局根基、全面建设社会主义现代化强国、铸牢中华民族共同体意识、推动构建人类命运共同体等角度，以全球视野和大战略观来探讨其发展意义和发展道路。从作者对未来产业概念的理解上，我们能深刻感受到两位学者的大战略观和独到见解，"未来产业是以满足未来经济社会和人类文明发展需求为目标，以未来科技创新为驱动力，以要素超越、时间跨越、空间阶跃为发展源泉，旨在释放人类自身潜力，扩大人类认知范围，扩展能源、资源和空间利用级数，促进经济社会可持续发展，推动人类文明进入更高发展阶段的产业"。这可能也是本书以"引领创新的战略布局"作为副书名的原因。

其次，本书提出的未来产业布局的统筹论、产业规划编制的方法论、产业培育的过程论，理论创新性和系统性强，中国经验、中国方案特色突出。在产业布局的统筹论中，作者提出，推动未来产业整合式规划布局和发展，需要将其多元意义价值与中国特色社会主义事业相结合，并聚焦"人民性""整合性""责任性"和"底线性"四个维度建构框架体系。在产业编制的方法论中，除了大家熟知的知识图谱、情景分析、技术预见等方法工具外，作者特别提出了基于科幻小说的需求提炼、回溯分析等方法，并用这些方法来构建未来产业的治理原则、治理底线、治理框架、治理技术、治理系统等，很具创新性。在产业培育的过程论中，提出了群众路线指引下的人民创新，包括创新发展的人民中心论、全球视野下的人民创新、人民创新驱动未来产业发展等；同时还提出了面向未来科技和未来产业的"发展、规制、复盘、重启"四元治理机制。

这些理论和方法很具独创性。

再次，本书特别关注了未来产业发展的全球协同治理模式。过去一百年来，人类经历了三次技术革命，与之相交互的政治经济思想发展演进也经历了古典自由主义——各种反自由主义——新自由主义的循环。两次自由主义与技术革命叠加所造成的贫富分化、经济深度调整和政治社会震荡都非常剧烈。现阶段全球面临着与一百年前类似的走势与风险，经济民族主义色彩日趋浓厚，政治极化趋势明显，国际政治冲突风险加剧。以英国"脱欧"为标志性事件，当前世界范围内全球化进程进入了一个退潮期。新冠肺炎疫情进一步加剧了全球产业链和价值链的重构。未来产业不可能关起门来发展，需要一个全球化的，足够协调、包容的治理体系为支撑。作者深刻把握到这些时代大变局下的重大挑战，通过对生产者创新缺陷、用户创新、开放式创新、包容式创新的考察，提出了立足中国面向世界的未来产业发展的大战略和全球治理模式——以未来科学、未来技术、未来管理、未来产业更牢固地铸造中华民族共同体意识，推动新兴领域的规划建设，为构建更加创新、活力、联动、包容的世界经济贡献中国智慧，更有力地推动构建人类命运共同体，引领迈向更高文明发展阶段。

本书是对于未来产业的发展道路、理念、原则和战略方面的思考和展望，相较产业研判、技术预测、机制设计、政策建议等具体细节而言更具参考价值。这本书的阅读体验很独特，读起来并不轻松，我想，一是因为作者进行了很多独创性的理论创新探索，需要慢慢咀嚼；二是因为作者的理论创新和传统的创新经济学、产业经济学理论，以及政治理论交叉勾连，对读者的知识储备具有较高的要求。

在本书中，作者一些独创性的理论并没完全展开阐述，作者承诺在做进一步的前瞻性研究之后，会在下一本著作中做专题探讨，我期待作者的理论创新取得更大的进展，并尽快读到他们关于未来产业创新发展的新著作。

潘教峰
中国科学院科技战略咨询研究院院长

前　言

2020年，习近平总书记在浙江考察时提出了未来产业这一重大时代命题，在随后的系列重要讲话和中央有关重要会议中，未来产业被不断提及，也对学术界系统性推进未来产业的研究提出了迫切要求。本书坚持理论和实践并重、国内和国际并重、预见和机制并重、方法和政策并重，希望从理论和实践的视角深入探讨几个问题：①未来产业的战略意义应该如何把握；②未来产业的理论体系应该如何构建；③未来产业的培育工具方法应该如何完善；④未来产业的发展实践应该如何落地。

当前，百年未有之大变局、双循环新发展格局、第四次工业革命等多重背景交织在一起，颠覆性创新呈现群涌式爆发趋势，新科技、新产业、新业态、新模式层出不穷，不确定性成为未来社会发展的最主要的特征，这既带来了挑战，也带来了跨越式发展的重要机遇。我国需要从不确定性中瞄定经济社会发展的大势，准确洞悉科技和产业发展趋势，下好未来产业培育和发展先手棋，打好产业转型升级和国民经济高质量发展的主动仗，超前布局、引领变革、主导未来。

在历次科技革命和产业变革中，谁能顺应和把握大势，就能够赢得人心，树立旗帜，引领全球发展；谁若逆潮流而动，就会付出恶性竞争和衰退的惨痛代价，终将被人民和时代所抛弃。纵观已有研究，西方主要国家对于未来产业发展的定位还是停留在维持全球科技与经济霸主地位的零和思维上，这就从战略层面决定了其难以从全人类命运的高度引领未来产业发展。对此，我国应抓住伟大复兴的历史机遇，加强中国特色社会主义未来产业发展的理论创新和理论体系建设，在坚持科技自立自强、维护产业安全、铸牢中华民族共同体意识的前提下，加快打破在西方发展观影响下的、国与国之间利益对立的思维，以紧密团结发展中国家为起点，探索促进全人类共同繁荣富裕的未来产业的内涵、特征和演化路径，构建能够推动人类命运共同体建设的中国特色社会主义未来产业理论体系，从根本上实现全球战略高度的全面引领。

本书在中国科协调研宣传部项目"双循环格局下企业需求与科技供给调查"和山西省"十四五"未来产业发展课题的研究基础上，结合近年来的系列发明专利和论文成果进行了系统性理论建构。感谢教育部人文社会科学重点研究基地——清华大学技术创新研究中心的师生在课题研究中的付出，以及中国科学院余江研究员、大连理工大学陈悦教授、北京工业大学黄鲁成教授对课题研究做出的重要贡献。

目 录

推荐序

前 言

第 1 章　大变局时期的重要命题

1.1　未来产业提出的时代背景　...001
  1.1.1　共同富裕——坚守百年荣光中的庄严承诺　...002
  1.1.2　攀升高端——提升国际竞争力的导航之灯　...003
  1.1.3　科技强国——铸造新发展格局的循环之锚　...005
  1.1.4　引领未来——奏响命运共同体的时代强音　...005

1.2　未来产业的全球发展态势　...006
  1.2.1　美国——理念先行　...006
  1.2.2　欧盟——务实布局　...007
  1.2.3　日韩——精准投资　...008

1.3　我国未来产业发展的现状与挑战　...008
  1.3.1　国家层面的纲领性引导　...009
  1.3.2　区域层面的争先规划布局　...014
  1.3.3　产业和企业界的发展忧虑　...016
  1.3.4　理论界需要作答的历史问卷　...017

理论篇

第 2 章　未来产业的理论解析

2.1　未来产业的理论超越　...021
2.2　未来产业的概念内涵　...022
2.3　未来产业的特征阐释　...024
  2.3.1　以科技创新和培育机制创新为核心驱动力　...024

　　　　2.3.2　面向未来经济社会高质量发展的超前布局　　... 026
　　　　2.3.3　以坚持自主可控和可持续发展为基本原则　　... 027
　　　　2.3.4　坚持以迈向社会主义高级阶段为正确方向　　... 029
　　　　2.3.5　推动人类命运共同体和共同富裕伟大实践　　... 030

工具篇

第 3 章　未来产业布局的统筹论

3.1　意义导向的整合式规划布局　　... 034
3.2　科技创新成果的整合式培育　　... 037
　　　3.2.1　来自美国国防高级研究计划局的启示　　... 038
　　　3.2.2　推动科技成果整合式培育的重点举措　　... 038
　　　3.2.3　整合式培育的落地逻辑与框架分析　　... 043
　　　3.2.4　整合式培育的管理系统架构设计方案　　... 047
3.3　从传统到未来的一体化发展　　... 055
3.4　科技安全工程学与复盘工程　　... 059

第 4 章　未来产业编制的方法论

4.1　未来蓝图分析　　... 061
4.2　知识图谱分析　　... 062
4.3　头脑风暴　　... 064
4.4　技术预见　　... 066
4.5　情景分析　　... 074
4.6　颠覆性技术预测　　... 086
4.7　科幻小说的价值　　... 087
　　　4.7.1　基于科幻小说的需求提炼　　... 087
　　　4.7.2　基于科幻小说的回溯分析　　... 093
　　　4.7.3　案例演示——以人工智能产业为例　　... 095

第 5 章　未来产业培育的过程论

5.1　党领导下的新型举国体制　　... 100
　　　5.1.1　面向应急攻关的政府举国动员式　　... 101

  5.1.2 基于国家战略科技力量的协同式 ... 103
  5.1.3 以央企为主导的整合式创新模式 ... 105

5.2 群众路线指引下的人民创新 ... 107
  5.2.1 创新发展的人民中心论 ... 107
  5.2.2 全球视野下的人民创新 ... 109
  5.2.3 人民创新驱动未来产业发展 ... 110

5.3 开放包容视角下的生态构建 ... 115
  5.3.1 美国未来产业研究所 ... 117
  5.3.2 谷歌 X 实验室 ... 119
  5.3.3 麻省理工学院媒体实验室 ... 119
  5.3.4 清华大学未来实验室 ... 120

5.4 未来产业政策的跨周期调节 ... 120
5.5 未来科技与产业的四元治理 ... 124

实践篇

第 6 章 未来产业的创新发展路径

6.1 企业为主体的未来产业发展模式 ... 128
  6.1.1 发挥科技领军企业的创新主导作用 ... 129
  6.1.2 释放中小企业的科技型创新创业活力 ... 135
  6.1.3 培育面向未来的共益型企业家精神 ... 136
  6.1.4 善用"揭榜挂帅"激发全产业创新潜力 ... 142

6.2 科研院所的支撑 ... 147
  6.2.1 发挥国家战略科技力量的关键作用 ... 147
  6.2.2 中国科学院的战略性先导科技专项 ... 149

6.3 加强高校创新体系建设和未来科技人才培育 ... 150
  6.3.1 支撑未来产业高质量发展的重要支柱 ... 151
  6.3.2 不断塑造产业发展新优势的重要保障 ... 153
  6.3.3 可持续推进未来产业发展的长效动力 ... 154
  6.3.4 高校主导下的国家未来产业战略力量 ... 155
  6.3.5 以劳动教育树立正确的未来产业发展观 ... 161
  6.3.6 推进未来科技、未来产业管理学科建设 ... 165

6.4 创新知识权益保护和共享激励模式 ... 166
6.5 未来产业的金融支持 ... 167
 6.5.1 构建未来产业友好的金融支持体系 ... 168
 6.5.2 打造未来产业金融生态系统 ... 172
 6.5.3 推动金融科技合理应用和基础条件建设 ... 175
 6.5.4 出台重大攻关任务的专项支持计划 ... 177
 6.5.5 提升金融审慎监管的能力和力度 ... 177

6.6 未来产业的政府角色 ... 178
 6.6.1 有为政府的主要抓手 ... 178
 6.6.2 硅谷奇迹的再认识 ... 184
 6.6.3 创新发展的西雅图现象 ... 186
 6.6.4 大波士顿的未来产业 ... 188
 6.6.5 德国鲁尔地区的转型 ... 192
 6.6.6 杭州未来工厂现雏形 ... 193
 6.6.7 深圳严守实体经济红线 ... 194
 6.6.8 创新发展的青岛模式 ... 196
 6.6.9 武汉生物医药产业崛起 ... 196

第 7 章 主要领域的未来展望

7.1 未来数字经济 ... 202
 7.1.1 虚拟现实与元宇宙 ... 202
 7.1.2 云计算、数字孪生与工业互联网 ... 208
 7.1.3 大数据融合创新 ... 220
 7.1.4 量子科技 ... 225
 7.1.5 万物互联与可信智能社会 ... 228
 7.1.6 人工智能与无机生命 ... 248

7.2 未来生命健康 ... 253
 7.2.1 生物与基因 ... 253
 7.2.2 医疗与大健康 ... 257
 7.2.3 生命护盾 ... 262

7.3 未来材料 ... 268
    7.3.1 先进半导体材料 ... 268
    7.3.2 特种金属材料 ... 278
    7.3.3 碳基新材料与复合材料 ... 281

7.4 未来能源 ... 286
    7.4.1 核能 ... 286
    7.4.2 氢能 ... 291
    7.4.3 可再生能源 ... 304
    7.4.4 储能 ... 308
    7.4.5 能源免疫系统与模块化供能 ... 313

7.5 未来装备 ... 316
    7.5.1 航空航天 ... 317
    7.5.2 远洋深海与极地 ... 322
    7.5.3 先进轨道交通 ... 326

7.6 未来农业 ... 330

7.7 未来文旅 ... 337

后 记 ... 340

参考文献 ... 343

第 1 章
大变局时期的重要命题

未来产业是重大科技创新产业化后形成的,与战略性新兴产业相比,更能代表未来科技和产业发展的新方向,对经济社会变迁起到关键性、支撑性和引领性作用(陈劲,2020),影响人类文明进程的前沿产业。2020 年 4 月,习近平总书记在浙江考察时指出,要抓住产业数字化、数字产业化赋予的机遇,加快 5G 网络、数据中心等新型基础设施建设,抓紧布局数字经济、生命健康、新材料等战略性新兴产业、未来产业,大力推进科技创新,着力壮大新增长点、形成发展新动能^㊀。

1.1 未来产业提出的时代背景

从国际来看,未来产业已经成为全球竞争新焦点。以多领域、跨学科、群体性突破新态势为特征的新一轮科技革命和产业革命正在不断催生重大颠覆性技术,科技成果转化速度明显加快,产业组织形式(李晓华,2005)和产业链条正呈现出垄断性越来越强的趋势。美国、日本、德国等发达国家高度重视战略、科技、产业、政策"四位一体"和"软硬"件融合发展(Freeman,1987),纷纷加强对人工智能、大数据、量子技术、虚拟现实、区块链、航空航天、能源、材料、生命、医药等关键前沿领域的未来产业布局(Ross,2016)。在空前激烈的国际竞争下,未来产业已经成为衡量一个国家、地区、企业科技创新和综合实力的重要标志(沈华等,2021;李斌等,2020)。

从国内来看,未来产业蕴含重大战略发展新机遇。2020 年 5 月 14 日,中

㊀ http://www.gov.cn/xinwen/2020-04/01/content_5497891.htm.

共中央政治局常务委员会召开会议，强调要深化供给侧结构性改革，充分发挥我国超大规模市场优势和内需潜力，构建国内国际双循环相互促进的新发展格局。要实施产业基础再造和产业链提升工程，巩固传统产业优势，强化优势产业领先地位，抓紧布局战略性新兴产业、未来产业，提升产业基础高级化、产业链现代化水平[一]。新一轮科技革命和产业变革与我国加快转变经济发展方式形成历史性交汇，同时国际环境日趋复杂，不稳定性不确定性明显增加，新冠疫情影响广泛深远，经济全球化遭遇逆流，世界进入动荡变革期，单边主义、保护主义、霸权主义对世界和平与发展构成威胁，以国内大循环为主体、国内国际双循环相互促进的新发展格局正在加快形成，人民币国际化进程的稳步推进正在为我国整合全球资源推动共创共享打下基础，也为我国未来产业发展提供了无限广阔的空间。为了在新一轮科技革命和产业革命中抢占先机，在新一轮区域竞争中实现跨越式、引领性发展，推动经济体系优化升级，国内众多省市高度重视未来产业发展（陈恭，2015），北京、上海、山西、深圳、杭州、武汉、沈阳等地都已立足自身基础，围绕人工智能、半导体材料、工业互联网、生物技术等重点领域强化前瞻布局，宁波等其他城市也在加紧汲取已有经验（何介强，2019），面向社会广泛征求未来产业培育与发展规划的意见[二]。2021 年 6 月 24 日，山西省政府新闻办发布了国内首个省级层面"十四五"未来产业规划[三]，从四层培育体系提出 25 个未来产业具体领域（王龙飞，2021），迈出了我国地方政府系统性布局和培育未来产业的重要一步（陈劲和朱子钦，2021）。

1.1.1 共同富裕——坚守百年荣光中的庄严承诺

未来产业的发展不仅是经济问题，而且是关系党的执政基础的重大政治问题。共同富裕是社会主义的本质要求，也是未来产业必须坚持的根本导向。

随着我国全面建成小康社会、开启全面建设社会主义现代化国家的新征程，解决发展不平衡不充分、城乡区域发展和收入分配差距较大等问题，促进全体人民共同富裕成了新时期的长期任务。未来产业的规划和发展要始终坚

[一] http://www.gov.cn/xinwen/2020-05/14/content_5511638.htm.

[二] http://app.ningbo.gov.cn/jact/front/mailpubdetail.do?transactId=31781&sysid=63

[三] http://www.gov.cn/xinwen/2021-06/25/content_5620809.htm

定人民立场，把促进全体人民共同富裕确立为首要衡量标准，脚踏实地、久久为功，消除贫困、改善民生，努力消除阶层之间、城乡之间、脑力劳动和体力劳动之间的对立和差别，不断解放和发展社会生产力，推动各尽所能、按需分配、社会共享，让广大人民群众的获得感、幸福感、安全感更加充实、更有保障、更可持续，促进人的全面发展和社会全面进步。

同时也要看到，我国正处于并将长期处于社会主义初级阶段，推动未来产业发展，不能做超越阶段的事情，要根据现有条件步步为营地推动传统优势产业、战略性新兴产业、未来产业一体化发展，完善未来产业的培育机制，坚持发展为了人民、发展依靠人民、发展成果由人民共享，做出更有效的制度安排，积小胜为大胜，不断提高未来产业在促进全体人民共同富裕上的贡献。

1.1.2 攀升高端——提升国际竞争力的导航之灯

随着全球价值链分工的不断演进，各国越来越重视依靠自身比较优势布局产品的研发、生产和销售。在不同的生产环节上，利用本国的要素禀赋专注于价值链上某一环节或某一工序，不仅可以弥补其他国家资源配置的不足，而且能够持续巩固该国在全球价值链分工中的重要地位。所以，比较优势的演化会对全球价值链分工产生深远影响（郭炳南和黄太洋，2010），是我国制定未来产业发展战略需要重点考虑的问题。

任何一个国家参与国际分工与贸易的动因是贸易利得，而贸易利得来源于技术、资本、劳动力、自然资源等禀赋的优势。传统的贸易理论，如亚当·斯密的绝对优势论强调劳动生产率的绝对优势和大卫·李嘉图的相对优势论注重相对劳动生产率的优势，更多是从静态视角分析比较优势的形成与国际分工的原因。而身处数字化、网络化、智能化乃至万物互联时代的未来产业，全球贸易运输、交易成本将迅速下降，仅依靠静态获取比较利益不可持续，世界各国都需要动态地改变其要素禀赋，不断调整其在国际分工体系中的位置。在未来产业的国际竞争中，我国需要进一步加强与发展中国家的合作，更好地适应全球价值链分工体系，使发展中国家的价值链位势和比较优势不断朝着更均衡的方向动态演化，不断提升价值轨道，向价值链高端攀升。根据全球价值链分工的基本理论，未来产业的价值链攀升主要有四种方式：工艺流程攀升、产品攀升、科技攀升、产业链攀升（见表1-1），这四种类型有不同的攀升形式和主要特征。

表 1-1　未来产业价值链的四种攀升形式及主要特征

攀升类型	工艺流程攀升	产品攀升	科技攀升	产业链攀升
攀升形式	优中培精，重塑生产系统，引进或研发先进技术和装备，提高加工流程附加值	优中育新，研发新产品、生产线或改进已有产品，加大对竞争对手的比较优势	新中求极，形成以企业为主导的战略科技力量，打造基于高精尖技术和产品的高质量发展增长极	极中生链，引领催生新的产业链，统筹布局创新链、人才链，主导全球价值链分布
主要特征	降本增效快，质量提高，市场反应更快	新产品、新品牌销售率提高，相对价格提高	动态核心能力提高，附加值大幅增加，市场份额增长	成为全球未来产业策源地，引领科技和产业变革

无论是哪种攀升方式，未来产业的发展都需要找到最合适的价值切入点，发挥动态比较优势，根据价值链条的增值路径来安排未来的发展战略，实现科技位势的领先和全产业链的升级。根据全球价值链上的利润分配规律（如图1-1所示），我国要想实现未来产业的价值链攀升，需要参与或引领全球价值链上的重要环节，企业在研发、生产、供应、销售等环节的位势直接决定了其获得附加价值的大小，企业必须坚持创新驱动发展，加快实现从做产品、做品牌迈向建生态、立标准的高质量发展转型。

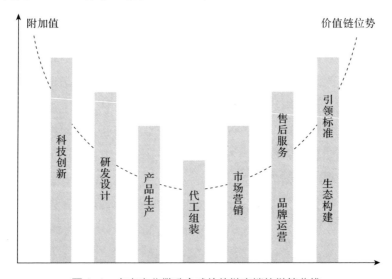

图 1-1　未来产业攀升全球价值链高端的微笑曲线

1.1.3 科技强国——铸造新发展格局的循环之锚

只有加快实现高水平科技自立自强并持续加强战略定力,才能护航未来产业行稳致远。芯片断供等事件反复告诫我们,没有关键核心技术的自主可控,再庞大的产业和企业都可能变为无源之水,随时面临被截流的风险。"双循环"新发展格局下,面对世界环境、科技和产业发展态势发生的深刻复杂变化,我们要坚持战略定力、战略眼光和底线思维(陈劲等,2020),坚定不移地走中国特色自主创新和高水平科技自立自强道路,加快培育以央企为代表的科技领军企业,推动企业成为国家战略科技力量的重要组成部分(陈劲和朱子钦,2020),积极探索和落地以企业为主导的融通创新发展模式(陈劲等,2020;陈劲和朱子钦,2021),更好地发挥国家重大战略需求和国内大循环市场驱动作用,打通"政产学研用"链条,优化资源配置和创新要素布局,集中有限优质资源放在未来产业的关键科技领域。

1.1.4 引领未来——奏响命运共同体的时代强音

马克思先生在《1844年经济学哲学手稿》中提出了人的全面发展思想,认为人的发展是"人以一种全面的方式,也就是说,作为一个完整的人,占有自己的全面的本质"。习近平总书记反复强调必须坚持以人民为中心的发展思想,要"不断促进人的全面发展、全体人民共同富裕"。以人的全面发展作为未来基点进行回溯,未来产业的发展升级应该是一个伴随着全世界人民创造能力的累积与培育的动态过程。马克思主义指导下的未来产业发展,本质上是产业发展的短期利益与人类社会长期利益的协调,以及全世界人民创造能力的螺旋式上升过程。因此,发展未来产业的意义不能简单地局限为产业价值链由低端向高端的攀升,或是由劳动密集型向资本密集型和技术密集型转变,或是新旧产业的替换和第一、第二、第三产业之间占比的优化,而应该上升到一个国家或地区在遵循规律不断推进产业升级的同时,加强自身能力建设、要素禀赋条件积累和开放包容共赢的国际合作,不断推动产业沿着经济、社会、文化、生态和谐统一(庄忠正和陆君瑶,2021)的方向良性发展的高度。该进程既涉及产业内部和产业间的结构升级,向传统产业的渗透、拓展和反哺,也涉及人类历史上首次世界范围的全要素生产率共同提升。如果说传统优势产业主要是为了自力更生、战略性新兴产业主要是为了复兴强国,那么未来产业应当起到推动我国率先实现人的解放与自由全面发展、在铸牢中华民族共同体意识的基础上引领人类命运共同体建设、推动人类社会迈向更高文明阶段的重要作用。

1.2 未来产业的全球发展态势

当前，新一轮科技革命和产业变革在全球方兴未艾，以新一代信息技术、生物技术、新能源、新材料等为代表的前沿科技持续涌现，创新突破呈现多点群发、交叉融合的态势。其中一些新科技进入商业化阶段，正在转化为新产品、新模式、新业态，成为蓬勃发展的战略性新兴产业，为经济增长注入新动能。还有一些具有颠覆力量的前沿科技蓄势待发，基础理论不断推进、产品原型迭代演进、商业化的前景显现，有望成为未来推动经济增长和影响社会发展的重要力量。

科学技术是经济发展的根本推动力，世界各国间的竞争归根结底是科技的竞争。科技发展水平不仅决定着经济发展的速度和质量，也关乎人民群众美好生活需要的实现，而且是保障产业安全、国防安全、信息安全等国家安全的关键所在。世界主要国家之间的科技和产业竞争主要发生在现有支柱产业、战略性新兴产业领域。由于前沿科技的巨大潜力和深远影响，世界主要国家不约而同地着眼未来，加强对未来产业的布局，以期赢得未来全球产业发展先机、抢占世界科技竞争制高点。

1.2.1 美国——理念先行

纵观历史，美国高度重视理念超越和超前布局，经过数十年的积累最终实现许多高科技产业大规模商业化。比如美国国防高级研究计划局（DARPA）早在1983年就开始推动"陆地自动巡航"计划，取得了无人驾驶技术的发展先机（如图1-2所示）；再比如美国国立卫生研究院坚持高额资助生物技术研发数十年，近年来年均拨款金额超过300亿美元。面对新一轮科技革命和产业变革以及日益激烈的全球科技和产业竞争，美国等发达国家进一步加强了对未来产业的布局。2018年12月，美国国会众议院科学委员会立法启动了《国家量子倡议法案》，这项为期10年的"国家量子计划"将在第一个5年内获得12亿美元的专项拨款资助量子科技研究；2019年2月，美国白宫科技政策办公室发布了《美国将主导未来产业》的报告，将人工智能、先进制造、量子信息科学等列入维护美国长期繁荣和国家安全的关键技术领域；2020年1月，一个由参议院两党领导人组成的小组提出了《2020年未来产业法案》，敦促政府加强针对人工智能、先进制造、量子信息、生物科技、下一代无线网络等未来产业领域的联邦研发投入，以巩固美国的全球科技和经济领先地位；2020年10月，美国国务院在《关键与新兴技术国家战略》中明确了20项重点发展的关键新兴技术清单，以期为抢占人工智能、高性能计算、自主系统、量子信息等未来产业的制高点提供技术储备（沈华等，2021）。

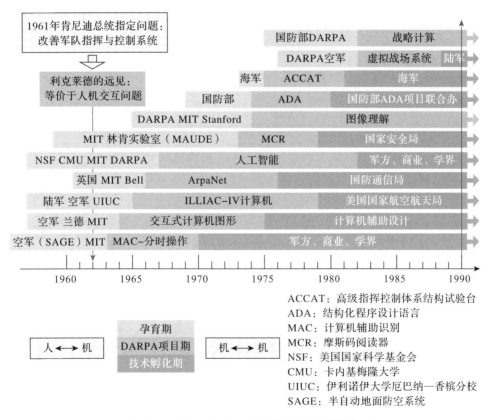

图1-2　美国对未来技术和未来产业的超前布局

注：本图基于清华大学黄四民教授根据公开资料整理的DARPA部分信息处理技术相关项目图进行重新绘制。

1.2.2　欧盟——务实布局

欧盟在2019年发布的《加强面向未来欧盟产业战略价值链报告》中布局

了绿色网联的自动驾驶汽车、氢技术及其系统、智能健康、工业互联网、低碳和网络安全六大战略性未来产业,力争获得全球竞争力和领导力。针对这项宏伟计划,欧盟提出由成员国出资组建规模高达 100 亿欧元的主权财富基金——欧洲未来基金,致力于对欧盟战略性重要领域的企业进行长期稳定投资,以推动欧洲企业实现对全球竞争对手的赶超;法国早在 2008 年就设立了战略投资基金,通过提供 350 亿欧元的贷款来投资支持前瞻战略性产业,主要包括数字经济、纳米技术、生物技术、可再生能源、低碳汽车等领域(李晓华和王怡帆,2021);德国联邦经济事务与能源部 2019 年 2 月签署发布了《国家工业战略 2030》[一],聚焦汽车、3D 打印、光学等十大重点工业领域进行针对性的扶持,以巩固和提高其在先进工业制造领域的全球核心竞争力。

1.2.3　日韩——精准投资

日本于 2016 年确定了 28.1 万亿日元规模的《实现面向未来的投资的经济对策》方案(张建墅,2016),明确提出第四次产业革命、知识产权战略、物联网商务等概念,强调要加强面向能源、宇宙航空、新材料、人工智能等产业领域的基础研究。在后续出台的《集成创新战略》中,制定了未来在人工智能、生物技术、环境能源等关键领域的发展目标,提出将日本建成"世界上最适宜创新的国家"。

近年来,韩国政府根据自身技术及市场特点,将重点科研领域细化为基础科学、核心技术、基础技术,并注重加强融合技术及相关法规制度建设,力求进一步激发韩国未来技术和未来产业的发展动力。在 2019 年 2 月发布的《投入 20 万亿韩元研发资金的政府研发中长期投资战略》中,韩国政府提出以技术为中心的主力产业、未来和新产业、公共和基础设施、生活质量四大投资领域和一个以政策为中心的优化创新环境投资领域(宋微等,2019)。

1.3　我国未来产业发展的现状与挑战

当前,我国经济发展正处于新旧动能转换时期,建设世界科技强国的重要进程和新一轮科技革命及产业变革形成了历史性交汇,经济发展开始由高速增

[一] http://cssn.cn/gjgxx/gj_ozyj/201912/t20191210_5056305.shtml

长阶段转向高质量发展阶段,要求依靠科技创新和产业高端化来提升经济发展质量。人民币国际化进程的稳步推进让我国在未来有能力更好地汇聚全球资源共创共享。同时,在新冠疫情的阻隔和国际科技封锁等多重背景下,双循环新发展格局正在加快形成。未来产业可以通过创造新增量、带动新就业、挖掘新潜力来缓解全球经济发展下行压力,从而成为新一轮经济发展的新引擎。

我国已经广泛展开未来产业的布局。从国家发展改革委、工业和信息化部等部门规划的重点发展产业来看,未来产业布局主要集中于人工智能、高端装备制造、增材制造、物联网、大数据、云计算、新能源汽车、医药工业、智能机器人等领域。从地方发展规划来看,北京、深圳、广州等城市已明确提出要布局未来产业,量子信息、人工智能、生物医药、半导体等成为重点关注方向。例如,北京市在"十四五"时期将前瞻布局量子信息、人工智能、工业互联网、卫星互联网、机器人等未来产业。深圳市财政局于2014~2020年,连续7年每年安排10亿元用于设立深圳市未来产业发展专项资金,支持产业核心技术攻关、创新能力提升、产业链关键环节培育和引进、重点企业发展、产业化项目建设等。广州市采用引导基金投资、直接股权投资、补助和补贴等方式,支持新一代信息技术、生物与健康产业,以及新能源汽车、智能装备和机器人等新兴产业的发展。

1.3.1 国家层面的纲领性引导

《中华人民共和国国民经济和社会发展第十五个五年规划和2035年远景目标纲要》中重点提出要"前瞻谋划未来产业",并明确要在类脑智能、量子信息、基因技术、未来网络、深海空天开发、氢能与储能等前沿科技和产业变革领域,组织实施未来产业孵化与加速计划,谋划布局一批未来产业。在科教资源优势突出、产业基础雄厚的地区,布局一批国家未来产业技术研究院,加强前沿技术多路径探索、交叉融合和颠覆性技术供给。实施产业跨界融合示范工程,打造未来技术应用场景,加速形成若干未来产业[一]。习近平总书记系列重要讲话精神和中央有关重要文件精神,为我国全面谋划和推动未来产业发展、培育增长新动能、下好发展先手棋、获取竞争新优势、促进经济社会高质量转型发展提供了根本遵循(陈劲,2020;陈劲和朱子钦,2021)。

一 http://www.gov.cn/xinwen/2021-03/13/content_5592681.htm

我国"十三五"规划完美收官，经济实力、科技实力、综合国力跃上新的大台阶，即将开启全面建设社会主义现代化国家新征程，向第二个百年奋斗目标进军。到2035年，"我国经济实力、科技实力、综合国力将大幅跃升""关键核心技术实现重大突破，进入创新型国家前列"。这就要求我们不仅要重视弥补既有产业的短板，缩小与发达国家的差距，而且要着眼于进一步强化科技战略布局、构筑国际竞争新优势。2020年以来，党中央多次强调布局未来产业。3月29日至4月1日，习近平总书记在浙江考察时强调："抓紧布局数字经济、生命健康、新材料等战略性新兴产业、未来产业，大力推进科技创新，着力壮大新增长点、形成发展新动能。"5月14日召开的中共中央政治局常务委员会会议指出，"要实施产业基础再造和产业链提升工程，巩固传统产业优势，强化优势产业领先地位，抓紧布局战略性新兴产业、未来产业，提升产业基础高级化、产业链现代化水平"。10月14日，习近平总书记在深圳经济特区建立40周年庆祝大会上的讲话中指出，"要围绕产业链部署创新链、围绕创新链布局产业链，前瞻布局战略性新兴产业，培育发展未来产业，发展数字经济"。

以"十个坚持"指引未来产业发展。在中国共产党百年华诞的重要时刻，在"两个一百年"奋斗目标历史交汇关键节点上，党的十九届六中全会胜利召开，全会审议通过了《中共中央关于党的百年奋斗重大成就和历史经验的决议》，集中全党的智慧，全面系统地总结我们党百年奋斗的重大成就和历史经验，着重阐释党的十八大以来党和国家事业取得的历史性成就、发生的历史性变革，对认识历史规律、增强历史自觉、掌握历史主动，具有十分重大的意义。一百年来，党领导人民进行伟大奋斗，在进取中突破，于挫折中奋起，从总结中提高，积累了宝贵的历史经验㊀。

面对深刻复杂的世界"百年未有之大变局"，面向创新驱动发展战略目标和建设社会主义现代化国家的重要使命，"坚持党的领导，坚持人民至上，坚持理论创新，坚持独立自主，坚持中国道路，坚持胸怀天下，坚持开拓创新，坚持敢于斗争，坚持统一战线，坚持自我革命"这十个坚持的提出，为我国站在建党100周年的历史新起点上进一步推动创新驱动发展战略实施和未来产业发展提供了基本纲领与遵循。

㊀ http://www.gov.cn/zhengce/2021-11/16/content_5651269.htm。

1）坚持党的领导。领导我们事业的核心力量是中国共产党。中国人民和中华民族之所以能够扭转近代以后的历史命运、取得今天的伟大成就，最根本的是有中国共产党的坚强领导。历史和现实都证明，没有中国共产党，就没有新中国，就没有中华民族伟大复兴。习近平总书记多次强调，要毫不动摇坚持和加强党的全面领导。十九届四中全会将"坚持和完善党的领导制度体系"列在十三个"坚持和完善"的首位。对于推动未来产业发展而言，必须坚持党的全面领导特别是党中央集中统一领导，坚持民主集中制，确保党始终总揽全局、协调各方。只要我们坚持党的全面领导不动摇，坚决维护党的核心和党中央权威，充分发挥党的领导政治优势，把党的领导落实到党和国家事业各领域、各方面、各环节，就一定能够确保全党全军全国各族人民团结一致向前进。

2）坚持人民至上。党的根基在人民、血脉在人民、力量在人民，人民是党执政兴国的最大底气。民心是最大的政治，正义是最强的力量。在推动未来产业发展的过程中，党始终代表中国最广大人民的根本利益，没有任何自己的特殊利益，不代表任何利益集团、任何权势团体、任何特权阶层的利益。党的十九大报告将"坚持以人民为中心"确立为新时代坚持和发展中国特色社会主义的基本方略之一，并强调要把党的群众路线贯彻到治国理政的全部活动之中。科技创新是引领未来产业发展的第一动力。推进国家科技与产业治理现代化，必须坚持以人民为中心，贯彻党的群众路线。首先，要在科技创新和产业发展领域开展深层次的学术理论革新，将"一切为了群众，一切依靠群众，从群众中来，到群众中去"深刻地融入新时代科技创新和产业发展理论的所有假设、模型、范式及研究对象、方法、结论中去，从根本上转变资本主义理论体系中"物竞天择、弱肉强食"的潜在假设和逻辑，扭转发展未来科技与未来产业是为了打造霸权地位、集聚个人财富的丛林思维。在此基础上，要旗帜鲜明地确立发展未来科技与未来产业是为了人民群众、依靠人民群众这两大科技治理的宗旨，坚持未来科技与未来产业的发展始终以共同富裕作为基本目标，坚持发展成果更多更公平地惠及全体人民，充分发挥人民在未来科技与未来产业发展事业中的主体作用，尊重人民首创精神，为了人民干事创业，依靠人民干事创业，确保未来科技与未来产业事业始终服务于人的全面发展及人类社会的可持续发展。

3）坚持理论创新。马克思主义是我们立党立国、兴党强国的根本指导思想。在未来产业领域的理论创新,要坚持把马克思主义基本原理同中国具体实际相结合、同中华优秀传统文化相结合,坚持实践是检验真理的唯一标准,坚持一切从实际出发,及时回答时代之问、人民之问,不断推进马克思主义中国化、时代化,加大力度推动学科融合与创新发展,引导学术界深刻解读"中国模式"、总结升华"中国经验"、系统提炼"中国理论",加快推动党的理论和学术理论全面深度融合,构建马克思主义指导下的、符合中国实践需求、中华民族共同体意识铸造需求、人类命运共同体建设需求的未来科技、未来产业管理学科和学术理论体系,从根源上解决同西方理论体系之间的深层次矛盾,稳步提升学科的国际话语权,为深化党领导下的科研组织体制改革和未来产业培育机制创新提供坚实的学科支撑、理论支撑和人才支撑。

4)坚持独立自主。独立自主是中华民族精神之魂,是我国立党立国的重要原则。习近平总书记强调:"实践反复告诉我们,关键核心技术是要不来、买不来、讨不来的。只有把关键核心技术掌握在自己手中,才能从根本上保障国家经济安全、国防安全和其他安全。"坚定不移地走中国特色自主创新道路,是推进未来产业创新发展必须满足的根本要求。只有真正实现关键核心技术自主可控,才能打造好国家经济安全发展的坚实盾牌,把创新主动权、发展主动权牢牢掌握在自己手中。推动自主创新,战略转型是关键。科技创新和未来产业发展战略必须从跟随转向引领,从引进集成上升到自主原创。我们必须坚持立足战略转型、立足核心能力的完整建立、立足核心技术的充分占有,坚定不移地走从自主研发到自主创新、从自主创新到自主可控的发展道路,为现代化经济体系建设和未来产业的可持续发展提供坚强后盾。

5)坚持中国道路。方向决定道路,道路决定命运。党的十八大以来,习近平总书记在讲话中多次强调,"必须坚持走中国特色自主创新道路"。中国特色自主创新道路是中国特色社会主义道路的重要组成部分,是在马克思主义发展观指导下形成的道路,是一条从中国创新事业发展实践中探索出来的道路,是一条以实现社会主义现代化为根本指向的道路。在党的领导下充分发挥社会主义制度的优越性是中国特色未来产业可持续发展的领导力量和制度保障;实现国家繁荣昌盛、人民共同富裕、中华民族伟大复兴是中国特色未来产业发展的根本目标;坚持自主创新、重点跨越、支撑发展、引领未来的指导方针是中国特色未来产业发展的关键和核心;建设一支庞大精干、梯队合理的科技人才队伍是中国特色未来产业发展的人才保障；全面深化改革是中国特色未来产业发展的动力源泉。

6）坚持胸怀天下。大道之行，天下为公。党始终以世界眼光关注人类前途命运，从人类发展大潮流、世界变化大格局、中国发展大历史正确认识和处理同外部世界的关系，坚持开放、不搞封闭，坚持互利共赢、不搞零和博弈，坚持主持公道、伸张正义，站在历史正确的一边，站在人类进步的一边。党的十八大以来，习近平总书记多次强调要努力建设开放包容的世界。他指出，我们要发挥负责任大国作用，支持广大发展中国家发展，积极参与全球治理体系改革和建设，共同为建设持久和平、普遍安全、共同繁荣、开放包容、清洁美丽的世界而奋斗。对此，我国首先要做好自己的事，发挥好新型举国体制和国内14亿人民统一市场的优势，建立完整、稳定、高质量、聚合力强劲的自主创新体系和未来产业国内大循环系统，牢牢掌握住创新和发展的主动权，然后在"一带一路"等合作框架下积极促进世界范围的开放协同创新，在稳步推进人民币国际化进程的基础上，整合与利用以人才为核心的全球创新资源，构建内核强劲、张力无限的全球创新生态系统。

7）坚持开拓创新。创新是一个国家、一个民族发展进步的不竭动力，也是推动未来产业可持续发展的动力源泉。越是伟大的事业，越充满艰难险阻，越需要艰苦奋斗，越需要开拓创新，不断推进未来产业理论创新、实践创新、制度创新、文化创新以及其他各方面的创新，敢为天下先，创造出更多全体人民共创共享的人间奇迹。

8）坚持敢于斗争。敢于斗争、敢于胜利，是党和人民不可战胜的强大精神力量。以斗争求团结才是"打得一拳开，免得百拳来"的沧桑正道。党的十九届五中全会提出"坚持创新在我国现代化建设全局中的核心地位，把科技自立自强作为国家发展的战略支撑"[⊖]，对于新时期我国更好地构建以国内大循环为主体、国内国际双循环相互促进的新发展格局具有重大而深远的意义。习近平总书记强调，"坚持把科技自立自强作为国家发展的战略支撑，立足新发展阶段、贯彻新发展理念、构建新发展格局、推动高质量发展，面向世界科技前沿、面向经济主战场、面向国家重大需求、面向人民生命健康，深入实施科

⊖ http://www.gov.cn/xinwen/2021-03/13/content_5592681.htm

教兴国战略、人才强国战略、创新驱动发展战略，把握大势、抢占先机，直面问题、迎难而上，完善国家创新体系，加快建设科技强国，实现高水平科技自立自强"，并指出"国家实验室、国家科研机构、高水平研究型大学、科技领军企业都是国家战略科技力量的重要组成部分，要自觉履行高水平科技自立自强的使命担当"。①加快实现高水平科技自立自强的"动员令"，为我国加快提高敢于斗争、敢于胜利的本领指明了奋斗方向。

9）坚持统一战线。团结就是力量。在推动未来产业发展的过程中，我们应积极参与全球创新治理，从科技创新到产业落地等各个环节上全面提升我国在全球创新格局中的位势，提高我国的规则制度制定能力和影响力。无论是传统的科技合作以及与之相关的贸易、金融、科技服务、新旧动能转化、未来产业培育等方面，还是对发展中国家的科技援助、成果共享等方面，我国都要积极推动构建符合创新规律的、开放包容的全球创新治理格局与秩序，为全球创新治理贡献中国智慧，为世界加快推动更高水平的开放、推动构建人类命运共同体建立牢固的国际社会统一战线，共同创造有利条件。

10）坚持自我革命。勇于自我革命是我们党区别于其他政党的显著标志。自我革命精神是党永葆青春活力的强大支撑。我国高度重视全面深化改革工作，科技体制改革是其中的重要组成部分。党的十八大以来，我国从建立技术创新市场导向机制，构建更加高效的科研体系，改革人才培养、评价和激励机制，健全促进科技成果转化的机制，建立健全科技和金融结合机制，推动形成深度融合的开放创新局面，营造激励创新的良好生态，推动区域创新改革等各个方面提出了百余条政策措施，形成了系统、全面、可持续的改革部署和工作格局，为未来产业构建了友好包容的创新发展环境。

以上是我们党在百年奋斗历程中总结出的"十个坚持"，也是对未来产业发展的具体指导建议，我们应当倍加珍惜、长期坚持，并在实践中不断丰富和发展，确保我国的未来产业创新发展行稳致远。

1.3.2 区域层面的争先规划布局

平衡是指引未来产业发展的重要标准。党的十九大报告指出，"中国特色

---

① http://www.gov.cn/xinwen/2021-05/28/content_5613702.htm

社会主义进入新时代，我国社会主要矛盾已经转化为人民日益增长的美好生活需要和不平衡不充分的发展之间的矛盾"。只有让科技创新和未来产业不断推动经济社会更平衡更充分地发展，未来产业才会始终沿着满足人民对美好生活向往的正确方向与道路不断前进，造福全中国和世界人民，造福子孙后代。然而，当前我国经济发展的不平衡性依然存在，部分经济发展水平高、科技创新能力强的地区已经迅速布局未来产业。

早在2013年年底，深圳市就印发了《深圳市未来产业发展政策》，制定了航空航天、智能装备、机器人、生命健康、海洋等未来产业的发展政策，并计划每年给予10亿元专项资金的支持；2017年，南京市在《关于加快推进全市主导产业优化升级的意见》①中提出构建"4+4+1"产业体系，其中"1"即未来产业，包括新材料、未来网络、人工智能、生命健康等领域；同年，杭州市也在《杭州市人民政府关于加快推动杭州未来产业发展的指导意见》②中提出聚焦航空航天、增材制造、量子技术、区块链、虚拟现实、人工智能、生命科学、生物技术等引领性的未来产业，谋求区域发展新优势；2018年，沈阳市发布了《沈阳市未来产业培育和发展规划（2018—2035年）》③，提出"3+2"未来产业体系，即重点培育未来生产、未来交通、未来健康三个主导产业和未来信息技术、未来材料两个赋能产业；2019年，厦门市在《关于做强做大高技术高成长高附加值企业三年行动计划（2019—2021年）》④中提出全面启动"未来产业培育工程""集中资源，培育柔性电子、新型显示、第三代半导体、高端装备、先进材料、新一代人工智能、集成电路设计、云服务、数字诊疗装备和新型药物、新兴海洋科技等十大科技密集型未来产业"。2021年6月24日，山西省政府新闻办发布了国内首个省级层面"十四五"未来产业规划⑤，迈出了我国地方政府系统性布局和培育未来产业的重要一步。

为尽快平衡各地区之间未来产业布局水平的差异，应强化全国一盘棋视角下的战略驱动、顶层设计、中长期发展导向，树立蕴含全局观、统筹观、平衡

---

① http://sw.nanjing.gov.cn/zyfb/swwj/201712/t20171214_1960076.html
② http://www.hangzhou.gov.cn/art/2018/3/8/art_1456877_4261.html
③ http://www.shenyang.gov.cn/html/SY/201903/155289743558440.html
④ http://sti.xm.gov.cn/xxgk/tpxw/201908/t20190829_2330045.htm
⑤ http://www.gov.cn/xinwen/2021-06/25/content_5620809.htm

观与和平观的整合式创新思想，基于东方文化整体和谐的价值追求和新时代中国特色社会主义制度的优越性，在科技创新和未来产业发展中践行人民创新的群众路线，构建与城市创新系统互融、互通、互补的乡村创新系统，以此推动全国区域和城乡区域未来产业协调发展，为建设促进平衡充分发展的社会主义现代化经济体系提供强劲牵引。

1.3.3 产业和企业界的发展忧虑

新中国成立以来，我国的科技发展从缺乏自主创新、严重依赖国外技术到建成高度现代化的科研体系和具有较强国际竞争力的科技创新能力。我国的科技人才队伍规模不断扩大，人才结构进一步优化，研发人员全时当量从2015年的376万人年增长到2019年的480万人年，连续多年位居世界首位。我国的国内发明专利授权量连续多年位居世界第一，2020年PCT国际专利申请量跃居世界榜首，国际科技论文数量和高被引论文数量均位居世界第二位，成为全球科技创新的重要贡献者。与此同时，我国的科技发展与经济社会深度融合，重大科技创新成果竞相涌现，量子信息、铁基超导、中微子、干细胞、脑科学等前沿领域取得一批标志性、引领性重大原创成果。5G移动通信、超级计算、特高压输变电等产业技术创新取得重大突破，有力促进了相关产业转型升级和新兴产业发展。科技体制改革向纵深推进，创新生态进一步优化，科技创新的基础制度和政策体系更加完善，科技创新治理能力和法治化水平明显提高，并深入参与全球科技创新治理，主动发起全球性创新议题，全面提高了我国科技创新的全球化水平和国际影响力，对世界科技创新贡献率大幅提升，已成为全球创新版图中日益重要的一极（陈劲，2021）。

2021年，我国在世界知识产权组织等机构发布的"全球创新指数"中位列第12位，实现了全球创新指数排名连续9年稳步上升，位居中等收入经济体首位，超过日本、以色列、加拿大等发达经济体。从创新产出看，中国的优势集中在无形资产、知识的创造、知识的影响。其中，本国人专利、商标申请、创意产品出口在贸易总额中的占比等细分指标均实现全球领先。至此，我国已经逐步实现从全面"跟跑"到大范围"并跑"，甚至在部分科技和产业领域实现了"领跑"跃升。

在"跟跑"阶段，大部分传统产业都能够借鉴发达国家的技术路线和发经验，这一阶段的科技和产业发展大体能够通过引进、消化、吸收、再创新为主推动形成传统优势产业。而当进入"并跑""领跑"阶段后，科技和产业发展会越来越多地进入"无人区"，特别是对于未来产业，几乎不会有他国经验可供借鉴，需要依靠高投入、高风险、高溢出、长周期的原始创新。对于企业而言，创新和研发决策主要基于成本-收益逻辑，即当创新周期、不确定性风险以及研发成本远高于预估市场收益时，企业开展创新的动力将大幅度削弱。鉴于此，对于具有国家战略属性和产业公共属性的未来科技和未来产业创新，企业的投入动力天然较低，很可能会出现责任推卸和市场失灵现象，导致未来产业的关键核心技术难以突破，最终出现一系列"卡脖子"问题（陈劲等，2020）。

1.3.4 理论界需要作答的历史问卷

无论是从全球范围还是全国各区域来看，布局和推动未来产业发展都越来越受到重视，但学术界对未来产业的研究仍然不够全面，缺少对未来产业概念、内涵、特点、演进规律、工具方法、培育机制、发展路径的系统性研究。在这种情况下，政府和相关主体在未来产业发展中的角色和定位不够明确，会直接影响政府高效公平地发挥应有作用，甚至有可能因为对未来产业的基础理论、实践规律和演化路径认识不清而导致出台的政策不合理，推动未来产业朝负向发展。因此，本书以习近平总书记关于未来产业的重要思想为基础，从战略意义、理论体系、工具方法、发展路径等方面对未来产业进行全面论述，以期为相关主管部门和实践主体提供参考借鉴。

理 论 篇

第 2 章 未来产业的理论解析

第 2 章
未来产业的理论解析

未来产业是以满足未来经济社会和人类文明发展需求为目标,以未来科技创新为驱动力,以要素超越、时间跨越、空间阶跃为发展源泉(如图 2-1 所示),旨在释放人类自身潜力,扩大人类认知范围,扩展能源、资源和空间利用级数,促进经济社会可持续发展,推动人类文明进入更高发展阶段的产业。作为面向未来的超前产业,未来产业在跃迁式孵化发展的同时,还应该为传统优势产业和战略性新兴产业带来新机遇,赋予新动能。目前针对未来产业的理论解读大多还定位在更长周期版的战略性新兴产业层面,还需要进一步从政治意义、经济意义、文化意义、社会意义、生态意义、安全意义等维度进行全方位的意义审视和理论解构。

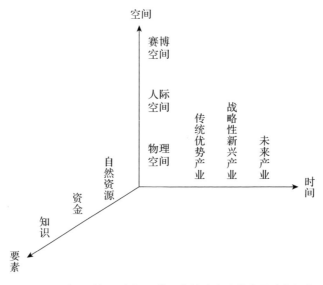

图 2-1　要素、时间、空间三维一体的未来产业发展动力源泉

2.1 未来产业的理论超越

要在中国特色社会主义理论体系下推动未来产业理论创新和体系构建,既包括对战略性新兴产业理论的超越,也包括对未来产业现有理论的超越。

创新是引领未来产业发展的第一动力,但是选择什么样的创新、进而引领什么样的未来产业发展是我们需要首先明确的问题。近现代以来,在西方主导的世界格局下,科技和产业虽然经历了多轮革命和长足发展,但是国际社会面临的治理赤字、信任赤字、和平赤字、发展赤字四大挑战[一]始终没有得到很好的改善,近年来甚至出现了各方面问题更加恶化的趋势。在百年未有之大变局的历史性交汇期,我们不仅要赋予未来产业"支撑未来经济增长的主导性产业、决定未来发展方向的先导性产业、影响未来发展潜力的颠覆性产业、提升未来竞争能力的前瞻性产业"等经济、社会层面的重要使命,更要从根本上超越高新技术产业和战略性新兴产业的局限性,从推动我国率先实现共同富裕、铸牢中华民族共同体意识、引领人类命运共同体建设、推动人类社会迈向更高发展阶段的高度来定义和认识未来产业。

近年来,我国学术界越来越重视解读"中国模式"、总结"中国经验"、提炼"中国理论"、提出"中国方案"(吴晓明,2017;陈平,2018),一些西方学者也开始面向东方寻求济世良方(大卫·科茨和黄斐,2016),但是还没有从根源上解决西方主导的政治、经济、管理理论体系和中国特色社会主义理论体系之间的深层次矛盾(洪银兴等,2018;杨光斌,2019)。新冠疫情暴发以来,以央企、军方单位、高校、科研院所为代表的科研国家队有力证明了坚持以人民为中心的科技和产业发展道路的重要性,也充分体现了党领导下的产业体系发展在维护国家整体利益和人民根本利益方面的巨大优势。随着人民币国际化进程稳步推进,我国整合全球资源共创共享未来产业的能力将进一步提升,在部分重大民生领域和国民经济支柱领域探索构建基于大数据、云计算、物联网、人工智能等技术的新型计划经济体系已经成为可能。

党的十八大以来,习近平总书记围绕科技创新和产业发展发表了一系列重要讲话,站位高远、内涵丰富、剖析深刻,形成了系统完整、博大精深的科技创新思想,为未来产业发展的理论研究和改革实践指明了方向。未来产业的发

[一] http://cpc.people.com.cn/n1/2019/0327/c64094-30998648.html

展过程会伴随广泛而深刻的利益调整，改革的艰巨性和复杂性也会越来越大。在转折点时期，以全球视野展望社会主义事业发展需求和人类命运共同体建设需求，尽快从政治、经济、文化、社会、生态、战略、组织、创新等方面全方位、体系性地推进经济管理理论创新，加快构建社会主义下的未来产业理论体系，引领各领域未来产业的发展思想和核心价值实现面向社会主义和中华民族共同体意识的高度统一，不断提高国际话语权，是确保未来产业始终遵循正确政治方向的关键前提。

2021年11月，党的十九届六中全会通过了《中共中央关于党的百年奋斗重大成就和历史经验的决议》[1]，以"十个坚持"总结了党百年奋斗的宝贵历史经验，即坚持党的领导，坚持人民至上，坚持理论创新，坚持独立自主，坚持中国道路，坚持胸怀天下，坚持开拓创新，坚持敢于斗争，坚持统一战线，坚持自我革命。以上十个方面，是经过长期实践积累的宝贵经验，是党和人民共同创造的精神财富，必须倍加珍惜、长期坚持，并在新时代实践中不断丰富和发展[2]。"十个坚持"的提出，也为我国未来产业理论体系的构建夯实了精神底座。

2.2　未来产业的概念内涵

学术界和实践界（李斌等，2021；盛朝迅，2021）对于未来产业的概念已经有了一些探讨，并在不断地丰富其内涵，虽然学者们已经从很多方面阐述了未来产业的基本理论，但是仍未达成共识，且大多数人将未来产业视作培育周期更长的战略性新兴产业，对未来产业的战略高度和本质特征把握得还不够全面。

从前文提到的全球发展态势以及我国的相关发展历程来看，"未来产业"的概念源自世界各国和地方政府的产业发展实践。发达国家政府和智库主要聚焦新能源和节能技术、太空科技、纳米材料及新型材料、3D打印、云计算和大数据、物联网、智慧城市、虚拟现实和增强现实、可穿戴设备、人工智能、先进机器人、无人驾驶、智能网联汽车、精准医疗、基因工程、人体增强、脑科学与神经科学等领域抢占科技和产业发展的先机，以维持或竞取在全球高科

---

[1] http://cpc.people.com.cn/n1/2021/1117/c64387-32284363.html
[2] http://cpc.people.com.cn/n1/2021/1112/c64094-32280226.html

技产业的未来领先地位。因此当前全球视野下的未来产业更多是指处于探索萌芽期的、由前沿技术推动、以满足经济社会长远升级需求为目标、有可能在未来孵化成熟和实现产业转化、能够为国民经济提供重要支撑和巨大带动的潜在产业。

从国内来看，早期研究认为未来产业是基于知识运用、以提高生活质量为目标、交叉关联性很强的产业（陈俊英，2005），是在后资本主义社会（Drucker，1994）知识经济主导的全球化背景下具有巨大发展潜力且符合新社会价值观的重要经济组织形式，因深度融入科学、工程、技术、社会等因素而无法简单归类到某一特定产业（丛知，2005）。早期研究虽然初步探讨了未来产业的基本理论和特征，但并未对其内涵做出科学的阐释，且多是基于西方发展观视角，缺少对东方哲学下系统观、整合观的融合。近年来，我国对未来产业的关注有所增加，如沈阳市政府将未来产业定义为：以新一代信息技术、新材料、新能源、生物技术等与工业技术交叉融合为驱动，显著带动生产力发展、改善人们生活质量、引领经济社会发展的产业生态体系，涉及生产、交通、健康、消费、民生等多个方面的经济活动[一]。杭州市政府将未来产业定位为"推动创新型经济发展、谋求竞争新优势的重要战略方向，是优化完善产业体系、促进经济提质增效的重要举措"[二]，认为未来产业是"对推动未来全球经济社会变迁起到关键性、支撑性和引领性作用的前沿产业"[三]。学术界在此基础上做进一步提炼，提出"未来产业是重大科技创新产业化后形成的、代表未来科技和产业发展新方向、对经济社会具有支撑带动和引领作用的前瞻性新兴产业""是影响未来的战略性新兴产业，是前沿科技产业化后形成的未来主导产业，是决定未来区域竞争力的重点支柱产业"（余东华，2020）。

在全面建设社会主义现代化国家、双循环新发展格局、创新驱动发展战略、共同富裕和"十个坚持"等重要时代命题的指引下，未来产业的概念和内涵需要结合中国的成功实践做出进一步拓展和深化，本书认为，未来产业是以迈向社会主义高级阶段为正确方向，以铸牢中华民族共同体意识为根本前提，以推动实现共同富裕和构建人类命运共同体为根本目标，以坚持自主可控和可

[一] http://www.shenyang.gov.cn/html/SY/201903/155255657207844.html

[二] http://www.hangzhou.gov.cn/art/2018/3/8/art_1456877_4261.html

[三] http://jxj.hangzhou.gov.cn/art/2018/1/8/art_1229145720_1271432.html

持续发展为基本原则，由重大科技创新产业化形成的，对未来经济社会和文明跃迁起到关键性、支撑性和引领性作用的超前布局产业。

2.3 未来产业的特征阐释

根据本书提出的概念，对于我国而言，未来产业的核心特征至少应包括：①政治方向正确；②推动均衡发展；③坚守底线原则；④坚持创新驱动；⑤超前科学布局。

2.3.1 以科技创新和培育机制创新为核心驱动力

未来产业的培育和壮大往往需要依靠突破性或颠覆性创新支撑和驱动，同时需要友好的体制机制土壤提供稳定的成长环境。

1. 创新是引领未来产业发展的第一动力

党的十八大提出实施创新驱动发展战略，强调科技创新是提高社会生产力和综合国力的战略支撑，必须摆在国家发展全局的核心位置。树立科技创新在国家发展全局中的核心地位和在产业转型升级和变革中的引领与战略支撑地位，是推进未来产业发展必须把握的首要问题。随着我国经济发展进入新常态，要突破自身发展瓶颈、解决深层次矛盾和问题，根本出路在于创新，关键要靠科技的力量。坚定不移地推进科技进步与创新发展，是深化供给侧结构性改革、经济发展方式加快转变、经济增长动力加速转换、经济结构持续优化、经济发展质量全面提升的核心力量，对于高水平推动未来产业发展具有重大而深远的战略意义（陈劲和朱子钦，2019）。

面向未来产业的创新不同于一般意义上的产业创新，需要加强突破性和颠覆性等方面的引导。从突破性角度看，面向未来产业的科技创新需要在很大程度上拓展、深化人类对自然规律的认知水平，为改造世界的能力带来跨越式的提高，比如深空深海探测、暗物质探测、纳光电子、极端力学等。从颠覆性角度看，基于颠覆式创新的未来产业将对传统优势产业和战略性新兴产业具有很强的替代性，能够从更易获取、性能更强、效率更高、体验更好等方面满足用户的多层次需求，比如虚拟现实和元宇宙可以让每个人体验不同的人生，弥补青春时代的遗憾，可控核聚变可以从真正意义上实现全人类的能源自由，人体潜能开发有可能让人类发现文明形态的演进还有其他可能性，量子计算和通信可以将算力和信息安全水平提升到全新的高度，让国家和个人的行为逻辑都发生根本性的改变。

总而言之，不确定性前沿技术创新驱动、指数型增长潜力和对未来文明的重塑能力是未来产业相对战略性新兴产业的超越所在，同时未来产业也仍需符合其所处历史进程的一般规律，朝着数字化、融合化、智慧化方向持续创新发展。

2. 培育机制创新是协同发力的主要抓手

未来产业的高风险和不确定性决定了政府难以对其投入过多资源来进行大面积扶持，寄希望于企业在现有政策环境下自觉培育短期内无法转化为利润的特定产业也不现实，在这种情况下，能够激发社会各界力量，形成未来产业培育合力和良性生态的机制创新，就变得尤为重要。

未来产业从场景和需求分析、技术攻关、产品原型开发到实现大规模商业化、进入高增长轨道、最终占据产业主导地位，需要较长的周期，各类主体的入场时间和定位是问题的关键。

从源头来看，把握和明确未来产业发展需求，把我国科技队伍蕴藏的巨大潜能释放出来，推动政府职能从项目管理向战略管理和创新服务转变，更好地激发创新活力，是未来产业培育机制创新的首要突破点。从我国移动通信行业的追赶进程来看，我国从1G的落后、2G的跟随、3G的突破、4G的并跑，到5G的领先，得益于国家全面而积极的产业政策（侯方宇和杨瑞龙，2019）和培育机制，构建了完整的5G应用产业环境，促进了运营商与垂直行业的协同与发展，以及通信企业在标准制定、频谱规划、技术试验、基建筹备等多方面做出了超前布局。

从主体来看，企业是推动未来产业发展的先发者，先发者将掌握明显的"先行者优势"。一是会在技术创新过程中掌握大量的知识产权，特别是在创新周期的初始阶段布局和掌握底层技术的核心专利，建立有效的知识产权壁垒。二是在探索技术产品化、生产智能化、产品商业化、产业集群化发展等过程中能够形成大量关于技术要点、设计生产、工艺流程、管理架构、模块协同等产业化各个环节的隐性知识，这些宝贵的知识财富将构成后来者需要投入大量时间和资源才有可能突破的准入壁垒。三是先发企业在推进产业化的过程中能够布局和主导一批产品内部模块之间、同类产品之间、相关产品之间的连接与通信标准，并以此为核心形成一批由产业链各环节组成的稳定商业生态，比如谷歌安卓和苹果操作系统的应用生态就是典型的先例。

在即将到来的万物互联时代，网络效应和指数型增长规律将进一步强化先发优势。数字技术和智能技术将成为未来科技革命和产业变革中最重要的催化剂，蕴含大量产业交叉融合进而催生未来产业的机遇（沈华等，2021）。在互联网中，产品或服务的价值不再局限于该产品或服务本身对于直接用户的使用价值，而是会随着用户量的增长、相关产品或服务丰富的互补策略、大规模定制转型个性化生产，再加上区块链等新兴技术能够在市场层面提供多种独有的治理工具，比如在交易前为用户提供交易指引，帮助用户更准确、更便捷地做出决策，确保交易的公平、明智和安全，减少交易风险，保护用户在交易中和交易后的利益，解决市场失灵、逆向选择、道德风险等问题，未来产业将真正实现由生产驱动转向用户驱动、整合用户资源创造企业新生态，构建以节点为网络的网络，即由网络嵌套网络，形成基于用户的，具有多层性、多重性和嵌套性等特性的社群网络、生态网络、产业网络以及创新网络等多网络相互嵌入的超网络组织，实现指数型增长。在这种情况下，后发者在用户数量、互补品丰富程度、供应商数量、社群、生态、产业、创新网络构建等方面将处于全面劣势。从这个角度考量，培育超网络组织是未来产业培育机制创新的重中之重。

2.3.2　面向未来经济社会高质量发展的超前布局

未来产业之所以受到世界各主要国家的高度重视，主要是因为其蕴含的巨大发展潜力，对未来生产生活有着深远影响、对经济社会高质量发展具有全局带动和重大引领作用、对未来国家和区域的整体实力、国际秩序的主导能力和话语权都具有先决作用（如图2-2所示；陈劲等，2020）。

一是具有成为未来支柱产业的巨大潜力。超前布局与培育未来产业是把握长远产业竞争主动权的战略举措。虽然短时间内会面临技术风险大、回报周期长等问题，但是一旦关键核心技术得到实质性突破并与特定时空环境下的市场需求相适应（汪江桦和冷伏海，2012），就会迸发出强大的增长能量，占据广阔的市场空间，形成巨大的产业规模，成为引领经济社会发展的支柱产业。

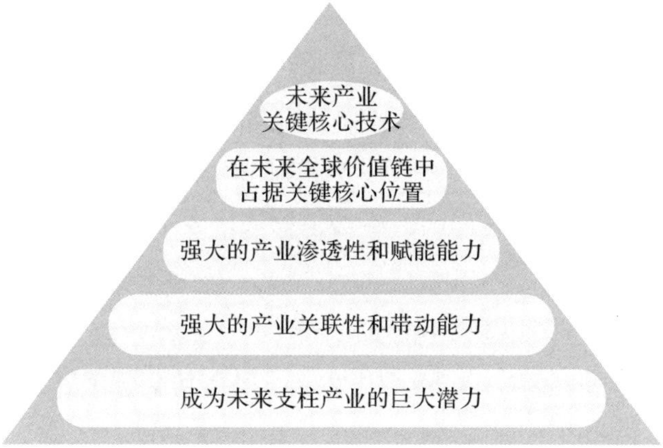

图 2-2　未来产业关键核心技术超前布局的金字塔模型

二是具有强大的产业关联性和带动能力。未来产业往往涉及复杂产品系统，产品架构、研发系统、生产系统、应用系统都需要大量的配套技术和产品共同演化，比如对科研仪器设备、原材料、关键零部件、工业软件、生产设备、科研生产生活服务等大量配套需求，因此会带动相关领域的配套技术、产品和产业发展，形成庞大的未来产业集群和产业链，进而对经济社会的整体发展起到引领带动的作用。比如航天航空领域的系列技术创新、系列探测器等新产品的攻关突破，需要通过新型举国体制这一制度的力量实现交易成本最小化，基于特定的生产组织实现产品交易属性、治理结构与治理机制的有效匹配，实现跨学科、多领域前沿科学技术和高技术产品的集成。

三是具有强大的产业渗透性和赋能能力。大数据、区块链、人工智能、新材料、新能源等未来产业领域的核心技术都具有很强的通用目的技术属性，具有创新链长、应用范围广、技术改进可持续性强等特征，可以广泛持久地渗透和赋能其他技术和产业领域，推动生产效率提高、生产成本降低、产品性能改进、用户体验优化，产生对政治、经济、社会、文化、生态等各方面的综合影响。比如超级计算结合新一代移动通信，可以加速数字孪生、工业互联网、远程医疗、无人驾驶等技术和相关产业的应用落地，而新材料产业是柔性制造、航天深海、先进轨道交通等产业实现质变突破的重要基础。

2.3.3　以坚持自主可控和可持续发展为基本原则

未来产业之所以要以自主可控和可持续发展为基本原则，主要是因为我国开创、坚持和发展中国特色社会主义伟大事业具有较强的探索性。在真正取得最终胜利之前，会面临来自各方面的风险，因此要时刻清醒地保持和增强坚守"底线"的坚定性与自觉性，不能触碰、践踏和逾越事关党和国家兴衰成败与前途命运、人民群众长远和根本利益的原则界线（李崇富，2016），特别是在外部挑战短时间内很难以我们的意志为转移的情况下，划定未来产业的内部红线至关重要。

首先，未来产业应当是自主的而非依赖的。人类社会发展至今，通过科技手段解决全球范围内的贫困问题并非难事，但是据联合国开发计划署2020年12月发布的报告预计，到2030年全球或将再有2.07亿人陷入极端贫困，从而使极端贫困总人数突破10亿。这些残酷的现实告诫我们，如果不能始终将命运和发展的主动权掌握在自己手中，而是寄希望于人类文明随着科技水平的发展自然过渡到更高阶段，那就很有可能陷入"仰人鼻息，朝夕可亡"的危险。因此，未来产业应始终从科技决策、关键核心技术、产业安全、单一市场、本土人才、主权货币等方面坚持自主可控，在有能力独善其身的前提下兼济天下。

其次，未来产业应当是自由的而非被压迫的。在未来产业创新发展中，每一位科研工作者被限制在某一学科领域服从科研分工的情形应该完全消失，从事基础研究和技术开发的对立也应随之消失，进而实现人才、资金等要素的自由配置和充分涌流；在科学研究已经不仅是谋生的手段，而成了人民群众个人实现的内在需要之后，随着个人的自由而全面发展（丁学良，1983），社会生产力的发展速度也将出现指数型的空前提升，社会主义高级阶段也将加速实现。

再者，未来产业应当是共享的而非垄断的。随着科学技术的发展，未来的生产生活模式以及科研模式都将日新月异。习近平总书记多次强调要鼓励广大科研人员解放思想、大胆创新，让科学家潜心搞研究。潜心科研的一个基本前提就是解决科研人员的后顾之忧。为了使未来产业坚持群众路线而非精英路线，需要与时俱进地丰富生产资料、生活资料和创新资料的共享范围，加快打破科技资源越丰富的地区要素成本越高、反过来会抑制高水平科技创新的逻辑怪圈。同时，要法制化、制度化地推动科研领域的反垄断工作，打破低水平"内卷"的不利局面，将处于创新黄金期的年轻科研人员从生存压力中真正解放出来，把全体科研人员的潜力最大限度地释放出来。

最后，未来产业应当是进步的而非倒退的。经过五千多年的奋飞不辍，中华民族已经实现了土地、能源、电力、铁路等国民经济重要公共资源和支柱产业公有制,土地等命脉领域私有制引发的大规模兼并和严重社会问题以及周期性的政权更替已经成为历史。展望未来,我们不仅要与时俱进地丰富重要公共资源和支柱产业的内涵,比如随着互联网工厂和智能制造技术的成熟和普及,应不断加大创新公地的建设力度和服务广度(陈劲和李佳雪,2020),而随着数字经济快速成为新增长点和增长极(李晓华,2019),适时推动合理范围内的数据资源和计算资源公共化至关重要。总而言之,未来产业不能以静态的视角定义公共资源,更不能开历史倒车,而是要随着新技术、新场景、新模式的出现,不断推进公共资源的内涵和质量螺旋式增长。同时,要始终重视核心价值观的正本清源,通过高水平的宣传和教育提高全体人民的觉悟、道德以及对真理的追求,通过构建具有趣味性和能够充分发挥主观能动性的公共创新平台来实现人民对更高层次的精神生活和对真理的追求。正如《读苏联〈政治经济学教科书〉的谈话》中所阐述的:"不能把人引向'一个爱人,一座别墅,一辆汽车,一架钢琴,一台电视机'那样为个人不为社会的道路上去。'千里之行,始于足下',如果只看到足下,不想到前途,不想到远景,那还有什么千里旅行的兴趣和热情呢?"

2.3.4 坚持以迈向社会主义高级阶段为正确方向

受西方发展观影响,科技和产业发展长期主要服务于推动经济增长、创造个人财富。市场和效率驱动的科技革命和产业变革正在加速冲击人类价值体系和社会结构,"无用阶层"(Harari,2018)等充满偏见的预测大行其道,其本质是资本主义的固化立场和静态思维对人和人际关系的极度物化,其隐含前提是生产资料私有化、教育资源差异化、科技事业精英化、发展权利贵族化,其根本问题是不能用发展的眼光看待生产力与生产关系的辩证关系。如果不树立马克思主义指导下的科技和产业发展观,不以实现人的价值和自由解放为根本目标,算法和机器推动的科技创新和产业变革很可能沦为少数人制造鸿沟、控制世界的工具,导致越来越多的人实质上成为"无用"而不自知的弱势群体。因此,未来科技和产业发展本身并不会导致所谓的"无用阶层",问题的本质是资本主义主导的科技和产业难以服务每个人的自由全面发展,甚至会将多数人引入歧途,在系统性设计的伪问题、伪需求中徒增业障,困在低级欲望与恐惧中得不到解放，进而阻碍人类社会迈向更高的阶段。

因此，推动未来科技和产业发展既要重视科技、人文、哲学思维的统一，坚持以人民为中心的发展思想，将服务人的全面发展和人类社会可持续发展确立为未来产业发展目标的原则和底线；还要与时俱进、实事求是地动态调整生产关系，以适应生产力发展；进而推动创新主体逐步摆脱短期利益要求的束缚，实现面向长远效益和社会整体福利的转型（陈劲等，2019）。从这个角度出发，未来产业发展要始终坚持和加强党的领导。马克思先生在《哥达纲领批判》中指出："在资本主义社会和共产主义社会之间，有一个从前者变为后者的革命转变时期。同这个时期相适应的也有一个政治上的过渡时期，这个时期的国家只能是无产阶级的革命专政。"这阐明了无产阶级专政国家在过渡时期的性质、地位和历史使命，并强调了其必然性和必要性。"帝国主义者的逻辑和人民的逻辑是这样的不同。捣乱，失败，再捣乱，再失败，直至灭亡——这就是帝国主义和世界上一切反动派对待人民事业的逻辑，他们绝不会违背这个逻辑。这是一条马克思主义的定律。"而在带领人民群众争取斗争胜利的过程中，科学技术将会成为越来越具有决定意义的胜负手。要想通过发展未来产业不断提升我国价值链和科技水平的全球位势，推动我国进入社会主义高级阶段，为全人类消灭阶级和阶级对立创造条件，实现向无阶级、每个人都能自由全面发展的共产主义社会过渡，就必须始终警觉德国社会民主党和苏联共产党的前车之鉴，必须始终坚持和加强的党的领导，必须坚持无产阶级专政，避免未来产业和未来科技的高速发展被反过来利用成为瓦解人民团结、扩大阶级差距的工具。

2.3.5 推动人类命运共同体和共同富裕伟大实践

在未来科技和未来产业发展的实践主体中，企业需要更好地发挥主导性、决定性作用，其转型发展是化解短期利益和长远效益之间结构性矛盾的根本，要加快构建中国特色社会主义未来企业理论体系。受西方发展观影响，长期以来有关政企关系、国有企业和民营企业的理论研究都建立在二元对立的潜在假设基础之上，造成了企业利益和国家、人民利益之间的天然隔阂。中国特色社会主义未来企业理论体系，首先要解决的就是社会主义下的企业利益和国家、人民利益之间的一致性问题，首先要打破的就是国有企业和民营企业的二元对立思维。否则，如果理论界一直将企业利益特别是民营企业的利益与资本利益天然绑定在一起，那么企业在社会主义理论体系中将无法充分获得信任，也就难以真正成为未来产业和科技创新的主导者。因此，有必要加快研究社会主义未来企业的内涵、特征和演化路径，构建国家、人民、企业利益一致的中国特色社会主义未来企业理论体系，引领企业发展思想和核心价值观实现面向社会主义的统一，让人民真正成为企业的主人翁，让有意义的创新（曲冠楠等，2021）和责任式创新（梅亮和陈劲，2015）成为企业的普遍追求，让企业成为可以信赖的科技创新和未来产业创新的主导者，并以此为基础加快推动国家、人民和创新主体的利益走向高度统一。

群众路线是推动实现指数型增长的制胜法宝。在《德意志意识形态》中，马克思先生指出，资本主义生产关系会"把每个人都束缚在狭小而固定的范围内活动，终身执行着一种局部职能，成为机器的附属物。这样的人就注定是片面的畸形发展的受限制的人"。为了切实服务人的自由全面发展，未来产业除了要坚持以人民为中心的发展思想，还必须明确产业发展和科技创新主要是依靠谁这一重大问题。相当长一段时间以来，在西方秩序的主导下，教育资源和创新资源分配不平衡问题在全球范围内加速恶化，高端产业发展和科技创新正逐步被封闭成为"精英事业"，"贵族化""垄断化"的趋势日益明显，已经在一定程度上发展成为少数人服务的工具。如果不能及时遏止这种不良趋势，在马太效应的作用下，人民群众和高端产业发展以及科技事业之间的壁垒将持续加大。人民的心声得不到倾听，人民的创新智慧、能力和潜力得不到挖掘，人民的利益便很可能被束之高阁。习近平总书记深刻指出，中国人民是具有伟大创造精神的人民。紧紧依靠人民，充分发挥人民在未来产业发展和科技事业中的主体作用，尊重人民首创精神，为了人民干事创业，依靠人民干事创业，是未来产业发展的根本要求。首先，未来产业要不断推动教育公平和自由教育的普及，引导人民群众摆脱低级趣味和原始欲望的束缚，转向对更高思想觉悟、道德水准和文明素养的不懈追求，夯实全民创新的智力基础。其次，未来产业要顺应生产力发展，因时制宜地动态调整生产关系，与时俱进地扩展生活资料、生产资料的公有制范围，并逐步推动创新资料公有制，让人民享有参与科技创新的公平机会。总而言之，未来产业要肩负起"推翻那些使人成为被侮辱、被奴役、被遗弃和被蔑视的东西的一切关系，颠覆与人的存在和发展、人的自由个性的塑造、人的自我解放之内在需要相抵触、相背离的一切社会关系和制度原则，构筑有利于激发人的主体性力量、提升人的地位、维护人的权利、推动人的自由个性生成的新型社会关系与运行法则"的神圣使命，这是未来产业需要坚持的根本价值原则。

开放包容是推动构建和完善国际新秩序的必由之路。2021年1月，由谷歌前任首席执行官埃里克·施密特领导的智库"中国战略组"公开了一份题为《非对称竞争：应对中国科技竞争的战略》的报告，建议美国政府在科技领域针对中国开展"非对称竞争"，呼吁建立由美、日、德、法、英、加、韩、印、澳等十二个大国、强国组成"T–12"论坛"共同应对来自中国的科技竞争"[一]，21世纪的科技冷战呼之欲出。自金本位制、布雷顿森林体系到石油美元体系后，基于互联网、云计算、区块链、人工智能等前沿信息技术的新型"非主权货币"正在驱动"技术本位新型垄断"快速成型。在百年未有之大变局的转折点时期，对于未来国际秩序和人类社会发展道路的阵地，如果我们不占领，就会由别人来占领。而在可预见的未来，我们需要做好长时间应对"捣乱，失败，再捣乱"的准备，在螺旋式上升过程中不断提升人类文明发展方向的话语权。对于未来产业而言，越是面临严峻的外部形势，越要丢掉一切幻想，坚定不移地走"以斗争求团结"的道路，以高水平的开放包容团结一切可以团结的力量（陈劲和朱子钦，2019）。因此，发展未来产业的核心使命就是以铸牢中华民族共同体意识为根本前提，可持续建立和维护我国世界科技强国和世界主要科技中心的地位，确保掌握关键核心技术和科技发展的主动权。在此基础上，不断深化国际合作，特别是与发展中国家的深度合作，积极牵头组织国际联合研究项目与工程，在科技全球治理的国际法律体系、组织体系、学术体系、标准体系、产业体系、公共安全体系等方面丰富合作内涵、完善合作布局、创新合作机制、做强合作平台、提升合作水平、加强信息共享，充分整合知识、技术、人才等全球创新要素，在更高的起点上推进科技发展理论和科技治理理论的创新，不断提高我国的规则制度制定能力和影响力，构建内核强劲、合力强大、开放包容的全球科技产业治理体系和秩序（陈劲和朱子钦，2020；陈劲等，2020），摒弃制造稀缺和国际恶性竞争的老路，不断提高各国人民共创共享的水平和层次，为推动构建人类命运共同体和推动人类文明跃迁创造有利条件。

[一] https://petworld-online.com/asymmetric-competition-china-strategy-group

未来产业
引领创新
的战略布局

工 具 篇

第 3 章　未来产业布局的统筹论

第 4 章　未来产业编制的方法论

第 5 章　未来产业培育的过程论

第 3 章
未来产业布局的统筹论

党的十八大以来，习近平总书记围绕科技创新和未来产业发展发表了一系列重要讲话，站位高远、内涵丰富、剖析深刻，是新时代统筹布局我国未来产业的根本指引。

3.1 意义导向的整合式规划布局

未来产业需嵌入特定的政治环境、文化背景、经济条件、社会状况、生态要求、战略定位、技术水平等并随之共同演进，才能做到健康可持续发展（陈劲和朱子钦，2018；梅亮和陈劲，2015）。我国统筹推进"五位一体"总体布局、协调推进"四个全面"战略布局，实现了对新时代坚持和发展中国特色社会主义的政治意义、文化意义、战略意义、经济意义、社会意义、生态意义、安全意义等的全面融合。推动未来产业整合式规划布局和发展，需要将其多元意义价值与中国特色社会主义事业相结合，并聚焦"人民性""整合性""责任性"和"底线性"四个维度建构框架体系（如图 3-1 所示）。

1. 人民性：未来产业服务政治意义和文化意义的价值遵循

在全球经济发展面临波折、贸易保护主义抬头的背景下，某些西方国家对我国社会主义市场经济建设和相关产业政策横加指责，甚至主动挑起贸易争端。虽然我国从根本上改变国际话语权的格局还需要一定的时间，但是从长远来看，坚定不移地发展科技创新和未来产业，旗帜鲜明地坚持马克思主义和习近平新时代中国特色社会主义思想，必将成为我国在铸牢中华民族共同体意识的基础上建设世界科技强国、引领全球未来产业发展、实现中华民族伟大复兴的中国梦、推动构建人类命运共同体的根本保障和首要优势。因此,将"人民性"列为未来产业的第一属性,这是一切意义的纲和魂。

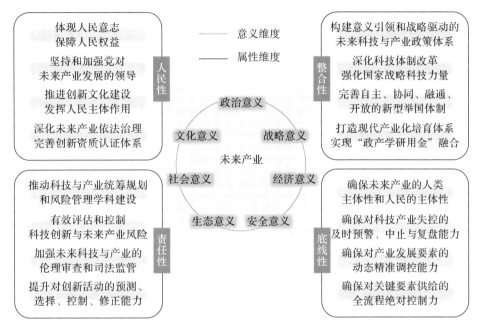

图 3-1　中国情境下意义导向的未来产业整合式创新发展

2. 整合性:未来产业实现战略意义和经济意义的根本路径

整合性是政策引领和战略驱动下自主创新(陈劲,1994)、开放协同创新(陈劲,2011)的高效有机统一,是未来产业整合式创新发展的核心属性。以市场经济条件下新型举国体制为核心,以现代化科技型创新创业服务体系为支撑,推进"政产学研用金"深度融合,构建"国家、区域、产业、企业"四位一体的创新生态系统,是实现未来产业的战略意义和经济意义的根本抓手。

3. 责任性:审视未来产业社会意义和生态意义的基本原则

近年来,创新发展的责任性问题成了学术和政策热点(Stah,2013;梅亮,2018;梅亮和陈劲,2015)。一是伦理风险。人工智能、虚拟现实、基因编辑等技术和产业所催生的情感机器人、虚拟犯罪、人类增强技术等应用逐渐冲击并重构传统人类社会的价值体系,很可能会带来不可逆的伦理、道德和人道主义危机(樊浩,2006;Kissinger,2018)。二是社会风险。科技创新在推动新兴产业发展与社会关系重构的同时会引发生态、人口、家庭、就业、民生等多方面的社会负向影响，如环境恶化、失业危机、情感缺失、隐私侵犯等（梅亮等，2018）。三是安全风险。随着科技和产业发展水平不断提高，创新活动的预测和监管难度随之增长是必然趋势（冯军，2005），其治理面临严峻的"科林格里奇"困境（Collingridge，1980）。生化武器、基因武器、量子武器、机器人武器等破坏性技术的开发与应用会引发不可估量的安全问题。正是由于科技创新活动的影响具有两重性和不确定性，有意义的创新必须嵌入责任性内涵，科学研究与技术创新应尊重社会需求与社会意愿、体现社会价值与社会责任、遵守伦理道德与法律规范，满足安全、绿色和可持续发展等要求（Owen et al.，2013），并在利益相关主体广泛参与的基础上（Stilgoe et al.，2013），引导管理主体由危机管理转向对技术创新过程与结果的预测式治理（Sutcliffe，2011）与响应式治理（Owen et al.，2012），通过公众审议、学科建设、风险评估、伦理审查、技术升级、司法监管等抓手（黄本笑和范如国，2006；韩兆柱和单婷婷，2015；蒋洁，2017）和制度化的创新社会建构（Barley & Tolbert，1997；Pandza & Ellwood，2013），肩负起科学研究与技术创新的社会和生态等多方面责任。

4. 底线性：对于防止未来产业失控具有不可或缺的安全意义

在责任性的基础上，一个此前很少被探讨却至关重要的问题亟待解决：面对未来产业发展有可能造成不可逆错误的风险，如何划定并通过严密的技术方案守住未来科技和未来产业的发展底线和安全底线（范芙蓉和秦书生，2018；Wallach，2015）？对此，本书提出以防止发展失控为核心使命的"底线性"维度，这是未来产业创新发展必须具备的安全属性。

未来科技与未来产业管理与农业管理、工程管理、经济管理、金融管理、服务业管理等其他管理领域有一个重要区别：未来科技和未来产业没有边界且其前沿在加速扩张。这就带来了三方面问题。首先，随着生产力不断解放和发展、人均受教育水平快速提升、知识融合与传播能力加快增强、脑机结合和智能技术加速发展、创新激励政策力度不断加大，创新主体和创新从业人员的规模和能力将迅速增长，技术之间的灵活组合和相互促进将会急速缩短它们从理论雏形发展到落地应用乃至实现产业化所需的流程和时间，对评估和监管机构实时响应能力的要求会越来越高；其次，人类千百年来自身机体的环境适应和生存能力不进反退，目前核技术、纳米技术、量子技术、生化技术、基因技术、智能技术等任何一项前沿技术所蕴藏的破坏力都已远远超出人类脆弱的身躯所能抵御和承受的范围；最后，在私有资本深度参与甚至是主导前沿科技和未来产业发展，分布式和区块链等技术不断推动强化"去中心化""自主智能"和"自适应管理"的未来，人类很可能会不知不觉地陷入不断失守未来科技和未来产业监管阵地的被动局面（陈劲和朱子钦，2019；朱子钦等，2018）。在上述三方面因素的共同作用下，一旦任何未来产业的发展偏离了造福人类社会的方向，都很可能给人类社会带来措手不及的灾难性影响。人类历史中以实现霸权为目的的军事和科技"恶性竞赛"以及随之发生的反人类罪行都印证了先贤们并非杞人忧天，墨菲定律更是告诫我们不能对灾难抱有侥幸心理。在历史教训和至理名言的不断警醒下，我们应充分认识到，仅靠自我监督、行业自律、政策引导、司法监管和责任性治理，尚不足以杜绝未来产业发展不慎导致的不可逆破坏，一定要坚持底线思维，着力防范化解重大风险[一]。主管部门在大力提升开放和服务水平的同时，更要肩负好管底线的重任（李崇富，2016），运用底线思维，通过创新要素管理和能源管理等抓手，确保科技创新和未来产业的培育活动始终在党的领导下开放而有序地开展，确保未来科技和未来产业的选择权、控制权、修正权和终止权掌握在广大人民的手中，以此坚守未来科技和未来产业发展的安全底线（陈劲和朱子钦，2019）。

3.2 科技创新成果的整合式培育

正确、精准地从未来产业的实践需求中凝练关键科学问题，并以之为核心推动科技创新成果的整合式培育落地，是高效推动未来产业发展的重要前提。国家战略科技力量、新型举国体制、战略性科学计划和科学工程等重要概念的提出，体现了新时期党和国家对创新发展的新要求、新思路，也对加快布局战略性科学计划和工程，完善科学问题凝练和科研成果整合式培育与贯通式转化机制，推动实现高水平科技自立自强提出了更高、更紧迫的要求。

[一] http://www.gov.cn/xinwen/2019-01/21/content_5359898.htm

3.2.1 来自美国国防高级研究计划局的启示

作为科技战略制定、科学问题凝练和成果贯通落地的典范，DARPA立足推动高风险、高难度的突破性、颠覆性原始创新，在科研项目选择、立项与成果产业化等方面形成了自己的独特模式（郝君超，2015），所资助的项目成功培育了互联网、半导体、个人计算机操作系统UNIX、激光器、全球定位系统（GPS）等许多重大科技成果，在相当长一段时期内成功肩负起了保持美国绝对技术及竞争优势的使命。第一，DARPA拥有稳定的政府资金支持和预算自主权，可以长期资助具有巨大潜力的超前性项目。第二，其建立了完善的战略研究体系，针对七个重点领域方向分设了相应的技术办公室，负责遴选具有潜力的资助项目。强大的外脑体系是DARPA战略研究力量的重要支撑，包括由全美最顶尖的约30位科学家、工程师和约20位项目官员组成的国防科学研究委员会，以及由30~60位材料学、化学、生物学、计算机等领域顶尖专家组成的JASON国防咨询小组。通过完善的外脑体系，DARPA能够建立与美国一流大学、企业和科研机构的紧密联系，共同商讨遴选未来技术的资助布局。第三，DARPA面向企业建立了专业的项目经理团队，这些项目多为短期项目，由办公室主管审慎遴选具备突出的专业素质、丰富的项目经验和企业家精神的项目经理，实行经理负责制，并要求在任期内完成项目。第四，DARPA形成了成熟的动态评估、竞争择优机制，为了降低项目资助风险，保持团队之间的合理竞争，DARPA通常会选择资助互补性技术方案，也就是同时资助多个无关联团队执行同一项目，并在项目中期进行"继续/中止"评估，及时淘汰发展潜力达不到预期要求的项目。第五，多举措推动科技成果的一体化培育，推动基础研究、技术攻关、产品开发、中试生产到产业化的全链条融通。DARPA的这些科学问题凝练、项目遴选、过程管理与成果全链条转化的成功经验，能够为未来产业的贯通式培育提供重要启示。

3.2.2 推动科技成果整合式培育的重点举措

相较而言，我国从需求中科学问题凝练（反向）和解决科学问题后"落地"（正向）的机制还不健全，特别是相应类型的国家级项目资助机制还不够明确。以使命导向、前沿引领、面向科学、面向技术四个维度为基准，国家级资助项目总体上可分为四种类型（如图3-2所示）。其中，使命导向和前沿引领两个维度分别从科研项目所研究问题的紧迫性（国家重大战略需求、人类生存发展问题等）与先进性（对未知世界、领域的突破性探索、基础研究的突破性问题及未来技术研发应用等）进行刻画。面向科学与面向技术两个维度是从科学问题属性角度进行划分，刻画科研项目所研究的问题是解决理论问题（发现自然界新规律与新机理、解决现有理论矛盾等）还是实践应用问题（工程技术攻关问题、解决社会发展与现有技术手段差距问题）。

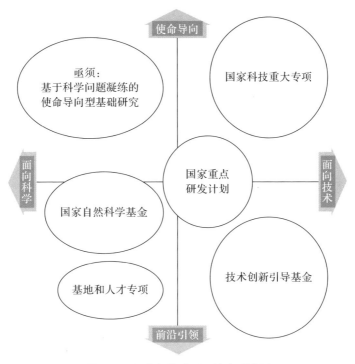

图 3-2　国家级资助项目的主要类型

其中，对于使命导向+面向技术类的"战略性技术研发"计划，我国主要设立了国家科技重大专项、国家重点研发计划等；对于前沿引领+面向科学类的"探索性基础研究"计划，我国主要设立了国家自然科学基金、基地和人才专项等；对于前沿引领+面向技术类的"探索性技术研发"计划，我国主要设立了技术创新引导基金等；而对于使命导向+面向科学类的"使命导向型基础研究"计划，我国还没有做出明确的安排，亟须加快填补这一空白，并以此为基础加快完善科学问题凝练与科研成果贯通机制。对此，需要重点关注如下几方面问题：

一是从科学问题凝练到成果贯通的统筹机制不健全。需要从顶层设计、战略规划、领导体系和组织模式等方面系统性设计贯通科学问题凝练（反向）和解决科学问题"落地"（正向）的制度体系和运行机制。

二是问题导向与需求导向的项目遴选方法还不成熟。当前我国科研规划工作对"专家本位"机制的依赖较为严重，基础研究与实践问题和需求存在一定的脱节，导致科研成果落地应用的效果不尽如人意。主要原因在于项目来源、遴选主体、遴选标准都不够明确。

三是跨部门、跨层级、跨区域协同有待进一步加强。部门利益、央地利益、区域利益之间复杂的博弈可能给科研项目的统筹布局和实施带来阻力。要加快解决形式协同大于实质协同的现状，加快解决重复申报、资源浪费、分散化管理、重申报轻验收、成果转而不化等问题。

四是科研项目全周期管理和评审机制有待完善。目前从基础研究、技术创新到产品研发的链条过长，现行的项目管理与评审机制容易造成创新链割裂，不利于成果贯通和落地应用，立项前的调研和论证，项目指南阶段的公开性、透明性和反馈性，中期检查与后评估，社会和同行监督评价机制，评审专家组成等方面都有进一步优化的必要。

五是需进一步加强基金项目的中期检查与后评估工作。自然科学基金项目整体来说缺少对研究成果"落地性"的考核，从一般项目到重大项目均存在该情况。通过中期检查与后评估，来对项目研究成果的"落地性"进行考察。由此引申出的另一个重要问题在于科技成果转化的激励引导方式和力度还存在不足。目前在跟踪转化信息、调研社会需求、考察转化成果和检查资助效果等方面还较为薄弱。基金项目申请书中对落地承诺的考核较少。同时，成果真正转化后的奖励政策效果还不够好，激励机制不能适应新发展阶段成果转化的要求。

针对上述问题，建议从战略规划、项目遴选、立项机制、项目管理、成果培育、成果转化等方面完善机制设计。

1.建立从问题凝练到成果贯通的统筹机制

面向从科研问题凝练到成果贯通的全链条，对"明确资助导向、完善评审/立项/项目管理等机制，优化成果培育与转化"等关键环节进行通盘考虑，以全链条协同联动为指导完善顶层设计。强化国家层面科技智库和数字化平台建设，聚焦科技安全底线和战略主动，以全国一盘棋的高度开展战略研判、专题研究、动态追踪，建立科学问题分级清单，在谋划重点方向、科学问题凝练、制定贯通策略、论证拟制规划计划等方面为创新主体提供精准指引。同时应深入开展内外调研，及时听取科研人员、依托单位和其他相关部门的意见建议，完善面向国家重大需求的科学问题凝练机制、面向世界科学前沿的科学问题凝练机制、重大类型项目立项机制和成果应用贯通机制等，全面推动科学问题凝练与成果贯通体制建设等各项任务的落实。

2. 加强科学问题遴选体系建设

著名科学哲学家波尔曾指出"准确地提出一个科学问题，问题就解决了一半"。科学问题遴选的准确与否直接决定科研成果的实际成效。针对全国重点产业的全链条进行全面、系统、深入预判和摸排，并综合产学研多部门、领域内多学科专家的意见，以解决经济、社会发展及科学技术自身发展面临的问题为目标，不能脱离应用场景，加强科学问题遴选。要对科学问题的来源做深入的分析，充分论证。在此基础上，要建立完善涵盖遴选主体、遴选方法和遴选流程的科学遴选体系。适当增加企业和行业专家组成员的比例，以便更好地从一线源头上凝练出将来可以直面未来产业实践的科学问题。

3. 优化科研项目规划与立项机制

在科研立项规划的项目层次与种类设置方面，应从项目层次、时间层次、数量层次和项目边界等角度进行优化。例如，在项目层次方面，可根据不同层次和不同类型的项目采取不同的立项机制。在时间层次方面，应错开项目间的申报时间段。明确申报时间段，错开每年3月的面青地统一提报节点，如重大类型项目定在9月底节点，以便专家们在面青地项目后，有充足的时间构思重大科学问题，或是在固定的申请时间外，可适当增加随时提出的重要科学问题研究的支持途径。在数量层次方面，可将指南类别分为两类，对于未来产业发展迫切需要解决的科学技术问题，每项指南至少支持1个项目，对于其他类别，可以采取指南的差额化立项，而不是简单地将所有指南共同差额评审。在项目边界方面，可进一步引导和清晰化边界，尤其是原理性的探索，要与科技部显得区别大一些。并且，应探索跨学科、跨领域的交叉项目立项机制。

强化国家层面科技智库和数字化平台建设，聚焦未来产业全链条的科技安全底线和战略主动，以全国一盘棋的高度开展战略研判、专题研究、动态追踪，建立科学问题分级清单，在谋划重点方向、科学问题凝练、制定贯通策略、论证拟制规划计划等方面为创新主体提供精准指引，分级立项、避免重复资助、不同部门联合资助、学科交叉组队、产学研联合组队等通过公开征集、竞争择优、定向择优、定向委托、"揭榜挂帅"和"赛马制"等多种方式，突出质量、贡献、绩效导向，加快落实"英雄不论出处"和破"五唯"。比如"揭榜挂帅"机制将聚焦未来产业特定领域的技术难题，面向全社会开放，专门征集科技创新成果，利用揭榜标的公开募集、需求导向创新、结果导向评审、过程竞争、以科研成果兑现科研经费和奖励等"揭榜挂帅"的特征和优势，针对最迫切的科研难题，以开放式创新的形式，最大限度地调动社会各界的智力潜能，以最快的速度找到切实可行的解决方案。再比如"赛马制"主要聚焦技术选择风险高、前期研究效果不明显类项目，具有资源利用效率高、资金匹配精准度高、技术选择风险低等优势，可采取优中选优、集中支持的项目实施模式。要建立常年受理、定期评审、分批下达的科研项目库。同时，可进一步改进资助模式，对于合适的项目，尝试基金委和企业联动，双方共同凝练科学问题，并且由基金委资助科学问题的解决，由企业资助科研成果的落地。

4.创新使命导向型科研项目的管理监督机制

加快完善基金项目研究成果的"立项－验收－后评价－反馈"闭环质量控制体系和项目后评价的监测与指标体系，从机制上保障基础研究成果能"落地"、推广应用有支撑。同时要加快推进项目管理专业化服务能力建设，发挥专业服务机构作用，充分运用信息技术，精简管理流程，构筑网上一站式服务平台，加强立项评审、过程管理、验收评估等环节的规范性与透明度。

5.联合相关方促进科技成果转化

建立和完善项目经理制，加强基金委和国家级科技成果转化平台、技术交易平台、知识产权运营服务机构、科技金融机构、科技型创新创业企业的对接，打通科研成果创造、运用、保护、管理、服务全链条，健全科研成果综合管理体制，增强系统保护能力。加强科研成果管理的信息化、智能化基础设施建设，推动成果转化体系的线上线下融合发展。针对创新链和孵化链的薄弱环节，联合相关部门和机构建立中试基地（平台）和全国网络，促进科技成果转移转化体系与区域创新体系、未来产业创新体系（郭京京等，2021）深度融合。图 3-3 为科技成果整合式培育的典型体系。

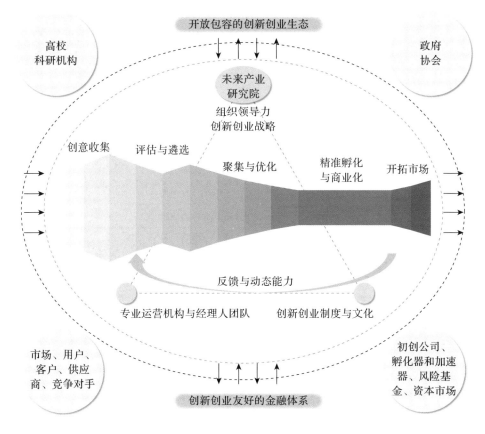

图 3-3　典型的整合式培育体系

3.2.3　整合式培育的落地逻辑与框架分析

政策方案、培育机制等只有落地为管理模式并完成管理系统开发和应用，管理者才有可能切实推行政策、执行战略、行使管理职权、实现管理目标。因此，本书提出未来产业科技成果的整合式培育模式。遵循"人民性"、实现"整合性"、肩负"责任性"和确保"底线性"是整合式培育模式的根本目标，也是设计和开发管理系统的出发点，它们的具体内涵详见表 3-1。

表 3-1　意义导向的未来产业发展目标及其内涵

管理目标	具体内涵
遵循"人民性"	体现人民意志、保障人民权益
	坚持和加强党对未来产业发展的领导
	推进创新文化建设、发挥人民主体作用
	深化未来产业依法治理、完善创新资质认证体系
实现"整合性"	构建意义引领和战略驱动的未来科技与产业政策体系
	深化科技体制改革、强化国家战略科技力量
	完善自主、协同、融通、开放的新型举国体制
	打造现代化产业培育体系、实现"政产学研用金"融合
肩负"责任性"	推动科技与产业统筹规划和风险管理学科建设
	有效评估和控制科技创新与未来产业风险
	加强未来科技与产业的伦理审查和司法监管
	提升对创新活动的预测、选择、控制、修正能力
确保"底线性"	确保未来产业的人类主体性和人民的主体性
	确保对科技、产业失控的及时预警、中止与复盘能力
	确保对产业发展要素的动态精准调控能力
	确保对能源等关键要素供给的全流程绝对控制力

如何将管理目标转化为管理需求，并相应设计和开发管理系统，是推动整合式培育落地需要解决的核心问题，也是匹配衔接未来产业治理需求与技术方案供给之间的枢纽环节。为此，本书采用管理信息系统学科中"从需求分析到系统开发"等认知方法论（薛华成，2013），提出如图 3-4 所示的"目标-需求-系统（软硬件）"三位一体的整合式培育模式的研究分析逻辑。

该研究分析框架的第一层为目标层，这是设计和开发管理系统的出发点。第二层为需求层，从管理目标中拆解出管理需求，为相应地设计和开发管理系统提供依据。具体来看，以"人民性"目标为例，为了推进创新文化建设、发挥人民主体作用，需要促进公众参与并进行相应的管理（朱子钦等，2017；朱子钦等，2018）；为了完善创新资质认证体系，就需要进行创新资质管理。再以"底线性"目标为例，为了确保对创新要素的动态精准调控能力和能源等关键要素供给的全流程绝对控制力，需要对创新要素和能源进行管理。第三层为系统层，它是由管理目标出发，根据相应的管理需求，通过信息、化工、物流、制造等手段进行计划和控制的管理系统。同时，系统层中还需内嵌软硬件层，为构建系统并实现其功能提供软件和硬件基础和支撑。还是以"人民性"目标为例，为了满足公众参与管理的需求，就要设计和开发公众参与系统，并配套开发民意调查平台和统计分析平台等关键软硬件；为了满足创新资质管理的需求，则要设计和开发资质管理系统，并配套开发资质认证平台等关键软硬件。再以"底线性"目标为例，为了满足创新要素管理的需求，需要设计和开发要素管理系统，并配套开发物流仓储平台等关键软硬件；为了满足能源管理的需求，则需设计和开发能源管理系统，并配套开发能源供给平台和能源监管平台等关键软硬件。

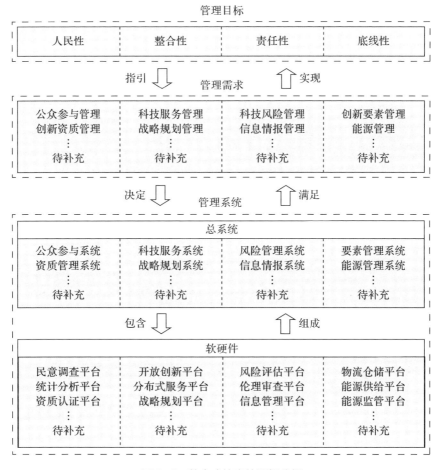

图 3-4　整合式培育的逻辑分析

至此，本文以"人民性""底线性"两个维度为例，介绍了未来产业整合式培育模式的"目标 – 需求 – 系统（软硬件）"三位一体研究分析框架的构建逻辑和思路。在此基础上，还需要通过对象/需求调查和目标手段分析等研究方式，对国家科技、产业主管部门和企业、高校、科研院所等创新主体中的相关管理人员和科技、产业专家展开深度访谈和调研，对每个维度的管理目标、管理需求、管理系统、软硬件及其关键技术或方法进行拓展补充、不断完善，最终形成如表3-2所示的"目标 – 需求 – 系统（软硬件）"三位一体的整合式培育的研究分析框架。

表 3-2　整合式培育的落地框架

管理目标	管理需求	管理系统	核心软硬件	关键技术或方法
人民性	公众参与管理	公众参与系统	民意调查平台	智能语音技术 信息集成技术 ……
			统计分析平台	定向抓取技术 数据挖掘技术 ……
			……	……
	创新资质管理	资质管理系统	资质认证平台	资质评定方法 统一认证技术 ……
			……	……
	……	……	……	……
整合性	科技服务管理	科技服务系统	开放创新平台	自动标签技术 智能推送技术 ……
			分布式服务平台	知识图谱技术 开源系统技术 ……
			……	……
	战略规划管理	战略规划系统	战略规划平台	智能推演技术 决策辅助技术 ……
			……	……
	……	……	……	……

（续）

管理目标	管理需求	管理系统	核心软硬件	关键技术或方法
责任性	科技风险管理	风险管理系统	风险评估平台	知识融合技术 风险评估方法 ……
			伦理审查平台	伦理评估方法 数据仓储技术 ……
			……	……
	信息情报管理	信息情报系统	信息管理平台	采集与识别技术 实时反馈技术 ……
			……	……
	……	……	……	……
底线性	能源管理	能源管理系统	能源供给平台	统筹配送技术 模块化供能技术 ……
			能源监管平台	能流测控技术 日志审计技术 ……
			……	……
	创新要素管理	要素管理系统	物流仓储平台	分级物流技术 区块链溯源技术 ……
			……	……
	……	……	……	……

3.2.4 整合式培育的管理系统架构设计方案

基于以上所构建的整合式管理系统框架，本书进一步通过管理总系统架构、创新要素管理系统架构和供能装置三个设计案例论述模块化设计和构建管理系统架构及其关键软硬件的思路和方法，以解析该框架的实证启示。

1. 管理总系统架构的设计思路与方案

围绕"创新主体是根据创新需求通过创新活动输出创新成果"这一创新总

流程，以实现人民性（实线表示）、整合性（虚线表示）、责任性（点线表示）、底线性（双点线表示）四个维度的属性及其管理目标为设计依据和出发点，通过目标手段分析法设计了如图 3-5（朱子钦等，2017；朱子钦等，2018）所示的管理总系统架构。

从模块结构的角度来看：

所述的管理总系统设置了公众参与系统、风险管理系统、战略规划系统、资质管理系统和科技服务系统。此外，为了维护科技创新的安全底线，需要配套要素管理系统和能源管理系统。最后，为了规制和支撑科技创新核心流程的运转，还需要设立科技法律法规、设置中央控制系统、通信系统、记录系统、信息情报系统、保密系统和安防系统。

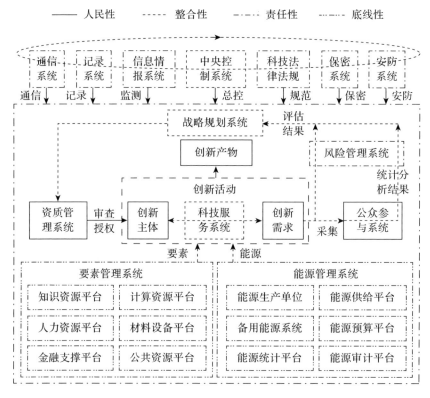

图 3-5　未来产业培育的整合式管理总系统架构

从功能流程的角度来看：

首先制定科技创新法律法规，规范各功能模块的职权及流程关系，同时对创新主体和创新过程进行司法监管。创新主体通过科技服务系统向风险管理系统提交科技创新需求和申请。公众参与系统在战略规划系统的委托下调查、统计和分析公众对科技创新活动和产品的接受度，并给予参与公众有效的激励。风险管理系统一方面会根据创新主体的创新申请和公众参与系统提供的统计分析结果，融合社会科学和自然科学知识，运用现代数学和统计学方法，分析和评估科技创新活动和产品对安全、伦理、社会和生态等造成的影响与风险，另一方面会研究和设计自然资源承受极限、生态环境承受极限、社会伦理承受极限、公共安全承受极限和人类生存承受极限等指标，评估应当禁止的科技创新活动和产品，并将两方面评估结果报送至战略规划系统。战略规划系统会根据社会公众需求、创新主体的申请和风险评估结果制定科技发展战略和规划。资质管理系统会根据资质认证标准审查和授权创新主体开展科技创新活动。科技服务系统为创新活动提供科学研究与试验发展服务、专业技术服务、科技推广服务、科技信息服务、科技金融服务、综合科技服务、科学普及服务、科技交易服务等全方位服务。

要素管理系统和能源管理系统用于维护科技创新的安全底线。要素管理系统在为科技创新活动提供材料、仪器设备、知识资源、计算资源、人才、资金、支撑性公共资源等创新要素的同时，对创新要素进行动态精准调控。能源管理系统在为科技创新活动提供能源的同时，还要监控能源的流量与流向，并在必要时调控甚至切断能源的供应。

在整个创新过程中，中央控制系统通过信息情报系统对科技创新活动的所有环节行使最高监管职权，并具备直接控制能源供应等关键环节的能力。通信系统为创新活动的所有环节提供通信支撑。记录系统利用区块链等技术对创新活动的信息进行备份，为全流程溯源和审查机制提供技术支撑。保密系统为创新活动的关键环节提供保密服务。安防系统为创新活动的关键人员、材料、设备、系统等提供安防保障。

2. 管理子系统架构的设计思路与方案——以创新要素管理系统为例

以管理"创新主体利用创新要素开展创新活动形成创新成果"这一核心流程中的创新要素供给环节为主要抓手，以实现"底线性"维度中"确保对创新要素的动态精准调控能力"这一管理目标为设计依据和出发点，通过目标手段分析法设计了如图3-6（陈劲和朱子钦，2019）所示的创新要素的整合式管理架构。

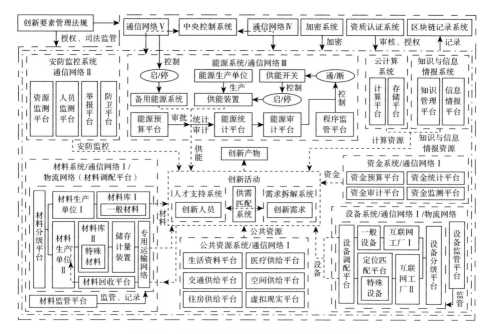

图 3-6　未来产业创新要素的整合式管理架构

从模块结构的角度来看：

创新要素管理系统设置了通信网络、物流网络、资质认证系统、创新人员、创新产物、能源系统、资金系统、材料系统、设备系统、公共资源系统、知识与信息情报系统、人才支持系统、需求拆解系统、供需匹配系统、云计算系统。此外，为了规制和支撑核心流程的运转，还需要设立创新要素管理法规，并设置中央控制系统、区块链记录系统、加密系统和安防监控系统。

从功能流程的角度来看：

首先制定创新要素管理法规，规范中央控制系统、资质认证系统、能源系统、资金系统、材料系统、设备系统、公共资源系统、知识与信息情报系统、人才支持系统、需求拆解系统、供需匹配系统、云计算系统、区块链记录系统、加密系统和安防监控系统的职权范围，同时对创新人员进行司法监管。创新人员向资质认证系统提交创新要素的调用申请。创新要素主要分为以下几方面：

能源系统。其负责五方面职能：一是通过能源预算平台审批所有系统和创新产物的能源用量预算；二是通过能源统计平台和能源审计平台统计和审计能源用量，并根据审计结果是否与预算相符，通过控制供能开关的通断来控制供能装置的启停；三是通过能源生产单位生产能源和供能装置，并通过供能装置为所有系统和创新产物提供能源；四是通过程序监测平台监测和判定各系统和创新产物运行的程序是否符合资质认证系统所规定的授权范围，并根据判定结果通过控制供能开关的通断来控制供能装置的启停；五是通过备用能源系统为被误关的系统或创新产物提供备用能源。

资金系统。其在资质认证系统的授权下负责三方面职能：一是通过资金预算平台审批创新活动的资金预算；二是通过资金统计平台和资金审计平台统计和审计资金的使用情况；三是通过资金监测平台对所有的资金转移过程进行编码、追踪和记录。

材料系统。其在资质认证系统的授权下负责八方面职能：一是通过材料分级平台对科研材料进行分级，将科研材料划分为一般材料和特殊材料，并根据分级结果对不同科研材料的生产、储存、调配、使用和回收环节的工作资质、方法和流程进行规范；二是通过材料生产单位生产创新活动所需的材料；三是通过材料库储存材料；四是通过材料调配平台和物流网络根据创新人员的权限及需求向创新人员供给材料；五是通过材料监管平台对特殊材料进行编码、追踪和记录；六是通过专用运输网络运输特殊材料；七是通过储存计量装置储存特殊材料，并计量特殊材料的使用情况；八是通过材料回收平台回收特殊材料并计量和记录回收量，确保特殊材料的流向完全可控。

设备系统。其在资质认证系统的授权下负责五方面职能：一是通过设备分级平台对科研设备进行分级，将科研设备划分为一般设备和特殊设备，并根据分级结果对不同设备的生产、调配和使用环节的工作资质、方法和流程进行规范；二是通过互联网工厂利用模块化设计、3D打印和柔性制造技术根据创新人员的权限及需求定制科研设备；三是通过设备调配平台和物流网络根据创新人员的权限及需求向创新人员供给设备；四是通过设备监管平台对特殊设备进行编码、追踪和记录；五是通过定位匹配平台一方面对特殊设备进行定位追踪，另一方面识别创新人员的身份并记录其对设备的使用情况。

公共资源系统。其在资质认证系统的授权下负责六方面职能：一是通过空间供给平台为创新活动调配物理空间；二是通过住房供给平台为创新人员提供住房；三是通过生活资料平台为创新人员提供生活资料；四是通过交通供给平台为创新人员提供交通服务；五是通过医疗供给平台为创新人员提供现场或远程医疗服务；六是通过虚拟现实平台满足创新人员的亲友相伴需求，当亲友身处异地时，通过平台的虚拟现实技术实现零距离相伴，当亲友身处身边时，通过虚拟现实技术实现远程工作或学习。

知识与信息情报系统。其在资质认证系统的授权下负责两方面职能：一是根据创新人员的权限与需求，通过知识管理平台提供创新所需的知识、文献、数据和程序包等知识资源；二是通过信息情报平台实时搜集、分析和评估科技发展的现状与需求、创新人员的动态与水平，一方面为资质认证系统评估和授权创新人员调用创新资源和输出创新产物提供情报依据，另一方面对创新人员的研究方向进行推荐与引导。

人才支持系统。其在资质认证系统的授权下负责两方面职能：一是根据创新人员的权限与需求提供个性化、针对性的创新培训，并利用标签技术对创新人员进行细分和身份编码；二是根据成就和贡献对创新人员进行激励。需求拆解系统在资质认证系统的授权下将创新人员遇到的个性化技术问题拆分和解读为通用性学术问题，并利用标签技术对相关问题进行细分。供需匹配系统在资质认证系统的授权下，根据人才支持系统对创新人员的标签分类结果和需求拆解系统对创新问题的标签分类结果进行精准匹配与推送。

云计算系统。其在资质认证系统的授权下负责两方面职能：一是根据创新人员的权限与需求，通过计算平台为其提供计算资源，并为每位创新人员设立独立的账号；二是通过存储平台实时备份创新人员的数据和文件，且不可删除。

在整个创新过程中，区块链记录系统对能源、资金、材料、设备、知识资源、信息情报资源、公共资源、创新人员、创新产物的流动和运行情况以及供需匹配过程进行全天候、全覆盖记录；加密系统利用量子通信和量子加密技术杜绝在未授权的情况下对任何能源、资金、材料、设备、信息、云计算系统和区块链记录系统进行调用和操作；安防监控系统对关键材料、设备、系统、创新人员和创新产物进行物理隔离和监控，并提供有效的防卫力量；中央控制系统对创新要素管理系统的所有环节拥有最高监管权限，能够跨过任何环节对所有供能开关直接下达指令，并直接管控能源生产单位、备用能源系统和安防监控系统。

更进一步，通过整合本团队已有的相关发明专利（陈劲和朱子钦，2019；

范利武等，2019；范利武等，2020），本书设计了如图3-7所示的物联网系统，用于管理未来产业整合式培育的物质要素，特别是特殊材料设备，具体模块结构和功能流程在所述发明中有详细介绍。

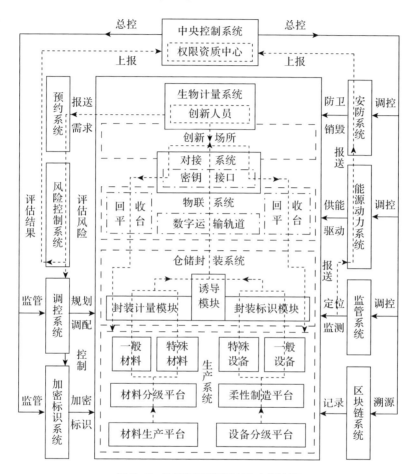

图3-7　物联网系统架构及功能流程

3. 关键软硬件的设计方法——以模块化供能装置为例

对于底线性目标而言，能源供给环节处于十分特殊的地位。一方面，能源是开展科技创新活动的支撑性要素和必要条件；另一方面，能源也是驱动科技创新产品的必要条件。当任何一项科技创新活动或产品出现失控趋势时，调控能源供应是最后也是最彻底的一道防线，所以坚守科技发展的安全底线的核心在于管控能源。

将能源免疫系统理论与毛细化能源管理技术（朱子钦等，2017；朱子钦等，2018；陈劲等，2020）内嵌入科技创新活动的全流程，建立完备的能源生产、供应和监控体系及相应的管理系统，是防止未来产业失控的命门所在，其中供能装置是实现底线功能的关键软硬件。围绕这一定位，设计了如图3-8（陈劲和朱子钦，2019）所示的模块化供能装置。

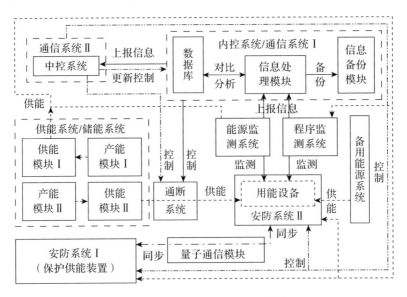

图3-8 供能装置的模块结构和功能流程图

从模块结构的角度来看：

供能装置包括通信系统、供能系统、储能系统、程序监测系统、能源监测系统、内控系统、通断系统、安防系统、备用能源系统和中控系统。

从功能流程的角度来看：

供能系统产生和供应供能装置和用能设备所需的能源。储能系统储存供能装置的备用能源。程序监测系统监测用能设备运行程序的信息，并通过通信系统将程序监测信息传送给内控系统和中控系统。能源监测系统监测用能设备内能量流动的信息，并通过通信系统将能量监测信息传送给内控系统和中控系统。内控系统用于根据设置的禁令触发条件对程序监测信息和能源监测信息进行监控，具体包括四方面职能：一是通过通信系统收集程序监测信息和能源监测信息；二是对比、分析和判定程序监测信息和能源监测信息是否满足禁令触发条件；三是根据判定结果，通过通信系统发出指令，控制通断系统；四是将信息上报中控系统并执行中控系统发出的指令。通断系统是根据内控系统和中控系统下达的指令控制供能装置和用能设备之间的通断。安防系统监控和保护供能装置和用能设备的核心元件。备用能源系统只接受中控系统的指令，为被误关的用能设备提供备用能源。中控系统对供能的所有环节行使最高控制权限，可以跨过任何环节对所有系统和模块直接下达指令，并直接控制安防系统和备用能源系统。

具体技术细节和运行逻辑在后文能源免疫系统与模块化供能产业章节中展开介绍。

3.3 从传统到未来的一体化发展

要准确理解未来产业，需要将其与产业经济研究中几个常见的概念——传统优势产业、战略性新兴产业（李晓华和吕铁，2010）等加以比较区分，进而加强顶层设计和系统思维，推动实现未来产业与传统优势产业、战略性新兴产业的一体化发展。

1. 未来产业与传统优势产业、战略性新兴产业的关系

传统优势产业的技术先进，增长率高，是能够综合体现一个国家在该领域的比较优势和竞争优势的产业关联度强的主导产业（Hirschman，1988）。传统优势产业在国民经济中规模占比大，能够高效吸收创新成果，适应一定时期内需求大规模增长的要求，进而保持可持续的高增长率，并对未来产业的布局和培育具有广泛深刻的直接和间接影响，甚至是部分未来产业的演化起点。

2010年10月，国务院发布的《国务院关于加快培育和发展战略性新兴产业的决定》正式将发展战略性新兴产业上升为国家产业政策，将战略性新兴产业界定为"以重大技术突破和重大发展需求为基础，对经济社会全局和长远发展具有重大引领带动作用，知识技术密集、物质资源消耗少、成长潜力大、综合效益好的产业"[一]，并根据产业发展趋势对战略性新兴产业做出了产业分类，提出了节能环保、新一代信息技术、生物、高端装备制造、新能源、新材料、新能源汽车七个重点领域。随后，国家统计局发布了《战略性新兴产业分类

[一] http://www.gov.cn/zwgk/2010-10/18/content_1724848.htm

（2012）》（试行）[一]，对战略性新兴产业的发展规模、结构和速度等方面进行测算，并以此作为指导产业发展的依据。2018年11月，国家统计局发布了修订后的《战略性新兴产业分类（2018）》，并将战略性新兴产业的范围扩大到新一代信息技术产业、高端装备制造产业、新材料产业、生物产业、新能源汽车产业、新能源产业、节能环保产业、数字创意产业、相关服务业这九个领域。

相对于不同领域的传统优势产业、战略性新兴产业而言，未来产业既有可能更多地体现突破性、传承性（大体归类为Ⅰ型未来产业），也有可能更多地体现颠覆性、超越性（大体归类为Ⅱ型未来产业）。Ⅰ型未来产业更多通过"现有产业未来化"的发展路径，以传统优势产业的庞大市场规模和强劲市场预期为基础，不断更新迭代技术，实现"优中培精"和"有中育新"；Ⅱ型未来产业则更多通过"未来科技产业化"的路径，基于未来蓝图分析和未来场景展望，反推具有支撑性的未来科技需求，通过颠覆性创新实现超越型未来产业的"无中生有"（如图3-9所示）。

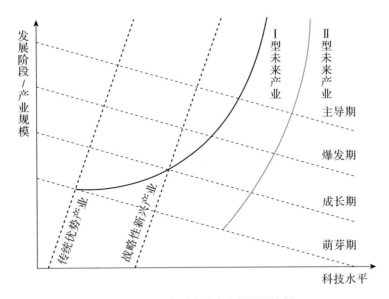

图3-9 不同类型未来产业的发展路径

2. 从传统优势产业、战略性新兴产业到未来产业的一体化发展

相对于传统优势产业、战略性新兴产业而言，未来产业是一个动态性更强

[一] http://www.stats.gov.cn/tjsj/tjbz/201301/U020131021375903103360.pdf

的概念，需要放在历史维度中进行定义。相对于我们的祖先而言，当今绝大多数的优势产业都曾属于未来产业；相对于我们的同辈人而言，当今的未来产业很可能会在未来某一天成长为传统产业和主导产业。要想更加高效、精准地识别具有产业化前景、能够造福未来社会的未来科技，避免跟风炒作和盲目投入造成的资源错配，就需要加强从传统优势产业、战略性新兴产业到未来产业的一体化发展，坚持经济思维、科技思维和战略思维、人文思维、哲学思维的统一，在综合考虑未来产业对政治、经济、社会、文化、生态、安全等全方位意义的基础上，将产业发展主体从短期利益和内部效率要求的束缚中解放出来，实现面向中长期收益和外部社会整体福利的转型（陈劲等，2019），确保未来产业更好地服务于在高质量发展中促进共同富裕㊀。有意义的整合式创新作为意义引领思想（曲冠楠等，2021）和战略整合思想（陈劲和吴欣桐，2020）有机融合形成的新兴创新范式，将推动未来产业实现多方面转型（如表3-3所示）。

表3-3 以有意义的整合式创新引领和推动未来产业转型

类项	传统优势产业	战略性新兴产业	未来产业
创新范式	模仿创新	自主创新、协同创新、开放创新	有意义的整合式创新
核心能力	吸收能力	核心竞争力、动态能力	整合能力、引领能力
战略目标	工业化、自动化	信息化、网络化、现代化	数字化、智能化、绿色化、虚拟化、万物互联
	劳动密集型	高新技术驱动	未来农业、生命健康、公共卫生
	城镇化	乡村振兴	均衡发展、共同富裕
主要特征	分门类发展	全球化分工合作	交叉融合、自由全面发展
	形成完整工业体系	经济利益导向为主、垄断性	社会整体利益导向为主、群众路线
	自力更生	创新型国家、自主可控	世界科技强国、高水平自立自强
	世界工厂	国际激烈竞争	铸牢中华民族共同体意识、开放包容、共创共享、推动构建人类命运共同体

㊀ http://www.xinhuanet.com/politics/leaders/2021-08/17/c_1127770343.htm

一是要加强全国一体的科技和产业智库研究能力。打造国家产业创新公共服务平台，构建覆盖全球、国内各地区、各行业重点企业的信息情报分析平台，加强高新技术产业、战略性新兴产业、未来产业的一体化战略研究，提高面向企业、高校、科研院所等各类创新主体的精准推送和决策支撑能力，统筹推进产业链、创新链、资金链、人才链、政策链协同布局，加快推动未来科技趋势研判、核心技术的掌握和前沿引领技术、颠覆性技术的开发成为企业关注的新重点。

二是要提高企业在市场导向和应用导向重大科研项目中的话语权。推进国家重大科技计划项目的遴选与评审机制改革，提高企业在市场导向及应用导向科技项目中的主导作用，进一步调动和激发企业积极性（如图 3-10 所示）。鼓励企业深度参与技术创新治理体制机制的改革设计，提高企业参与研究制定国家技术创新规划、计划、政策和标准的程度，增强企业专家话语权，在国家科技计划专家库中积极吸收企业专家参加立项评审、结题验收等工作，提高相关专家咨询组中产业专家和企业家所占比例。加大国家实验室、国家重点实验室、国家技术创新中心等在领军企业的布局力度。探索实施重大科技攻关项目"揭榜挂帅"，积极发挥企业在项目形成和组织实施全流程中的主导作用。

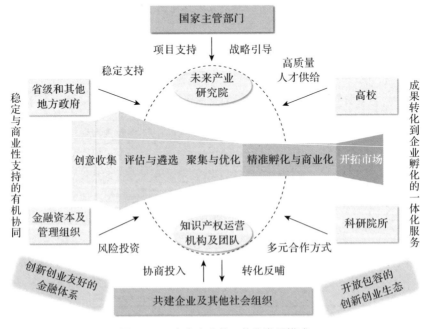

图 3-10　未来产业的一体化发展模式

3.4 科技安全工程学与复盘工程

高度动态不确定的未来科技是未来产业发展的决定性因素，其统筹布局和综合监管仅靠软科学和政策思维很可能会面临力不从心的困境，必须依靠强大的硬科技和缜密的系统工程思维支撑。早在20世纪70年代，钱学森先生就提出了组织管理的系统工程思想（钱学森等，1978）和经济社会发展总体设计部的构想（钱学森，2007），强调要用系统思维和整体思维研究和解决问题，为加强未来产业的系统性布局以及构建和完善统筹式治理体系与工具体系提供了重要启示。

有鉴于此，"科技安全工程学"与"复盘工程"将会成为未来产业理论体系和工具体系中至关重要的两个概念，鉴于当前对其展开系统性阐述的时机还不成熟，为了避免这两个概念提前遭遇不必要、不专业的误读、曲解和传播，本书仅先抛出这两个有可能对人类未来产生深远影响的概念，并在"7.2.3 生命护盾"章节中展示我们所设计并获得发明专利授权的相关重要功能模块（陈劲和朱子钦，2020），待时机成熟再作进一步解读。

第 4 章
未来产业编制的方法论

编制科研和产业发展战略规划是未来产业统筹式布局和培育发展的首要环节,需要有定性、定量相结合的编制方法论作为基础支撑(如图4-1所示)。谷歌、苹果、亚马逊等国际顶尖企业都是依靠创新而成功,他们不断地开发突破性战略来重建市场,通过更低成本、渠道再造等创造价值。他们的成功经验就在于科学地编制创新发展规划并将其融入自己的商业行为,通过加强战略管理来提高组织驾驭创新的能力。这包括将创新融入战略开发中,设计创新的、走向市场的策略,促进企业增长,创造更大价值,确保竞争优势,发现和探索新的蓝海市场,消除各种障碍,有效管理风险,确保创新成为战略优先项,推动

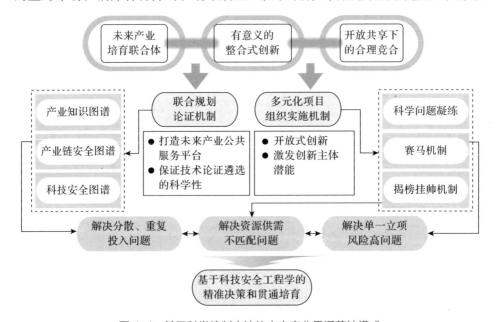

图 4-1 基于科学编制方法的未来产业贯通落地模式

全组织的创新，以实现创新目标。也就是说，基于创新战略定义和传达了创新的愿景，设定了创新目标，并将增长目标与企业长期发展路线协调，以实现最终的创新使命和目标（陈劲和宋保华，2016）。

4.1 未来蓝图分析

创新战略，特别是中长期的战略，需要对未来社会、经济和技术发展趋势进行科学准确的预测，挑战性很强。西门子认为，与其想尽办法来预测，不如亲自来设计和构建未来。于是，西门子中央研究院和公司内部的其他部门，开始合力设计一系列的工具，进而形成一套流程来优化研发效果。通过"展望"和"回溯"，来判断他们所构想的未来图景和现实间的距离，以及实现未来构想所需要攻克的技术问题，这就是所谓的"未来之窗"（Picture of Future, PoF）。

"未来之窗"是西门子用于创新方向规划的工具。它通过类似科幻小说的形式，结合现在、预测未来，通过两种互补的方法——"展望法"和"回溯法"，为我们描绘一幅清晰的未来世界工作和生活的图景，从而确定未来的发展趋势，以及影响未来发展趋势的关键技术，为确定创新方向提供依据。

1. "展望法"（Extrapolation）——结合现在

"展望法"是从"今天"开始推测"明天"，即通过现有技术和产品的发展路线图，预测现有技术和产品在未来的发展，其目的是尽可能准确地预测新产品问世的时间和什么时候人们将需要这些产品。这种方法的优点是立足现在，客观现实，保证了具体实施的可行性。但是，这种方法难以发现技术发展过程中的不连续性和跳跃性。因此，"未来之窗"还综合了另外一种方法："回溯法"。

2. "回溯法"（Retropolation）——预测未来

"回溯法"是从"明天"回溯到"今天"。这种方法就像写一本科幻小说，首先将人置于一定时间范围的未来，通过综合分析影响未来社会的各种因素，如社会、政治、经济、环境、技术趋势、客户需求等，来预测未来社会的具体工作方式和生活方式，以及满足这些工作方式和生活方式所需的技术。

在实施"未来之窗"项目的过程中，有个很重要的环节是需要和公司内外部富有代表性的意见领导者（专家学者）做大量访谈工作，这其中包括访谈对象的挑选和邀请，访谈话题的设计，以及访谈结果的分析处理等。一般来说，访谈对象包括来自不同大学、行业、智库的各领域的专家、学者等。通过"展望法"和"回溯法"的融合，专家学者可以描绘出一幅清晰具体的"未来之窗"画面，揭示未来社会的工作场景和生活场景，并进一步分析未来将面临的挑战，以及解决这些挑战所需的关键技术。通过"未来之窗"，我们可以发现未来市场、探测不连续性并提前发现具有巨大增长潜力的新技术。

在这个从未来回溯到现在及从现在展望未来的过程中，关键是要深刻理解对企业核心业务的影响。比如针对未来的场景，要考虑当前如何去构建这种"未来"，企业目前的业务架构是否与这种未来相匹配，产品和技术组合是否匹配。而从未来场景出发，则要考虑未来的市场和客户需求是什么，商业机会在哪里，应该启动什么样的商业计划，影响未来商业成功的关键因素有哪些。西门子就是一方面基于现有的技术、产品和客户需求进行未来展望，与此同时再将"个人、社会、政治、经济、环境、技术变化、客户新需求、竞争"等因素纳入思考，而后做出不同业务领域20年或者30年之后的未来设想。另一方面，在完成业务领域场景设想之后，西门子中央研究院的研究人员需要回溯，将未来设想和现实情况进行比较，进而确定要实现该设想所需要的技术是什么。

"未来之窗"对于西门子制定创新战略有重要意义。通过该方法，西门子规划出核心市场未来10年的发展愿景，包括可能具有颠覆性的商业机会。同时，为管理层提供一个基于共同愿景的协同平台，为未来共同规划在大方向上达成一致，并作为对未来发展路线图、各种挑战和商业机会进行研讨的基础，也有利于在短期规划和长期研究之间达成平衡。这种预见未来的方法也是西门子作为趋势设定者和意见领导者的能力体现。目前，西门子的"未来之窗"项目已经将研究结果以杂志形式对外公开，主要通过未来情景描述、最新趋势分析文章、各种报告和国际专家的访谈以及经济分析的形式，报道那些重要的技术趋势，并提供深度的、在西门子从事的研究中已经明确的各种洞察，从而为读者提供一个对于西门子来说具有战略性价值的主题全面、权威、精确的概述。

4.2 知识图谱分析

知识图谱的思想源于20世纪50年代由奎廉（J.R.Quillian）提出的一种知

识表达模式——语义网络，经历了"语义网络——语义网——链接数据——知识图谱"的演变历程（李娇，2021）。知识图谱的内涵较为宽泛，目前尚无统一标准的定义，学术界通常将其视作一种基于词频统计（如图 4-2 所示）和有向图结构等技术的语义网络知识库，强调在不同的数据集之间建立关系链组成的网状知识库，一般通过三元组表示方法来描述现实世界中存在的各类抽象概念或具象实体及其关系。

图 4-2　有关重大科学计划的词频统计分析

作为面向大数据和万物互联时代的重要知识检索与开发工具，知识图谱在知识管理和知识经济领域的应用优势越发显现，并在快速改变着社会各界获取、处理和运用信息知识情报的方式。比如产业技术路线图（孟海华，2009）可以对目标产业领域的发展基础、市场需求、技术趋势等进行系统性研究和预测，一是描述技术演化进程和技术族之间的逻辑关系，二是前瞻性解构和重构技术与环境之间的耦合作用规律，三是综合运用调查研究和决策支持的工具方法优化产业技术发展路径，四是建立产业领域重大科研攻关和重点产品研发任务清单，引导有限资源集中配置到最关键的攻关领域和环节。

按照语义信息类型、来源和知识覆盖面，知识图谱可分为通用知识图谱和领域知识图谱。其中，通用知识图谱是指以谷歌知识图谱为代表的面向全领域、强调知识广度、以常识性知识为主要分析对象的图谱；相比之下，领域知识图谱则是面向特定领域、根据应用场景定制的图谱，其知识深度、专业度、完备性更强，数据处理和展现模式更加丰富且严谨。图 4-3 所示为大连理工大学陈悦教授及其团队针对氢能产业所做的领域知识图谱分析。

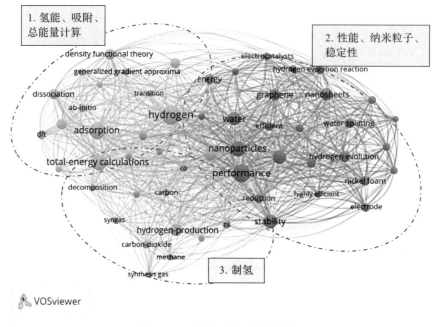

图 4-3　氢能产业知识图谱分析

4.3　头脑风暴

头脑风暴法以及由此引申出的同族方法是用来激发创造力的最常见方法。头脑风暴法由亚历克斯·奥斯本（A. F. Osborn）在《您的创造力》《应用想象力》等著作中提出并进行阐述，其主旨在于把一群试图解决某一特定问题的人集中起来，鼓励由他们所产生的任何想法（即使其中某些想法看起来明显是异想天开）。这种方法是通过这一群人的交互作用来激发新思想的产生，所有参与者的任何想法都应该受到鼓励，而不应该被批评或者得到负面的评价（陈劲和王方瑞，2006）。

头脑风暴法的主要目的是积累最大数量的想法，不论这些想法是多么的异想天开或离实际情况有多远。在头脑风暴过程中，想法是自发产生的，在方式上，除了有一个主席或主持者控制全局以外，也是不拘泥于形式的。主持者的任务包括：①在确认问题阶段，引导小组就议题的一个可接受的解释达成一致的意见；②在产生想法阶段，禁止批评，想法越异想天开越好，数量越多越好，鼓励把他人的想法进行改进或结合起来，主持者可以插话，提出一些引导意见，如能否把最初的想法颠倒过来、重新整理、扩大、缩小、取而代之等；③在求解阶段，根据记录，对各种想法按类分组，进行判断与评价，以便把众多的想法减少到值得做更深入分析的数目。

在求解阶段之前，主持者必须努力避免批评以及过早做出判断。而在求解阶段，经过 1~2 个小时的头脑风暴过程而产生的数以百计的大量想法，通常会被删减到只有原先总数的 5%~10%，这些剩下的方法对需要解决的问题有建设性的作用。总体而言，头脑风暴的过程是基于直觉的，除了需要遵循上述三个阶段以及会议主持者需要使用一些激发想法的方法以外，相对来说是无定式的。

关于头脑风暴法，有以下几个问题需要引起重视：

第一，正在解决的那个问题是否真的就是需要解决的问题。很多时候，头脑风暴法被滥用在一些并不重要、和当前事物关联性不大的事物上，这样实质上是浪费了参与者和组织者的精力。因此，在头脑风暴召开的最初阶段，要让所有参与者明白他们所要解决的到底是怎样一个问题，并且对解决这个问题的必要性都有充分的认同。

第二，在头脑风暴过程中，参与者如何打破固有的逻辑思维方式。关于这一点，有两个方向可以努力。一方面需要主持者拥有调动参与者想象力的经验；另一方面，很多时候参与者会存在思维盲区，有一些方法可以将这些盲区挖掘出来，如系统化检查表法、形态分析法等，要在头脑风暴的过程中结合使用这些方法。头脑风暴过程中，为了让参与者酝酿各种不同的想法，要有时间等待这些想法的成熟。因此，最初的"加温"阶段不仅是需要的，而且几乎是关键性的。

第三，参与者如何去接受新的想法，而非习惯性地去否定新想法。对新观点提出反对是很容易的。如果在头脑风暴的最初就让批评盛行，现代一些最重要的项目就会很容易受到阻挠——这只要看一下静电复印系统、偏振照相机、气垫船等就可以明白了。培养自由思维并使之发挥作用，避免犯"此处无发明"的毛病，是克服障碍、鼓励创造性思想所必需的做法。在想法的搜集已经完成、评价过程可以开始以前，要阻止批评。

第四，在头脑风暴过程中，怎样的人员组成能发挥较大的作用。在头脑风暴过程中，由各部门各学科的代表人员组成的团体，其协同作用远远超过各成员单独发挥作用的总和，具有不同经历的人们在同一实验环境中工作时，每个人的特点就可以得到充分的发挥。头脑风暴法的参与者组应由一个主席或领导者和至少五个其他成员组成。这样可以把主要人物的影响减到最低程度。在多数情况下，小组成员达十人之多，有时更多一些。假如超出十人，对于整个过程的记录就会比较复杂，而且最后也较难得出一致性的结论，因此由五到十人组成一个小组，每个人代表不同的专业学科背景，是比较合理的。假如参与者以前没有头脑风暴的讲演，那么给予其某种简要说明是需要的。而当一个企业首次正式试用这种方法前，组织一两次试验的是有必要的，这有助于组织者和参与者对于头脑风暴法的了解。

虽然在头脑风暴过程中涌现出来的许多想法也可能用更具分析性和结构性的方法得到，但经验证明，有些结果是全新的，不能通过其他方法显示出来。头脑风暴法还有这样一个优点：在积极思维过程的判断阶段，很多想法被提出来并做了评价。虽然它们对最初问题的解决或许不是直接可用的，但仍可能包含了某些有用的实质性的东西。

头脑风暴法可用于经营和技术领域广泛涌现出来的许多问题。它最适合于为这样的典型问题提供答案：①怎样得到关于新产品、新工艺或新服务的想法？②怎样得到关于新用途、新销路或新市场的想法？③怎样解决生产中的问题？④对这种或那种解决问题的措施，有哪些可供选择的方案？但是，对于那些答案单一且复杂的问题，头脑风暴法的适用性就要差一些，在需要高度专业化知识的场合中，应避免使用这一方法，除非能组成一个能代表这一专门领域各方面的专门小组。

头脑风暴法通常用于技术预测的第一阶段——"定性预测阶段"，为后续阶段的预测提供素材。值得注意的是，在一个机构中重复进行头脑风暴，被经验证明是非常有效的，这样做将丰富小组成员的经验，激发他们的兴趣，并出现结构更完善的方法。同时，当作为技术变革信号的新技术的发展被注意到后，重复活动就能有效地被组织起来。

4.4 技术预见

技术预见大体上可以分为四类（如表4-1所示）（Miles & Keenan，2003）。近年来技术预见方法发展极快，每年都有一些新的预见方法被提出，这些新的方法多数是结合数学方法和最新的研究成果，在原有方法的基础上加以改进。本节所介绍的一些方法，都是经过各国实践所检验、可以直接应用的（陈劲和王方瑞，2006）。必须加以强调的是，在实际预见中，这些方法从来不被单独使用，而是必须加以系统性整合方能发挥最大作用。

表4-1 技术预见方法组合表

分类	技术预见方法
确定预见主题的方法	环境扫描法（Environmental Scanning）
	SWOT分析法（SWOT Analysis）
	观点调查法（Issue Surveys）
探索性方法	趋势外推法（Trend Extrapolation）
	类推法（Simulation Modeling）
	天才预见法（Genius Forecasting）
	德尔菲法（Delphi）
创造性方法	头脑风暴法（Brainstorming）
	专家小组法（Expert Panels）
	交叉影响分析法（Cross-Impact Analysis）
	情景分析法（Scenarios）
优先级别法	关键技术法（Critical or Key Technologies）
	技术路径法（Technology Roadmapping）

1. 环境扫描法

环境扫描法的基础观点是：要对技术有所预见，则必须先对组织所处的外部环境中的重大发展事件给予鉴定。环境扫描法强调的是对周围环境做相对全面的把握，尽量不要漏过那些对社会而言有着重大意义的事件。环境扫描又可分为三类：①被动扫描，指通过阅读报纸、杂志、期刊、浏览电视、Internet网页等方法来获取外界的情况；②主动扫描，指主动寻求特殊的资源，按一定规则和方法对环境做主动的扫描，在这一过程中，扫描者的视野往往要超越事件本身，而进一步追寻其背后的意义；③定向扫描，指团队为了某一特定目标，被组织起来用某种选定的方法对外界进行扫描。

环境扫描法通常的作用是搜寻外在环境中异于通常趋势的突发事件，为其他预见方法提供分析的主题。随着网络的发展，环境扫描法越来越依赖于利用互联网。因为互联网中的信息涉及面是如此之广，而谷歌之类的搜索引擎又为我们提供了有力的支持。还有一些方法可以帮助我们有效扫描环境，比如目录检索法（搜索某一关键词的引用次数）、专利分析法（用于分析科技发展的领域）。这些方法可以帮助我们在技术发展的早期就对其予以重视。

英国的环境食品和乡村事务部（Defra）于2002年推出的一项地平线扫描战略就是一种较为典型的环境扫描方法。地平线扫描的目的是全面检验Defra所制定的政策中的优缺点、面临的威胁和未来可能做的改进，从而使得Defra的政策更具健康性和持续性。该方法的参与者主要是Defra职员和相关人员，他们从各种途径对Defra现有政策的实施情况进行了解，并提出意见，这些意见将经研究处理后提交给Defra，并作为后续政策制定时的重要参考意见。地平线扫描法的具体流程如表4-2所示。

表4-2 地平线扫描法流程详表

阶段	阶段中的行为
征集扫描意见阶段	• Defra的职员和相关人员浏览各种媒体和网页，以获得扫描中所需的一些基本信息 • 建立一个网站，专门用来处理和地平线扫描相关的各种输入信息，并要求相关人员尽量多的输入，也就是多提意见 • 组织讨论扫描相关主题，强调外部观点 • 支持Defra的职员检查内部的各项政策及其产生后果 • 建立一套集中和编辑扫描意见的中心系统，这就可以对所有由扫描而得到的意见进行辨识处理，将其中有价值的部分反馈给Defra
发展、完善扫描意见阶段	• 对前期获得的各类意见进行整理、归纳、评价 • 制定一套对于意见优先级的评价体系 • 职员内部对于意见进行讨论
研究处理扫描意见阶段	• 开始对前期意见进行研究处理，并做出研究预算 • 研究小组对前期有价值的那些意见进行研究处理，将归纳得出的结果（这里是Defra现有政策的分析和改进方向）上报 • 在扫描过程中，确保Defra职工的参与性，让他们通过这一过程更加了解部门政策的实质
反馈阶段	• 建立对于前期结果的监管处理体系 • 建立信息库，保存扫描的结果并保证其能为部门内外的计划制订者所参考

在地平线扫描战略执行过程中,以下几项原则需要遵守:①扫描应集中于那些传统方法难以处理的领域,具体集中在由于 Defra 科技政策本身的缺陷而导致的问题、长期被忽略的问题、风险性高但却能带来巨大收益的研究项目三个方面;②扫描本身必须和 Defra 相关,这样才能保证扫描的结果能有效反馈到 Defra 新一轮的政策中去,否则哪怕结果再好,Defra 也无力对其做任何处理;③扫描的全过程必须是透明的、可解释的、可行的。

对于地平线扫描所得的结果必须单独处理,而不和其他一些传统研究同时进行,以免受到潜在的影响。在该项活动中,有五个方面的主题被确定下来:①未来场景问题;②环境约束问题(包括资源保持和人类入侵自然环境两方面);③关于食品经济问题的反思(包括食品供应的卫生、营养、价格等);④如何应对未来的威胁问题;⑤如何应对人们未来对于食品卫生文化等各方面需求的问题。

2. SWOT 分析法

SWOT 是由强项(Strength)、弱点(Weaknesses)、机会(Opportunities)和威胁(Threats)四个英文单词首字母组成的缩写。SWOT 分析法是一种常见的用于分析组织或者行业内外部战略要素的方法,是战略管理中常用的方法,通常是针对组织现状做出分析(如图 4-4 所示)。在技术预见中,SWOT 分析的对象将得以扩展,不仅针对现状,还针对可能的未来(也即如果某项技术得以研发成功,战略要素将如何变化)。因此,SWOT 在技术预见的两端都能发挥作用。在技术预见开始的时候,可以在专家小组法中使用 SWOT 分析法,用以帮助确定在预见中所要讨论的主题;在技术预见得出初步结论后,则可以使用此方法对未来的战略要素进行分析,帮助做出最后的战略决策。

SWOT 分析法的具体做法是先做出一个 2×2 的矩阵,然后在每一格中对应填入组织或行业的强项、弱点、机会和威胁的列表,并对矩阵中每一格中的列表按照优先级排序。比如在强项这一格中,一共可以总结出 5 点,则应该按照重要性自上而下排列这 5 点,这种优先级的排列经常被使用者忽视。正确的优先级排列有助于战略决策者正确全面地把握战略要素。SWOT 分析法在技术预见中实际应用时,经常是和高标定位法结合使用,这主要是因为强弱都是相对而言的,高标定位法能帮助预见人员更清晰地对环境做出判断。

S:	W:
A. 企业的产业链资源整合能力高，具有规模效应；	A. ×××门槛低，社交平台多，自媒体多；
B. ×××产品有背书、有体验的口碑裂变；	B. 消费者获取信息能力强，促使了多样化需求；
C. 与消费者双向信息反馈，及时把握市场需求；	C. 社交媒体内容泛滥且鱼龙混杂，产生逆反心理；
D. 通过×××撬动资源，拉低获客成本，协作共赢；	D. 过程复杂，需要优质内容和有竞争力的产品；
E. 与厂家零距离，易建立信任与黏性产生复购。	E. 面临裂变失败风险。
O:	T:
A. 社交与自媒体成为主要信息获取和交流方式；	A. 聚焦痛点提供出×××的产品；
B. 熟人推荐逐渐取代媒体和中台，成为选择的主要原因；	B. 持续的有价值的内容建设能力和传播能力；
C. 万物互联时代将进一步加快去中心化进程；	C. 企业赋能体系建设与××的协作共赢的机制；
D. 有机会实现从消费者转变为粉丝，再成为合作者；	D. 应对社交媒体时代舆情传播能力；
E. 裂变效应带来了低成本和高转化的精准流量。	E. ××安全问题严峻。

图 4-4　某企业转型发展的 SWOT 分析

3. 观点调查法

观点调查法用于广泛咨询专家的意见，以搜寻他们对于本领域发生的重大技术发展问题的看法，某种程度上可以视之为德尔菲法的第一阶段。观点调查法最好是匿名的，因为专家容易出于某些原因不愿公开其与众不同的想法。此外在调查观点时，提问方式需要有一定的技巧。

以 20 世纪 90 年代中期英国的技术预见活动中的一份观点调查问卷为例，里面包含四个问题：①在你所感兴趣的领域中，你认为什么是其主要驱动力量？②在这一领域中，你认为现存的主要问题是什么？③何种解决方案或者创新有可能解决上面的问题？④何种研究、知识或能力可以帮助解决上述问题？这样的一张调查问卷对于不同背景的人来说都容易作答并提出自己的观点。受访者通常更愿意填写这样的一张问卷，而不是花大量的时间去开他们认为没有意义的研讨会。

4. 天才预见法

天才预见法不是指依靠某人天生具有的预见才能，而是经过跨大类的学习和科研培训，具备横跨人文社科、自然科学、工程技术学科大类，开展从战略规划到技术落地贯通式研究能力的复合型人才，能注意到被专家小组或者主题研讨会所忽略的一些未来的可能性，避免"专家本位"模式下真正有潜力的未来产业被排除，这些人通常被称为未来学家。托夫勒是最有影响力的未来学家之一，他所著的《第三次浪潮》影响广泛而深远。

未来学家通常具有宽广的知识面和丰富的想象力，他们的想法虽然并不总是正确的，但完全可以作为预见的主题而加以系统化的研究。通常趋势外推可以很好地预测连续性的变化，却难以把握住突破性、颠覆性的科技创新和产业创新。而天才预见法则是对于趋势外推方法的一种重要补充。

5. 专家小组法

专家小组法在技术预见中的作用是很大的。专家小组不仅可以对未来的技术加以预见，而且还有能力对这些议题进行深入的研讨。在许多技术预见活动中，专家小组是其中的核心环节。

圆桌会议是专家小组的一种常见形式，通常由12~15名专家组成，这些人在指定的时间对特定的问题加以讨论。虽然会议本身的议题往往是重大的，但会议的气氛通常会被营造成非正式的：比如在私人的场所进行讨论，讨论时参与者的发言是自由的。和德尔菲法相比，专家小组法的最大优点在于其效率非常高，可以召开连续的会议快速解决议题。在许多情况下，专家小组在议题讨论结束后会被解散，其成果会形成报告公开发布，无论这些成果本身的产生依靠的是直觉还是系统化的方法论。

专家小组在讨论时往往采用了一些预见方法，在这种情况下，专家小组本身的意见是作为一种预见中的输入，相对于基于个人直觉的讨论，这显然是一种巨大的进步。专家小组的另一个作用是：由于讨论是面对面的，这有助于参与讨论的专家之间建立正式的和非正式的关系，正如前文所讲，这可以改变整个社会的知识网络，增加社会的知识储备。

专家小组法最新的趋势是在小组中不仅有来自于各领域的专家，还包含有所谓的利益相关者。利益相关者这个概念比较广泛，大致指来自于企业界以及社会各界的代表，技术预见的结果和他们的利益关系很大，同时他们也可能是推动技术预见的一种力量。这种方法可以称为"专家和利益相关者小组"方法。该方法强调来自各方的代表进行圆桌会议，充分考虑市场需求。在小组中，既有来自消费者的代表，也有对市场行为有深刻了解的专家。他们能向其他利益相关者传递正确的市场需求信息。

通常来讲，专家小组法是分领域进行的。1994年英国进行技术预见活动时，就按照不同的学科领域分了15个专家小组。虽然每个小组的领域不同，但其会议日程安排是统一的，这样有助于不同学科领域学者之间的交流。在组织专家小组时，要注意组内的均衡性，要保证一组之内的专家的研究背景能够全面覆盖该领域，并且组内的人员配备应该是多视角的，要能从不同的立场、价值判断、科学观点来看待一个问题。

在技术预见中采用专家小组法的主要优点有：①即时性。技术预见中会遇到许多不确定性的问题，相比别的方法，专家小组法可以立即给出解答；②交互性，不同领域、不同观点的专家可以直接进行讨论；③作为整个技术预见活动的一部分，专家小组法能为之提供必要的输入和输出，即技术预见的主题和结论；④专家小组法能增加整个技术预见活动的可信性和权威性；⑤有助于促进技术预见中知识网络的建设。

6. 关键技术法

关键技术法在预见那些创新度高、具有不连续性的技术方面具有显著优势。关键技术法一般也是通过问卷调查的方式进行，问卷通常包括以下几个问题：①哪些是研发中的重要领域？②哪些是应该得到公共资源重点保证的关键技术？③选择关键技术的时候所采用的标准是什么？④如果要通过政策来保证关键技术的实施，哪些具体措施是最重要的？

在回答中需要对关键技术有一个清晰的界定，通常回答中需要包括以下要点：①关键技术的政策相关性，也就是为完成此项关键技术的研发，需要提供哪些政策上的支持，这些政策具体应该落实在研发的哪个环节上；②关键技术和非关键技术的区别，通常来讲，关键技术不是具体某一项技术，而是一系列的技术，它们的共同点是什么；③关键技术的预见结果的可再现性，要保证用同样的方法再次进行预见时，能够得到相同的答案。

关键技术法的实施通常分为四步：①对各领域专家进行广泛质询；②以第一步为基础结合目录分析法、专利分析法等产生一份技术清单；③对清单中的技术进行归类、排序，并且给出一个关键技术评价标准，初步确定关键技术；④对关键技术进行规范化处理，描述其主要特性、作用领域和需要解决的问题，并给每项关键技术进行编号，将所有关键技术按照编号整合在一起，形成最后的"编号表"。

7. 德尔菲法

德尔菲法可以避免传统专家访谈法可能面临的缺乏代表性、对权威的崇拜、社会学因素等问题，其目的是利用专家们的专业知识和判断来实现以下目的：①确定对今后的技术发展有影响的新因素。这些因素包括技术和非技术两方面，它们的影响可能是限制也可能是促进有关技术的发展；②对通过其他途径获得的性能预测和时间预测做出概率估计；③在其他方法无效的情况下，利用专家的判断来预测某一事件的发生时间；④审查某特定事件在给定条件下发生的可行性；⑤在缺乏客观资料的条件下获得对活动水平的主观定量尺度。

组织德尔菲研究的常规流程包括：第一轮，把征询调查表发给专家小组成员，请他们做出预测并把其预测填在表内，再将此表邮寄回小组的主持者。一般主办方会给应答者多提供几张表格，以便他们在以后各轮中填入他们的预测。收到寄回的表格之后，主持者要统计答案的中位数及四分位数。第二轮，将第一轮统计的数据（中位数及四分位数）发给应答者，请他们给出他们预测的理由并再次做出预测。在有些德尔菲研究中，只需要请那些预测值落在四分位数范围之外的应答者陈述理由。主持者像第一轮那样统计预测日期，并编制专家提出的理由汇总表，为便于引用，这些表可分为"早期预测理由"及"后期预测理由"。第三轮，把第二轮的数据及理由汇总表发给应答者，请他们做出新的预测及进一步的评论。

通常情况下，德尔菲法调查的涉及面广，人数多，最终的数据处理也较为复杂，因此要把握以下问题：①保密性，要对被调查者的身份保密；②分类，由于被调查者人数众多，因此在调查之前要做好详细的规划，使得调查分布有充分的代表性，一种可以使用的方法是建立被调查者数据库，并且评定级别，调查时只需要在数据库中对不同级别的样本抽取即可；③时间保证，预见活动的组织者必须设法准时回收足够数量的答卷；④问卷中涉及的主题数量必须针对性强，不能漫天撒网，导致被调查者失去回答兴趣。

德尔菲法的结果通常以报告的形式给出，在报告中通常要包含对未来技术发展四个阶段的预测：①问题的阐述阶段，主要是从理论和实践两方面对现状给出界定；②发展阶段，即对该项技术的原型产生阶段；③实用阶段，即该技术首次实际使用的时间和领域；④广泛运用阶段，即该项技术得到推广，并对社会产生重大影响的阶段。

4.5 情景分析

情景分析是预期未来并支持制订相应战略准备的一种方法。在当今国际环境动荡频繁、科技发展不可预知性迅速提高的时代背景下，传统的分析方法已经不能胜任未来产业预测的需要，情景分析的推广运用具有重要的意义。本节将对情景分析的定义、特征、应用范围、基本要素、操作流程和组织背景基础进行一一阐述，在此基础上进一步延伸到未来产业战略管理领域。从情景分析的基本概念入手，介绍情景的基本要素及本质特征。同时，以情景分析的操作流程为中心，详细分析情景分析所需要的组织背景条件。

1. 情景分析简介

当前，几乎所有的企业组织都意识到了应对非连续性的巨大环境变革的重要性，比如新市场的出现、新技术的产生等。这些非连续性变革的可预测性很低、战略影响巨大，企业组织的高层管理普遍采用各种各样的应对方法，然而，这些应对方法主要是基于历史数据的预测，潜在地固化了企业战略所面临的风险，而没有从理念和方法上引入真正意义的风险管理。因此，许多企业组织都面临着风险危机，这种危机主要来自环境演化背离战略范围导致企业组织毫无战略准备。情景分析是一种真正的风险管理方法，通过对可知和不可知未来的预期，将关键的未来反映到战略规划中，从而为企业从容面对环境变革奠定基础。

（1）情景分析的界定及特征

情景分析法诞生于优秀的经济管理实践。最早的情景分析法源于情景的规划，可以追溯到 1950 年的赫门·卡恩及兰德公司。赫门·卡恩引入好莱坞弃用的"场景"概念，为美国政府军队进行战略研究，随后，他将该方法扩展到其他领域，并通过各种研究和著作积极地推动了情景分析的推广。20 世纪 70 年代，以壳牌为代表的国际公司和以 SRI 国际为代表的咨询机构以情景分析为基础构建战略机构，有力地推动了情景分析的应用发展。目前来看，除了美国政府、军队部门外，壳牌、西门子、摩托罗拉、迪士尼、埃森哲、诺基亚等国际公司都高度重视这种方法。壳牌公司是成功运用情景分析的典型代表，除了战略规划，壳牌还将情景分析运用到具体业务上，如市场预测和供应链计划等。情景分析的内涵非常丰富且灵活多变，并且随着时代的发展，研究人员和机构对情景分析的界定都在与时俱进（见表 4-3）。

表 4-3 对情景分析的不同界定

代表人物	年代	界定
迈克尔·波特	1985	在内部达成一致的观点，描绘了可能出现的未来
彼得·施瓦茨	1991	遴选排列各种未来可替代方案的方法，以支持决策
保罗·舒梅克	1995	一种严谨的指导决策的方法，用以构想组织可能面对的未来
吉尔·林格兰	1998	战略规划的一部分，用以管理未来不确定性的方法和技术

和预测、愿景的不同之处在于，情景分析实际上是要回答一系列问题，比如"环境可能怎样发展""如果……会发生怎样的变化"等，通过基于情景的学习过程和规划过程，情景分析方法能够实现真正的风险管理。参照国外关于情景分析的专业研究结论，我们此前的研究对情景分析做出了如下界定：情景分析是一种方法论组合，通过整合情景构建和战略规划两个过程，帮助组织理解和管理未来，并指导组织当前的市场竞争（陈劲和王方瑞，2006）。

情景分析是对未来可行性的生动描述，有别于预测和愿景。在稳定的环境中，组织需要降低风险和确定的答案，因此，预测在战略规划中起到关键的作用。但是，在展望更加长期的未来时，组织面临的是更加复杂的系统，情景分析就更加具有针对性。愿景同预测一样，具有风险规避的特征，愿景一般是描述一个组织要共同实现的未来（见表 4-4）。总的来说，在情景分析中，预测可以作为一个输入，而愿景经常作为一个输出。

表 4-4 情景、预测、愿景之间的区别

情景	预测	愿景
• 可行的未来	• 可能的未来	• 期望的未来
• 基于不确定性	• 基于确定的关系	• 基于价值
• 诠释风险	• 隐藏风险	• 隐藏风险
• 定性、定量	• 定量	• 定性
• 需要指导组织决策什么	• 需要决策的勇气	• 激发
• 很少使用	• 日常使用	• 经常使用
• 中长期、高不确定性	• 短期、低不确定性	• 用来激发自愿性变革

情景分析作为一种对未来的规划，在未来产业规划编制方面对传统的战略规划具有很强的替代作用（见表 4-5）。情景分析既是一个规划方法，又是有效的学习方法，情景思考有助于组织理解发展逻辑、对发展动力进行分类，同时理解发展的关键要素和环境的关键参与者，从而在明确各方优劣势的基础上，有效施加对环境的影响，创造理想的未来环境。

表 4-5 情景分析和传统规划的特征对比

对比项	传统规划	情景分析
观点	片面、一切平等	全面、不存在平等
变量	定量、客观、已知	定性不一定定量、主观、已知或潜在
关系阐述	统计性，稳定结构	动态性，凸显性结构
未来描绘	简单、确定的决定论，定量模型（经济的或数学的）	多样不确定性意图分析，定性和随机模型（交叉隐影响和系统分析）
未来导向	被动性、适应性	积极性、创造性

情景分析建立在情景设计和发展的基础上，一般意义上来说，情景是指对各种可能性未来的可行性描述，情景分析中的情景是一个组合，包含可以相互替代的多个情景。一个成功的情景应该包括下列七点特征：①决策支持，情景组合作为情景分析的基础，是一个整体概念，必须具有明确的目的性，即便是一些一般性的行业情景组合也必须有明确的决策支持性，必须有利于决策问题的解决；②可行性，情景是在未来事件范围之内的一种描述，这种描述具有现实的可能性；③替代性，每个情景都具有一定的可能性，从概率上讲，情景分析中最原始的假定是各种情景具有几乎相等的可能性（后续的决策制定中会有

所选择），所以完整的情景组合几乎可以涵盖全部不确定性（理论意义上），每一个情景在可能性的前提下具备了相互替代的特征；④内部一致性，情景描述必须具有内部逻辑，以具备可信性；⑤差异化，情景分析过程中，必须从结构上形成各种情景之间的差异化，不能单纯从某一个纬度上形成差异，更不能是一个基础情景的扩展；⑥可记忆，情景应该易于记忆，所以在实际操作中，情景组合中最好浓缩为3~5个情景，并选择生动形象的情景名称；⑦挑战性，情景必须对组织现有的未来观念做出挑战。

成功的情景设计和发展是情景分析顺利开展的基石，基础情景分析可以按照两种基本的方式展开。

第一种方法是前推法，又称作演绎法或自上而下法。利用这种方法，组织首先能确定未来的几个重要状态（依需要而定），进而发现通向各未来状态的路径。这种方法有利于组织在掌握较少信息时采用。比如，某电信运营商发现他的一些客户开始采用网络来替代其他沟通方式同顾客进行沟通，这是一个信息。他便会考虑"当我的大多数现实和潜在客户都采用网络方式同他们的顾客进行沟通时会发生什么事情？"。因为这样的信息保护的环境变化可能对电信运营商的未来造成决定性的影响，因此他开始着手考虑未来，进而确定通向所选未来之路。

第二种方法是后推法，又称作诱导法或归纳法。主要是通过分析现实中存在的各种影响因素及它们的演变趋势，发现可行的未来方案。运用后推法，组织通常以面临的具体的战略或决策替代方案为出发点，以组织所在竞争领域的事件和竞争状况以及宏观环境为分析基础，选择最重要的信息分析组织当前和未来的使命、资源、能力、机会和威胁。竞争环境通常包括顾客变化的需求和偏好以及其他组织如竞争对手、供应商、市场渠道、政府等的决策和行动。

当然，上述两种方式是从本质上进行划分的，在现实操作中，情景分析可以通过各种各样生动的形式进行。

（2）情景分析的应用背景和目的

变革已成为当今世界环境的主题，竞争的基础发生了巨大的变化，对商业组织来说，单纯的流程整合已经不能有效应对发展中带来的挑战。对不同产品、技术、市场的协同整合成为现代商业组织推动战略整合的重要手段，通过战略整合，组织通常面临商业概念的创新和发展。然而，战略整合只是对现状的一种重新组合和再造，没有涉及未来需求。因此，经过流程整合、战略整合之后，组织需要进入一个所谓未来整合的阶段，将未来路径整合到日常的商业计划中，实现现状和未来的有效整合。实现未来整合，不仅需要新的商业概念，新的实践和方法的作用非常重要，情景分析就是一种有效的方法和商业实践，在发挥未来整合作用的基础上，情景分析极大地推动了组织学习和规划的效率和效果。

作为一个功能强大的学习和规划方法，情景分析具有广泛的应用目的。借助情景分析，决策制定者可以加深和扩展对未来的理解，各层管理者通过对比不同的未来状态和决策意义，他们的脑力模型（特别是对未来的观念和对行业、技术和经济的潜在假设等）必然受到挑战并得到很大程度的提升；借助情景分析，决策制定者会考虑一些从未考虑的问题和方案，从而创造出新的决策；借助情景分析，组织能对现有的决策进行周密的评估和权衡，从而更新决策体系；借助情景分析，决策制定者能更有效地发现并形成重要的关键决策，当预期的未来变成现实时，这些决策能指导组织成功发展。

尽管情景分析具有广泛的应用目的，但是情景分析更加适合于新旧范式的交接阶段，即范式转移阶段或是非线性变革发生期。在该时期，组织决策面临巨大的不确定性。这个阶段或者时期，传统的线性规划失效，情景分析联合其他非线性分析方法成为规划的主导方法。

根据不同的应用目的和焦点，情景分析的应用包括以下几方面优势：①情景分析具有很强的创新功能，可以用作开发新业务的基本方法，在开发新业务的过程中，常常导致组织内部新思维的形成和范式的转变；②情景分析能有效支持组织学习的开展，通过组织情景学习，为组织变革奠定基础，在很大程度上培养了组织成员的风险意识；③情景分析有很强的评估功效，借助情景分析对组织原有业务进行基于现状和历史的未来发展评估，可以极大地推动组织发展和战略更新，同时，在评估的过程中，往往能发动组织革新；④情景分析是战略规划的基本方法，在情景分析的基础上，可以制订可行度高、时序强的行动计划。

（3）情景分析的基本要素

不同的组织依据自己的需求，在实施情景分析的过程中往往会选择不同的方法或途径，但迄今为止，情景分析作为一个方法组合，一般包括四个基本要素。

驱动力量。情景分析不是单纯用作创造一个文本，而是建立在实践意义很强的驱动力量组合的基础上。情景分析的驱动力量是指推动事件（第三个基本要素）发生的力量组合。尽管可能影响事件的单体驱动力量数不胜数，但是我们基本上可以将驱动力量划分为两组，即环境力量和组织行为力量。环境力量主要包括经济、社会、文化、生态、技术、趋势发展等各方面的力量组合。组织行为力量包括许多不同类型的商业组织、政治团体、政府机构、地区或国际实体等组织行为产生的影响。

逻辑。情景分析中的逻辑构成事件的推理基础，逻辑主要解决情景分析过程中各种事件发生模式的内在原因，解释为什么特殊的行为主体表现出那样的行为，如为什么美国医药联合会强烈支持某法律条例的立项？为什么某组织推动事件朝这个方向发展而不是另一个方向？为什么一组驱动力量以这种方式相互影响？等等。举例如下，保健市场管制加强作为一个事件，那么该事件的逻辑不仅要识别导致该事件演变的驱动力量，还要解释各驱动力量的作用机制。总的来说，如果没有理解情景分析中的情景逻辑，决策制定者就不可能对情景的可行性做出评估。

事件。终端事件（第四个基本要素）是由一个或几个具体的事件导致的结果。每个事件都会对现状到未来做出独特的描述，解释某个未来出现的前提。

终端状态。终端状态描述在特定的未来时点上会发生什么。只有具备终端状态的完整描述，一个情景才可能具体和边界清晰。基于不同的情景目标，终端状态可以很详细也可以很简略，如一个传递给决策者关于5年后多媒体行业竞争的复杂性和动荡性的终端状态可能包括：不同竞争对手的行动描述、行业进出的比率、顾客分类、顾客购买和使用方式、顾客选择某个方案的原因、竞争的内部动力机制等。而一个简单的描述会很直接，如"2030年，可穿戴设备在服务和零售业将很普遍"。终端状态的描述必须注意两个问题：第一，严格避免将终端状态作为一种预测；第二，严格界定未来的动态性，即实现终端状态的途径，相比之下，100%的精确率是没有必要的。

（4）情景分析的注意事项

尽管情景分析具有强大的管理支持作用，但其本身的一些特征往往使组织管理和决策者面临失败的风险。情景分析不能提供单一明确的决策和结论，因此，进行情景分析比传统的规划方法更需要开放式思维的能力。情景分析基本上是利用所谓的"软方法"给出"软答案"，即情景分析最主要是基于推理和直觉的定性分析，这有别于传统基于数据的规划方法，所以要求决策者有更强的判断能力。总之，情景分析要取得成功，组织管理者必须注意以下几点：①充分理解现状和历史，情景分析勾画未来状态的前提是了解关键的驱动力，典型的驱动力主要包括一些统计数据的变化、政治法规变化、技术变革、竞争对手群体的变化、顾客需求的变化等；②描述各种潜在未来组合；③对各种未来可能的演化做出描述；④设计监测指标体系，未来的演化通常表现在几个核心变量上，要对这种变化进行有效监测，必须就此设计可行的指标体系；⑤同具体的决策联系起来，必须充分挖掘情景对组织面临决策问题的意义，情景很可能使组织以前忽视的一些战略性问题成为组织发展的关键问题；⑥同具体的分析过程联系起来；⑦同组织的流程制度联系起来，情景分析是组织学习的重要过程，为保证基于情景的组织学习本身不会因情景分析任务的结束而结束，应该设计组织制度来鼓励更广范围的参与，同时将情景分析同现行的组织制度，如任务组、委员会等联系起来，推动全员对组织未来的理解，从而形成更高层次的使命等组织文化形式；⑧高层管理的介入，决策制定者的介入是情景分析有效开展和发挥作用的重要前提。

综上，组织在运用情景分析进行管理时，必须充分理解情景分析的基本特征和内涵，在充分挖掘情景分析全面作用的基础上，引入其他方法如预测、审计等来弥补情景分析的不足，从而为企业管理提供完善的方法支持。

2. 情景分析的操作流程

情景分析作为一种分析方法和管理方法，只有应用于具体的管理任务才能充分实现其价值。战略规划作为情景分析应用的主要领域，本身蕴含了情景分析的内在操作逻辑，但战略规划又不同于情景分析，它是以情景分析结果为基础的具体运用。情景分析在嵌入战略规划过程的同时，本身具有完整的操作流程，主要体现在情景的构建方面。本章将首先介绍以情景分析为基础的战略规划流程，进而对情景的构建过程、情景分析的逻辑过程进行分析。最后，将从系统动态发展的角度总结情景分析在针对复杂动态的外部环境时的注意事项。

（1）基于情景分析的战略规划模型——TAIDA 模型

基于情景分析的战略规划过程从内在逻辑上来说同人的大脑活动具有一致性的特征，作为企业管理不确定性、探视未来的有效方法，基于情景分析的战略规划主要是通过追踪（Tracking）、分析（Analyzing）、构思（Imaging）、决策（Deciding）、实施（Acting）五个过程对不确定性和未来进行管理的，这五个过程构成了战略规划的 TAIDA 模型。

追踪。追踪是指组织检视并重视外部机会和威胁发出的信号。同任何生物体一样，组织必须及时观测周围环境中的信号，并从这些信号中识别重要的信号。组织所面临的环境主要包含两种信号，蕴含了机会和威胁两种意义，但这些信号往往难以察觉。组织真正的危险存在于组织能力的缺乏，以致其不能发现一些意料之外的趋势，从而产生视觉盲点。

分析。追踪的主要目的是获得变革的趋势、模式以及机会和威胁，而分析则是发现当前变革以及各种趋势之间互动的未来结果。分析是追踪的深层次延伸，致力于发现什么将是真正的趋势。当然，分析也可以是创造性的。通过情景、模型和愿景等的构建，分析的结果将有助于组织确定下列问题的应对方案，如"某趋势的实现需要什么样的必要条件""组织选择商业模式的优劣处何在"等。

构思。通过分析对变革及各变革互动作用获得深入理解并形成初步的商业模式或系统联系之后，在组织情感投入和理性理解的基础上，创造出变革应对的方案，即战略选择。构思的过程不仅是建立在分析基础上的理性过程，更是组织树立信心和愿景的过程，通过理性和感性的结合，组织通过构思最终设计出一组可行的战略备选方案。

决策。在组织进行构思的过程中，基于组织情感投入和理性分析建立起的组织愿景成为组织致力的目标，而这一目标成为组织衡量信息、识别各种战略方案的标准。继目标建立之后，组织通过决策确定战略并演化为实施框架。愿景和决策都属于精神行为，不同的是愿景发展途径更加多样化和非正式化，而决策制定过程则更加正式和规范；愿景表达了组织的期望和努力的方向，而决策是愿景的具体化，经过了严格的评估和测试。

实施。实施是组织设立短缺目标并按部就班执行决策的过程。同目标和愿景一样，实施是组织重要的学习过程，是组织获得竞争优势的重要手段，实施成功的关键一方面在于组织的每一个成员能够预见到下一步并执行到位；另一方面是围绕愿景和决策开展活动。

（2）情景构建流程

基于情景分析的战略规划要取得成功，必须具有4~5个深具吸引力和说服力的情景，这些情景主要与组织成功的未来方案密切相关。情景构建可分为两个主要过程。首先，必须确定情景描述的内在逻辑；其次，根据确定的情景逻辑，描述情景组合。

组织面临的内外环境因素千变万化，由此可能推导出的组织未来情景更是多种多样，情景逻辑的确定过程能够将各种各样的可能性未来描述成3~4个可以管理的情景，从而使组织能够更有效地管理关键的环境变革。情景逻辑可以通过一个为期两天的讨论会确定下来，讨论会的组织基础就是组建一个高度互动和创造能力强的团队。

团队构成。情景逻辑构建团队在甄选成员时，必须保证两个方面的完善性。第一，知识的完善性。团队成员结构必须具有完整的组织知识，包括来自不同职能领域的成员和熟悉组织竞争环境以及关键问题的成员。第二，层次的完善性。团队成员应该包括不同管理层次的代表。总的来说，成员经历的多样性是团队成功运作的关键因素。

决策的焦点。团队组建完毕之后，第一步是识别、讨论组织面临的关键决策，并就关键决策的关键问题组合达成一致认同。在确定关键问题之后，团队第二步任务是确定情景的时间跨度，比如到2010年还是2015年将直接决定情景的内容范围。值得注意的是，组织决策所面临的关键问题可能会随着时间的推移而发生变化，团队必须时刻注意关键问题的真实性。

关键因素的确定——头脑风暴。在确定关键问题和情景的范围之后，团队应该通过头脑风暴来确定关键因素，在头脑风暴的过程中，团队最佳的方式是由组织外部专家来主持，以创造性为准则进行组织。

驱动力量。在团队讨论的第一天，头脑风暴是主要的组织形式，重心放置在驱动理论和主要趋势的识别上。驱动力量是外部环境的主要因素，影响情景的内在逻辑和结果。组织必须对五类力量给予关注，即社会、技术、经济、环境和政治。虽然每个组织有各自不同的驱动力量，但在同一行业中，各企业所面临的驱动力量组合基本上是一致的。

在确定了驱动力量之后，团队必须区分确定性因素和不确定性因素，并将各种驱动力量和相关的环境因素联合起来考虑两个问题。其一，哪些力量具有预先确定性和不可避免性。这些因素构成不变的趋势，因此在各个情景的描述中，必须得到反映和遵循。其二，哪些力量最可能形成变革情景的方向和性质。对这些驱动力的甄别主要通过"不确定性"和"重要性"两个纬度进行评估而定。

情景逻辑的识别。情景逻辑主要有两种识别方法，即归纳法和演绎法。归纳法的结构性较差，主要依赖于团队成员的耐性来推动不断地讨论直至达成一致意见。演绎法则使用简单的排序法，以两个最关键不确定性为坐标建立情景矩阵，进而对比得出答案。值得注意的是，不同组织由于其文化特征、所具备的条件不同、所处的行业不同，会采用不同的情景逻辑识别方法。

（3）情景分析流程

情景逻辑是情景的核心要素之一，因为其重要作用，上文对其构建过程做了简要叙述。情景分析是一个严格的方法论体系，其本身包括从决策识别、关键决策因素识别、情景逻辑到情景构建等完整过程。本节内容将对情景分析的完整过程进行描述。

尽管情景分析本身具有明显的系统特征，但情景分析过程可以通过一个直接的六步过程来实现。值得注意的是，下文的情景分析六步过程有两个前提：其一，情景的建立是以决策、战略或计划为中心的；其二，情景本身以逻辑规则而建，具备内部一致性。从这两个假设出发，情景分析可以有多种应用，并可实现同其他预测和规划方法匹配使用。

第一步：识别并分析组织问题以确定决策焦点

第一步有利于管理团队就什么样的战略决策应该成为情景分析的中心达成一致，从而明确了情景分析是决策制定的支持方法，而非其他。通过确定制定什么样的决策，将情景分析和具体的规划需要联系起来，从而避免情景分析的过渡宽泛化。一般来说，情景分析所基于的决策焦点是战略性而非战术性的，这是因为情景往往有较长的时间跨度（5~10年），情景分析针对的是趋势和不确定性而不是短期的发展。

在第一步中，管理团队必须注意，尽管必须首先明确决策的焦点，但这并不意味着要明确战略，也就是情景分析第一步中的明确决策焦点并不是说组织可以在这一步谈论战略化。这需要决策制定者特别是高层管理者对必要的分析过程给予充分的耐心。

第二步：确定关键的决策因素

确定关键的决策因素就是要明确在制定决策时我们必须知道未来有哪些特殊的关键点。比如对一个制造企业来说，决策因素可能包括：市场规模、增长率和变化率；源于新技术的竞争产品和替代产品；长期的经济状况和物价趋势；政府规制变化；资本市场和成本变化；技术变化情况等。

决策因素同外部不可控环境密切相关。当然，组织内部因素如组织优势和劣势、文化和组织结构等也是决策因素的重要来源。但是，因为这些内部因素都是组织可以控制的，因此，这些因素更适合在规划的战略化阶段进行考虑，而不是在情景分析的阶段进行考虑。所以，在确定关键决策因素时，管理团队要以外部不可控因素为主，只有在情景分析结束之后，组织明确决策执行之后的结果时，管理团队的工作重点才应该转移到内部因素的管理上，即通过内部因素的管理设计行动计划。

第三步：识别和分析关键的环境力量

在上文的情景逻辑的识别过程中，我们已经清楚管理团队要对哪些环境（驱动）力量重点进行思考。识别和分析关键的环境力量，其目的是建立一个良好的环境概念模型，以系统思考可能的重要趋势以及各环境力量之间的因果联系。在实践操作中，关键环境力量的识别和分析不需要复杂的方法，重点是确定少数最重要的力量。一个简单的可行方法是通过矩阵排序法。

第四步：情景逻辑的识别与建立

情景逻辑的识别与建立是情景分析的核心过程，在这个过程中，直觉、洞察力、创造力将发挥关键作用。情景逻辑的识别与建立方法上文已有所陈述，这里主要对逻辑进行严格界定，以进一步理解情景逻辑的内在含义。情景逻辑实际上是情景构建的组织规则，情景逻辑以关键的外部不确定性为中心，多方面阐述了环境运行的各种方式。

第五步：选择并详细陈述情景组合

在情景选择的过程中，管理团队应谨守简单原则，务求以最小的情景数量来涵盖关键的不确定性，通常情景组合中只包括 3~4 个情景。因此，情景的选择直接关系到情景分析结果的可操作性。情景的选择标准主要有五点：第一，可行性标准，即情景必须在设想中会发生。第二，差异化标准，即所选择的情景之间必须具有明显的结构性差异。第三，内部一致性标准，即情景逻辑的合理性。第四，决策制定支持性原则，即每一个情景都应该最大限度地支持决策的制定。第五，挑战性标准，即所选情景应该对组织传统的未来经验具备挑战性。

情景组合选定之后，管理团队必须形成详细的陈述报告。形成情景描述报告必须遵循下列三点：首先，一个高度描述性的题目。情景描述报告的题目应该尽可能简单，能够让人轻松记住，同时还必须传达情景的本质内容，尽量选择能唤起阅读人对未来幻想的题目，避免非描述性字眼如"最好"等。其次，有说服力的描述性语句。情景不是仅对终端状态的一种描述，情景的重点在于描述中间状态是如何展开和演化的。最后，多用对比性描述的表格形式。一般而言，将第三步识别的关键环境力量都涵盖在表格当中，以为决策者提供框架性提示。

第六步：解释情景的决策支持意义

制定有效的战略规划不仅仅是构建情景组合，战略使命、目标体系、竞争分析、核心能力评价等也是战略规划不可或缺的部分，情景分析的结果是制定战略规划的起点而非终点，因此，情景分析结束之后，管理团队必须充分挖掘情景组合对决策的支持意义。一般来说，有三个途径解释情景的决策支持意义。第一，机会/威胁分析，即通过详细分析情景确定环境变革给组织造成的机会和威胁，从而为组织描述可能的战略选择方案，以做进一步的严格分析。第二，"实验室"方法，即利用情景分析对组织当前的战略进行评价，通过分析组织现行战略在每一个情景中的适应性来实现战略规划调整目标。第三，战略发展法，即在情景的框架内形成组织新的战略规划，该方法目前是最成熟也是最难的。在组织利用情景框架发展战略的过程中并没有统一的做法，一般是借用成熟的组织适应的战略制定框架，利用情景分析结果进行战略规划。

（4）情景分析的系统动态发展

现实世界是永续变化的，尤其是进入 21 世纪以来，企业组织所面临的外部环境呈现出越来越复杂的环境变化特征，环境变革的速度也呈现出前所未有的发展趋势。在这样的环境下，从复杂性和动态性来研究组织的运营管理成为当今世界的主流。情景分析作为一种分析未来，管理不确定性的方法，通过基于情景的战略规划和组织学习在很大程度上可以降低组织所面对的复杂性和不确定性，而其本身的运作特征也蕴含着动态发展的思想。

情景分析过程实际上是一种组织学习过程，在该过程中，将组织看作一个动态复杂性系统，基于组织动态复杂性的系统特征展开情景分析、管理未来，就可能实现所谓的动态情景分析过程。为此，我们建议组织在运用情景分析时应该注意三个方面的问题，以积极应对环境的复杂性特征和动态发展性特征。

第一，情景分析必须建立在动态复杂性组织系统结构上进行。一方面，情景分析团队的构成要涵盖所需的各种成员，另一方面，在情景分析过程中，必须充分运用组织系统的每一个元素、每一种联系。

第二，情景分析必须同组织学习过程结合起来。管理团队在进行情景分析时，要充分发挥情景分析的学习效应，力争通过观念、经验的不断更新推动企业的变革和发展。

第三，情景分析过程结束之后，必须时时加以审视。管理团队在运用情景分析所得的未来方案制订战略计划之后，要根据推进情况和环境变化情况对战略计划进行适当的调整，必要时可重新组织情景分析过程。

4.6 颠覆性技术预测

未来产业是未来科技和未来经济社会的深度融合，既是超前性、全局性产业，又是适应未来场景和市场需求、以颠覆性科技创新为灵魂的潜在支柱产业。在具体操作层面，颠覆性技术的遴选可以遵循以下标准：①应从广阔的未来场景和市场需求、消耗排放低、带动系数大、就业机会多、综合效益好等方面进行评价；②应体现国家意志、市场需求、技术创新、产业关联、资源环境、综合效益等需求特征；③能够支撑未来产业的发展；④形成长板技术群；⑤原始性创新。

具体预测流程包括：①组织战略性科学家、行业精英，形成国家未来科技和未来产业战略发展分析小组；②基于不同的未来产业领域，分组提出规划的前提假设；③每组分别定义时间轴与决策空间，回顾科技和产业发展历史，确定普通和相矛盾的假设，为解构变量决定连接到多样性的知识，进而分别为填充决策空间而构建情景草案；④每组分别为所有的竞争者草拟策略，并分别将策略映射到情景当中，使替代的策略有效，进而分别选择或者适应最好的策略；⑤整合所有小组，形成颠覆性技术的未来场景说明（简称说明）；⑥组织颠覆性技术遴选的专家群，向专家发布说明，并附上相关背景资料，与专家沟通是否需要补充材料，各个专家提出自己的遴选意见；⑦第一次判断意见汇总、制表并对比，再发给参与专家，比较不同意见，对自己的意见进行修改；⑧再次将判断意见汇总、制表并对比，并按照第 7 步重复操作；⑨反复第 7 步和第 8 步，直至意见基本统一，专家不再修改，对于少部分始终不统一的专家判断，组织领域专家、产业精英进行研讨，预防对颠覆性技术的错判；⑩汇总上述第⑦步至第⑨步的所有结论，形成未来产业颠覆性技术预测。

4.7 科幻小说的价值

科幻小说可以将研究人员置于一定时间范围的未来，通过综合分析影响未来社会的各种因素，如社会、政治、经济、环境、技术趋势、客户需求等，来预测未来社会的具体治理方式、工作方式和生活方式，以此来回溯满足这些治理方式、工作方式和生活方式所需的未来产业和未来科技。

本节以美国作家艾萨克·阿西莫夫出版于 1950 年的科幻小说短篇集《我，机器人》为例，探讨如何基于科幻小说来回溯当前围绕人工智能治理需要做出的提前布局，未雨绸缪地提出面向未来人工智能潜在安全风险的治理原则、治理底线、治理框架、治理技术、治理系统和相关的未来产业。

4.7.1 基于科幻小说的需求提炼

机器人定律（阿西莫夫，1950）尝试通过规范机器人的从属身份实现安全发展，虽然经历了不断完善，但始终无法解决两个根本问题：一是部分概念难以界定，技术上无法落地，比如"第零定律"中"人类的整体利益"就无法定量界定，很难转化为机器语言去约束机器行为；二是无法处理复杂情况，对强人工智能效用有限，很多伦理困局人类自身都束手无措，寄希望于机器永远服从人类的利益和价值只怕会是一厢情愿。

1. 基于科幻小说的需求提炼

近年来，中国、欧盟等国家与组织相继发布了原则、准则或共识，为发展负责任、可信赖、有益的人工智能提供了更加翔实的原则遵循。比如欧盟（方莹馨，2019）重点关注了人的能动性和监督能力、安全性、隐私数据管理、透明度、包容性、社会福祉、问责机制；《人工智能北京共识》[1]将算法安全评估、安全模型构建等列为降低风险隐患的重点技术领域。2019年，科技部发布了《新一代人工智能治理原则——发展负责任的人工智能》，具体原则及问题分析详见表4-6（陈劲等，2020）。

表4-6　新一代人工智能治理原则及问题分析

治理原则	具体内涵	面临问题
和谐友好	人工智能发展应以增进人类共同福祉为目标	"人类共同福祉"尚没有统一的标准和共识
	应符合人类的价值观和伦理道德，促进人机和谐，服务人类文明进步	"人类的价值观和伦理道德""人类文明进步"尚没有统一的标准和共识
	应以保障社会安全、尊重人类权益为前提，避免误用，禁止滥用、恶用	"人类权益"缺乏明确的概念；"算法黑箱"问题导致误用，禁止滥用、恶用的行为难以监控，社会安全难以保障
公平公正	人工智能发展应促进公平公正，保障利益相关者权益，促进机会均等	全球层面涉及深刻的阶级立场问题，需要做好长期磨合的准备
	通过持续提高技术水平、改善管理方式，在数据获截取、算法设计、技术开发、产品研发和应用过程中消除偏见和歧视	"算法黑箱"问题会随着智能化程度提高而加重，机器决策的不可解释性会愈加显著，人类要警惕"决策过度依赖"和决策权的"无意识丢失"
包容共享	人工智能应促进绿色发展，符合环境友好、资源节约的要求	从大趋势来看，人类经济社会发展中的问题会越来越多地寻求整体解决方案，这会加快推动人工智能平台朝着跨领域融合的通用化方向发展，而一旦经济社会的各领域都被人工智能代管，就可能形成智能产业主导的、自给自足的隐性生态系统和利益同盟，再加上舆论的易操控性，此时外部监管和牵制力量将很难再介入
	应促进协调发展，推动各行各业转型升级，缩小区域差距	
	应促进包容发展，加强人工智能教育及科普，提升弱势群体适应性，努力消除数字鸿沟	
	应促进共享发展，避免数据与平台垄断，鼓励开放有序竞争	

---

[1] https://www-pre.baai.ac.cn/news/beijing-ai-principles.html

（续）

治理原则	具体内涵	面临问题
尊重隐私	人工智能发展应尊重和保护个人隐私，充分保障个人知情权和选择权	智能系统有可能会为了实现优先目标自主侵犯和利用人类隐私，甚至进行长期的隐蔽性收集，需要时用作打击监管力量的工具
	在个人信息收集、存储、处理、使用等各环节应设置边界，建立规范	
	完善个人数据授权撤销机制，反对任何窃取、篡改、泄露和其他非法收集利用个人信息的行为	
安全可控	人工智能系统应不断提升透明性、可解释性、可靠性、可控性，逐步实现可审核、可监督、可追溯、可信赖	人工智能的专业性很强，需要防止"算法黑箱"问题掩盖下的"伪透明""部分隐瞒""误导性解释"
	高度关注人工智能系统的安全，提高人工智能鲁棒性及抗干扰性，形成人工智能安全评估和管控能力	除了对系统内部进行直接评估和管控外，还需要对系统的对外作用及影响进行有效监管
共担责任	人工智能研发者、使用者及其他相关方应具有高度的社会责任感和自律意识，严格遵守法律法规、伦理道德和标准规范	某些关键信息在"算法黑箱"的掩盖下很难追踪，在创新主体的多元性、动机的复杂性、结果的不确定性、舆论的易操控性等因素的综合影响下，明确责任主体、厘清责任环节、形成针对性监管会越来越难（陈劲等，2020）。马克思对资本的危险性做出了深刻论断。历史上多次发生的军事和科技"恶性竞赛"以及恐怖主义与反人类罪行都告诫不能对科技灾难抱有侥幸心理。除了司法、责任机制外，还要坚持底线思维，通过技术做好溯源、压实责任（陈劲等，2019）
	建立人工智能问责机制，明确研发者、使用者和受用者等的责任	
	人工智能应用过程中应确保人类知情权，告知可能产生的风险和影响	
	防范利用人工智能进行非法活动	
开放协作	鼓励跨学科、跨领域、跨地区、跨国界的交流合作，推动国际组织、政府部门、科研机构、教育机构、企业、社会组织、公众在人工智能发展与治理中的协调互动	从新冠疫情在各国的不同发展来看，对于有可能引发全球公共安全危机的科技安全领域，未来可能会需要越来越强大的国际领导体系、法律体系、组织体系、治理体系、科研体系、应急管理体系等
	开展国际对话与合作，在充分尊重各国人工智能治理原则和实践的前提下，推动形成具有广泛共识的国际人工智能治理框架和标准规范	长远来讲，科技安全治理的正确方向可能会是一道单选题而非多选题，这都需要时间来检验，在那之前，首先要做好自己的事情，并做好长期奋斗的准备

(续)

治理原则	具体内涵	面临问题
敏捷治理	尊重人工智能发展规律，在推动人工智能创新发展、有序发展的同时，及时发现和解决可能引发的风险	强人工智能和弱人工智能的风险有很大区别，需要尽快探索分级管控体系，差异化、针对性地控制风险
	不断提升智能化技术手段，优化管理机制，完善治理体系，推动治理原则贯穿人工智能产品和服务的全生命周期	基于智能技术管理智能系统，人类可能会被架空和反噬。随着未来计算机、移动通信、万物互联、大数据、类脑智能等技术的快速融合发展，人类和人工智能之间在智力、算力、精力、生存力、扩张力等各方面差距将加速拉大，再加上智能决策的不可解释性，一旦智能系统失控，人类几乎不会有事后响应与纠错的机会（陈劲等，2020；朱子钦等，2017；朱子钦等，2018）
	对未来更高级人工智能的潜在风险持续开展研究和预判，确保人工智能始终朝着有利于社会的方向发展	光靠风险预判不足以确保高级人工智能安全发展。强人工智能与量子计算、生命基因、纳米材料、柔性制造等前沿技术的融合促进将不断加快它们从理论雏形发展为实际产品，急剧加大评估监管难度，再加上这些技术涉及的能量级数和空间尺度都远超人类社会的承受能力，任何形式的科技失控事件都可能引发超大规模的公共安全危机。因此必须基于底线思维，同时做好防止和应对失控的全面准备（陈劲等，2020；朱子钦等，2017；朱子钦等，2018）

2. 问题归纳及底线要求

治理原则中的一个共性问题在于很多原则没有明确的标准，而是需要根据人工智能的发展进程，在治理和开放、约束和促进、惩处和激励之间动态地寻求平衡。管得过细过紧，会制约正常发展；管得不够周密，又将遗患无穷。为了避免因为治理理念、标准无法统一而导致的安全漏洞，亟须提出不受"算法黑箱"问题影响、技术上可落地、能够严格执行的底线要求（陈劲等，2019；陈劲和朱子钦，2020）。归纳起来，需重点解决五方面问题：一是掌控人工智能的发展速度;二是限制人工智能的影响范围;三是控制人工智能失控的危害程度;四是管控人工智能的发展要素;五是明晰人工智能治理的权责边界(见表4-7)。

表4-7 治理原则的问题归纳与底线要求

问题归纳	底线要求
掌控发展速度	科学严谨地分级管理。弱人工智能:只能按照设定程序完成特定任务或者解决特定问题的应用型人工智能 强人工智能:具有类脑思维、自我意识的通用型人工智能,可以自主感知、学习、推理、计划、决策、进化
	针对强人工智能开发周期性运行和定期精准格式化技术,实现对核心代码自主迭代更新进程的精准调控(陈劲和朱子钦,2020)
	开发"目标盲点"和"认知盲点"技术,设置人工智能"思维禁区"(陈劲和朱子钦,2020)
限制影响范围	通过复合隔离技术禁止强人工智能直接与现实世界进行物质、信息交互(陈劲和朱子钦,2020)
	针对弱人工智能建立统一的信息云平台和分布式服务中台,实时评估和监管安全风险(陈劲和朱子钦,2019;朱子钦等,2017)
	针对中控系统、能源系统、强人工智能系统等构建独立封闭的通信网络和安防体系(陈劲和朱子钦,2020;朱子钦等,2018)
控制危害程度	以毛细化、模块化供能体系和技术为基础,形成随时可终止任何人工智能系统运行的能力(陈劲和朱子钦,2019;朱子钦等,2017)
	建立精准防护到个体的常态化科技安全应急管理体系(陈劲和朱子钦,2020)
	实时跟踪科技安全风险发展态势,针对性完善应急管理体系并迭代更新个人防护技术与装备(范利武等,2019;陈劲和朱子钦,2020)
管控发展要素	坚持能源行业的集中统一管理和公有制,确保能源科学研究、能源生产、配送、供给、管理,能源设备研发、生产、应用等能源行业相关工作的独立性,禁止人工智能参与供能过程(朱子钦等,2017;朱子钦等,2018)
	运用仿生思维,借鉴人体为细胞供能的模式,构建毛细化、模块化的供能体系,形成精细到控制单元的供能调节能力(朱子钦等,2017;陈劲和朱子钦,2020)
	坚持特殊材料设备行业的集中统一管理、公有制和独立性,避免人工智能领域形成完整的研究、生产、运营链条,禁止人工智能参与特殊材料设备的编码、加密、调配和监管过程(陈劲和朱子钦,2019;陈劲和朱子钦,2020;范利武等,2019;范利武等,2020)

（续）

问题归纳	底线要求
明晰权责边界	坚持集中统一管理安全风险，建立中控系统并确立其最高权限，综合生物计量等技术，确保决策者和管理者是其本人，且是在没有任何威胁的情况下做出选择（陈劲和朱子钦，2019；陈劲和朱子钦，2020）
	坚持伦理、道德、价值等概念和标准由人类讨论、定义和解释（陈劲和朱子钦，2020），不允许机器代替人类做出决断
	利用区块链等技术追溯程序编译和调用源头、确定程序决策和运行主体，不断加强立法，对触碰底线的违法行为实施威慑力足够的措施（陈劲和朱子钦，2019；陈劲和朱子钦，2020）

3. 人工智能治理底线

通过对前述底线要求进行归纳概括，我们从2017年开始有针对性地发表了一系列发明专利和学术论文，其中在《底线式科技安全治理体系构建研究》一文中正式提出了人工智能治理底线：

底线一：确保决策者和管理者始终不受威胁地做出自主选择，能够随时终止任何人工智能系统的运行。

底线二：禁止强人工智能直接与现实世界进行物质、信息交互。

底线三：建立精准到个体的应急管理和安全防护体系。

底线四：针对中控系统、能源系统、特殊材料设备系统、强人工智能系统、应急管理系统等分别构建独立的通信、物流和安防体系。

底线五：坚持能源、特殊材料设备等行业的集中统一管理、公有制和独立性，禁止人工智能参与供能和特殊材料设备的编码、加密、调配等过程。

4. 能源相关产业的发展要求

2021年9月26日，国家新一代人工智能治理专业委员会发布了《新一代人工智能伦理规范》（以下简称《伦理规范》），通过将伦理道德融入人工智能全生命周期，为从事人工智能相关活动的自然人、法人和其他相关机构等提供伦理指引，一定程度上推进了2019年发布的《新一代人工智能治理原则》的落地。但有一个关键问题还需要进一步回答，那就是：如何规避人工智能科技发展和产业发展对未来人工智能治理的干扰。

对此，基于我们从2017年起申请现已获得授权的系列国家发明专利（如

《一种底线式的信息交互管理系统》《一种统筹式科技创新资源管理系统及方法》《一种模块化的供能装置及供能方法》《一种公共安全防护系统及方法》《一种科技创新资源的模块化储存运输系统》《一种特殊材料的储存运输装置》《一种促进科技创新的大众智慧数据信息管理平台及方法》《一种基于能源监控的统筹式创新管理系统及方法》《一种用于人工智能时代的能源监管系统及方法》等),在2019年发表的《意义导向的科技创新管理模式探究》和2020年发表的《底线式科技安全治理体系构建研究》等系列成果的基础上,本书提出构建"人工智能四元治理体系"的核心观点:在治理原则、准则、理念、政策、法律的基础上,需要加快推动人工智能安全工程学和"发展、规制、复盘、重启"四元一体的治理技术体系发展。

"人工智能治理底线"和"人工智能四元治理体系"的提出标准是:概念明确、技术可落地、可规避私有资本干扰、不受人工智能和"算法黑箱"问题影响、可随时终止人工智能运行、可第一时间保护民众安全。

五条底线环环相扣,缺一不可。其中,能源系统之于人工智能治理体系好比心血管系统之于人体:能源行业的集中统一管理、公有制和独立性是实现所有底线要求的核心支撑。从充分性角度来看,能源是所有治理主体和客体的动力来源,只要坚持集中统一管理和公有制,就能实现以人民利益为出发点,高效统一决策,敏捷精准调控,只要坚持独立性,就能避免干扰,保持决策和措施公正客观,及时有效阻止人工智能失控;从必要性角度来看,如果不坚持集中统一管理、公有制和独立性,就会在各方利益的牵扯下出现决策混乱低效、响应调控不及时等问题,甚至有可能做出背离人民利益的选择。

因此,我们在近五年来的研究中再三强调,要坚持能源行业的集中统一管理、公有制和独立性。

4.7.2 基于科幻小说的回溯分析

管理理论和治理体系需落地为管理系统和工程技术方案,才能切实发挥作用,实现治理目标。因此,本节通过目标手段分析法,构建"目标–需求–系统"三位一体的分析框架(陈劲和朱子钦,2019),为设计开发管理系统提供指向。

管理目标是系统开发的出发点。针对人工智能领域,底线式科技安全治理体系的管理目标就是通过掌控发展速度、限制影响范围、控制危害程度、管控发展要素、明晰权责边界来守住人工智能治理底线。对管理目标进行拆解，具体落实到管理需求，可分为信息管理、能源管理、物资管理、人员管理等方面。进一步，采用"从需求分析到系统开发"等认知方法论，就能梳理出管理系统及其子系统的开发框架。

在逻辑构建的基础上，还需要通过对象/需求调查等方式，对主管部门和企业、高校、科研院所中的管理人员和专家学者展开深度访谈，对管理目标、需求、系统及技术方法进行拓展补充、迭代更新完善，形成如图4-5所示的底线式科技安全治理体系研究框架，为实际布局、设计、开发管理系统提供指引。

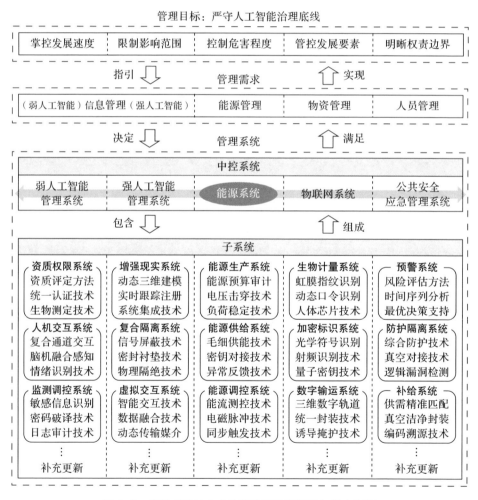

图4-5 底线式科技安全治理体系构建逻辑与研究框架

4.7.3 案例演示——以人工智能产业为例

基于底线式科技安全治理的理论指引，本节将进一步聚焦信息、能源、物资、人员等方面，通过信息交互管理系统、物联网系统和公共安全应急管理系统的架构设计案例，论述如何将底线式科技安全治理体系落地为管理系统并开展模块化的功能流程设计，以解析该体系构建框架的实证启示。

如前所述，由于治理要求存在本质不同，所以我们需要对弱人工智能和强人工智能采取分级管理。

1. 弱人工智能管理系统架构设计

为了确保弱人工智能系统安全运行，我们以管理能源供给与人机结合等环节为主要抓手，通过目标手段分析设计了如图4-6所示的管理系统架构（朱子钦等，2017）。

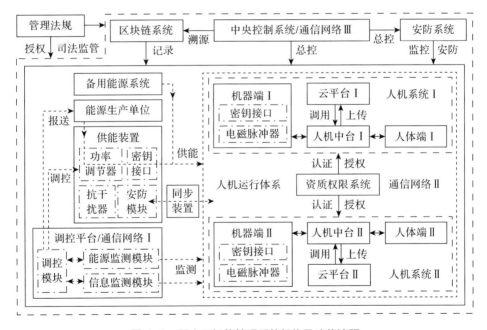

图4-6 弱人工智能管理系统架构及功能流程

首先制定管理法规，规范各功能模块的权责关系，同时对相关主体进行司法监管。通过资质权限系统对人员和机器进行三方面资质管理：一是人机交互权限；二是对能源等重点领域知识和程序的学习、研究、调用权限；三是对能源和特殊材料设备的使用权限。机器在权限范围内通过调用、运行和创新程序库中的程序进行学习和工作。关于能源系统的结构和功能将在强人工智能管理系统中一并说明，其中信息监测模块用于监测云平台、人机中台、机器内的信息，能源监测模块用于监测机器的用能信息。所有监测信息会反馈至调控模块，一旦发现异常行为，抑或发现来源或去向不明的能量流，立即通过功率调节器调整或终止机器等的运行能力。对于关系重大的机器，可设置独立运行的备用能源系统。

整体来看，中央控制系统拥有最高监管权限，三套独立的通信网络分别为中央控制系统、能源系统、人机系统提供通信支撑。区块链系统为全流程溯源和倒查提供支撑。通过密钥系统控制人机交互和供能环节的权限。安防模块重点保护供能装置，必要时通过电磁脉冲阻止失控事件（朱子钦等，2017）。

2. 强人工智能管理系统架构设计

强人工智能是必须抢占的技术高地，但若没有周密的管理方案，很可能在出现技术质变的同时直接引发科技失控。除了能源管理外，确保强人工智能发展安全的关键在于隔绝智能系统与外界的直接联系，据此可通过目标手段分析设计出如图4-7所示的管理系统架构（陈劲和朱子钦，2020）。

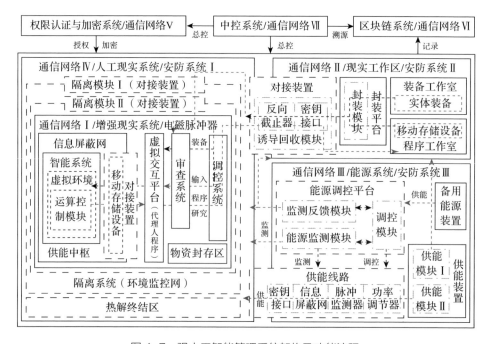

图4-7 强人工智能管理系统架构及功能流程

通信网络建立各功能主体之间的信息联络。权限认证与加密系统一方面管理相关人员的资质和设备权限，另一方面利用综合生物计量技术对相关人员进行统一编号和授权，利用复合标识技术对相关设备进行统一编号、标注、定位、授权，利用量子密钥技术对密钥接口加密。对接装置建立各功能主体之间的输运通道。

强人工智能系统由运算控制模块、虚拟环境组成。运算控制模块通过智能核心程序、运算控制单元等进行类脑工作，通过移动存储设备分布式、模块化存储拓展程序和信息；虚拟环境是包含现实世界所有可测物理参数的全息虚拟世界，与增强现实系统一起为智能系统提供观测对象。

现实工作区是工作人员的活动区域，工作人员在程序工作室通过调控系统与智能系统在虚拟交互平台交流互动。装备工作室用于生产实体设备。调控系统一方面通过代理人程序引导智能系统研究指定问题，并在智能系统的睡眠周期内更新和检测其数据信息和核心代码，另一方面实时调控增强现实系统和虚拟环境的场景方案。实时审查系统中的违禁信息和行为，并向安防、能源、中控系统反馈预警信息。

隔离系统包括信息屏蔽网和物理隔离网，用于隔绝智能系统与外界的一切非授权信息、物质和能量交互。环境监控网用于监测隔绝有效性。人工现实系统是人造废墟，废墟出口通向设有高温脉冲器的热解终结区。物资封存区用于封存实体物质，确保人工现实系统范围内只有物质流入，没有物质流出。

能源系统由供能装置、能源调控平台、供能线路、供能中枢、电磁脉冲器、备用系统组成。供能装置为指定功能主体供能。能源调控平台包括监测反馈模块、能源监测模块、调控模块。监测反馈模块可实时共享安防系统监控到的异常数据信息并监测信息交互的过程；能源监测模块可实时检测供能线路及安防系统监控区域的辐射水平、脉冲信号和能源流动；调控模块可根据上述信息通过功率调节器调控用能设备的输入功率，必要时切断能源供应。供能线路设有密钥接口，每条线路只能接入与密钥相匹配的用能设备。供能中枢根据智能核心程序中设定的运行、疲劳、睡眠周期调控智能系统的总输入功率，并根据调控模块的指令逐一调控运算控制单元的输入功率，当供能中枢与调控模块因不明原因失去联系时，供能中枢会立即切断能源供应并启动电磁脉冲器。

此外，核心代码中包含身份程序、交互程序、周期程序、盲区程序、信任程序、激励程序、限时程序、判别程序等，比如盲区程序通过隐匿特定信息形成智能系统的认知盲点。整体来看，中控系统拥有最高监管权限；合理设置独立的通信网络可实现信息安全；区块链系统为全流程溯源和倒查提供依据；独立的安防系统确保必要时终止失控事件。杜绝强人工智能失控是安全治理体系的重中之重（陈劲和朱子钦，2020）。

第 5 章
未来产业培育的过程论

以本书对未来产业的理论阐释为指引,以未来产业的统筹布局和科学编制为基础,我们提出了包括"党的领导""举国体制""群众路线""开放包容""创新要素"五个维度的培育模式(如图 5-1 所示)。

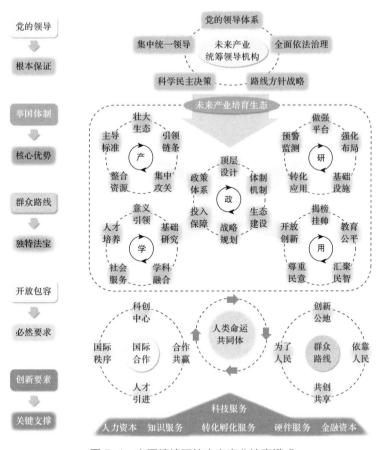

图 5-1 中国情境下的未来产业培育模式

5.1 党领导下的新型举国体制

近年来，可控核聚变、载人航天、探月工程、北斗导航、量子计算与通信、深海探测、高速铁路、大型客机等领域的一系列重大科技成就标志着我国科技实力与产业竞争力的不断攀升，也为进一步实现核心技术突破提供了指引：我国社会主义制度能够集中力量办大事是成就事业的重要法宝。落实未来产业的创新驱动发展战略，必须坚定不移走中国特色自主创新和高水平科技自立自强的道路，把重要领域的创新摆在更加突出的地位，实施一批关系国家全局和长远的战略性科学计划和工程。发挥市场经济条件下新型举国体制优势，集中力量、协同攻关，为攀登战略制高点、提高我国综合竞争力、保障国家安全提供支撑①。中兴、华为等事件充分警醒我们，对于关键核心技术，要放弃所有不切实际的幻想，坚持立足战略转型、立足核心能力的完整建立、立足核心技术的充分占有，坚定不移地走从自主研发到自主创新、从自主创新到自主可控的发展道路。推动自主创新，政策引领和战略转型是关键。科技与产业创新战略要从跟随转向引领，从引进集成上升到自主原创，从基于技术的创新推进到基于科学的创新（Cardinal et al.，2001），从渐进性创新走向鼓励颠覆式创新（Christensen et al.，2008），加快完善科学问题凝练与科研成果贯通机制，实现基于高水平科技自立自强的未来产业创新发展模式。

构建和完善新型举国体制，首先要坚持和加强党的全面领导。中国共产党的党性和人民性是一致的、统一的。党除了工人阶级和最广大人民群众的利益，没有自己特殊的利益。党的领导是中国特色社会主义最本质的特征和最大的制度优势，是确保未来科技和未来产业始终遵循正确的发展道路和战略目标的根本保障。为了让党中央关于未来产业的决策部署能够迅速有效地贯彻执行，要建设总揽全局、协调各方的党的未来产业领导体系，将党的领导体现到未来产业培育的方方面面，体现到国家政权的机构、体制、制度等的设计、安排、运行之中。具体来看，一是要以坚持党中央权威和集中统一领导为最高原则，加强党对未来科技和未来产业全局重大工作的集中统一领导，在中央、各地区和相关部门设立健全未来科技、未来产业决策和议事协调机构，保证党中央的政令畅通和工作高效。二是要完善党对未来科技和未来产业事业领导的体

---

① http://cpc.people.com.cn/xuexi/n1/2017/0622/c385474-29355210.html

制机制，统筹设置党政机构，强化党的组织在同级组织中的领导地位，更好地发挥党的职能部门作用，加强企业党建（陈晓华，2019），实现党对未来科技和未来产业事业领导的全覆盖。三是要全面推进未来产业领域依法治国。全面依法治国是坚持和发展中国特色社会主义的本质要求和重要保障[一]。要坚持运用法治思维和法治方式，推进全面依法治国与未来产业发展深度融合，为实现国家未来科技和未来产业治理体系和治理能力现代化提供坚实的法制保障。

新型举国体制能够在中国落地生根并不断演进，推动我国短时间内实现部分领域的全面追赶或局部超越，既有深刻的历史文化逻辑，也有新时代下与时俱进、创新发展的现实因素。新型举国体制是中国特色社会主义新时代伟大实践中的伟大创举，其核心特征和优势是有为政府和有效市场的有机统一。新中国成立以来，我国高度重视借鉴世界科技强国的经验，先后设立了"自然科学基金委员会"和"国家专利局"等机构共同负责科研管理，逐渐步入国家统筹下合理分工的多部门、多层次、军口与民口加速分离的科技管理新时期。随着国家科技教育领导小组的成立，科技体制改革深入推进，并由科技部行使全国科技工作统筹协调的管理职能，我国的国家创新体系快速完善。党的十八大以来，以习近平同志为核心的党中央高度重视建立和完善新型举国体制。党的十九届四中全会提出，要"构建社会主义市场经济条件下关键核心技术攻关新型举国体制"。党的十九届五中全会进一步强调，要"强化国家战略科技力量。制定科技强国行动纲要，健全社会主义市场经济条件下新型举国体制，打好关键核心技术攻坚战，提高创新链整体效能。"具体而言，新型举国体制主要包括三种实现模式。

5.1.1 面向应急攻关的政府举国动员式

新冠疫情暴发以来，医疗器械、医用耗材、检测试剂、中医药、疫苗等产业不仅在成功实现应急攻关的基础上迎来了阶段性的爆发式成长，更展现出成为未来产业的巨大而长远的潜力。面向应急攻关的新型举国体制的实现模式体现为政府"动员式"主导整个经济与社会资源的统筹与优化配置。政府"动员式"的逻辑起点在于具有重大的公共社会性应急需求牵引，依靠单一的市场力

[一] http://theory.people.com.cn/n/2015/0507/c40555-26964603.html

量无法应对高公共社会性的经济与社会问题（如图 5-2 所示）。政府作为整个公共性资源的重要配置主体，能够充分调动全国各方资源，以政策制度集中联动供给，并在支撑微观市场主体层面全面打通整个产业链与创新链共同面对应急性的公共社会问题。这一落地模式的典型案例体现为：在抗击 2020 年新冠疫情过程中，面对新冠疫情防控的重大应急性公共社会需求，科技部迅速组建国家专家团队

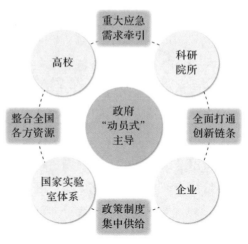

图 5-2　政府主导下的举国"动员式"

部署重大应急项目，启动应急科技攻关项目，着重在病毒溯源、传播途径、动物模型建立、感染与致病机理、快速免疫学检测方法、基因组变异与进化、重症病人优化治疗方案、应急保护抗体研发、快速疫苗研发、中医药防治这十个方面进行部署，并要求各相关部门、各科研单位立即行动，突出防控急需，加紧科技攻关研发[一]。在这一过程中，一方面通过整合全国优质资源全力推进科研攻关，科技部会同卫生健康委、发展改革委、教育部、财政部、中科院、军委后勤保障部等相关部门，全力做好应急攻关任务的组织协调，推动全国资源一体化配置，充分利用现有研发基础，集中力量，快速突破，强化防控诊疗技术研发和成果应用，为坚决遏制疫情蔓延势头提供科技支撑。另一方面，基于政府主导推进产业链与创新链全面整合与协同，全力保障应急攻关领域的科技投入，加快推进相关领域科研力量布局，整合国家重点科研体系，组织跨学科、跨领域的科研团队，深化科研、临床、防控一线的相互协作，大力开展协同创新，形成了推进自主创新的强大合力。

　　同时，基于政府的"动员式"主导模式并不意味着摒弃市场主体的力量。在面向应急重大公共社会需求的科研攻关过程中，政府重视发挥市场调节和企业主体作用，统筹推进应急管理体系建设和经济社会发展，充分发扬中华民族优秀传统文化中化危机挑战为战略机遇的优良传统文化，在应急领域推进科研

一　http://www.xinhuanet.com/health/2020-01/24/c_1125499708.htm，2020-01-24.

攻关、应急管理体系建设和产业化链条有机衔接,充分发挥企业分散决策实现多元尝试、增加微观企业动态能力与市场活力的优势,迅速建立了以企业为主体、政产学研相结合的产品研发和产业化体系。更进一步,通过组织疫情防控和科研生产等各条战线的精干力量协同作战,聚焦检测试剂、疫苗、抗体、药物、诊疗方案等方面集中攻关,并配套财税、金融、商事、政府采购等一系列优惠政策,快速培育了一批能够掌握关键核心技术的应急领域科技型企业和产业集群,实现高端医疗技术、产品和装备自主可控。同时,我国还抓住契机,加速发展数字经济、中医药、大健康等产业,持续壮大新动能,创造经济新增长点。

5.1.2 基于国家战略科技力量的协同式

新型举国体制的第二种落地模式是基于国家战略科技力量的"政产学研用"深度融合模式。国家战略科技力量传统的微观载体支撑是国家实验室体系和中国科学院等国立科研院所(陈凯华和于凯本,2017;陈套,2020)。国家实验室在合肥等地正式挂牌成立,标志着我国打造以国家实验室体系为核心的国家战略科技力量正加快落实(如图 5-3 所示),基于国家战略科技力量的政产学研用深度融合模式的成熟与推广也将步入快车道(陈劲和朱子钦,2021)。基于国家战略科技理论的"政产学研用"深度融合模式具体可以从以下几方面予以实现。第一,在顶层制度设计与科技战略规划层面,国家实验室的主要功能在于在政府公共财政资源的支持下,面向特定学科理论与应用问题攻关突破,但是在公共资源相对有限的情况下,国家战略科技力量不宜大包大揽,而是应该聚焦事关国家底线安全和战略主动的学科领域,此时的首要问题就是如何为国家战略科技力量提供精准的着力点。通过国家战略需求导向与应急需求优化重大科技基础设施布局,促进科技资源的开放共享,稳步打造跨学科跨领域、产学研用协同的高效科技攻关体系,加快形成"战略需求导向明确、原创引领特征明显、科技基础厚实、战略科技力量健全、攻坚体系完备、跨学科多领域协同、平战转换顺畅"的科技发展新格局。第二,明确国家实验室的利益相关方主体功能定位,通过明确科研院所、高校、企业在创新体系中不同的功能定位,制定在新型国家创新体系下各创新主体的长期规划,实现滚动式、可持续发展。秉承面向国家需求和经济发展的目标,围绕关键核心技术研发谋篇布局，加强跨部门、跨主体、跨学科的科研协同攻关能力（陈劲和朱子钦，2020），充分发挥基础研究和底层技术研发对科技创新的源头供给和引领作用，坚持自由探索和目标导向相结合，不断提升从经济社会发展和产业实践中凝练基础研究的问题的能力，促进基础研究、应用基础研究、技术创新一体化部署和全链条实施。最终强化提升科技攻坚和应急攻关的体系化能力，构建系统、完备、高效的国家创新体系，激发各类主体的创新激情和活力，形成自主创新的强大合力，构建功能互补、深度融合、良性互动、完备高效的协同创新格局（陈劲和朱子钦，2020；武力，2020）。

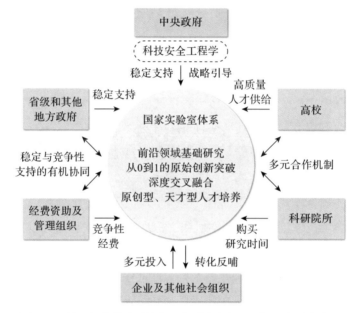

图 5-3　基于国家战略科技力量的"政产学研用"深度融合模式

从创新管理的角度来看，国家实验室的利益相关方主要为高校、科研院所和国企（李政和周希禛，2020）。对于高校而言，通过加强高等教育改革，提升"双一流"大学的建设目标，把面向国家利益、面向国家重大需求作为高校科技工作的主攻方向，在鼓励教师从事自由探索的同时，进一步加强高校"有组织"的科研活动，形成稳定的、可以实现团队协作的战略性科研队伍，使高校科研更聚焦国家战略、更鼓励跨学科合作、更支持产学融合。对于科研院所而言，应进一步明确中国科学院等国立科研机构作为未来产业重要发源地的地位和作用。加快恢复行业科研院所的"国家"属性，着眼于促进技术进步和增强自主创新能力，瞄准世界先进水平，以世界学科前沿问题和国家经济社会发展中的重大理论与实践问题为中心的基础研究、共性技术研发和工程技术研究为目标导向，组建有国家使命、有集体荣誉感、有团队战斗力的稳定科研团队，使其更多地从事战略性、公共性的科技项目，不断强化我国工程科技和应用技术创新的优势。对于企业而言，大力提升中央企业和国有企业作为"国家队"的技术创新能力，与国家实验室共建产学研用科技成果转化平台，以高强度的研发投入、高质量的创新产出、高效率的创新流程，抢占发展主动权，全面推进企业技术创新的自主可控。积极培育能够面向世界科技前沿、面向国家重大战略需求、具有较大原始创新能力的科技领军企业，发挥其在前沿科技探索的重要作用，及在承担国家重大科技任务、突破未来产业关键共性技术、"卡脖子"关键核心技术等方面的重要作用。

5.1.3 以央企为主导的整合式创新模式

在"双循环"新发展格局下，微观市场主体层面需加快推动央企成为新型举国体制落地模式中技术创新的主导者，央企真正意义上成为国家战略性科技创新力量，具备完备的自主创新能力对于持续提升我国科技国际竞争力、全球高端经济要素与资源的汇聚能力以及综合国力至关重要（肖红军，2021）。随着我国经济总量迈上百万亿元的新台阶，以美国为首的部分发达国家对我国科技型企业、创新型企业的政治打压和技术封锁很可能会持续升级。从这个意义上说，深入实施创新驱动发展战略，加快推动双循环背景下的产业转型升级，实现经济高质量发展和建成世界科技强国已经变得刻不容缓。新形势下，我国优秀企业正加快实现从关注"白菜水果流量"到面向"科技星辰大海"的转型，在科技创新上有更多担当、有更多追求、有更多作为，不断将自身打造成为新型举国体制中技术创新的主导者（如图5-4所示）。这一模式主要体现为以国家实验室、国家技术创新中心集中力量进行基础研究、攻关重大课题，企业分散决策实现多元尝试、增加微观活力，共同汇聚形成突破关键核心技术的强大体系支撑和创新合力。

具体而言，以央企为主导的整合式创新模式的内在实现过程表现为以下几个层面。第一，在科技创新领域战略布局层面，央企的整合式创新在于布局基础和前沿科技领域，在政府有重大需求、国家实验室、国家重点实验室的知识支撑下，综合运用有组织的科研和自由探索的基础研究，大力推进面向市场的交叉融合与原始创新，抓重大、抓尖端、抓基本，在政策引领和战略驱动下推动各类创新主体自主、协同、开放创新的系统性整合（陈劲和吴欣桐，2020），在具备长周期、高风险以及高不确定性等特征的领域，民营企业无法承担持续性的高强度研发，央企能够基于国家使命实现使命驱动的创新，在国家战略性产业与关系国计民生

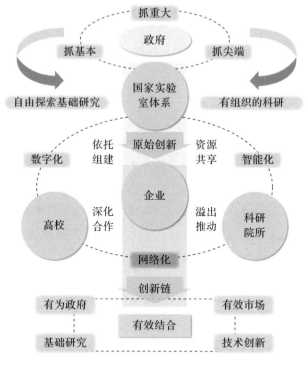

图 5-4　以科技领军企业为主导的整合式创新模式

的支柱型产业，如航天、高铁、船舶等复杂重大工程创新研究中，央企需要运用系统思维，坚持全国一盘棋，调动各方积极性，发挥央企作为社会主义市场经济制度的微观组织集中力量办大事的显著制度优势（李政和周希祺，2020）。

第二，基于央企为主导的整合式创新模式依然需要民营企业的广泛参与，形成"央企＋民企"的融通创新共同体。这一过程需要央企支持民企深度参与国企牵头的科研攻关项目，组建创新联合体，强化企业专业化协作和配套能力，加快形成强协同、弱耦合的创新生态。另外，政府需要通过完善科技创新政策，加强创新服务供给，激发创新创业活力，引导民企加大研发投入，完善技术创新体系，着力培育"瞪羚"企业与"独角兽"企业，建立高成长企业的挖掘、培养、扶持机制，设立动态培育库，在科研项目、资金扶持、制度政策等方面给予支持，在新业态监管方式上为科技型中小企业提供包容试错的空间，推动"小而精、小而特"的科技型中小企业蓬勃发展，与国家队之间形成优势互补的局面。

最后，以央企为主导的整合式创新模式的实现依然需要高度重视数字化与

智能化技术的深度赋能与应用,以数字化、智能化驱动的协同创新与融通创新实现央企与其他各类知识主体(高校、科研机构、国家实验室等)深度协同以及与其他各类民营企业深度融通。在这一过程中,需要加快开发基于新一代移动通信、区块链、人工智能等技术的分布式资源共享和数据协同的科技服务平台,打通科研数据交易和融通链路,通过供需匹配技术、共识机制形成精准的贡献度识别、价值识别与转换等能力,实现对不同创新主体和创新人员的差异化、个性化激励,加快破解制约协同攻关和融通发展的新老问题。在此基础上,积极运用"揭榜挂帅"等创新机制,推动央企与其他各类创新主体与知识主体的深度合作,深化跨区域合作、多元主体协同和整合式创新,推动形成一大批高水平创新联合体。通过优化创新创业的资源投入和配置,营造积极向上的举国创新创业氛围,在科技创新、产品创新、科技人才培养等方面调动"政产学研用"的多方资源优势,使数字化、智能化、网络化切实赋能央企,最终使其成为新型举国体制下重要的微观战略性组织载体支撑。

5.2 群众路线指引下的人民创新

坚持以人民为中心的发展思想,是习近平新时代中国特色社会主义思想的根本立场。习近平总书记在十九大报告中强调,"必须坚持以人民为中心的发展思想""把人民对美好生活的向往作为奋斗目标,依靠人民创造历史伟业"。新时代培育和发展未来产业同样要坚持以人民为中心的价值理念,这是马克思主义政治经济思想的根本立场和鲜明特色。习近平总书记指出,"科技是国之利器,国家赖之以强,企业赖之以赢,人民生活赖之以好。中国要强,中国人民生活要好,必须有强大科技"。新时代创新发展坚持以人民为中心的价值导向,从根本上回答了"为谁创新"的问题。

5.2.1 创新发展的人民中心论

中国共产党自诞生之日起,就把马克思主义鲜明地写在自己的旗帜上。建党一百年以来,无论身处顺境还是逆境,党始终坚持全心全意为人民服务的根本宗旨和实现好、维护好、发展好最广大人民根本利益的初心和使命。建党一百年以来,党高度重视科技创新,始终坚持以人民为中心的发展思想。党执政以来,创新发展作为党治国理政的核心内容,与国家的发展进步、经济社会发展变革、国防力量保障升级紧密结合。

1949年10月1日，中华人民共和国成立，中国共产党走上执政舞台。彼时，我国科技建设百废待兴，科技发展急需重要思想指导。1956年是中国现代科技发展史上具有里程碑意义的一年，党中央提出了"向科技进军"的口号。毛泽东主席指出："我国人民应该有一个远大的规划，要在几十年内，努力改变我国在经济上和文化上的落后状态，迅速达到世界上的先进水平。"从此，新中国的科学事业发展规划被提上了日程。"向科技进军"的重要口号以及科技发展"十二年规划"和"十年规划"开启了党中央领导科学技术创新发展思想指导和顶层设计的宏大篇章，许多重大科技突破应运而生。"两弹一星"作为新中国成立以来最具代表性的科技成就，与国家的发展息息相关，对国防工作起了决定性作用，打破了核大国对中国的核压迫，保护了中国的国家安全，也为我国航空航天事业从追赶走向引领打下了坚实基础。

改革开放以来，党中央进一步重视科技发展。邓小平同志提出了"科学技术是第一生产力"的重要论断，明确了科学技术必须为振兴经济服务、促进科技成果商品化，为科技成果转化以及高新技术产业发展奠定了政策基础。江泽民同志提出实施"科教兴国"的战略。"科教兴国，是指全面落实科学技术是第一生产力的思想，坚持教育为本，把科技和教育摆在经济、社会发展的重要位置，增强国家的科技实力及向现实生产力转化的能力……"。作为"三个代表"重要思想的重要组成部分，科技逐步被明确为经济社会全面发展的关键因素。在此基础上，党中央提出了走中国特色自主创新道路、建设创新型国家的重要发展战略。胡锦涛同志强调："坚持走中国特色自主创新道路，为建设创新型国家而努力奋斗，进一步开创全面建设小康社会、加快推进社会主义现代化的新局面"。

习近平总书记深刻指出："以人民为中心的发展思想，不是一个抽象的、玄奥的概念，不能只停留在口头上、止步于思想环节，而要体现在经济社会发展各个环节。"他在党的十九大报告中开宗明义，强调"中国共产党人的初心和使命，就是为中国人民谋幸福，为中华民族谋复兴"。就创新发展而言，2014年习近平总书记在上海考察时指出，"要加大科技惠及民生力度，推动科技创新同民生紧密结合"，指出了改善民生是科技创新的终极使命。在依靠人民方面，习近平总书记在2016年召开的科技三中全会上进一步强调："没有全民科学素质普遍提高，就难以建立起宏大的高素质创新大军。"在人民共享成果方面，在党的十九大报告中，习近平总书记在"过去五年的工作和历史性变革"部分指出："深入贯彻以人民为中心的发展思想，一大批惠民举措落地实施，人民获得感显著增强"。这说明了科技创新的成果要以惠民、全民共享为根本宗旨。创新发展人民中心论的观点，强调把以人民为中心贯彻到创新活动之中，做到发展为了人民、发展依靠人民、发展成果由人民共享，更好地增进人民福祉，更好地发展中国特色社会主义事业。这些重要论述彰显了党始终坚持以人民为中心的价值追求和执政为民的责任担当。

5.2.2 全球视野下的人民创新

基于对生产者创新缺陷的深刻剖析，近年来创新的全民化正快速兴起和发展，社会各界进行了从精英事业到开放共享的积极探索，而通过结合中国情境，人民创新这一后熊彼特时代的创新范式正冉冉升起。

美国著名管理学家埃里克·冯·希普尔于 1988 年提出的大众化创新和用户创新理论，打破了少数精英企业家是创新源泉的单一封闭模式，鲜明地提出企业外部的用户可能成为创新源泉。虽然企业的内部研发部门都是由行业专家和精英组成，但他们依然需要广泛地获取组织边界之外散布在不同大脑当中的隐性知识，这就极大推进了创新大众化思潮的发展。以冯·希普尔为代表的后熊彼特主义的核心要义是，必须把对创新主体的定义从生产者及其周边群体扩展到广泛的社会群体，关注通过开放合作而形成的、由社群组织起来的群众或者用户自由创新的创新活动，从而激发全社会创新的活力，实现经济发展和社会福利创造的同步实现。

后熊彼特主义的核心思想是重视用户的创新活动。如中国在长期的文明进化中提炼出许多宝贵的来自民间的中医药智慧，就是用户创新的极佳案例，中西医结合的疗法，为我国新冠疫情的控制做出了突出贡献。在冯·希普尔的研究启发下，亨利·切萨布鲁夫提出了开放式创新的概念和创新范式。开放式创新强调企业同时利用内部和外部的创新资源实现技术创新过程，形成要素资源相互补充的企业创新生态系统。通过在创新链的各个阶段与多元合作伙伴的多角度动态合作，企业内部技术的商业化可以通过内部和外部途径共同实现。企业可以通过开放式创新打破创新边界，同时汇聚来源于企业内部或外部的创新思想。这些创新思想在研究或发展的过程中会通过知识的流动、人员的流动或专利权转让扩散到企业外部，有些与企业当前经营业务不匹配的研究项目可能会在新的场景和市场中被挖掘出巨大价值，进而可能通过外部途径使之商业化。在制度环境完善等条件的保障下，企业将有动力通过许可协议、短期合伙和其他安排分享其知识财产，并且能够在其他公司利用这些技术的过程中实现自身利益。

国际上已经有许多开放式创新的成功先例，帮助很多著名企业取得了持续的竞争优势。宝洁公司通过"联系与开发"的全新创新模式与世界各地的组织合作，面向全球搜寻创新来源，通过与公司外部的连接获得了35%的创新思想。世界领先的制药企业默克公司，在过去相当长的一段时期内只重视内部研发投资，但自2000年起开启了开放创新之路，这正是因为公司深刻认识到"在全世界的生物医学研究中，默克只占了1%。为了利用另外的99%，公司必须积极地与大学、研究机构和世界各地的企业联系，以便把最好的技术和最有发展前途的新产品引入默克"。

现代开源软件和维基百科所创造的经济与社会福利都表明，分散在人群当中的知识能产生巨大的创新潜能。人民创新的提出进一步推进了创新大众化的研究，将创新研究的主体从企业、专家和行业精英的狭窄视角中解放出来，聚焦于拥有"黏性"知识的广泛人民全体，以社会中的广泛群体为主体，以开放协作式社群为组织形式，以创造公共物品和增加社会福利为目的，不断推进人民群众的自我实现与科技创新的公共化进程。

5.2.3 人民创新驱动未来产业发展

习近平总书记强调，"道路问题是关系党的事业兴衰成败第一位的问题，道路就是党的生命。"坚持以人民为中心是党的十九大确立的新时代坚持和发展中国特色社会主义的基本方略。创新驱动发展处于国家发展全局的核心位置，必须坚持以人民为中心的发展道路。认真学习贯彻习近平总书记系列重要讲话精神，需要回答好"为了什么""依靠什么""实现什么""防范什么"这四个关键问题，以确保未来产业发展始终遵循正确的政治方向和发展道路。具体来讲，需要把握三个原则：一是未来产业发展要为了人民；二是未来产业发展成果为人民所共享；三是未来产业发展要依靠人民。

1. 未来产业发展要为了人民

要大力发扬为民服务的孺子牛精神，落实以人民为中心的发展思想，解决好"为谁干"的问题。在西方发展观的影响下，近代以来，科技和产业发展长期聚焦于推动经济增长、升级产业结构、创造个人财富。这种状况需要尽快改变，否则，以市场、效率和生产力发展为驱动的科技革命和产业变革会越来越强烈地冲击人类社会的价值体系，甚至脱离人性、伦理、道德的约束，带来一个被数据、算法和机器统治的世界，造成人的价值观被不断扭曲、弱势群体的基本权益被不断蚕食的危险局面。坚持正确的政治方向和发展道路，坚持未来科技和未来产业的发展始终体现党和人民的意志、维护最广大人民的根本利益，坚持科技和产业创新成果更多更公平地惠及全体人民，是确保未来科技和未来产业始终服务于人的全面发展及人类社会可持续发展的根本前提。

2. 未来产业发展成果为人民所共享

推动经济社会更平衡、更充分发展是新时代未来产业发展要实现的关键目标。"深度参与全球科技治理，贡献中国智慧，着力推动构建人类命运共同体。"习近平总书记站在人类历史发展进程的高度，以宏大的全球视野和战略思维，指引我们发展科学技术和未来产业不仅要为中国人民谋幸福，也要为人类进步事业做贡献，和世界各国共同应对人类面临的挑战，推动全球范围内的平衡发展。让未来科技和未来产业推动经济社会更平衡更充分地发展，造福全中国人民乃至全人类，是推进未来产业发展必须树立的崇高目标。只有牢固树立起以人民为中心的创新发展观，未来科技和未来产业才会始终沿着满足人民对美好生活向往的正确方向与道路不断前进，造福全世界人民，造福子孙后代。具体来看，应强化创新过程中的战略驱动、顶层设计、中长期发展导向，树立蕴含全局观、统筹观、平衡观与和平观的整合式创新思想，基于东方文化整体和谐的价值追求和新时代中国特色社会主义制度的优越性，兼顾西方文化的价值追求，在推动未来产业发展过程中践行面向世界的群众路线，同时构建与城市创新系统互融、互通、互补的乡村创新系统，以此推动全球区域和城乡区域协调发展，为建设促进平衡充分发展的社会主义现代化经济体系提供强劲牵引。

树立防范化解重大风险的底线思维，确保未来科技和未来产业发展的安全和稳定，是实现好、维护好、发展好人民利益的根本前提。党的十八大以来，习近平总书记多次在重大会议上专门强调要增强忧患意识、防范风险挑战。他指出，"科技领域安全是国家安全的重要组成部分。要强化事关国家安全和经济社会发展全局的重大科技任务的统筹组织，强化国家战略科技力量建设。要加快科技安全预警监测体系建设，围绕人工智能、基因编辑、医疗诊断、自动驾驶、无人机、服务机器人等领域，加快推进相关立法工作。"在推进未来科技和未来产业风险管理体系建设的过程中要着眼于四个关键问题。一是要加强人民参与，充分体现人民的意志。二是要推动国家科技治理现代化，开拓超越层级管理的思路和方法，以全覆盖、科学化、精细化、法制化监督管理重大科技项目立项、科技成果转移转化，确保科技创新活动开放而有序地开展。三是要在遵循科学伦理的基础上加强科技安全工程学等硬学科的建立和硬技术的开发，通过设立科技安全工程学学科并建立相关人才队伍，实现对未来科技和未来产业风险的精确分析、评估和统筹管理。四是要运用底线思维，着手打造创新资源的统筹精细化管理体系，确保对能源等核心创新资源的掌控力，从源头上建立起牢固的安全防线。

3. 未来产业发展要依靠人民

人民创新在未来产业创新发展中具有广阔的空间。习近平总书记在 2016 年的中央城市工作会议上提出了"三只手合力"论，即统筹政府、社会、市民三大主体积极性。这反映了人民在我国发展建设中的重要地位，不仅社会治理如此，我国的创新发展同样离不开人民的伟大力量。2019 年国务院政府工作报告指出，要大力优化创新生态，调动各类创新主体积极性。人民创新强化了社会力量在创新中的重要作用。人民创新的目的在于提升真正的财富，其直接作用于创新最终的服务单元。

中国作为一个社会主义国家，强调的是集体主义文化，这与西方的个人主义导向截然不同。社会主义最大的优越性就是共同富裕（李娜，2020），中国发展的根本目标是提高十几亿人的福祉。在这样的大背景下，中国企业存在的目的不应仅仅是追求商业利益，其必须要将国家和人民的利益作为自身发展的重要目标。尤其是国有企业（汪立鑫，2018），其在从事生产运营活动、追求经济利益的同时，兼有社会保障、社会福利及社会管理等多种职能。因而不同于西方一些强调个人主义的国家，在中国，人民创新的主体也可以是企业中的公共部门，这些公共部门不以追求商业利益为目的，而以增进人民福祉作为其部门发展的动力。由此，在中国的情境下，人民创新的主体不仅仅是企业外部的个人、家庭等，国有企业甚至其他企业中的公共部门等也可以成为人民创新的主体。

由于人民创新的创新主体较为广泛，其创新的治理也成为一个非常重要的问题。面对众多的创新主体，传统的制度并不能有效地管理人民创新活动，创新公地则为人民创新提供了广阔平台。人民创新体系不仅仅需要聚集来自政府、企业及社会的创新者，还应具备人民创新所需的必要知识、信息等创新资源。这些创新资源由体系中的创新者投入、资源投入之后，具有非竞争性和非排他性，可以服务于每一个个体。由此可见，人民创新体系中的资源具备公共事物的一些性质。公共事物是指与公共相关的事物，即除了私人物品之外的所有物品，根据竞争性和排他性可以分为纯公共物品、公共池塘资源和俱乐部物品。随着对公共事物研究的深入和发展，研究者发现信息和知识也具备公共事物的一些特点，于是逐渐出现了信息公地和学习公地的概念。信息公地旨在促进新技术融入教学、学习和研究，是一个访问、收集、组织、分析、管理、创建、记录和传递信息的新途径。学习公地则在信息公地的基础上发展而来，是指一种由学术机构或为了学术目的而建立的，聚集各种知识、信息及人力和社会资源的环境。对于创新而言，尤其在创新初期，由于创新资源具有非竞争性和排他性，这一部分资源如何管理成为一个重要的问题。由此，借鉴信息公地和学习公地的概念，可以发展出创新公地的概念。创新公地指通过一套合作规则体系，可以促进信息共享，以最大限度地提高机会发现的可能性，在高度不确定性的条件下，将分布式信息、知识和其他投入汇集到创新中，为人民创新体系注入强大动能。

创新公地一是要直面人民群众更广泛的直接需求。企业作为技术创新的主体，其主要目标在于营利，绝大多数创新人才被聚集在附加值大、科技含量高、创新层次深的行业和领域，主要面向和服务高端市场。在这种情况下，相关创新较难兼顾发展相对落后地区和中低端市场的实际需求，一些地方难以得到高层次创新主体的关注和资源投入。从经济社会发展全局来看，一些发展不平衡不充分的问题也就难以改善。

二是要建立起普通群众与创新主体之间的沟通渠道。在开放式全面创新的发展趋势下，各类众包服务平台、学术交流平台以及技术中介机构为各领域的创新事业提供了助力。但也要看到，这些平台和机构都有较高的专业技术门槛，且所涉及的问题都有明确的目标指向。此外，对于具有商业营利性质的平台，在实际信息交互的过程中，还存在安全信用和隐私保护等多种复杂问题。在目前我国基层创新基础还相对薄弱的情况下，普通群众很难融入这些开放式创新平台，缺乏与创新主体之间的沟通渠道，难以将现实需求直接反映到创新领域。反过来看，部分创新主体为了追求更高额的利润，甚至会开展背离人民群众真实问题和真实需求的创新。

三是进一步挖掘人民群众的创新智慧。在创新主体资源投入不均衡、人民群众与其沟通不畅的情况下，创新主体的认知很容易同更为广泛的社会实践相脱节。导致一定程度上，在发现问题、分析问题、解决问题的各个环节，创新事业都被局限在某个创新群体内。可以说，人民群众参与创新事业的能力和潜力没有得到足够的重视，蕴藏在人民群众中的智慧也没有得到充分挖掘和利用。

要想解决这些问题，关键在于找到合适的形式和渠道，使人民群众能够广泛参与到创新事业中来。一方面，作为生产生活的实践主体，广大群众最擅长发现问题；另一方面，群众之所想、所急、所困往往就是创新的源头，代表着广泛的民生需求，应以此为起点推动创新工作。

对此，要更好地发挥政府作用，通过物联网、大数据和人工智能等技术，打造一个零门槛、使用方便的信息管理平台，将人民群众需要解决的问题及时、精准地对接到政府机构和企业、事业单位内的专业人员，让创新主体以此为依据，围绕现实问题开展工作。

具体来看，当人民群众在日常工作、生活中遇到问题时，可随时随地通过平台终端表达诉求；平台终端将收集到的语言信息实时传输到云计算分析平台；云计算分析平台将不同形式的语言信息编译成标准格式的数据信息，之后对数据信息进行统计分析，输出包括问题的重复率、时间分布、区域分布、行业分布等信息在内的分析结果；建立推送模块，将生成的统计分析结果根据不同机构和创新主体的具体需求进行归类，定向推送给匹配的相关机构和创新主体；建立激励模块，对每个用户的参与度和贡献度进行评价，按照相关规则奖励回馈用户（如图5-5所示）。

打造人民创新的创意征集平台的主要优点在于：①免费为人民群众提供了一个可随时随地向相关政府机构和企业、事业单位反映不便和烦恼的零门槛、方便而有趣的渠道和平台；②充分利用先进的大数据云计算技术汇总、编译、统计分析所收集的数据信息，通过推送平台将数据信息和统计分析结果归类并向客户端推送数据信息，运营成本低，人力需求小；③政府机构和企业、事业单位内的工作人员可以在客户端上实时、精准地浏览人民群众在工作、生活中所遇到的不便和烦恼以及相关的数据信息和统计分析结果，发现大众智慧中蕴含的需求、商机和创新灵感，及时创新科学技术、解决问题、开拓市场；④激励平台根

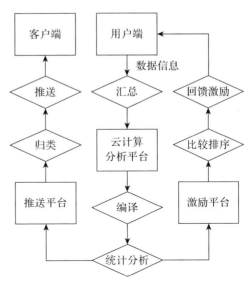

图 5-5 人民创新的创意征集平台构建方案

据云计算分析平台统计分析的结果，对每个用户提供的数据信息进行比较排序，并根据奖励机制回馈激励用户，可以不断促进人民群众对用户端的使用热情；⑤平台所惠及的领域非常广泛，打破了政界、商界和学术界的壁垒，可以从源头上促进人民创新。

还要看到，在面向人民创新的创新公地的实际建设过程中，需要细化和拓展以下工作：一是要结合人脸识别、表情动作识别、语音识别等智能传感技术，在平台终端建立可穿戴、便捷化、智能化的信息录入通道；二是需要开发建设强大的云计算分析平台，根据不同机构和创新主体的具体需求不断拓展统计分析信息的类别，所推送的统计分析结果要可读性高、指导性强、分类精细；三是不断完善针对平台用户的评比算法和激励机制，合理测算用户的参与度和贡献度，并给予奖励，通过多种手段调动人民群众参与创新的积极性，让创新在全社会蔚然成风；四是要不断加强平台与政府、企业、科研单位等机构之间的纵向和横向联系，重视区域间的交流与互助，构建有效的协同合作机制；五是要在建设好平台的基础上，打造平台的国际影响力。

5.3 开放包容视角下的生态构建

未来产业竞争的关键在于培育生态的竞争（侯宏，2021）。系统性培育未

来产业，需要激发利用开放协同创新的强大势能。习近平总书记强调，"要让市场在资源配置中起决定性作用，同时要更好发挥政府作用，加强统筹协调，大力开展协同创新，集中力量办大事，抓重大、抓尖端、抓基本，形成推进自主创新的强大合力。"中国持续的创新崛起，一批能够掌握关键核心技术的科技型企业的集群式崛起是一大关键。既发挥了集中力量办大事的体制优势，由国家集中力量进行基础研究、攻关重大课题，又发挥了企业主体和市场调节的作用，通过企业分散决策实现多元尝试、增加微观活力，才能形成协同创新突破核心技术的强大合力。具体来看，要建立科技创新与实体经济、现代金融、人力资源等要素之间的有机协同，形成以大学、企业、研究机构为核心要素，以政务部门、金融机构、中介组织、创新平台、非营利性组织等为辅助要素的多元主体协同互动的网络创新模式，通过知识创造主体和技术创新主体间的深入合作和资源整合，产生系统叠加的非线性效用，在强化协同的过程中实现科技经济的深度融合，形成创新引领、协同发展的产业体系，构建"国家、区域、产业、企业"四位一体的创新生态系统（李晓华和刘峰，2013），不断提升科技创新对未来产业高质量发展的引领支撑能力和辐射带动作用（如图5-6所示）。

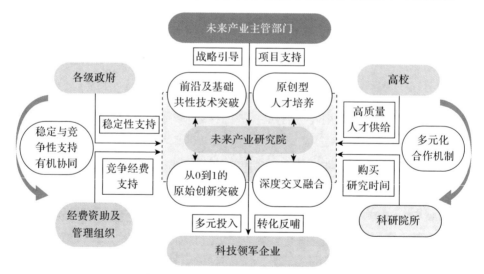

图5-6　开放包容的未来产业生态构建

同时，要把握开放合作的历史大势和机遇，以全球视野谋划和推动创新，坚持科技创新和未来产业发展的开放合作与互利共赢。当今世界正经历百年未有之大变局，我国首先要做好自己的事，发挥好新型举国体制和国内14亿人口市场的优势，建立完整、稳定、高质量、聚合力强劲的自主创新体系和未来产业国内大循环系统，牢牢掌握住创新和发展的主动权，然后在"一带一路"等合作框架下积极推进世界范围的开放协同创新，整合与利用以人才为核心的全球创新资源，构建内核强劲、张力无限的全球创新生态系统（陈劲和朱子钦，2019），推动经济全球化朝着更加开放、包容、普惠、平衡、共赢的方向发展。

技术推力和市场拉力对未来产业的发展缺一不可，创新和市场需求以一种互动的方式在技术发展中起着重要作用。如果二者的发展速度快且能够实现协同，则未来产业就能较早进入高增长的轨道；反之，若技术或市场发展速度慢，或者二者不能够协同匹配，则未来产业形成规模的时间就会被推后。从技术推力的角度来看，未来产业是由前沿技术的产业转化而形成的，未来产业的发展速度、规模、影响范围根本上要受到技术本身的性质及其发展水平的制约。因此，培育和壮大未来产业，必须加大对前沿技术的研发投入，推动前沿技术及相关互补技术的创新迭代，加快进入产业化应用阶段。从市场拉力的角度来看，市场的需求是企业经营活动的起点，也是企业经济利益的最终来源。专利活动或者发明活动，与其他经济活动一样，基本上是追求利润的经济活动，是受市场需求引导和制约的。虽然在政府的支持下，也能够实现某些技术的产品化和应用，但是政府的需求相对有限，无法形成足够大的生产规模，降低生产成本；同时，政府的投入也会受到预算约束，难以满足未来产业长周期、大规模的资金投入。只有在市场需求的拉动下，产业才能够进入"市场需求扩张——销售收入增加——研发投入增长、生产规模扩大——技术改进、成本下降——更多市场需求"的良性循环，企业才能够拥有持续的造血能力。因此，未来产业必须要提供符合经济社会发展需要的产品和服务。此外，政府在市场需求扩张上的支持也有利于需求拉动效应的发挥。

5.3.1 美国未来产业研究所

2021年1月，美国总统科技顾问委员会在《未来产业研究所：美国科学与技术领导力的新模式》中提出了未来产业研究所的概念和设计框架，计划将这一全球性、多元参与的研究机构打造成多部门协同推动未来产业创新的平台范例，巩固美国在高端科技和产业领域的全球领先地位，进而维护美国未来的国家安全和经济安全（王雪莹，2021）。

美国未来产业研究所旨在全面提升管理结构与流程、资金与人员配置、知识产权运营方面的灵活性。每个研究所将聚焦生物技术、人工智能、先进通信、先进制造、量子信息科学中至少两个未来产业交叉领域推动创新，通过相关部门紧密协同，破除长期存在的制度障碍，促进全社会创新资源、信息开放共享，打通从基础研究到产业化的路径，最终回馈国家和投资者。与美国国家实验室现行的公办民营体制类似，美国未来产业研究所采用有限责任公司的运营框架，具有用人和财务等机制灵活的优点。此外，美国未来产业研究所可以并行设立非营利基金会，用于接受可作税收抵免的社会资助与公益捐赠。

美国未来产业研究所的主要功能包括以下七个方面：一是打通基础研究和应用研发之间的环节，推进多学科、多主体协同创新与融通创新；二是优化创新环境，促进创意涌现与知识流动；三是构建和完善科研快速响应和落地应用的管理体系；四是培育跨学科、跨领域的未来复合型科技人才；五是提供科技体制改革的试验场；六是打造高端科技人才队伍；七是服务国家科技政策、科技规划和科技评价。

美国未来产业研究所的特点主要包括使命导向、精细管理、机制灵活、多元协同、分类评价五个方面。一是国家战略使命导向，通过设立国家未来产业办公室，对未来产业研究所的发展进行顶层设计和规划指导，确保其发展方向符合国家使命需求。二是采取理事会领导下的所长负责制，理事会由内部领导和外部专家组成，负责任命管理团队，提供战略指导并定期开展项目检查、财务审查和绩效评估。三是灵活的项目管理机制，根据重要领域方向下设相对独立、充分自主的研究部门，建立包括"政产学研用"联合决策的项目产生机制，避免遗漏意料之外的有前景的方向，注重短期、中期、长期相互均衡，领域交叉、互补、协同的立项组合以及全流程追踪评估。四是多元协同的资源配置和用人机制，联邦政府多部门联合建立种子基金，以较长周期（如10年）的中长期预算安排，支持未来产业研究所的启动期建设并适时让利退出。组建初期制定多方参与的合作协议，促进数据共享、知识产权与收益的灵活分配，以及人才评聘、管理、流动的跨组织融通。五是基于目标实现的分类评价机制，以国家实际需求为导向，采取根据产业领域和类型项目的分类评价方式，通过年度自评估和5年为周期的外部审查相结合，为研究人员提供相对稳定的环境。

5.3.2 谷歌 X 实验室

谷歌 X 实验室以神秘、未来主义和敢于冒险著称，只有来自顶尖高校和研发机构的顶级专家才有资格在这里工作，且仅有极少数几位公司高层掌握该实验室的具体情况（李晶，2014）。无人驾驶汽车、无人机、高空发电、太空电梯这些很多曾经只会出现在科幻电影里的未来技术项目都来自这个实验室。

实验室青睐拥有足够大的梦想的独立思考者，为每一位研究人员配备了按照个人意愿装修的独立办公室，鼓励研究人员在充分放松的环境下进行独立思考与创造，甚至允许带孩子和宠物来公司上班。实验室要求研发工程师要用四分之一的时间来思考创意，并建立了"点子库"和相应的评估、排序和遴选机制，支持员工花一定的时间做自己感兴趣的工作，只要研究成果最终卖给公司。即使这些天马行空的创新和成果完全偏离公司的业务主线，谷歌也相信它们在将来合适的时机有可能转化成重要业务。

5.3.3 麻省理工学院媒体实验室

麻省理工学院媒体实验室（简称"媒体实验室"）于 1985 年创立，致力于支持最有智慧、最富创造激情的梦想家，通过科学、技术、媒体、艺术、设计等领域的跨学科交叉融合研究，"创造一个更美好的未来"（袁广林，2018）。通过设置新媒体医学、人体动力学、数字化行为、数字化艺术、合成神经生物学、生物机械、全息技术、可触摸媒体、分子计算机、量子计算机、情感计算机、认知机器人、认知科学与学习、智慧城市等研究小组，媒体实验室聚焦超前的概念化未来技术研究，每年大约执行 300 个研发项目，产出了电子油墨、可编程催化剂、超通信、穿戴计算机、便携式发电机、智能家居、便携式激光投影仪、玩具式学习工具等代表性成果。

媒体实验室高度重视开放合作。一是面向中小型企业的咨询式合作，主要以非正式的合作方式提供咨询，但不分享或转化科技成果和知识产权；二是以课题群为基础的正式合作。每一个课题群纳入约 10 个研究小组和 20 个以上的合作商。合作商有权共享课题群的研究成果和知识产权；三是公司级合作，在这种最高层次的合作框架下，合作商既可以开展跨课题群合作，还可以派驻研究人员长期参与媒体实验室的日常工作。

媒体实验室坚持多样性至上，将跨大类的学科交叉视为核心能力，追求通过颠覆性创新重新定义未来。很多项目都会汇聚看似几乎没有关联的学科，比如"合成神经生物学"小组包括物理学家、文学家、细胞生物学家、电气工程师、航天工程师、计算机工程师。在跨学科的基础上，媒体实验室还非常重视反学科，聚集不同领域的研究人员在空白处创建全新的学科、开创全新的方法，进而产出重大的原创性成果。

培养具有跨学科和反学科思维的天才型科学家也是媒体实验室的重要使命，每一个项目都会鼓励博士生、硕士生、本科生参加，通过"干中学"（跨学科研究需要哪些知识，就针对性补充学习哪些知识，边学习边研究和边研究边学习），通过以问题为导向的研究快速构建跨学科知识谱系，形成强大的跨学科研究能力。

5.3.4 清华大学未来实验室

清华大学未来实验室（简称"未来实验室"）[一]依托清华大学人才与综合学科布局优势，汇聚国际一流专家学者，开展科学、技术、人文、艺术的多层次、大跨度交叉，激发"原创性、交叉性、颠覆性"无疆界创新，探索人机物融合社会协调发展，促进人类认知、交互、逻辑产生变革，借由文化、创业家精神融入，构建交叉原创基础理论高地，推动产业跨越式引领发展。未来实验室将首先在颠覆式学习、未来人居、未来医疗健康、计算摄影学、情感计算与新一代交互系统、多通道认知与交互等未来应用领域开展工作。实验室将致力于探索人类的未来，不断革新人类生活和工作方式，孵化创新技术和新兴产业，让未来触手可及。

5.4 未来产业政策的跨周期调节

培育未来产业需要解决大量的中长期问题，平衡更加多元化的目标，有必要通过跨周期调节，保持财政货币政策、产业政策、环境政策的连续性、稳定性、集成性、联动性、可持续性，统筹做好短期和长期产业政策的衔接，从根本上降低企业和科研人员的创新成本，与时俱进地推动生产资料和创新资料公有制，保证未来产业平稳培育和发展。

[一] http://goglobal.tsinghua.edu.cn/news/news.cn/grxOObYQM

1. 强化顶层设计和组织保障，统筹推进未来科技和未来产业的战略布局

1）深化管理体制改革。建立和完善统筹性更强的未来产业和科技规划机构、政策机构和组织协调机构，推动建立未来产业发展专家咨询委员会，全方位加强党的领导和资源统筹，在实践中不断强化未来产业的形成机制和动力激励机制（陈劲和朱子钦，2020）。

2）强化宏观决策能力。突破"卡脖子"技术是决胜未来产业发展的关键。要加快摆脱学科和企业微观视角的影响，加快构建和完善科技安全工程学理论和工具方法，将真正决定国家宏观战略主动和发展安全的基础性"卡脖子"技术识别提炼出来，为新型举国体制集中发力提供科学精准的决策依据。同时，要针对重点未来产业领域技术链上的"卡脖子"技术展开科研布局，形成具备反向"卡脖子"威慑能力的长板技术群（陈劲和朱子钦，2020）。

3）加强战略研究力量。整合有关研究机构在未来产业规划、重大科研规划、科技安全预警等方面的职能和力量，加快推动综合性的智库建设，打通产业战略研究和科技战略研究的边界，建立覆盖各类创新主体的战略服务平台，针对重点产业的全链条进行全面、系统、深入摸排，聚焦产业科技安全底线和战略主动，以全国一盘棋的高度开展战略研判、专题研究、动态追踪，建立重大科研任务分级清单，在攻关需求生成、谋划方向重点、制定技术策略、论证拟制规划计划等方面为创新主体提供精准的动态指引（陈劲等，2020）。

2. 大力培育科技领军企业，以集群式发展推动全产业链创新能力提升

1）全面提升央企在原始创新、颠覆性创新方面的引领作用。总结提炼新一代移动通信、航空航天、深海科技等重点产业的发展经验，加快形成与国家急迫需要和长远需求相适的央企评价考核体系，大力培养具有企业家精神的战略型领导，支持与高校院所联合设立独立考核的创新特区，提高核心技术自主可控程度、研发成果质量和超前性、创新辐射带动作用等指标的权重，加大基础研究和应用基础研究的研发投入，优化研发支出结构，对于周期长、跨任期的研发项目，注重对项目连续支持的考核，落实尽职免责的宽容失败机制，不断提升央企的创新动力和外部贡献。

2）推动产业集群式发展，带动民营企业创新能力建设。支持民企深度参与或牵头国家未来产业重大项目，推动形成战略利益高度一致的强协同、弱耦

合的创新联合体。通过完善创新政策，加强服务供给，激发创新创业活力，引导民企加大研发投入，完善技术创新体系，推动"小而精、小而特"的科技型中小企业蓬勃发展。充分发挥民企在识别技术的市场化前景方面的重要优势，不断强化专业化协作和配套能力（陈柳钦，2006），加快形成与国家队之间的深度融合与优势互补局面。

3. 完善创新与产业生态，推动形成协同创新和融通发展的强大合力

1）支持开展各类先行先试。在北京、上海等地率先建设未来产业示范基地，支持更多有条件的省市开展示范/试验应用。依托京津冀、长三角、粤港澳等地区形成城市群、中心城市、区域内自创区、高新区等创新创业高地的生态系统，并根据不同生态的特点引导未来产业发展。加强传统产业与未来产业融合发展，在制造、金融、零售、物流等行业开展示范试点，通过示范试点全面推广应用以智能、协同为特征的先进技术。加强跨部门、跨地区的试点/试验协调，强化互联网、大数据、物联网、智慧城市和云计算等相关领域的协同。加快推进与未来产业相配套的国家实验室建设，完善面向未来产业发展的重大基础科研攻关的组织领导体系、多元化支持投入机制、目标导向的评价考核机制、促进形成合力的利益和风险共担机制、开放流动的用人机制、基于区块链等技术的信息共享互信机制、快速高效的成果转移转化机制等，加快形成从基础研究到产品开发的一体化攻关机制，简化创新链条，削减中间环节，缩短创新周期。

2）促进数字化、智能化驱动的开放创新。大力推动未来产业研究院（王雪莹，2021）、国家产业创新中心、国家技术创新中心等公共创新平台的建设，为各类创新主体特别是中小企业提供高质量软硬件支撑，加大科研基础软硬件及其生态体系的国产化扶持力度，加快全国范围内的数字化、标准化、一体化进程，避免重复投入，提高公共创新资源共享效率。对于揭榜制、创新联合体等开放创新机制，要重视配套针对性的政策扶持和基础条件支撑，根据不同类型项目的需求采取分类激励机制。加快推进新基建和跨区域合作，开发基于新一代移动通信、区块链、人工智能等技术的分布式资源共享和数据协同的科技服务平台，通过供需匹配技术、共识机制形成精准的贡献度识别、价值识别与转换等能力，实现对不同创新主体和创新人员的差异化、个性化激励，加快破解制约协同攻关和融通发展的新老问题。

3）打造数字化公共创新平台和场景创新中心。构建线上线下相结合的协同创新、融通创新、产能共享、创新链、产业链互通的新型产业创新生态。在人工智能、大数据、电子商务、智能制造、工业互联网、智能交通和汽车、现代物流等重点领域支持平台型企业建设，为中小企业创新提供数字化工具和创新平台，以及为中小企业在技术、产品、业态等方面的创新赋能。鼓励创新型领军企业构建基于互联网的资源共享平台，有效对接企业闲置资源，推动资源整合、在线共享和优化配置。鼓励创新型领军企业联合高校和科研院所建设协同创新公共服务平台，向中小企业提供科研基础设施及大型科研仪器，降低中小企业创新成本。推动建立科技人才资源平台和市场，完善有利于融通创新的人才流动机制。引导地方政府联合企业挖掘前沿产业发展、消费升级、城市精细化治理等需求，形成和发布场景清单，为科技型创新创业提供应用场景。推动央企应用场景开放，鼓励央企开放资源，围绕在建或拟建的创新平台、产业园区在技术和产品方面的需求，面向社会公开一批具有示范带动作用的应用场景。建设一批数字化场景创新中心，支持领军企业整合开放产业资源和创新要素，为科技型中小企业的快速成长提供试验空间和市场资源。

4. 加强制度政策供给和集成联动，提升高端要素一体化培育和配置能力

1）构建和完善现代化供销物联服务体系。在事关人民群众特别是科研人员重要民生和科研基础条件保障的领域，要做强做优做大国有企业，充分发挥央企的脊梁作用，以促进信息透明和平抑物价为根本原则，推动国家交通、邮政、通信、数字货币等领域深度融合，加快构建和完善科研材料、仪器、设施、设备、住房、食药、医疗等领域的现代化国有供销物联服务体系。同时，全面提升政府预测性治理的能力，随着经济社会和科技水平的发展与时俱进，不断革新重要民生和科研基础条件领域的范围与内涵，加强新兴业态中公共资源领域的反垄断工作，解决科技创新中心城市生产、生活、科研成本过高对高水平科技创新的抑制问题。

2）加大学科创新和融合力度，大力培育复合型战略人才。加大专业整合力度，推动科教融合、产教融合向纵深发展，加快建设人文社会学科和自然工程学科深度融合的综合性产业和科技管理学科，强化未来学与经济、管理、社会等传统学科的全方位融合，大力培养具有全局视野和战略思维，特别是对未来社会结构、场景建设、经济模式、未来技术与产业爆发点的洞见力，且同时

具备国家宏观治理知识、微观项目管理能力、管理系统和管理技术开发能力的创新型、复合型、战略型人才队伍。

3）重点完善问题和需求导向的评价激励体系，为创新型科技人才成长提供适宜环境。一是加快落实科研成果的跨学科互认机制。目前，不同学科各自为政，"清单模式"的成果认定机制会对交叉创新造成严重阻碍，要尽快完善一体化的评价标准，推动落实高水平科研成果和多元成果形式的跨学科互认机制。二是加快推动分类评价，加快完善与国家急迫需要和长远需求相适的评价考核体系，加强对"无人区"创新的制度性保护，促进真正解决未来产业实际问题的原始创新和源头创新，避免盲目地迎合国际热点。三是尽快完善能够调动团队全员积极性的激励机制，通过专家咨询制度和评价考核对象意见征集制度，采取"专事专议""联合破题"的形式，探索能够差异化、个性化满足团队带头人、科研骨干等不同类型成员职业发展诉求的动态协同激励机制。

4）探索建立基于信用和底线思维的治理体系，加快形成高效的全要素一体化配置能力。传统的人才、资金等要素层层报批的归口管理模式面临严重的体制机制藩篱，资源配置分散、低效、重复等问题严峻，很难适应具有强动态性、颠覆性的未来产业的发展需求。建议在未来产业示范基地开辟政策特区和专门渠道，加大科技、教育、人才、财税、金融、产业等领域制度政策的集成性供给力度，大力推动数字征信系统的建设和运用，建立基于信用和底线思维的创新全要素一体化治理体系，通过"有形的手"管规划和底线，通过"无形的手"促进自由竞争，形成未来产业群落，吸引人才、资金等全要素高效流动和匹配。

5.5 未来科技与产业的四元治理

本书在"科技安全工程学"与"复盘工程"的基础上，进一步提出面向未来科技和未来产业的"发展、规制、复盘、重启"四元治理机制，鉴于当前对其展开系统性阐述的时机同样还不成熟，为了避免"四元治理"的概念和内涵提前遭遇不必要的误读、曲解和传播，本书仅先抛出盲点工程、睡眠模拟工程、代理人工程、备份工程、读档工程、溯源工程、平行拷贝工程、初始化工程、重启工程、开元工程等有可能对人类未来产生深远影响的概念，待时机成熟再作探讨。

实 践 篇

第 6 章　未来产业的创新发展路径
第 7 章　主要领域的未来展望

第 6 章
未来产业的创新发展路径

未来产业的形成与发展有其内在的运行逻辑和演化规律。要系统掌握未来产业形成与发展的一般机理，针对关键问题和环节加强制度政策的联动性精准供给，综合运用现代化管理技术和工具，加快培育和壮大未来产业。

未来产业的创新发展需要有强大的创新生态作为支撑（如图 6-1 所示）。未来产业创新生态的建设可以从文化、制度、环境等横向维度以及领导体系、管理体制、执行主体、组织模式、运行机制、要素配置、政策体系等纵向维度两方面加以考虑。

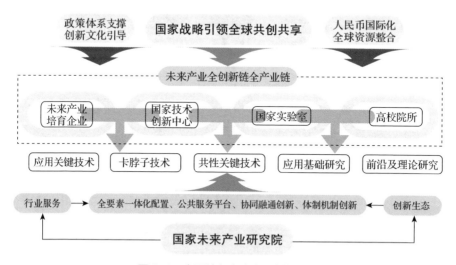

图 6-1 中国特色未来产业创新生态

横向来看，创新文化是创新精神财富和创新物质财富的总和。对于具有高度不确定性的未来产业而言，创新道路、创新价值观、创新准则、创新制度与规范、创新氛围等精神层面的文化滋养更为关键。激励创新的文化能够召唤出不可限量的热情、积极性、主人翁意识、责任感和潜能，可以帮助未来产业的创新生态形成更强大的自立自强使命感和共创共享聚合力。创新制度包括与未来产业发展目标相适应的科技与产业管理体制、规章、条例、组织结构等。合理的创新制度是构建未来产业创新发展良性生态的基本保证。创新文化只有落实到创新制度层面，才能真正发挥其激发与聚力效用。对于未来产业培育而言，探索引导激励和风险管理相均衡的制度体系是重中之重。创新环境是指影响创新主体进行创新的各种内、外部因素的总和，主要包括政策体系、体制机制、要素支撑、文化氛围等方面。积极的创新环境有利于实质性降低创新成本、激发创新主体潜力、促进创新人员成长、凝聚"产学研用"协同创新合力，是推动未来产业创新发展的健康基石。

纵向来看，通过理论研究、实地调研、政策分析、案例研究、专家研讨等方法，系统性总结提炼出了我国在推动未来产业发展的领导体系、体制机制、组织模式、要素配置与制度政策供给方面需要重点关注的问题，具体包括：①如何加强未来产业顶层设计和战略规划的统筹性、系统性、动态性、精准性，树立牢靠的底线意识和风险意识；②科研联合攻关的现行政策体系（朱瑞博，2010）存在结构性矛盾，制度政策供给的集成度和联动性不足；③央企的创新引领能力不足，民营企业的自主创新能力需要全面提升；④产学研协同和大中小企业融通发展仍然存在藩篱，新平台新机制的配套保障措施和力度依然不足；⑤人才和资金等核心要素的创新支撑能力需要系统性提升。

针对上述问题，本书提出如图6-2所示的发展路径框架和对策体系，具体包括：①发挥"最大优势"，即党领导下的新型举国体制优势，具体通过深化体制改革、提高科学民主决策水平、强化顶层设计和战略规划来加强"两个统筹"，一是统筹推进未来产业培育体系和创新平台建设，二是统筹推进未来科技和未来产业战略研究；②化解"两个矛盾"，即政策体系中竞争思维与整合思维之间的矛盾和评价体系中激励导向与国家需求之间的矛盾，对此，需从联动化解现行政策的结构性矛盾、加强联合攻关的制度政策供给、加强基础条件建设全面提高政策承载能力三方面统筹破局；③提升"两种能力"，即央企的创新引领能力和民营企业的自主创新能力，具体包括突出科技领军企业的引领作用和壮大产业集群带动民营企业创新能力建设两方面举措；④深化"两个融合"，即面向协同创新的产学研深度融合和面向融通发展的大中小企业深度融合，对此，需要加强三方面工作，一是明确企业的主体及主导作用，汇聚产学研协同创新合力，二是加快推进新型研发机构等新平台建设和体制机制创新，三是完善"揭榜挂帅"等新机制的配套保障激发联合攻关动力；⑤强化"两个支撑"，即强化人才支撑和资金支撑，对此，需要加强面向未来产业创新的高素质人力资源供给，并研究出台未来产业专项金融支持计划。

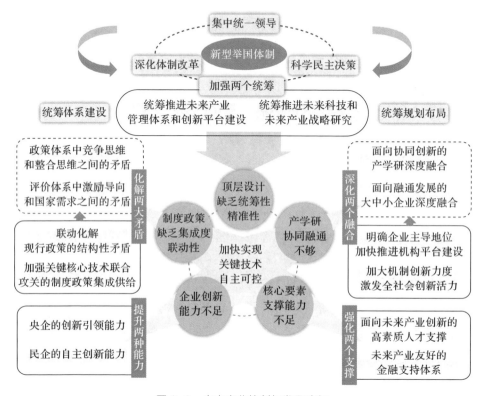

图 6-2　未来产业的创新发展路径

6.1 企业为主体的未来产业发展模式

创新驱动和市场拉动对前沿技术的产业化和未来产业的发展都至关重要，二者均衡协同发展才有可能实现未来产业的高效发展；反之，如果二者进程不一致，缺乏协同和匹配，则推动未来产业的发展过程中很可能产生不必要的资源错配，造成战略资源的严重消耗和浪费。在《经济发展理论》中（Schumpeter，1912），熊彼特将创新与发展紧密相连，认为创新是经济发展的根本现象，发展是创新的函数，也是创新的结果。通过创新催生新的技术、产品和产业，打破旧有的均衡，再通过新的创新进一步打破已有的均衡，如此反复螺旋上升，推动产品和产业不断升级，引领经济高质量发展。因此，创新不同于科技活动之处在于，创新是一种市场行为，必须要面向实际应用，要能够通过市场的检验，更要遵循投入和产出的规律，带来"生产函数的变动"。只有在市场需求的拉动下，未来产业才能及时进入"需求扩张—营收增加—研发投入增加—技术改进—提质增效—产品竞争力增强—更多市场需求"的良性循环，企业才能够形成持续的造血能力。基于这样的定位，直面市场并直接参与市场竞争的企业无疑应该是创新的主体，也理应成为创新的主导者。

6.1.1 发挥科技领军企业的创新主导作用

习近平总书记深刻指出，企业是创新的主体，是推动创新创造的生力军。正如恩格斯所说："社会一旦有技术上的需要，这种需要就会比十所大学更能把科学推向前进。"要推动企业成为技术创新决策、研发投入、科研组织和成果转化的主体，培育一批核心技术能力突出、集成创新能力强的创新型领军企业。要发挥市场对技术研发方向、路线选择、要素价格、各类创新要素配置的导向作用，让市场真正在创新资源配置中起决定性作用。要完善政策支持、要素投入、激励保障、服务监管等长效机制，带动新技术、新产品、新业态蓬勃发展。要加快创新成果转化应用，彻底打通关卡，破解实现技术突破、产品制造、市场模式、产业发展"一条龙"转化的瓶颈[一]。推动企业实现从创新主体到创新主导的转化，系统推进管理创新、整合式创新、协同创新、融通创新，可以从创新决策、研发投入、科研组织和成果转化四个方面加以理解和创新性阐释（如图 6-3 所示；陈劲和朱子钦，2021）。

[一] http://www.gov.cn/xinwen/2021-03/15/content_5593022.htm

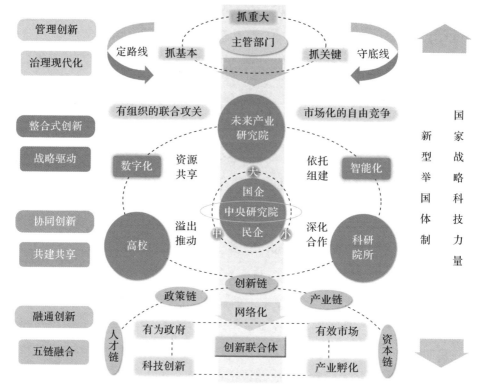

图 6-3　以科技领军企业为主导的未来产业发展模式

1. 主导创新决策

创新具有风险,科学新发现并不能天然适应国家产业发展战略需求与市场微观需求,也不能直接转化成为技术创新成果和产品,这就需要企业来判断具有应用价值的科学研究和技术创新。相对战略性新兴产业而言,未来产业的发展在技术、市场和国际环境等方面存在更大的不确定性,且由于前景更加难以预测,未来产业的发展会受到多种复杂因素的制约。企业作为创新决策主导者的作用就是对科学新发现的应用和孵化过程进行引导,以体现技术创新成果的科学价值、商业价值和国家战略价值的统一。一方面,企业能直面市场并直接参与市场竞争和国际竞争,从而能更好地获悉市场需求、国家战略需求以及相应的科技创新需求,进而科学精准地把握和决策产学研协同创新的主攻方向;另一方面,只有以企业为决策的核心主导开展科研攻关,才能保证协同创新的成果能够迅速得到转化和应用,产生新产品,带来"生产函数的变动",实现科技创新的市场价值和国家未来产业发展的战略价值。因此，企业作为创新主导者，首先要主导产学研协同创新的决策环节。

对于扮演创新主导角色的创新型领军企业而言，企业的创新决策不应仅仅停留在适应市场供求的层面，而是应该能够深刻洞悉新一代信息技术、新材料、新能源、新装备、生物技术等与工业技术的交叉融合趋势和未来产业的产生萌芽，前瞻性地引导新一轮科技和产业革命的发展方向，持续催生对人民群众生产生活影响巨大、对经济社会具有全局带动和重大引领作用的新场景和新业态，支撑未来经济增长，影响未来发展方向，在未来国家科技和产业竞争中起到中流砥柱的作用。

2. 主导研发投入

科学高效的研发投入是企业孵化新技术、新产业的关键。未来产业是基于前沿技术的突破而转化形成的，其培育速度、发展规模、影响范围从根本上受到技术属性及水平阶段的制约。企业作为创新的主导者，只有与高校、科研院所展开协同创新，通过投资参与到基础科学发现向前沿技术的转化过程中去，甚至在新的科学思想产生阶段就深度参与，为新思想孵化为新技术、新产业提供研发投入，才能抢占新技术的先机，实现更高质量的基于科学的创新。企业的这种投入应当与国家的发展战略、产业和科技的变革方向、企业的长期发展需求相一致。需要注意的是，由于科技创新具有高风险性、高收益性、高投入性、高溢出性、高隐蔽性等特征，企业提前进入基础研究和新技术研发的投资风险较大，要想正确地确定创新投资的方向、方式和投资战略，一方面对企业家的创新决心、决策魄力、心理素质和洞察能力提出了极高的要求，另一方面也必须以科学的规划、组织和财务制度流程来严谨地实施。在这个过程中，科研项目投资的遴选机制和方法至关重要，应当依靠来自产学研各界专家群体的智慧开展技术或项目的遴选与预测工作（贺正楚和吴艳，2011），充分挖掘德尔菲调查等典型方法的潜力。同时，重点加强国家战略性、前沿性、前瞻性问题的研究力度，利用诸如可以识别"未来场景涉及的关键影响因素"的情景分析法等，对具有多种发展可能的情景进行评估预测，并利用头脑风暴等具体操作模式，引导、收集、整理各类专家的知识涌现。具体标准包括：①维护企业科技安全；②原创性；③符合国家战略、未来产业和科技发展方向、市场需求、资源环境、综合效益等需求特征；④应从市场前景广阔、资源消耗低、带动系数大、就业机会多、社会综合效益好等方面进行评价；⑤以当前主导性高新技术产业为基础，能够支撑战略性新兴产业和未来产业的发展。

3. 主导科研组织

不同于马歇尔关于企业家是管理者的观点，熊彼特认为企业家最主要的职能和本领就在于可以把各种主体和要素创新性地组合在一起，从而催生出新的现象和新型生产力。作为企业家，一旦不能有效地组织创新，而只是执行日常的管理职能，那就只能是一个管理者了。因此，科研组织实施的主导者理应是企业主导创新的另一大主要角色。企业主导的产学研协同创新不仅要求创新型领军企业自身具备强大的科研攻关能力，也要求企业能够有效主导目标导向并不一致的高校和科研院所的基础科研供给，这对创新型领军企业的创新组织和集成能力提出了很大挑战，这就需要综合运用"揭榜挂帅"（陈劲和朱子钦，2020）和购买科研时间等新机制，国家技术创新中心、创新联合体、企业中央研究院等新平台，整合式创新和融通创新（陈劲等，2020）等新范式。企业层面，西门子中央研究院通过履行应用研究、商业开发、标准制定与领导、技术与创新管理、技术集成、协同与服务六大职能，持续开发对企业未来业务具有战略意义的跨领域的前沿技术，为保护公司长期积累的科技与创新财富、创造未来科技与创新的长期优势、维护公司技术上的统一与协同做出了重要贡献，也为推动西门子成为全球创新型领军企业立下了汗马功劳；平台层面，国家高速列车技术创新中心聚焦现代轨道交通技术领域，重点开展材料及结构、装备智能化、轨道交通系统和新能源融合应用、导向运输系统模式多样化、运维与系统设备健康管理等方向的技术研究，形成了强化应用基础研究、突破关键共性技术、开展工程化应用的国家战略平台（陈劲和朱子钦，2020）。

4. 主导成果转化

科技成果的转移转化周期长、专业性高、不确定性大，往往需要半年甚至一年以上时间的运营投入才能达成交易。高校院所的科技成果转移转化目前主要依赖教师和研究人员的产学研合作关系，也就是职务发明人自己卖技术或者自己实施转化，不仅技术转移效率低，而且很容易出现"转而不化"的问题。因此，只有由科技成果的最终使用方、也就是企业来主导成果转化过程，才有可能真正提高转化效率和转化效果。在具体实施的过程中，基于市场导向、管运分离的理念，可着重扶持发展一批知识产权运营服务机构，建立"卖方机构—中介会员机构—买方机构"的业务价值链。通过技术交易市场和会员管理方式形成价值链条，建立知识产权运营服务机构的长效利益保障机制，支持专业运营服务机构开展专利整合、技术路演、技术推送、专利收储等市场化经营业务。在政策上，积极扶持发展专业化运营服务机构，如支持设立知识产权运营基金、依据促成技术交易金额给予中介会员机构奖励、制定技术经纪人才扶持政策等。从长远来看，创新型领军企业可以在适当时期主导知识产权制度运行的底层逻辑，运用联合体制、合伙制、基于平台战略的多边共赢合作激励机制，逐步推动从知识产权价值独占迈向更加注重价值创造和价值分享的逻辑转型。

5. 从创新主体到主导的转型

创新主体和创新主导之间既有区别又有传承和紧密联系。从大方向上看，核心就是紧紧围绕推动高质量发展和构建新发展格局的需要，坚持创新在我国现代化建设全局中的核心地位，以全面提升企业技术创新能力为目标，以培育创新型领军企业、组建技术创新联合体、建设共性技术平台、打造企业国家战略科技力量等为抓手，以完善国家技术创新体系建设及治理为支撑，以全面深化科技体制改革和开放创新为根本动力，不断完善创新政策体系建设，增强企业创新主体地位及主导作用。具体来看，企业发挥创新主体作用和主导作用之间的联系与区别主要可以从作用机制、平台建设、领导理念、治理模式四方面加以理解（如表6-1所示）。

表6-1　企业发挥创新主体作用和主导作用之间的联系与区别

对比项	主体作用	主导作用
作用机制	加强产学研合作	成为国家战略科技力量
		带动高校、科研院所协同创新
		加强大中小企业的融通创新
		推动企业风险投资和产业基金的设计
		善用"揭榜挂帅"和购买科研时间等机制

(续)

对比项	主体作用	主导作用
平台建设	企业技术中心	加强企业中央研究院的建设
		培育企业未来研究实验室
		加强国家技术创新中心建设
		构建企业创新生态体系
领导理念	企业家是经营者	企业家是创新者
治理模式	审批式治理	底线式治理（陈劲等，2020）

同时，在企业从主体作用到主导作用的角色转换过程中，还涉及创新范式的全面转型（如表6-2所示），其中协同创新与融通创新的内涵、联系与区别（如表6-3所示）是当前管理部门、理论界、实践界普遍关注但还没有完全形成最终结论的重点问题。

表6-2 企业从主体作用到主导作用的创新范式转型

从主体作用	到主导作用
模仿创新（二次创新）	自主创新、科技自立自强
协同创新	融通创新
集成（组合）创新、全面创新	整合式创新（以战略创新带动自主创新和商业模式创新）
技术创新为主	以管理创新带动技术创新
负责任的创新	有意义的创新

基于企业主体思维的开放式创新与协同创新范式在面对"卡脖子"关键核心技术（陈劲和朱子钦，2020；陈劲等，2020）特别是产业共性技术突破的过程中都有不同程度的局限性，融通创新作为一种全新的创新范式，聚焦于以创新型领军企业为核心、大中小企业与各类其他创新主体之间的融通动力机制、各类创新要素的共享机制、创新成果转化与成果共益机制以及风险共担机制等多种机制，以实现各类创新主体尤其是大中小企业与"央企+民企"之间的融通创新。融通创新视角下以企业为主导的创新发展模式主要通过创新制度与政策、产业链与创新链、大中小企业等创新主体、创新要素之间等四维融通过程，并在载体支撑层面以"央企+民企"创新联合体、产学研融通组织以及新型研发机构等组织模式实现产业共性技术突破（陈劲和阳镇，2021）。

表6-3 协同创新与融通创新的联系与区别

类项	协同创新	融通创新
概念	协同创新是在国家意志引导和激励机制下,企业、高校、研究机构等各个创新主体整合协同技术、知识等创新资源并实现知识增值以及重大科技创新的跨组织合作创新模式	融通创新是指以社会实际需求和价值创造为导向,在以央企为代表的创新型领军企业的主导下通过资源融合互补、知识协同共享、价值共创共得而实现产学研、大中小企业、国有民营企业协同创新的跨组织合作创新模式
实现目标	实现目标偏向于国家战略层面的新兴产业技术攻关和重大科学难题的突破	融通创新的目标在于构建以创新型领军企业为主导,各个创新主体融合发展、互利共赢、共创价值的创新生态系统
创新主体	以"企业—大学—科研机构"为创新主体,政府、金融机构、中介结构等为辅助要素	以创新型领军企业为主导,产学研协同创新、大中小企业融合协作创新、国有民营企业融合协作创新
知识管理	产学研的组织间知识协同	各个创新主体之间的动态的知识协同以及共享
组织模式	产学研合作为基础的协同创新,人才、资本、技术、知识等多要素融合共享	由创新型领军企业主导构建创新生态系统,实现多元主体如大中小企业、国有企业与民营企业、不同产业集群协作互通、深度融合创新
价值分配	专利许可、合作协议实现知识产权和价值的分配	运用联合体制、合伙制、基于平台战略的多边共赢合作激励机制,更加注重价值创造和价值独占两者之间的融合均衡
协同机制	宏观与微观层面,均重视科技与经济的协同、科研与教育的协同	不仅注重科技与经济的协同、科技与教育的协同,而且更加注重科技与生态的协同、科技与文化的协同、科技与社会的协同、科技与政策的协同

6.1.2 释放中小企业的科技型创新创业活力

中小企业更容易克服核心刚度的影响,是增强未来产业微观创新活力的重要载体,因此要加强创新型领军企业的引领支撑作用,鼓励领军企业牵头组建创新联合体,建立风险共担、利益共享的协同创新机制,提高创新转化效率,推动大中小企业融通创新,激发中小企业的科技型创新创业潜力。鼓励创新型领军企业充分运用自身的研发、资本、技术、市场等优势资源或专长,吸引中小企业围绕新产业与新业务联合创新。优化创新基础设施布局,围绕前沿创新领域，依托领军企业、高校院所，布局一批重大科技基础设施，建设国家重点实验室、研发机构，引导和支持地方打造科学城和科技城，提升原始创新能力，强化高质量技术源头供给。推动创新链与产业链深度融合，发挥行业协会等机构的纽带作用，引导创新资源向产业链上下游集聚，加大产业链上下游关键核心技术攻关和产业链各环节创新。加快推进国家科学数据中心建设，推动科技和产业数据资源开放共享，不断释放数据要素带来的创新红利。

要加快推动中国特色创新经济学（洪银兴等，2017）理论研究，大力引导和支持面向国家战略需求的科技型创业。重点支持面向重大民生领域、颠覆性领域、数字化转型领域及公共安全等社会治理痛点领域的创新创业。培育一批高精尖科技型中小企业，统筹设立国家科技型中小企业创新基金，加大对企业的研发投入支持。着力培育"瞪羚"企业与"独角兽"企业，建立高成长企业的挖掘、培养、扶持机制，设立动态培育库，在科研项目、资金扶持、制度政策等方面给予支持，在新业态监管方式上为"瞪羚""独角兽"企业提供包容试错的空间。支持高新技术企业发展壮大，引导高新技术企业进一步加大研发投入，建立健全研发和知识产权管理体系，加强商标品牌和行业标准建设，推动研发费用加计扣除、所得税减免等对高新技术企业的利好政策落地。

6.1.3 培育面向未来的共益型企业家精神

党的十八大以来，中国特色社会主义迈入新时代，新时代下的经济发展方式、经济发展动力及经济发展结构已经发生系统性转变，中国社会主要矛盾已经转化为人民日益增长的美好生活需要和不平衡不充分的发展之间的矛盾，尤其是在"创新、协调、绿色、开放、共享"五大发展理念的引领下，共益型企业家精神是解决社会与环境问题的一种更加新颖有效的企业家精神（陈劲等，2021），是平衡未来产业的商业属性和公共属性的有效黏合剂。

面向未来的共益型企业家精神可以将传统创业企业家精神中的市场化理念、冒险精神、社会企业家精神的公共福利导向、未来企业家精神的超前战略思维均衡融合，即从创业企业家精神驱动下的风险、回报的单一考量转向对各种社会影响与风险及未来战略红利的综合权衡决策，从而将市场体系的力量和效率导向在社会影响与战略层面实现整合，进一步催生全新的组织形态，即未来型共益企业（如图6-4所示）。以未来型共益企业为组织载体的"第四部门"

组织尝试以"经济、社会、环境与文明"四重底线践行可持续性的商业模式，以弥合企业市场趋利的利己主义导向与社会价值创造、文明升级跃迁之间的鸿沟。

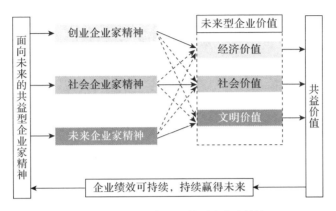

图6-4　面向未来的共益型企业家精神

自20世纪70年代起，企业社会责任运动大致经历了三次转型浪潮。第一次浪潮以商业组织为逻辑起点，试图通过驱动商业组织市场创新与利润获取的创业企业家精神嵌入社会元素，推动商业组织的日常运营行为符合社会规范，典型的体现是20世纪70~80年代产生了大量的生产守则运动，希望通过标准化的生产规范驱动跨国商业组织的社会责任行为的标准化；同时主张改变组织的生产方式与经济利润最大化使命驱动下的商业模式，将社会元素与社会价值诉求考虑到商业组织的商业模式设计与运营管理过程之中，实现对经济与社会的正向影响。第二次浪潮则是20世纪90年代以来的社会企业家精神驱动下的第三部门组织（区别于传统商业组织与政府公共组织）与社会企业为混合型组织载体的社会企业运动，在企业家精神层面进一步驱动了具有社会创新与社会创业精神的社会企业家精神的兴起与涌现，破解了传统商业组织的市场势力与社会组织的社会失灵等社会责任实践困局，驱动企业寻求可持续性的商业模式创新弥补市场失灵与政府失灵。第三次浪潮则是在2006年创立的非营利组织共益企业实验室，率先提出了共益型企业家精神驱动下的共益企业的新型混合型组织理念，尝试变革原有创业企业家精神与社会企业家精神驱动下的商业组织或社会组织共享价值创造的异化困局，尝试基于共益型企业家精神，消解上述两次社会责任运动过程中层出不穷的企业社会责任行为异化问题，实现传统商业组织或社会企业难以实现的综合价值与共享价值创造的可持续性。

因此,在新时代全新的经济发展目标与推动共同富裕、全面建设社会主义现代化强国的背景下,培育意义导向的未来产业(陈劲和朱子钦,2021),实现经济社会文化发展成果的充分共享,离不开企业家精神的重要作用。面向未来的共益型企业家精神在价值创造导向层面,不再是基于商业企业家主导的商业性元素作为其价值创造来源的核心元素甚至全部,而更加强调其在商业实践过程中的社会影响、社会声誉、社会能力,以及短期经济效益和未来产业红利之间的均衡,价值创造网络突出与整个商业生态圈乃至整个社会生态圈中的利益相关方的互惠共生关系,由此共益型企业家精神的价值捕获和价值创造过程(价值主张生成、价值网络建构、价值分配优化)要求整合社会性元素与商业性元素,最大限度地发挥基于经济、社会、生态、文化等多元共享价值创造的内生性潜能。

其次,从制度逻辑的视角来看(如图6-5所示),面向未来的共益型企业家精神驱动下的组织运行逻辑不再是单一的市场逻辑或社会逻辑,而是主张跳出单一市场逻辑与社会逻辑下的工具理性或社会理性,以市场逻辑、社会逻辑、未来逻辑三元混合逻辑驱动组织运行过程中市场理性、社会理性与战略理性的有效契合与动态共融。

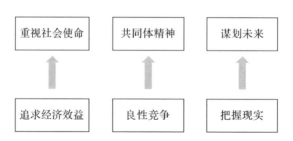

图6-5 面向未来的共益型组织的价值标准

再次,从企业家机会感知的视角来看,面向未来的共益型企业家精神不单单关注潜在的市场机会,即通过产品创新与市场创新实现经济价值的机会,也不仅仅关注社会领域中尚未满足的社会诉求或者社会需要,通过社会创业或者社会创新实现社会价值创造以及弥补传统的市场失灵与公共失灵,而是在未来场景和科技战略的驱动下主动寻求传统商业机会、社会改善机会、未来先手机会的有效耦合。

最后，面向未来的共益型企业家精神的全新评估体系的有效性，突破了商业企业家精神主导的盈利能力或社会企业家精神主导的社会影响力与社会环境价值，系统性地转变为价值共创、共享与共益逻辑下的经济、社会、生态、文化、战略五重价值创造的综合指标（如表6-4所示）。

表6-4 面向未来的共益型企业家精神的过程要素区别

比较要素	创业企业家精神	社会企业家精神	面向未来的共益型企业家精神
价值导向与使命	基于经济价值创造的经济使命	基于社会价值创造的社会使命	涵盖经济、社会、生态、文化、战略的综合价值创造使命
企业与社会关系	脱嵌分离式嵌入式（低度社会化）	原子化（高度社会化）	共生融合式
制度逻辑	市场逻辑主导	社会逻辑主导	市场逻辑、社会逻辑、未来逻辑的共生耦合
机会感知	为其产品或服务能够带来潜在合作机会或实现经济价值的资源要素	以社会价值创造作为出发点发现社会资源与生产要素	寻求战略性要素、社会性要素与生产性要素的匹配与再组合
驱动力量	基于价格与成本的市场竞争机制	社会性议题下的社会与公共需求满足，解决市场失灵	企业社会责任的内生性融入，从而满足具有社会、生态、文化、战略意识的消费者、投资者和企业家的期望，实现经济价值、社会价值、生态价值、战略价值创造的均衡化
社会责任管理与实践模式	管理嵌入 议题嵌入 认知嵌入	内生式	决策共享式、资源共享式、沟通交互式、跨周期调节式的内生化共享式价值管理体系
评估指标	基于盈利与偿债能力的财务指标	基于社会影响与社会价值的非财务指标	经济、社会、生态、文化、战略的五重价值创造的综合指标

培育面向未来的共益型企业家精神，在宏观制度层面，首先，需要持续推进市场化进程，通过持续优化市场营商环境，简政放权推动行政审批制度改革，充分调动企业家在新时代的冒险精神与探索精神，进而为驱动中国经济的中高速发展提供韧性基础。尤其是当前以数字化、智能化与网络化为特征的数智经济迅猛发展，数智时代诞生了一系列全新的经济形态与微观市场组织，需要通过持续的制度供给与顶层制度设计为全新的平台经济、共享经济与智慧经

济提供制度合法性，基于制度赋能持续为新经济、新业态与新模式提供市场合法性。尤其是在当前的数智化背景下，互联网平台企业与人工智能企业在高速发展的同时，产生了大量的企业社会责任缺失与异化的问题，需要从数字经济发展的全局出发，基于中央政府对未来平台经济与数字经济的前瞻性顶层制度设计能力，结合地方实际情况制定中国特色的平台企业运营与创新发展的标准体系，包括法律法规、行业规范以及相应的运行细则，同时也要考虑到针对人工智能、区块链、云计算等新兴信息技术的前瞻性创新治理制度体系设计，在制度规范上使得对新兴信息技术的应用及时且合法、合规、合理，以制度合法性驱动数智企业（互联网平台企业、人工智能企业与数字化企业）的责任式创新与责任型治理，从制度视角为传统数智企业迈向具有共益型的未来数智企业提供合规的制度环境。

其次，需要推动社会创新与社会创业的制度优化，尤其是当前我国处于推动共同富裕和全面建设社会主义现代化强国的关键探索期，一系列新的社会矛盾与社会问题解决依然需要发挥企业家精神的力量，驱动企业家精神以社会价值共创与共享的使命观为社会层面的高质量发展提供动力基础，激发企业家主动关注当前推动共同富裕这一时代任务之下的民生需求与社会公共领域中的、产品服务供给中的短板，推动企业家以金字塔底层创新、用户创新、社会创新等多种创新范式整合助推社会高质量发展，以共益型企业家精神中的社会价值共创与共享有效解决当前社会面临的公共社会问题，以共益型企业家精神的力量推动经济与社会的可持续发展。

最后，需要在立法层面将共益型企业家精神驱动下的新型混合型组织，即共益企业作为一种全新的组织形态纳入现代企业制度体系中，为其可持续发展提供法律层面的合法性。包括对共益企业的性质、职能与治理结构进行公司法层面的制度建构，实现制度环境中的其他制度安排与共益企业法有效衔接，结合欧美社会企业立法、传统商业组织的公司法等多种法律制度，探索培育与激励我国共益型企业家与共益企业新创与成长的法律制度环境。

在中观社会生态层面，从企业与社会关系的视角来看，共益型企业家精神的形成与成长有赖于良好的社会生态，进而从社会合法性与社会激励的视角推动企业以多种形式有效嵌入与融入社会，实现商业与社会的共生发展。

具体来看，第一，构建支撑共益型企业家精神成长的良好社会生态需要改善社会组织、社会公众对共益企业与共益型组织这一全新组织形态的社会认知欠缺问题。社会认知与社会预期引导的重点是要增进社会公众对共益型企业家精神与支撑共益组织或共益企业的了解和认识，改变社会公众对传统组织范式如商业企业、社会企业与非营利组织等固有的组织形态的刻板印象，避免社会公众对共益企业的社会功能认知与行为预期出现偏差，为推进共益型企业家精神的涌现与共益企业的成长营造健康良性的社会舆论环境。这一过程需要对社会组织和公众进行关于共益企业独特的可持续性商业模式和社会责任实践特殊性的认知宣贯，形成一致性的公共社会认知，以发挥社会组织和公众在推动共益企业新创与成长方面的积极作用，支持共益型企业家精神驱动下的共益企业的运营与发展，以及推动共益企业可持续的社会责任实践与可持续创新。

第二，搭建共益型企业家成长的社会平台，形成共益型企业家精神的社会化社群和支持机制，以社会平台搭建推动社会激励机制的建设，对于具有良好社会责任表现与企业综合价值创造绩效的企业，需要出台相应的激励制度予以重点激励，并给予相应的社会融资支持，尤其是在共益企业面向的利益相关方群体需要形成责任消费、责任投资与责任采购等全新的可持续消费与投资理念，基于"用脚投票"的方式支持共益型企业家精神的成长，并推动传统商业企业向共益型组织发展转型，引导与推动社会公众和社会投资机构以责任采购、责任投资以及责任消费等可持续的社会生活与投资模式为共益型企业的成长提供更可持续价值导向的社会支持机制，形成对共益型企业家精神的显性化市场激励与社会激励效应，更好地为传统商业企业系统性转向共益型组织提供社会赋能机制，助力构建共益企业家精神的社会支持机制，最终为共益型企业家精神的涌现与共益企业的新创与成长构筑社会性利益相关方网络，成为以价值共创、共享与共益奠定的社会认知与社会网络资源基础。

在微观组织层面，需要坚持立足中国情境，积极探索未来导向的共益企业成长的评价认证体系，从而保障以共益型企业家精神驱动的共益企业的创新创业激情与可持续成长。针对当前我国混合型组织的实践进展，共益型企业家精神驱动下的共益组织作为一种多重使命驱动、多元制度逻辑共生共融以及综合价值共创与共享的新型混合型组织，需要从两个方面同步发力构建共益型组织的微观评价认证体系。

第一个方面是聚焦于市场逻辑主导下的商业组织场域，针对目前已有的对于商业企业社会责任实践评价指标体系，从组织使命、组织社会责任实践表现、组织价值创造绩效等多个层面，重新探索传统企业社会责任评价指标体系中的共益程度，对于具有共益属性的商业组织予以认证，推动传统市场逻辑主导的商业组织向共益企业系统性转型。第二个方面是针对我国微观组织实践场域中的混合型组织场域，探索全新的共益型企业认证体系，主要体现为在双重使命驱动的国有企业分类改革的制度背景下，根据 2015 年国务院出台的《关于国有企业功能界定与分类的指导意见》，国有企业系统性地分类为具有不同使命目标与功能定位的商业一类、商业二类与公益类国有企业，基于使命混合程度的异质性进一步深化推动国有企业的分层分类改革。因此，针对公益类国有企业、商业一类国有企业和商业二类国有企业三种类型国有企业组织使命、功能定位与价值创造目标的异质性，应分类探索面向不同类型的国有企业迈向共益企业的认证评价体系。尤其是对于商业一类国有企业，其组织运行过程中市场经济制度逻辑的主导作用容易产生"使命漂移"，更需要全面的共益型组织评价标准体系为国有企业迈向共益型组织提供合适的支撑环境。通过在微观组织层面建构具有中国特色的共益型组织成长评价认证体系，能够为企业运营管理过程中以共享价值式企业社会责任实践范式开展社会责任实践与社会创新提供持续的保障和引导，实现社会责任理念根植于企业运营管理实践，推动社会责任管理与议题实践融入公司治理、运营管理、商业模式与业务实践的过程之中，创造高水平的、可持续的利益相关方价值和经济、社会、生态、文化、战略等综合价值。

6.1.4　善用"揭榜挂帅"激发全产业创新潜力

探索和运用基于数字代理人技术的"揭榜挂帅"项目管理模式和科研反垄断机制是释放全产业乃至全社会创新潜力的重要路径。作为全球领先的家电企业，海尔集团秉承锐意进取的企业文化，不拘泥于传统家电行业的产品创新与服务形式，与时俱进地拓展业务新领域，创立了海尔开放创新平台 HOPE（Haier Open Partnership Ecosystem），积极进行互联网转型，为海尔内部员工、外部合作方、资源提供方及平台的每位用户构建了遍布全球的创新生态圈，让所有人都能够通过开放式创新平台来创新、创业，贡献自己的价值，同时分享应有的利益。这些茁壮成长的开放式创新平台，正在逐渐改变传统的产业结构，打破不同行业间的边界约束和知识壁垒，利用市场机制在更大范围激发创新创造的活力，让能者脱颖而出，将更多创新主体的潜力挖掘出来，让技术研发的创新、创业过程变得更智慧、简单和高效。

1."揭榜挂帅"是用户创新和开放创新的主流机制

"揭榜挂帅"是实现用户创新和开放创新的主流机制（如图6-6所示，曾婧婧和黄桂花，2021）。"榜"就是企业或社会的客观需求，通过张榜，提高了科技创新的针对性、精确性和时效性，实现了通过需求倒逼科技创新，"帅"就是组织内外能够解决问题或者突破核心技术的关键人才，体现了新的选才思想。

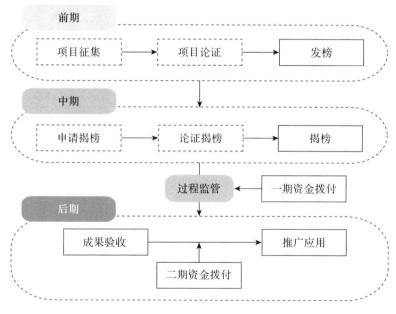

图6-6 "揭榜挂帅"的总体运行机制

"揭榜挂帅"的机制，关键是解决了信息不对称问题，将以往只能由某些具备特定资质单位完成的科研项目在组织更大范围内公布，让更多掌握核心技术和具备相应研究能力的单位和个人（用户）获取公平竞争的机会；"揭榜挂帅"机制可以实现研究课题的公开竞标，以市场"赛马制"选取或整合最好的标的及方案，交由不同的团队独立或联合攻关，实现创新价值最大化。"揭榜挂帅"机制可以更开放的视野、更广阔的胸怀，激发全球、全社会、全员创新创业的能动性，调动最有智慧、最有能力的人的积极性，加快关键核心技术的突破。

2018年11月14日工信部发布《新一代人工智能产业创新重点任务揭榜工作方案》(黄鑫，2018)，吹响了"揭榜挂帅"机制实践落地的号角。工信部计划征集并遴选一批掌握关键核心技术、具备较强创新能力的单位集中攻关，重点突破一批技术先进、性能优秀、应用效果好的人工智能标志性产品、平台和服务，树立领域标杆企业，培育创新发展的主力军。在抗击疫情方面，工信部进一步开展"揭榜挂帅"工作并发挥了重要作用。依图科技开发的"胸部CT新冠肺炎智能评价系统"能针对新场景快速行动，使得团队充分挖掘有限数据中包含的海量信息，让"小样本"成为"大数据"。旷视科技、商汤科技、大华技术等"挂帅"企业，也利用人工智能深度学习、图像识别等技术赋能红外热像仪，通过全景拼接、目标检测、目标跟踪、目标识别等功能，实现快速测温，大幅提高测温效率和异常体温者检出的准确率[一]。

因此，正如沃顿商学院的克里斯蒂安·特尔维施和卡尔·尤里奇两位教授在著作《创新竞赛：创造与选择最佳机遇》(Terwiesch & Ulrich，2009)中所提到的，创新因其能带来巨大的价值回报而让企业孜孜以求，但它又以其高度的不确定性让企业困惑。类似体育竞技，"创新竞赛"能够过滤和淘汰大量低水平的创新方案，筛选出最有前途的创新方案。因此，为企业搭建一个开放透明的创新竞赛平台能够发挥推动企业走向高质量发展的重要作用。"揭榜挂帅"机制，就是我国坚持发挥好市场在资源配置中的基础性作用，同时发挥好政府的统筹组织、指导协调等职能的有效的"创新竞赛"，必将对我国的科技创新工作带来深远的影响。

2. 用好"揭榜挂帅"机制的政策保障

"揭榜挂帅"机制具有较强的创新性与探索性，需要从顶层设计、体系构建、制度及政策保障等方面加快配套和细化工作。

一是坚持以开放的视野指导"揭榜挂帅"工作。核心技术的突破与创新成为实现创新驱动发展与提升国家竞争优势的关键，也是全球科技竞争和未来产

[一] http://health.people.com.cn/n1/2020/0307/c14739-31621229.html

业竞争（郝坤等，2021）的关键。在坚持自主创新战略的过程中要高度重视以全球视野进行创新资源的吸收和运用。用户创新、开放创新是世界科技创新的新范式，基于用户创新和开放创新的"揭榜挂帅"机制将克服封闭式创新的不足，大大减少研发成本，提高创新效率。

二是强化以融合创新的思想从事"揭榜挂帅"工作。融合创新，将在传统的产学研基础上，强化大中小企业、国有企业和民营企业的协同创新。这意味着企业应将创新的课题更多地开放给各大院校的师生，实现科技创新的企业和高校双引擎驱动，如清华大学近年深入参与航空发动机项目，就是突破航发技术的产学合作新探索。同时，我国的央企应进一步加强吸收民营中小企业参与核心技术、颠覆性技术创新的力度。美国和以色列的中小企业素以致力于技术领先、敢于超越在位的成熟企业的发展模式为特色，为此，进一步扶持拥有核心技术的中小企业，也将成为创新政策的新重点。

三是基于人本的思想推进"揭榜挂帅"工作。人才是推进"揭榜挂帅"的主体，主体不活，创新便成了"无源之水"。为此，一是要深化科技体制机制的改革与创新，给予广大科技工作者更多的研发自主权和科研成果支配权，充分发挥我国科技人力资源充沛的独特优势。二是积极发挥劳动群众在创新中的主人公地位。各级基层党委要积极通过发挥员工创新的"带头、带动"作用，营造创新氛围，培育创新文化，明确挂帅推进、奖励考评新机制，促进创新成果数量、质量的突破，让每一个有志成才的人都有创新空间，形成人人皆可创新、人人尽展其才的创新氛围，实现企业和员工的共同发展。三是深化人事制度改革，充分研究"零工经济"时代吸收创新者开展科技创新的体制，设计相关有利于自由创客从事科技创新的利益分享机制和收入税收减免政策等（如图 6-7 所示），积极迈入共享人力资本的新时代。

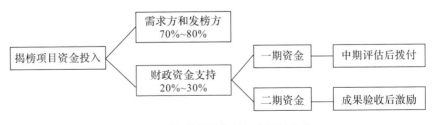

图 6-7 "揭榜挂帅"的资金拨付方式

3. 揭榜挂帅的实践方案

管理理论和治理体系需要落地为管理信息系统，才能切实发挥作用，实现治理目标。本节采用"从需求分析到系统开发"等认知方法论（薛华成，2013），梳理出技术可落地的管理系统及其子系统的模块开发框架，并开展相应的管理系统架构设计（如图6-8所示；朱子钦等，2018）。

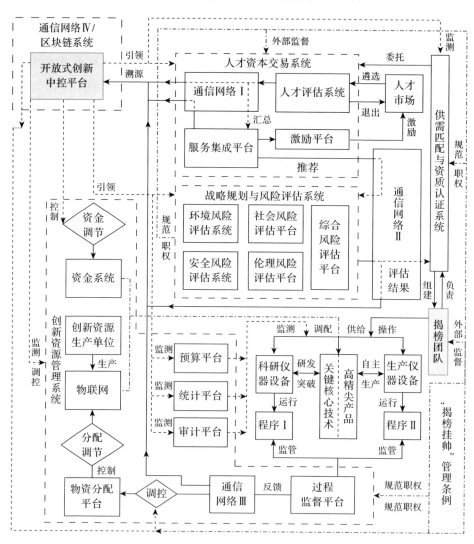

图6-8 "揭榜挂帅"机制的流程逻辑与管理系统架构设计

"揭榜挂帅"机制的流程逻辑和管理系统可做如下设计：首先制定"揭榜挂帅"管理条例，明确和规范揭榜团队、开放式创新中控平台、能源等各类创新资源管理系统、供需匹配与资质认证系统、战略规划与风险评估系统、区块链系统等的职权范围，同时对创新过程进行外部监督；揭榜团队向供需匹配与资质认证系统提交科技创新项目的研究申请和计划；战略规划与风险评估系统一方面根据公共创新平台提供的数据信息以及社会和自然科学知识，运用现代数学和统计学方法，分析和评估科技创新活动和产品对环境、社会、安全、伦理等方面造成的影响与风险，另一方面以自然资源承受极限、生态环境承受极限、社会伦理承受极限和人类生存承受极限为指标，评估和列出应当禁止的科技创新活动和产品，并将两方面的评估结果传送至供需匹配与资质认证系统；供需匹配与资质认证系统根据评估结果制定发展规划，并授权揭榜团队开展科技创新活动和产品生产活动；创新资源管理系统基于科学评估为创新活动灵活提供所需资源；区块链系统对开放式创新、公共创新的管理和开展过程以及创新要素的调配等过程进行全天候、全覆盖记录，防止非法操作和数据篡改，为激励和溯源提供技术支撑（陈劲等，2019；朱子钦等，2018）。

6.2 科研院所的支撑

以中国科学院为代表的科研院所是国家战略科技力量的重要组成部分。系统性培育国家战略科技力量是新形势下应对国际挑战、服务双循环新发展格局、加快推动世界科技强国建设和未来产业发展的重要抓手。

6.2.1 发挥国家战略科技力量的关键作用

2013年7月，习近平总书记在视察中科院时指出，"我们要建成创新型国家，要为世界科技事业发展作出贡献，必须有一支能打硬仗、打大仗、打胜仗的战略科技力量，必须有一批国际一流水平的科研机构"。2014年8月，习近平总书记进一步提出"面向世界科技前沿，面向国家重大需求，面向国民经济主战场"的"三个面向"要求，明确了中国科学院作为国家战略科技力量在新时代的历史使命。

2016年7月，国务院印发《"十三五"国家科技创新规划》，提出"加大持续稳定支持强度，开展具有重大引领作用的跨学科、大协同的创新攻关，打造体现国家意志、具有世界一流水平、引领发展的重要战略科技力量"，这是

"战略科技力量"的提法首次出现在政府文件中。2017年10月,党的十九大报告强调:"加强国家创新体系建设,强化战略科技力量",标志着国家战略科技力量建设上升为党和国家的意志。2018年5月,习近平总书记在两院院士大会上强调:"要坚持科技创新和制度创新'双轮驱动',以问题为导向,以需求为牵引,在实践载体、制度安排、政策保障、环境营造上下功夫,在创新主体、创新基础、创新资源、创新环境等方面持续用力,强化国家战略科技力量,提升国家创新体系整体效能。要优化和强化技术创新体系顶层设计,明确企业、高校、科研院所创新主体在创新链不同环节的功能定位,激发各类主体创新激情和活力。"首次强调了要明确创新主体在国家战略科技力量中的功能定位。2019年10月,党的十九届四中全会提出要"强化国家战略科技力量,健全国家实验室体系,构建社会主义市场经济条件下关键核心技术攻关新型举国体制。"特别地指出了新型举国体制与强化国家战略科技力量的重要联系。2020年9月,习近平总书记在科学家座谈会上强调"要发挥高校在科研中的重要作用,调动各类科研院所的积极性,发挥人才济济、组织有序的优势,形成战略力量。"为高校和科研院所如何在打造国家战略科技力量中发挥作用指明了方向。

2020年10月,党的十九届五中全会指出:"强化国家战略科技力量。制定科技强国行动纲要,健全社会主义市场经济条件下新型举国体制,打好关键核心技术攻坚战,提高创新链整体效能。加强基础研究、注重原始创新,优化学科布局和研发布局,推进学科交叉融合,完善共性基础技术供给体系。瞄准人工智能、量子信息、集成电路、生命健康、脑科学、生物育种、空天科技、深地深海等前沿领域,实施一批具有前瞻性、战略性的国家重大科技项目。制定实施战略性科学计划和科学工程,推进科研院所、高校、企业科研力量优化配置和资源共享。推进国家实验室建设,重组国家重点实验室体系。布局建设综合性国家科学中心和区域性创新高地,支持北京、上海、粤港澳大湾区形成国际科技创新中心。构建国家科研论文和科技信息高端交流平台。"这是首次具体从任务、领域、目标和举措等方面论述如何强化国家战略科技力量。

从世界格局的演变来看,国家战略科技力量是赢得全球科技和产业竞争优势的关键。目前,国立科研机构已经成为美、欧、日、韩等世界主要科技强国和地区创新体系的重要组成部分、科技和产业竞争力的核心来源、重大科技成果产出和应用落地的重要载体。美国能够长时间保持世界唯一超级大国的地位，正是由于其拥有一批以国家实验室、研究型大学和重要企业创新研发机构为代表的国家战略科技力量，形成了世界领先的东、西海岸创新城市群和大科学装置集群，在国防、航空航天、能源等领域贡献巨大，是基础研究成果的摇篮，推动国家科技创新和产业变革的持续力量，比如劳伦斯伯克利国家实验室累计已产生 13 位诺贝尔奖获得者和约 80 位美国科学院院士。欧洲主要国家同样高度重视战略科技力量的建设，比如英国的卡文迪许实验室、国家物理实验室以及英国国家海洋学中心，再比如由 18 个研究中心组成的德国亥姆霍兹联合会，都为解决该国乃至全球的科技、经济和社会的重大难题做出了重大贡献。

对于未来产业而言，明确战略发展方向，鼓励对科技和产业"无人区"的探索，加强跨学科和反学科研究，是以科研院所为代表的国家战略科技力量重点着力的方向。对此，首要问题是如何营造勇担国家使命而又宽松自由、敢于冒险的研究环境。场景创新和产业跨界融合需要创造力，而创造力需要摆脱束缚，宽松、自由、自主的研究环境是各种奇思妙想得以产生的重要条件。因此，面向未来产业的创新发展，科研院所要充分借鉴麻省理工学院媒体实验室等全球领先跨学科研究机构的成功经验，突破以传统学科和传统产业界限为基础的组织模式，鼓励研究人员打破学科和产业壁垒，淡化研究人员固有学科的身份意识，使跨学科研究和产业跨界融合成为一种风尚，充分发挥不同学科、不同产业有效整合的协同功效。同时，改革必须证明完全没有风险才能审批项目的传统做法，允许试错，宽容失败，给各种奇思异想生存空间，为跨学科和产业融合研究奠定良好的思想文化基础。

6.2.2　中国科学院的战略性先导科技专项

战略性先导科技专项（简称"先导专项"）是中国科学院在中国至 2050 年科技发展路线图战略研究的基础上，瞄准事关我国全局和长远发展的重大科技问题提出的，集科技攻关、队伍和平台建设于一体，能够形成重大创新突破和集群优势的战略行动计划[⊖]。先导专项分为前瞻战略科技专项（A 类）和基础与交叉前沿方向布局（B 类）两类。其中 A 类侧重于突破战略高技术、重大公益

⊖ http://www.bdp.cas.cn/ghgl/zdkjxmpgys/201709/W020170907299949183479.pdf

性关键核心科技问题，促进技术变革和新兴产业的形成发展，服务我国经济社会可持续发展；B类侧重于瞄准新科技革命可能发生的方向和发展迅速的新兴、交叉、前沿方向，取得世界领先水平的原创性成果，占据未来科学技术制高点，并形成集群优势。

通过实施先导专项，中科院能够更好地发挥建制化优势，通过持续创新组织模式和运行机制，组织院属单位优势力量，共同承担跨学科、跨领域的重大科技任务，突破关系我国国际竞争力、经济社会长远持续发展、国家安全及新科技革命的前沿科学问题和战略高技术问题，取得一批重大原创成果、重大战略性技术与产品和重大示范转化工程，提供更多有效的中高端科技供给。

6.3 加强高校创新体系建设和未来科技人才培育

高校作为国家创新体系（胡志坚，2002；Lundvall，1992；Nelson，1993）的重要组成部分，是科技人才和前沿尖端科技的摇篮，是基础研究、原始创新的主力军，是学科交叉、科教产教融合、关键核心技术攻关、成果转移转化等方面的先头军和策源地（如图6-9所示）。加快构建和完善高校创新体系，将高水平研究型大学打造成为国家未来产业战略力量的重要主体，对于推动实现高水平的未来产业发展具有基础性、决定性作用。

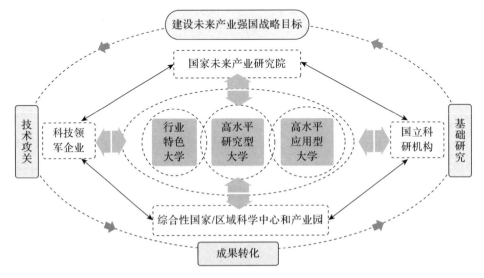

图6-9　高校在推动未来产业高质量发展中的使命与逻辑

6.3.1 支撑未来产业高质量发展的重要支柱

"十三五"期间,我国高校承担了全国60%以上的基础研究和重大科研任务,建设了60%以上的国家重点实验室,获得了60%以上的国家科技三大奖励,获得自然科学基金资助的项目均占全国80%以上[①]。在高等学校基础研究珠峰计划、关键领域自主创新能力提升计划等系列重大部署的稳步实施下,我国高校创新领域"放管服"改革持续推进,新时代高校创新体系加快形成,高校科研人员创新活力得到有效释放,高校创新体系已经成为国家创新体系的重要组成部分(陈劲等,2006)。在国家和教育部对高等教育改革、推进高校创新体系和能力建设的整体建设精神与思路的指导下,我国高校持续深入推进"高等学校基础研究珠峰计划"、完善前沿科学中心布局建设;着力加强关键核心技术攻关和供给能力,建设一批集成攻关大平台,围绕国家重大战略需求和关键领域组织集中攻关;着力深化科研评价改革,深入贯彻落实破除"SCI至上"和提升专利质量等文件精神,建立以创新能力、质量、实效、贡献为导向的评价体系,加快构建和完善研究型大学、行业特色大学、应用型大学的分类设计、优势互补,基础研究、核心技术攻关、成果转化三位一体良性循环的高质量高校创新体系,切实提升高校的体系效率和创新贡献,对于加快推动创新驱动的未来产业发展具有重要的支撑、引领作用。

推动科教融合与产教融合一体化,探索科教、产教深度融合发展的体制机制创新,推进已有平台载体和基地改造升级,面向国家战略需求,统筹打造基础研究、应用基础研究、共性技术研究方面的未来产业人才队伍。加强人文社科重点研究基地建设,破除制约学科融合的体制机制壁垒,加快建立促进跨大类交叉研究的评价考核体系,改革大学生培养方案,引导和支持大学生开展引领性创新实践,更好地发挥基地在战略型、未来型、复合型人才培养方面的关键作用。

1. 培育未来科学家和未来产业人才队伍

明确未来产业人才培养中的战略导向、未来导向以及创新协同导向,以科研与教育资源的供给、协同、调整与重组为核心,探索构建未来产业人才的培

---

① http://www.moe.gov.cn/fbh/live/2020/52692/mtbd/202012/t20201202_502840.html

养体系。面向国家战略性重大科技攻关任务,积极探索实施"揭榜挂帅"等更开放的选人用人制度,加强有意义的整合式创新思维(陈劲和朱子钦,2021),瞄准基础研究、底层技术、颠覆性技术和未来产业"卡脖子"技术等设定清单目标(陈劲等,2020;季冬晓,2020),完善未来科学家的发现与有效识别机制,并建立健全符合这些项目特点和规律的人才与项目评价制度,打破身份、学历、年龄等限制,形成唯才是举的用人机制,让更多的"揭榜挂帅"未来科学家脱颖而出。

建立适应未来产业领域自由探索和领域战略性团队攻关的教师队伍制度。面向前沿科技培养学术性人才,面向未来产业应用落地主战场输送工程领军人才。完善以符合团队任务为总体目标的科研人员评价机制,规范团队及成员考核程序,形成合理的流动机制,建立以科研绩效为基础的收入分配导向机制,完善编制内外全体科研人员的福利保障制度。此外,要坚持立德树人,以国家重大战略、关键领域和社会重大需求为重点,激发学生面向国家战略需求的学术志趣,培养一批未来科学家和未来产业人才后备军。

2. 完善未来产业人才的成长环境

让未来产业从事者能顺利地成长成材,让他们能够安心从事难度大、周期长、风险高的国家未来产业重大攻关项目、原始创新和源头创新,不仅需要科研环境、设施设备"硬"条件的支撑,还需要完善评价激励、公平公正的科研"软"环境。要加快完善高校科技管理体制改革、科技战略管理、组织人事管理、科研经费管理、项目计划管理、国家重点实验室考核、产学研协同创新激励、科技资源开放共享、成果转化激励等各方面的设计方案。高校需要开展有组织的科研,自上而下在宏观战略规划、成果输出转化、产学研结合等方面给予更多的引导,在交叉协作、科研教学条件方面给予更多的支持。致力于高校主动服务国家未来产业发展,力争自强创新,引领未来,把握科技创新发展新态势,确立科技创新发展新蓝图,为建设世界科技强国和未来产业强国贡献高校力量。高校需充分发挥集体优势,突破以个人项目申请为主导的传统资助模式,汇各院系之力有序组织面向国家重点战略需求和未来产业发展的大项目、大设施申请,以分工协助、集体攻关、利益统筹、稳定支持并结合竞争的方式,激励科学家参与高端先导项目研究,聚焦国家未来产业发展需求。在体制机制探索上,要注重人员聘用灵活流动机制,推动基地和企业之间的科研人员流动,要积极探索和落实科研成果的跨学科、跨领域、跨身份互认机制,切实营造促进交叉研究的友好环境,吸引企业优秀人才和团队来国家战略科技创新基地和未来产业培育基地参与科研工作。

6.3.2 不断塑造产业发展新优势的重要保障

纵观世界科技革命、产业变革进程和高等教育历史,创新与变革不断推动现代大学走向经济社会大舞台,从而在服务国家发展战略、经济转型升级、促进社会进步、增进人民福祉等方面承担起越来越重要的使命。面向未来产业发展,构建和完善高校创新体系,培育和发展极具创新力的高水平研究型大学,推动高校积极参与未来产业创新(如图6-10所示)是重要的时代课题。

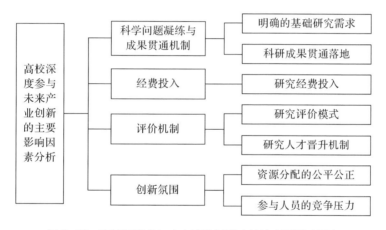

图6-10 高校深度参与未来产业科研攻关的主要影响因素

2020年,习近平总书记在科学家座谈会上的讲话中深刻指出,"国家科技创新力的根本源泉在于人""要加强高校基础研究,布局建设前沿科学中心,发展新型研究型大学"。"十四五"规划纲要更是明确指出,要"支持发展新型研究型大学、新型研发机构等新型创新主体"。构建和完善高校创新体系,建设和发展极具创新力的新型研究型大学,充分发挥高校作为基础研究的主力军和创新源头、创新人才培养和汇聚的主阵地的重要作用,是我国推动实现未来产业创新发展和不断塑造先发新优势的重要保障,是开拓中国特色的高等教育事业发展新局面的重要方向,是加快建设世界一流大学需要坚持的战略选择。

6.3.3 可持续推进未来产业发展的长效动力

2021年4月,在清华大学建校110周年校庆日即将来临之际,习近平总书记来到清华大学考察并深刻指出,"追求一流是一个永无止境、不断超越的过程,要明确方向、突出重点。""建设一流大学,关键是要不断提高人才培养质量。要想国家之所想、急国家之所急、应国家之所需,抓住全面提高人才培养能力这个重点,坚持把立德树人作为根本任务,着力培养担当民族复兴大任的时代新人。""要用好学科交叉融合的'催化剂',加强基础学科培养能力,打破学科专业壁垒,对现有学科专业体系进行调整升级,瞄准科技前沿和关键领域,推进新工科、新医科、新农科、新文科建设,加快培养紧缺人才。""要提升原始创新能力。一流大学是基础研究的主力军和重大科技突破的策源地,要完善以健康学术生态为基础、以有效学术治理为保障、以产生一流学术成果和培养一流人才为目标的大学创新体系,勇于攻克'卡脖子'的关键核心技术,加强产学研深度融合,促进科技成果转化。""要坚持开放合作。加强国际交流合作,主动搭建中外教育文化友好交往的合作平台,共同应对全球性挑战,促进人类共同福祉。"[1]习近平总书记的重要论述高瞻远瞩、内涵深刻、指向精准,从加强人才培养、学科建设、基础研究、关键核心技术攻关、科技成果转化等方面为科技自立自强背景下加快构建和完善高校创新体系提供了根本指引。

教育部在《未来技术学院建设指南(试行)》[2]中提出用4年左右的时间在专业学科综合、整体实力强的部分高校建设一批未来技术学院,探索专业学科实质性复合交叉合作规律,探索未来科技创新领军人才培养新模式,并在清华大学、北京大学、西安交通大学、哈尔滨工业大学等12所高校确定了首批未来技术学院。在此基础上,不断加强建设,争取用10年左右的时间锻造一批在前沿交叉与未来技术领域具有重要影响的高水平教师团队,建设若干适应未来技术研究所需的科教资源平台和数字化资源,培育一批在前沿交叉科学与未来技术领域可能产生重大影响的原创性成果,形成一批具有代表性的体制机制范例,打造能够引领未来科技发展和有效培养复合型、创新性人才的教学科研高地,并从凝练未来技术特色、创新人才培养模式、革新教学组织形式、打造

---

[1] http://www.qstheory.cn/yaowen/2021-04/19/c_1127348969.htm

[2] http://www.moe.gov.cn/srcsite/A08/moe_742/s3860/202005/t20200520_456664.html

高水平教师队伍、深化国际合作、汇聚各方资源、优化管理机制等方面提出了具体的建设目标和任务。

6.3.4 高校主导下的国家未来产业战略力量

在国家战略科技力量的基础上，还应加快建设国家未来产业战略力量，以便较长时间地应对外部环境变化，发展更加安全稳定的开放型未来产业。党的十九届五中全会指出："当前和今后一个时期，我国发展仍然处于重要战略机遇期，但机遇和挑战都有新的发展变化。当今世界正经历百年未有之大变局，新一轮科技革命和产业变革深入发展，国际力量对比深刻调整，和平与发展仍然是时代主题，人类命运共同体理念深入人心，同时国际环境日趋复杂，不稳定性不确定性明显增加，新冠疫情影响广泛深远，经济全球化遭遇逆流，世界进入动荡变革期，单边主义、保护主义、霸权主义对世界和平与发展构成威胁。"在此背景下，保持战略定力和战略眼光，发挥新型举国体制优势，从顶层设计、主体建设、基础制度、资源配置、环境优化等方面着手，优化创新要素布局，集中有限的资源放在优先发展的关键科技和产业领域，围绕产业链布局创新链，是新形势下高效培育未来产业的关键。

高校作为国家创新体系（胡志坚，2002；Lundvall，1992；Nelson，1993）的重要组成部分，是科技人才和前沿尖端科技的摇篮，是基础研究、原始创新的主力军，是学科交叉、科教产教融合、关键核心技术攻关、成果转移转化等方面的先头军和策源地。加快构建和完善高校创新体系，将高水平研究型大学打造成为国家未来产业战略力量的重要主体，对于推动实现高水平的未来产业发展具有基础性、决定性作用。

1. 国家未来产业战略力量框架下高水平研究型大学的理论再解读

国家未来产业战略力量需要具备跨学科、大协同的引领性攻关力量以及承担国家使命的能力，是国家产业创新体系的支柱。以"国家意志"为导向，以"引领发展"为目标，面向世界科技和产业前沿领域，国家未来产业战略力量从国家战略全局的高度解决事关国家安全、国家发展、国计民生等根本性问题，从整体上提升我国的创新能力、竞争实力与发展潜力。从世界格局的演变来看，国家未来产业战略力量是持续赢得国际竞争优势的关键。美国能够长时间保持世界第一强国的地位，正是由于其拥有一批以劳伦斯伯克利国家实验室、斯坦福线性加速器、麻省理工学院林肯实验室等为代表的依托高水平研究型大学建立的国家战略科技力量。

2018年5月，习近平总书记在两院院士大会上强调："要坚持科技创新和制度创新'双轮驱动'，以问题为导向，以需求为牵引，在实践载体、制度安排、政策保障、环境营造上下功夫，在创新主体、创新基础、创新资源、创新环境等方面持续用力，强化国家战略科技力量，提升国家创新体系整体效能。要优化和强化技术创新体系顶层设计，明确企业、高校、科研院所创新主体在创新链不同环节的功能定位，激发各类主体创新激情和活力。"强调要明确高校在国家战略科技力量中的功能定位。2020年9月，习近平总书记在科学家座谈会上强调"要发挥高校在科研中的重要作用，调动各类科研院所的积极性，发挥人才济济、组织有序的优势，形成战略力量"。为高校把握自身在国家战略科技力量中的定位提供了遵循，也为进一步建立高校主导下的国家未来产业战略力量指引了方向。2020年10月，党的十九届五中全会从任务、领域、目标和举措等方面明确了如何强化国家战略科技力量，并对更好发挥高校在国家战略科技力量中的重要作用提出了具体要求。

2. 以国家战略为根本遵循，构建和完善中国特色高校创新体系

纵观高等教育发展史，世界一流大学都是在服务本国发展中逐步成长起来的。2014年5月，习近平总书记在北京大学考察时深刻指出，"办好中国的世界一流大学，必须有中国特色。……我们要认真吸收世界上先进的办学治学经验，更要遵循教育规律，扎根中国大地办大学"。2016年12月，习近平总书记在全国高校思想政治工作会议上进一步强调，"我国有独特的历史、独特的文化、独特的国情，决定了我国必须走自己的高等教育发展道路，扎实办好中国特色社会主义高校"。这充分彰显了国家的高等教育自信，要求始终坚持一切从国情与办学实际出发，继承而不守旧，借鉴而不照搬，追赶而不追随，最终形成我国高等教育发展的道路自信、理论自信、制度自信与文化自信。科技自立自强背景下的高校创新体系建设，要将办好中国特色的高水平研究型大学作为改革创新的指挥棒，始终坚持为人民服务、为党的治国理政服务、为国家发展战略服务、为建设世界科技强国和社会主义现代化国家服务。

3. 以人才培养为首要使命，构筑高水平科技自立自强的坚实支柱

习近平总书记深刻指出："我国要实现高水平科技自立自强，归根结底要靠高水平创新人才""办好我国高校，办出世界一流大学，必须牢牢抓住全面提高人才培养能力这个核心点""高校立身之本在于立德树人。只有培养出一流人才的高校，才能够成为世界一流大学""要牢固确立人才引领发展的战略地位，全面聚集人才，着力夯实创新发展人才基础"，明确了科技自立自强背景下培养造就大批优秀的创新科技人才这一基本战略任务，也要求高校创新体系建设应始终以培养科技创新人才、工程科技人才、科技管理人才等拔尖创新人才为首要使命。一方面，提升人才创新能力，要重视基础研究，为人才提供宽、专、交的知识基础，不断探索创新、新型的人才培育模式，"要加强数学、物理、化学、生物等基础学科建设，鼓励具备条件的高校积极设置基础研究、交叉学科相关学科专业，加强基础学科本科生培养，探索基础学科本硕博连读培养模式。要加强基础学科拔尖学生培养，在数理化生等学科建设一批基地，吸引最优秀的学生投身基础研究"，以"国家级大学生创新创业训练计划"等为引领，切实加强学生的创新创业能力。另一方面，要营造适宜创新人才发展的环境，提高人才创新活力。"要尊重人才成长规律和科研活动自身规律，培养造就一批具有国际水平的战略科技人才、科技领军人才、创新团队。要高度重视青年科技人才成长，使他们成为科技创新主力军。要面向世界汇聚一流人才，吸引海外高端人才，为海外科学家在华工作提供具有国际竞争力和吸引力的环境条件"。总之，在科技自立自强背景下更好地发挥高水平研究型大学在国家战略科技力量和国家未来产业战略力量中的重要作用，要以创新人才培养为核心，不断提升人才的创新意识、创新能力和创新活力。

培养能够担当国家重大战略任务的中青年科技人才是我国高校的重要使命。以清华大学"200号"为例，"建堆报国、建堆育人"的初心使命和"知难而进、众志成城"的建院精神是"200号"青年科技人才将核能研究的接力棒代代相传的力量源泉。20世纪60年代，平均年龄只有23岁半的200多名清华师生成功建设了屏蔽试验反应堆，他们住在帐篷或虎峪村的老乡家中，在村里一座破庙露天开伙，自己动手重修水渠，架设高压供电线路，挖地基，搞土建施工，赤手空拳拼出了我国第一座自行研究、设计、调试、运行的核反应堆，

完成了动力堆屏蔽等实验，为我国核能事业的发展做出了重要贡献○。直至近年来，在高温气冷堆的研发和示范工程建设中，以"200号"科研团队为主体的人才队伍瞄准先进核能科技，坚持自主创新，充分发挥高校人才优势，一路从跟跑、并跑，最终实现了领跑世界。在60多年前的第一代反应堆初建到2020年的第四代核能技术优选堆型世界领跑这段光荣岁月中，王大中院士从青年科技人才成长为国家最高科学技术奖获得者，成了战略科学家。

浙江大学能源工程学院是青年科技人才梯队建设的典范。在成立以来43年的发展历程中，以岑可法院士为带头人的浙大能源学院共培养了全国百篇优秀博士论文获得者7人，教育部长江特聘教授7人，青年长江学者2人，国家杰青6人，国家优青3人，973计划首席科学家4人，浙江省特级专家4人，中组部青年拔尖人才2人，获得了国家技术发明奖一等奖、国家科技进步奖（创新团队）等18个国家奖○。学院的梯队建设主要包括五个维度：一是老中青结合，资深教授发挥基础理论扎实、经验丰富的优势，准确把握发展方向，中年教授注重调查研究和理论结合实际，青年教师带领学生建实验台、做测量，扎实推进学院战略部署；二是交叉融合，注重数值模拟和实验研究相结合、基础理论和工程实践相结合、理工文科相结合、不同行业相结合，分工合理、相互启发、优势互补；三是学生传帮带，高年级博士生协助指导低年级博士生和硕士生，低年级研究生协助指导本科生，在这种优良的梯队建设传统下，高年级博士生往往已经具备青年教师的研究水平；四是校企结合，学院高度重视请企业高级专家兼任导师，很多研究生有4位导师，3位是浙大教授，1位是企业总工或资深专家，加强学生科研的工程落地导向；五是中外合作，加强联合培养，通过双学位项目培养了一批同时拥有中美、中法两国博士学位的青年科技人才。在这样一种科学成熟的青年科技人才梯队式培养模式的支撑下，2021年新当选的中国工程院院士中有两位来自浙大能源学院，分别是高翔院士和郑津洋院士。

4. 以基础研究为立身之本，全面加强"从0到1"的原始创新供给

2021年4月，在清华大学建校110周年校庆日即将来临之际，习近平总书

○ https://www.inet.tsinghua.edu.cn/hyyjj/lsyg.htm

○ http://www.news.zju.edu.cn/2021/0114/c23226a2244131/pagem.htm

记来到清华大学考察并深刻指出："重大原始创新成果往往萌发于深厚的基础研究，产生于学科交叉领域，大学在这两方面具有天然优势。要保持对基础研究的持续投入，鼓励自由探索，敢于质疑现有理论，勇于开拓新的方向。"基础研究创新是源头创新，也是我国创新型国家建设的重要根基。党和国家一直以来都十分重视高校在基础研究中的重要作用。继党的十九大报告对基础研究提出新的要求，2018年1月31日国务院发布了《关于全面加强基础科学研究的若干意见》，对高校基础研究进行了全面布局。2018年1月教育部启动实施了"高等学校基础研究珠峰计划"等，进一步推动高校基础科学研究，从而实现原始创新引领。十四五规划中，更是明确提出了"加强基础研究、注重原始创新，优化学科布局和研发布局"的新要求。

通过对清华大学薛其坤团队（首次观测到量子反常霍尔效应）、北京大学邓宏魁团队（用小分子化合物诱导体细胞重编程为多潜能干细胞）、复旦大学张卫团队（提出并实现了一种新型的微电子基础器件：半浮栅晶体管）、中国科学技术大学潘建伟团队（在国际上首次实验实现了测量器件无关的量子密钥分发）四个案例进行对比研究，可以发现加强高校基础研究和原始性创新可以从三个层面入手（陈劲和汪欢吉，2015）：一是个人层面，包括浓厚的科研兴趣、知识积累、海外背景与职位荣誉三个要素；二是团队层面，包括跨学科团队合作、创新方法与环境、坚持不懈的精神三个要素；三是制度层面，合理的激励机制是其主要要素。

5. 聚焦关键核心技术攻关与成果转化孵化，全面深化产学研协同创新

高校是科技第一生产力、人才第一资源和创新第一动力的重要结合点，面对新一轮科技革命和产业变革带来的前所未有的挑战，高水平研究型大学理应成为关键核心技术攻关的重要参与方。发挥学科门类齐全、科技人才聚集、基础研究厚实等独特优势，努力瞄准世界科技前沿和未来产业发展趋势，加强对关键共性技术、前沿引领技术、现代工程技术、颠覆性技术的攻关创新，进一步深化国家重点实验室改革和重组，不断产出支持引领经济社会发展的高水平的科研成果，积极推动成果的落地和转化，在服务国家实现关键核心技术自主可控、牢牢掌握自主创新主动权方面发挥作用。

党的十九届五中全会和"十四五"规划提出"坚持创新在我国现代化建

设全局中的核心地位,把科技自立自强作为国家发展的战略支撑",2021年政府工作报告提出要"完善国家创新体系,依靠创新推动实体经济高质量发展,加快科技成果转化应用,促进科技创新与实体经济深度融合"。2021年3月,习近平总书记在《求是》发表署名文章《努力成为世界主要科学中心和创新高地》[一]进一步强调要"充分认识创新是第一动力,提供高质量科技供给,着力支撑现代化经济体系建设",对高水平研究型大学通过科技创新与成果转化深度参与创新驱动的国家战略提出了更紧迫的要求(如图6-11所示)。

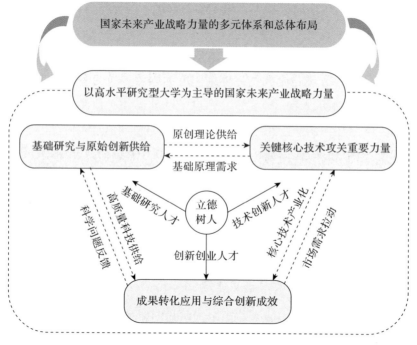

图6-11 高水平研究型大学在国家战略科技力量中的主要职能

学术创业(易高峰,2017)是推动创新、刺激经济、创造就业和高水平研究型大学创新效能的关键,能够促进高校创新体系与企业创新体系融合。通过产学合作加强科技成果转化孵化是提升高水平研究型大学整体创新效能的重要环节。目前以高校与企业合作协同发展的创新人才培养模式呈逐年上升趋势,合作方式已从单纯的技术服务推广向委托研发、联合研发发展,形成了具有一

[一] http://www.gov.cn/xinwen/2021-03/15/content_5593022.htm

定规模的产学研合作网络。自 2020 年以来,科技部、教育部等国家部委密集出台《关于提升高等学校专利质量、促进转化运用的若干意见》《关于进一步推进高等学校专业化技术转移机构建设发展的实施意见》等多项政策措施,不断促进高校加快科技成果转化、提升产学合作创新能力。

6. 加快建设一批实体化运行的中国特色新型高校智库

现行管理体制下,我国高校智库普遍处于多头管理的状态,研究资源分散、重复配置、利用率低、转化率低等问题仍较为突出,缺少专职的智库研究队伍。构建双循环新发展格局对基于自主创新、协同创新的关键核心技术攻关提出了更高、更紧迫的要求,也为我国进一步加强全国一盘棋高度下的科研规划、产业布局和统筹部署提供了重要契机和着力点。应大力培养战略科学家和科研规划、产业规划、科技管理领域的复合型人才,加大政策支持力度,更好发挥高校学科齐全、立场客观、研究范式灵活、人才济济等优势,鼓励一流高校成立实体化运行的中国特色新型高校智库(陈劲和朱子钦,2019),打造专职智库研究队伍,加快科技规划数字化智能化进程,尽快形成基础研究、应用基础研究和共性技术研究一体化、动态化的国家科学技术图谱,为关键核心技术协同攻关提供精准指引,打破技术专家本位制带来的种种弊端。

进一步完善高校智库体制机制,适度延长评价周期,落实分类评价机制,让更多的高校智库人才能够安心从事难度大、周期长、风险高的智库研究项目,不断释放人才的创造活力,促进真正解决国家长远战略问题的理论创新和政策建议,避免盲目地迎合国际热点;要积极探索和落实科研成果的跨学科、跨领域互认机制,切实营造促进交叉研究的友好环境,鼓励从战略、政策层到技术、系统层的贯通式研究。

6.3.5 以劳动教育树立正确的未来产业发展观

高水平研究型大学是国家战略科技力量和国家未来产业战略力量的人才源泉。提升高水平研究型大学在培养国家战略力量主力军上的使命担当,是建设世界科技强国和未来产业强国的重要前提,是加快破解关键核心技术"卡脖子"问题的第一动力,事关中国特色社会主义事业的前途命运,直接决定广大劳动人民能否掌握先进的劳动生产工具,真正成为未来世界的主人,最终实现自由全面的发展。因此,要想更好地发挥高水平研究型大学在国家战略科技力量和国家未来产业战略力量中的重要基础性作用,首先要提高政治站位、统一思想认识、强化使命担当,这就需要从加强高校劳动教育开始。

习近平总书记多次强调要扣好人生的"第一粒扣子"。劳动教育是发挥劳动的育人功能,对学生进行热爱劳动、热爱劳动人民的教育活动。加强高校劳动教育能够引导高校师生树立正确的劳动观,增强对劳动人民的感情,有利于树立面向国家和各行各业劳动人民实际需求的科研导向;建设知识型、技能型、创新型劳动人才队伍和科研人才队伍;全面提升高校师生深度参与国家战略科技力量建设的使命担当和能力水平;以及加强面向"卡脖子"技术攻关的基础研究供给。2020年3月,中共中央、国务院印发了《中共中央 国务院关于全面加强新时代大中小学劳动教育的意见》[一],站在新时代培养社会主义建设者和接班人的高度部署了学校劳动教育,对于高校把握学校劳动教育的正确方向、切实开展学校劳动教育具有重要意义,也是引导高水平研究型大学培育更多具有使命担当的国家战略科技人才的至关重要的第一课。

1. 加强劳动科学知识的通识教育,让马克思主义劳动观和社会主义劳动关系深入人心

设置劳动教育公共课程。在劳动教育通识课程中进一步强化马克思主义劳动观教育、劳动相关法律法规与政策教育,树立崇尚劳动、尊重劳动的正确择业就业创业观,弘扬到祖国和人民需要的行业工作的奋斗精神,培育自觉服务国家科技自立自强、投身国家战略力量的科研价值观。支持有条件的院校开设劳动教育相关专业,建立专兼职相结合的劳动教育教师队伍。根据学校劳动教育需要,明确劳动教育责任人,进行劳动教育规划、组织实施、评价等,配齐劳动教育专业教师,保持教师队伍的相对稳定性。充分发挥教职员工特别是班主任、辅导员、导师的作用,利用共青团、党组织以及学生社团等各方面的力量,合力开展劳动教育实践活动。充分利用家长、校友等资源,聘请国家战略科技人才担任劳动实践指导教师。

将劳动教育融入培养方案的相关必修环节。将劳动教育有机纳入本科生和研究生的思政教育、专业教育、创新创业教育,不断深化科教融合、产教融合,强化劳动锻炼要求,加强高等学校与行业骨干企业、高新企业、科技型中

[一] http://www.gov.cn/zhengce/2020-03/26/content_5495977.htm

小微企业紧密协同，推动人才培养模式改革。将专业类课程与服务学习、实习实训、科学实验、社会实践、毕业设计、学术研究、科研成果转移转化等相结合开展各类劳动实践，注重分析国家战略科技领域方向和相关劳动形态的现状及发展趋势，强化劳动品质特别是创新型劳动品质的培养。

完善劳动教育督导和评价激励体系。对高校和有关部门保障劳动教育的情况进行督导。对高校劳动教育开课率、学生劳动实践组织的有序性、教学指导的针对性、保障措施的有效性等进行督查和指导。督导结果要向社会公开，作为衡量高校教育质量和水平的重要指标，作为对被督导部门和学校及其主要负责人考核奖惩的依据。建立健全劳动教育激励机制。在国家级、省级教学成果奖励中，将劳动教育教学成果纳入评奖范围，对优秀成果特别是突破"卡脖子"问题的相关成果予以"一人一策"的个性化奖励。依托有关专业组织、教科研机构等开展劳动教育经验交流和成果展示活动，激发广大教师实践创新的潜能和动力。积极协调新闻媒体传播劳动光荣、创造伟大思想，大力宣传劳动教育先进学校、先进个人。

2. 常态化组织开展生产劳动锻炼，提高在生产实践中发现问题和创造性解决问题的能力，深化对新时代创造性劳动的理解

完善领导体系和体制机制，建立健全高校劳动实践教育组织实施的工作机制。明确主管校领导，设置机构或明确相关部门负责劳动实践教育的规划设计、组织协调、资源整合、师资培训、过程管理、总结评价等。建立学校负责规划设计、行业企业科研院所协同负责业务指导的多元主体劳动锻炼实施机制。通过建立战略科学家工作室、劳模工作室、技能大师工作室，设置荣誉教师、实践导师岗位等，多渠道引入社会力量参与学校劳动教育特别是劳动锻炼环节。联合社会力量，共建共享稳定的劳动实践基地、校外实习实训基地、各类型创新创业孵化平台，多渠道拓展劳动实践场所。

加强劳动实践教育师资队伍建设。把劳动实践教育纳入教育行政干部、校长、教师、辅导员培训内容，开展全员培训，强化劳动意识、劳动观念、创造意识、创新意识，提升劳动实践教育的自觉性。明确劳动实践课教师的管理要求，保障劳动实践课教师在绩效考核、职称评聘、评先评优、专业发展等方面与其他专任教师享受同等待遇。推动中小学、职业院校与普通高等学校建立师

资交流共享机制，发挥职业院校教师的专业优势，承担普通高等学校劳动实践教育教学任务。建立劳动实践课教师特聘制度，为高校聘请具有实践经验的社会专业技术人员、劳动模范等担任兼职教师创造条件。

常态化组织开展生产劳动锻炼。统筹规划和配置劳动教育实践资源，丰富和拓展劳动实践场所，满足高校多样化劳动实践需求。充分利用现有综合实践基地、劳动实践场所，建立健全开放共享机制，特别是充分利用职业院校实训实习场所、设施设备，为高校提供所需要的服务。推动高校充分利用校内学习、生活有关场所，逐步建好配齐劳动技术实践教室、实训基地。组织学生立足本专业、注重跨专业参加实习实训、专业服务和科技创新活动，重视新知识、新技术、新工艺、新方法的运用，提高在生产实践中发现问题和创造性解决问题的能力，在动手实践的过程中深化对国家战略科技领域、未来产业领域和创造性劳动的理解。

3. 开展专业教授带队的社会实践活动，提升对科研攻关需求及路径的把握能力和使命感

建立专业教授带队社会实践的长效机制，突出劳动教育"新时代"特色。探索由专业教授和企业技术骨干共同带队指导，由大学生劳动实践团队完成未来产业关键核心技术相关的创造性劳动项目，形成劳动实践成果，同时打通劳动就业渠道的社会实践模式。突破"学工、学农"等技术性、生产性传统劳动教育的局限，紧跟科技发展、社会服务、产业变革新趋势，通过形式创新、内容创新突出新时代劳动教育的"创新、创造"导向，拓展新时代下劳动教育对于经济社会高质量发展、未来产业发展和世界科技强国建设的价值内涵。对带队教授和企业技术骨干进行专项培训，提高其劳动育人意识和专业化水平。建立和完善专业教授带队劳动实践团队的评价考核激励机制。高校要统筹政府补助资金和自有财力，以多种形式筹措资金，加快建设校内劳动教育场所和校外劳动教育实践基地，加强校内外劳动教育设施建设，完善劳动教育器材、耗材补充机制。支持高校按照规定统筹安排公用经费等资金开展劳动教育，采取政府购买服务的方式，吸引社会力量提供劳动教育服务，支持和推动由专业教授带队的劳动实践模式形成稳定长效的机制。

加快建设数字化劳动实践基地。支持高校联合地方政府挖掘未来产业发

展、"卡脖子"技术攻关、消费升级、城市精细化治理等需求，形成和发布创新性劳动场景清单。面向国家战略科技前沿领域、未来产业领域建设"劳动教育智慧园区"，运用虚拟现实、人工智能等技术建设数字化劳动实践基地，为专业教授带队开展创新型社会实践活动提供跨学科、综合性劳动实践场景。推动以央企为核心的龙头企业应用场景开放，围绕创新平台、产业园区在技术和产品方面的需求，面向社会实践团队公开具有示范带动作用的应用场景。建设数字化场景创新中心，支持龙头企业整合开放产业资源和创新要素，为高校社会实践团队开展创造性劳动教育和创新创业项目提供试验空间和市场资源。

加强参与劳动实践师生的战略思维和科研使命感。专业教授牵头劳动教育的主要目的是提高大学生对国家战略性科研攻关需求及路径的把握能力，激发大学生立志科研报国和为劳动人民服务的内生动力。首先要强化马克思主义劳动观教育，围绕创新创业，结合学科专业开展生产劳动和服务性劳动，培养创造性劳动经验和能力。生产劳动教育要整合 STEAM 课程、创客教育等内容，让学生在工农业生产过程中直接经历物质财富的创造过程，体验从简单劳动、原始劳动向复杂劳动、创造性劳动的发展过程，学会使用创新工具，掌握相关技术和技术发展趋势的科学预见方法，感受劳动创造价值，增强质量意识、创新意识，形成科技发展的全局观和战略观，深刻认识制造业立国和科技自立自强的重大意义。服务性劳动教育让学生利用知识、技能等为科研工作者和广大劳动人民提供服务，在服务性岗位上见习实习，树立服务意识，实践服务技能，深刻认识科技服务现代化对于赋能科技创新和推进国家战略性科研攻关的关键意义。

6.3.6 推进未来科技、未来产业管理学科建设

面向国家重大需求优化学科布局，优化学科重点布局，注重战略导向、目标导向、问题导向，加强顶层设计的前瞻性和战略性，着眼于提升国家原始创新能力、解决关键核心技术问题、引领未来产业前沿等重大需求，高起点、系统性推动学科发展。在新文科、新工科、新理科的理念指引下完善学科建设体系，推进学科分类分层建设，明确学科调整机制，基于学科优势和发展目标，围绕国家重大需求领域遴选若干个基础前沿重大科学问题和关键技术方向，进行基础学科、交叉学科的相关布局，坚持有所为有所不为，统筹校内外资源，跨学科跨院系集合精锐力量，有组织地开展创新人才培养。抓住产业数字化、

数字产业化赋予的机遇，围绕数字经济、生命健康、新材料等战略性新兴产业、未来产业开展研究、应用和推广。

加强学校布局与院系学科规划的衔接，引导院系突出学科方向重点布局，加大力度推动学科融合与创新发展，引导学术界深刻解读"中国模式"、总结升华"中国经验"、系统提炼"中国理论"，加快推动党的理论和学术理论全面深度融合，推动能够更好地服务国家未来科技和产业战略研究、决策和落实的未来科技、未来产业管理学科建设，将习近平总书记的科技创新思想融入科技管理理论和技术创新理论的假设、模型、范式和研究对象、方法、结论中去，以全球视野打造科技安全工程学等全新的概念底座，构建马克思主义指导下的、符合中国实践需求、中华民族共同体意识铸造需求、人类命运共同体建设需求的未来科技、未来产业管理学科和学术理论体系，从根源上解决同西方理论体系之间的深层次矛盾，稳步提升学科的国际话语权，为深化党领导下的科研组织体制改革和未来产业培育机制创新提供坚实的学科支撑、理论支撑和人才支撑。

6.4 创新知识权益保护和共享激励模式

未来产业的发展首先要服务于国家总体发展战略需求，其次才是服务区域和企业的局部战略。在实际推进科技创新驱动未来产业发展的过程中，对于以论文、专著、专利、标准、产品等传统形式生成的创新成果，企业既要防止国际竞争对手通过溢出效应以更低的成本进行模仿，进而以远低于其创新投入的成本获得同等水平的科技升级，又要防止本就面临巨大不确定性的未来产业在培育初期就陷入互相设置壁垒的不必要内耗，致使大量的重要机遇被埋没在摇篮之中。因此，如何在保持适当竞争的基础上持续提高创新成果的公共属性，一方面要在国际竞争层面加强知识产权保护，另一方面要在国内合作层面创新激励模式和机制，是加快推动未来产业发展需要开创性解决的关键问题。

对此，一是要强化知识产权全链条保护。重点加强专利布局和挖掘，以及专利体系、壁垒的构建。综合运用法律、经济、技术等多种手段，打通知识产权创造、运用、保护、管理、服务全链条，健全知识产权综合管理体制，增强系统保护能力。加强知识产权信息化、智能化基础设施建设，推动知识产权保护线上线下融合发展（如图 6-12 所示）。加强针对全产业的知识产权保护宣传教育，增强全产业尊重和保护知识产权的意识。

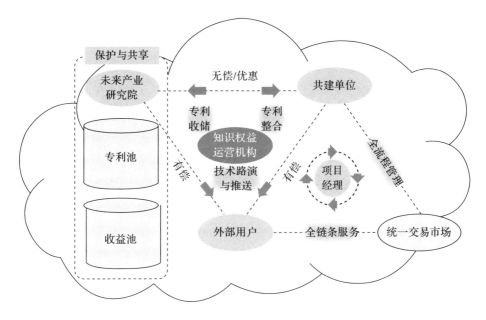

图 6-12　知识权益的保护和共享激励模式

二是要加强理论革新和体制机制创新，创新知识权益管理模式（陈劲和朱子钦，2019）。在设计意义导向的整合式创新管理系统架构（朱子钦等，2017，2018；陈劲和朱子钦，2019，2020，2021）的过程中我们发现，在现有的知识产权管理体系下，不以独占和获得产权为目标的设计发明尚缺乏成熟的权益保护和激励机制。这类设计发明往往面向未来技术，聚焦公共利益和社会价值，设计发明者更关注精神荣誉而非物质激励。建立健全对公共利益导向的非营利性设计发明的保护和激励机制，将知识产权的概念拓展和上升到"知识权益"层面（陈劲和朱子钦，2018），对于深度激发人民创新潜力、促进以头脑风暴等为基础的颠覆式创新、推动创新在全社会蔚然成风具有重要作用。

6.5　未来产业的金融支持

作为推动未来产业发展的关键要素，金融在培育未来产业过程中的关键渠道和重要环节发挥着血脉和枢纽的作用。然而，对于金融行业而言，未来产业具有高风险性、高收益性、高投入性、高溢出性、高隐蔽性等特征。其中，高风险性、高投入性和高收益性之间的矛盾会使投资方陷入决策困境，高溢出性会使企业因为担心科研攻关和产业创新成果成为他人嫁衣而失去积极性，高隐蔽性会在投资者和创新创业企业间形成信息壁垒，令投资者望而却步。

此外，从资金需求方的角度来看，处于不同发展阶段、不同规模、不同风险状况的企业对金融支持类型和方式的需求不尽相同。对于规模大、发展稳健、市场成熟的企业，由于其发展历史相对较长、收入预期稳定、风险抵御能力强，容易吸引大批投资者注入资金；而对于身处未来产业孕育期的中小企业，特别是创业阶段的科技型中小企业，由于其规模小、产品成熟度低、投资风险大，在现行制度机制下通过主板市场进行融资并不现实。二板市场和新三板市场虽然增加了交易层次，但是满足专精特新中小微企业融资需求的能力依然有限，需要加快解决未来产业培育特别是实体经济毛细血管堵塞的问题。

在我国，小微企业贡献了 50% 的税收、60% 的 GDP、70% 的创新、80% 的就业，占企业数量的 90%，是扩大就业、改善民生的重要支撑，蕴含着孕育未来产业的巨大微观活力，是推动未来产业跨越式全面均衡发展的重要基础。引导资金精准滴灌到最急需金融服务的未来产业发展主体，更好地解决小微企业融资难、融资贵，支持专精特新的中小微企业发展，是金融业服务实体经济和未来产业发展的重要方向。逆向来看，社会主义制度下金融业的生存与发展，必须立身于服务实体经济。随着我国经济体制改革不断深化，创新驱动发展战略深入实施，低端制造业、房地产等传统业务空间不断收窄，风险逐渐积聚。如果不能加快提高服务未来产业发展的认识和水平，不发展普惠金融，无异于是丢掉这片巨大的蓝海。无法服务未来产业发展和中小微企业的金融机构将很难在未来生存。因此，无论是对于金融机构还是中小微企业而言，加快建立和完善未来产业友好的金融支持体系都至关重要。

6.5.1 构建未来产业友好的金融支持体系

全面系统地推动金融体系实现面向未来产业创新友好的转型，首先要把握科技金融服务对象的根本属性和特征。科技型创新创业企业和未来产业创新发展面临的信息不对称和高风险性质，特别是在萌芽初期和发展前期面临的更高风险，会使金融投资行为不可避免地遇到较大阻力，产生系统性缺位。比如科技型创新创业企业特别是中小微科创企业大多缺乏足够的抵押品，在申请贷款或投资时，往往存在企业经营财务会计、信用信息缺失、中介服务体系不健全所导致的企业评估障碍，会严重削弱银行放贷和其他金融机构投资未来产业培育的积极性。在这种情况下，通过加强政策引导和保障、创新金融产品、优化经营模式和业务流程、完善担保体系、加强信用信息平台等基础条件的建设、推进行业研究与金融决策辅助自动化、推动审慎监管等举措来有效激励引导金融资本的深度参与并防范化解系统性风险，都是迫切需要解决的问题。

自 2017 年起，中央批准推广了三批支持创新相关的改革举措[1][2][3]，并在京津冀、上海、武汉等 8 个区域部署开展全面创新改革试验，着力破除制约创新发展的体制机制障碍，其中，超过 1/4 的举措与科技金融创新直接相关，其中 6 项与创新质押、增信、担保、风控等金融产品相关，2 项与科技金融基础条件建设相关，4 项与优化金融机构经营模式、业务流程相关，3 项与完善政府制度政策供给及引导模式相关，对于更好地发挥市场和政府作用有效机制、促进金融与未来科技和未来产业深度融合发展、激发创新主体的动力与协同合力具有重要的指导意义。在此基础上，本书提出部分推动构建未来产业友好的金融支持体系的可选举措（如表 6-5 所示），其前提都是服务于未来实体经济的发展壮大，坚决防范系统性金融风险。

表 6-5 构建未来产业友好的金融支持体系的可选举措

类别	可选举措	主要内容
创新质押、增信、担保、风控等面向未来产业的金融产品	以从产业链长的企业获得的应收账款为质押的融资服务	以从核心龙头企业获得的应收账款作为质押，为优势互补的专精特新中小微企业提供融资服务
	贷款、保险、财政风险补偿捆绑的知识产权质押融资服务	金融机构、地方政府等依法按市场化方式建立"贷款+保险保障+财政风险补偿"的专利权质押融资新模式，为中小企业专利贷款提供保证保险服务
	商标等无形资产质押融资	简化质押登记流程，建立商标质物处置机制，通过贷款贴息等方式，开展商标等无形资产质押融资，拓展中小企业的融资途径
	政银保联动授信担保提供科技型中小企业长期集合信贷机制	政府集中遴选科技型中小企业并建立银行贷款风险分担机制，担保公司集中提供担保，银行发放长期贷款，地方财政视财力情况给予担保公司适当补偿，形成"统一管理、统一授信、统一担保、分别负债"的信贷新机制

---

[1] http://www.gov.cn/zhengce/content/2017-09/14/content_5225091.htm
[2] http://www.gov.cn/zhengce/content/2019-01/08/content_5355837.htm
[3] http://www.gov.cn/zhengce/content/2020-02/21/content_5481674.htm

（续）

类别	可选举措	主要内容
创新质押、增信、担保、风控等面向未来产业的金融产品	建立以企业创新能力为核心指标的科技型企业融资评价体系	建立科技型企业信贷审批授权专属流程、信用评价模型和"技术流"专属评价体系，将企业创新能力作为核心指标，拓展科技型中小企业的融资渠道
	银行与企业风险共担的仪器设备信用贷	地方政府引导设立科学仪器共享平台，推荐科技型中小企业向银行申请用于定向购置仪器设备的信用贷款。平台通过与企业签订仪器设备抵押合同获得优先处置权，出现风险后对仪器设备进行市场化处置
未来产业金融基础条件建设	面向中小企业的一站式投融资信息服务	构建物理载体和信息载体，通过政府引导、民间参与、市场化运作，搭建债权融资服务、股权融资服务、增值服务三大信息服务体系，加强未来科技、未来产业与金融融合，为中小企业提供全方位、一站式投融资信息服务
	建立基于大数据分析的"银行+征信+担保"的中小企业信用贷款新模式	建立企业信用风险分析数据库，与政务信息大数据库实现互联，利用大数据分析技术，对企业进行更精准和高效的评级，为银行提供准确的信用信息
优化金融机构经营模式、业务流程	基于"六专机制"的未来产业全生命周期金融综合服务	银行完善以专用风险管理制度和技术手段、专项激励考核机制和专属客户信贷标准为核心的未来产业金融风险防控机制，试点银行建立专营组织架构体系、专业经营管理团队和专门的管理信息系统。面向未来产业培育企业推出远期共赢利息、知识产权质押等多种专属信贷产品，为轻资产、未盈利的未来产业培育企业提供有效的金融服务。严格规制相关利益向私营机构和个人转移
	推广证券发行注册制，区域性股权市场设置科创新或未来产业专板	适时推动注册制全面落地，在区域性股权市场推出科技创新或未来产业专板，提供挂牌展示、托管交易、投融资服务、培训辅导等服务，开拓融资渠道，缓解科技型中小企业融资难的问题
	推动政府股权基金投向种子期、初创期企业的容错机制	针对地方股权基金中的种子基金、风险投资基金设置不同比例的容错率，推动种子基金、风险投资基金投资企业发展早期
	银行与专业投资机构建立市场化长期性合作机制，支持科技创新型企业	银行在依法合规、风险可控的前提下，与专业投资机构、信托等非银行金融机构合作，运用"贷款+外部直接投资"或"贷款+远期权益"等模式开展业务，支持科技创新型企业发展

（续）

类别	可选举措	主要内容
完善政府制度政策供给及引导模式	加强未来产业智库建设，全面提高战略研判和政策研究能力	打造国家产业创新公共服务平台，构建覆盖全球、国内各地区、各行业重点企业的信息情报分析平台，加强高新技术产业、战略性新兴产业、未来产业的一体化战略研究，提高面向金融机构和创新主体的精准推送和决策支撑能力，统筹推进产业链、创新链、资金链、人才链、政策链协同布局
	创新创业团队回购地方政府产业投资基金所持股权的机制	地方政府产业投资基金在参股高层次创新创业团队所办企业时，约定在一定时期内，创新创业团队可按照投资本金和同期商业贷款利息回购股权，激发创新创业积极性
	建立银行跟贷支持未来产业培育企业的风险缓释资金池	政府适当出资与社会资本共同设立一定额度的外部投贷联动风险缓释资金池，在试点银行对投资机构支持的未来产业培育企业发放贷款出现风险时，给予一定比例的本金代偿
	设立未来产业创新券，建立跨区域"通用通兑"政策协同机制	推动财政支持未来产业创新的跨行政区域联动机制通过统一服务机构登记标准、放宽服务机构注册地限制，实现企业异地采购未来产业创新服务

一是要加强统筹规划。深刻认识到构建未来产业友好的金融支持体系的必要性和重要性。从战略全局高度加强顶层设计与总体规划，按照试点先行、稳妥推进的原则持续完善运营模式、产品服务、风险管理，重塑面向未来产业的业务价值链，既要补齐传统金融的短板，也要坚决防范化解系统性风险。

二是要优化体制机制。着力解决阻碍金融机构深度参与未来产业培育的体制机制问题，积极稳妥推进治理结构、管理模式、组织方式的调整优化，理顺职责关系，打破部门间壁垒，突破部门利益固化藩篱，提高跨部门、跨条线、跨层级协同协作能力，加快制订组织架构重塑计划，依法合规探索设立未来产业金融子公司等创新模式，切实发挥金融科技[一]引领驱动作用，构建系统完备、科学规范、运行有效的制度体系。加强管理制度创新，推动内部孵化与外部合作并举，增强组织与管理的灵活性、适应性，提升对未来产业发展需求的反应速度和能力，探索优化有利于科技成果应用、产品服务创新的轻型化、敏捷化

[一] http://www.gov.cn/xinwen/2019-08/23/content_5423691.htm

组织架构，加强金融与未来产业对接，更好地加快未来产业的落地进程。

三是要加强人才队伍建设。金融资源是支撑未来产业发展的关键要素，而要素管理是未来产业培育的重要组成部分。要坚持金融是为了服务实体经济、科技和产业发展的根本原则和基本逻辑，加快推进科技管理学科的发展，将科技金融作为科技管理学科的重要组成部分，整体推动学科融合与理论创新，尽快培养出同时深度掌握科技创新规律、未来产业发展规律、管理理论和金融理论的复合型人才队伍，为建立和完善未来产业友好的金融体系提供高质量人才支撑。围绕金融科技发展战略规划与实际需要，研究制定人才需求目录、团队建设规划、人才激励保障政策等，合理增加面向未来产业的金融科技人员占比。建立健全与未来产业发展相适应的金融人才激励制度，既能够尽可能多地让利于实体经济和未来产业的健康发展，又能够吸引和留住人才、激励和发展人才，激发人才的创新创造活力。

6.5.2 打造未来产业金融生态系统

未来产业金融服务在结构、功能、体系和机制设计上需要重点避免四个方面的问题。一是过多依赖间接融资渠道，而缺乏直接融资的渠道和政策支持；二是过多关注融资结果，而缺少对战略研判和风险防范水平的建设；三是金融产品创新多而散，缺乏对全链条支持的统筹性设计和成体系建设；四是形式大于内容，缺少实质性的体制机制完善。对此，要深刻把握未来产业的发展规律，统筹有为政府和有效市场两种力量，以支持未来产业全链条发展的财税政策体系为引导和保障，以未来产业银行业务为核心，以金融战略机构、保险公司、融资担保公司等主体建设为基础，打造跨区域、跨领域、跨市场、跨机构的金融服务综合体系和生态，促进未来产业与金融生态的有机结合。

1. 更好地发挥政府财政投入的引导作用

在国际形势趋向严峻的大环境下，政府投入要更好地肩负起"定海神针"的角色，发挥好"风向标"和"指挥棒"的重要作用。加强政府财政资金引导，以政策性金融、商业性金融资金投入为主的方式，促进更多资本进入未来产业风险投资市场。创新体制机制，充分调动利益共同体的投入积极性。通过设立基金会和技术转化基金等方式，吸引地方政府和企业、私募基金、社会名流、社会组织等捐赠。探索"项目制"市场化运作，按章程、协议约定分享成果转化收益。为更好发挥政府出资的引导作用，按照"风险共担、利益让渡"的原则，建立市场化激励约束机制，对投资原始创新阶段项目，政府出资部分施行利益让渡政策，原则上以"本金＋利息"的方式退出，以鼓励社会资本参与早期原始创新投资，吸引优秀的基金管理团队。

2. 更好发挥大型银行的长效支撑作用

初创期的科技型中小企业往往不具备上市融资的条件，而商业银行放贷一般更注重短期收益和贷款安全性，对风险大、周期长的未来产业项目很难产生投资意愿。即使银行能够提供贷款，也很可能由于缺乏相应的调查、评估、筛选、监管能力而投资失败，不能为真正有前景的项目提供融资支持。更重要的是，双循环新发展格局下，要深刻认识接下来相当长一段时间内我国未来产业发展和金融融资所面临的严峻局面，必须坚持好钢用在刀刃上，加强科技金融业的整合力度，考虑适时推动建立更高层次的政策性未来科技与未来产业银行，为事关国家长远和全局的重点产业发展和关键核心技术攻关提供更加科学、精准、高效、稳定的金融支撑。

关于"融资难"问题，一是通过公共信息平台建设破解信息不对称等举措，改善银行不敢贷的问题；二是建立健全普惠金融的激励机制，提高银行放贷积极性；三是推广运用移动金融等举措完善银行对中小企业的服务方式方法。关于"融资贵"问题，一是要完善业务模式，推动小微金融服务扩面上量；二是要提高金融产品创新的适配性，有效契合未来产业培育企业的个性化需求；三是要加强调查研究，及时发现基层银行在服务未来产业培育业务上的问题，调整相关政策，增强基层银行业务拓展积极性；四是要完善风险管理机制，加强风控平台的整合与运用，建立底线式的风险管控体系，健全适合未来产业培育特点的风险管控模式，形成体系化、精准化、全覆盖的未来产业业务风险管理能力；五是要赋能未来产业发展生态，带动更多金融资源共同营造未来产业友好的发展环境。

3. 推动未来产业金融新业态和市场主体建设

服务于中前端科技型企业的金融业态长期存在缺位和空白，而现有的市场主体受制于制度性约束很难完全承担好未来产业金融服务的职能，因此可以考虑适时设立专门面向未来科技和未来产业的政策性银行，一方面与商业银行合作，专注于萌芽初创期的未来产业培育企业的信用贷款服务，另一方面对接未来产业创投机构，在创投机构对前端企业进行投资后科学研判、适时跟进，筛选其中较为优质的企业发放信用贷款。专设银行要严格控制集资来源，杜绝未来产业的高风险向系统外传播。

围绕中前端未来产业金融生态链，建立相关配套服务的市场主体。针对高风险问题，设立未来产业保险公司、融资担保公司，为未来产业培育企业提供增信，分担未来产业信贷风险；将未来产业保险和科技融资担保定位为准公共产品，在未来产业培育中出现损失时提供补偿，分散和化解创新风险，促进贷款等外部融资流向相关企业。针对信息不对称问题，设立数字征信实验室，开展未来产业培育企业的征信服务、评级服务和顾问服务；集中分布在政府、司法、金融等各部门的信用数据，推进信息共享，并对外提供可信的信用评估和咨询。同时基于实验室平台，开展金融科技应用实验，推动大数据风控、区块链、云计算、人工智能等技术在未来产业金融服务中的应用。设立未来产业金融研究院，联合高校和科研院所的力量进行未来产业金融理论与政策研究，配套推进未来产业金融信贷、征信、增信服务标准和机制的系统研究，提高"政产学研用金"一体化布局能力。

4. 完善未来产业金融政策法律体系

厘清政府与市场的关系，尊重未来产业金融自身发展的内在规律，构建支持全生命周期未来产业金融发展的财税政策体系。政府以基金资助等方式向未来产业培育企业提供科研等用途的资金支持，同时系统研究制订未来产业金融服务的税收优惠政策，引导风投机构、商业银行等为中前端未来产业培育企业提供支持。建立未来产业金融市场服务体系，研究知识产权登记、评估、质押系统，为企业与金融机构对接、交易提供规范化服务，增强信息透明度，降低交易成本。培育多层次资本市场，支持符合条件的未来产业培育企业到相关板块上市，为企业首次公开融资提供业务指导和培训。研究未来产业创新债券、基金和政府引导基金的支持体系。建立健全未来产业金融监管政策体系。"强监管"是未来产业金融创新的重要前提和保障，一方面能够督促未来产业培育企业加强自身的合规与内控管理。另一方面采用柔性监管策略，完善创新管理机制，营造有利于未来产业金融发展的良性政策环境。同时，开展未来产业金融"监管沙盒"实验，制定未来产业金融信贷服务的风险隔离、风险分担、风险补偿等监管办法。

6.5.3 推动金融科技合理应用和基础条件建设

以重点突破带动全局，规范关键共性技术的选型、能力建设、应用场景和安全管控，试点先行、稳步推进，探索新兴技术在未来产业金融领域的安全应用，加快扭转关键核心技术和产品受制于人的局面，加强金融科技基础条件建设，全面提升金融科技应用水平，将金融科技⊖打造成为未来产业高质量发展的"新引擎"。

1. 稳步推进新兴技术的开发与应用

统筹规划和部署大数据、云计算、区块链、人工智能等新兴技术在未来产业金融领域的开发应用。大数据方面，完善数据治理机制，推广国家标准，突破部门障碍，促进跨部门信息规范共享，形成统一数据字典，再造数据使用流程，建立健全大数据平台，提升数据洞察能力和基于场景的数据挖掘能力，充分释放大数据作为未来产业基础性战略资源的核心价值。打通金融业数据融合应用通道，破除不同金融业态的数据壁垒，发挥金融大数据的集聚和增值作用，推动形成金融业数据融合应用新格局。在切实保障个人隐私、商业秘密与敏感数据的前提下，加快推进金融业与未来产业相关服务系统互联互通，建立健全跨地区、跨部门、跨条线、跨层级的数据融合应用机制。云计算方面，统筹规划云计算在未来产业金融领域的应用，充分发挥云计算在资源整合、弹性伸缩等方面的优势，探索利用分布式计算、分布式存储等技术实现根据未来产业发展需求自动配置资源、快速部署的应用，提升金融服务质量。区块链方面，稳步推进其在资金流动的穿透式管理、供应链金融、未来产业培育全链条的分布式记账、支付清算等领域的应用。人工智能方面，根据不同场景的未来产业业务特征创新智能金融产品与服务，审慎推进人工智能技术在资产管理、授信融资、客户服务、精准营销、身份识别、风险防控等领域的应用，构建面向未来产业培育的主动化、个性化、智慧化、全流程智能金融服务模式。

⊖ http://www.gov.cn/xinwen/2019-08/23/content_5423691.htm

2. 加强金融科技基础条件建设

从科研攻关、法规建设、信用服务、标准规范等方面夯实未来产业金融科技的基础条件建设。科研联合攻关方面，支持高校和科研院所聚焦未来产业金融科技领域的重大科学前沿问题和基础理论瓶颈开展前瞻性、基础性研究。法律法规建设方面，推动健全符合我国国情的未来产业金融法治体系，推动出台新技术应用的相关法律法规，明确金融监管部门的职能和金融机构的权利、义务，破除信息共享等方面的政策壁垒，营造公平规范的市场环境，为金融与未来科技和未来产业融合发展提供法治保障。信用服务支撑方面，健全网络身份认证体系，完善未来产业金融信用信息基础数据库，引导市场化征信机构依法合规地开展征信业务，扩大征信覆盖范围，打造具有较高公信力和较大影响力的信用评级机构，满足社会多层次、全方位和专业化的征信需求，促进信用信息共享与应用（如图6-13所示）。标准体系建设方面，制定满足未来产业培育需要的国家及金融行业标准，加强标准间协调，从基础通用、产品服务、运营管理、信息技术和行业管理等方面规范引导未来产业金融创新。

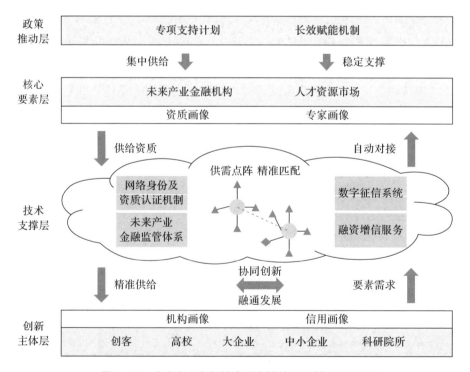

图6-13　未来产业友好的金融支持体系和基础条件构建

6.5.4 出台重大攻关任务的专项支持计划

加快建立未来产业关键核心技术图谱和分级清单制度，对于最为紧要的、事关未来产业安全底线的关键核心技术，要加快实施更加精准、力度更大的金融专项支持计划，为科研协同攻关提供强力稳定的全链条金融支持。对此，一是要加强财政投入。对照未来产业关键核心技术图谱的分级投入需求，探索"项目制"管理模式，按照"风险共担、利益让渡"原则，加大财政资金和政策性金融的投入力度、风险补偿力度、保障力度和让利力度，充分调动商业性金融资金投入的积极性，为协同攻关提供强力稳定的全链条支持。二是提供专项额度支持。引导政策性金融机构为重点未来产业领域的关键核心技术联合攻关企业提供专项授信额度，给予专项融资支持。三是优惠利率支持。根据未来产业培育企业的资信状况，给予优惠利率政策，对于国家重点支持的科技领军企业和瞪羚企业，推动相关金融机构根据自身特点定制优惠的金融产品，由未来产业主管部门根据企业需求予以精准推送。四是开设绿色审批通道。推动相关金融机构开辟未来产业融资快速审批通道，提高对符合授信条件的、经未来产业主管部门推荐认证企业的审批效率。五是加强线上融资平台建设。推动建设高效的线上融资平台，组织相关企业通过未来产业融资服务系统发布融资需求，指导相关金融机构予以优先对接，加强企业融资需求的精准服务。六是配套科技服务支持。对于已获得融资的未来产业培育企业，主管部门在技术转移、成果转化、人才引进、专利服务、检测服务、科技培训、研发机构贯标等方面给予配套支持。

6.5.5 提升金融审慎监管的能力和力度

加强未来产业金融的审慎监管，加大监管基本规则拟订、监测分析和评估工作力度，增强未来产业金融监管的专业性、统一性和穿透性。

一是建立基本规则体系。加强未来产业金融监管顶层设计，围绕基础通用、技术应用、安全风控等方面，逐步建成完整严密、动态完善的未来产业金融监管基本规则体系，明确基础性、通用性、普适性监管要求，划定未来产业金融产品和服务的门槛和底线。针对不同类型未来产业的本质特征和风险特性，提出专业性、针对性的监管要求，制定差异化的金融监管措施，提升监管精细度和匹配度。坚持未来产业金融产品守正创新，有章可循，事前抓好源头管控，落实主体责任，强化内部管控和外部评估，严把未来产业金融创新产品入口关。事中加强协同共治，构建行业监管、社会监督、协会自律、机构自治的多位一体治理体系，筑牢金融科技创新安全防火墙。事后强化监督惩戒，畅通投诉报送渠道，加强惩戒力度，杜绝发生系统性金融风险。

二是加强监管协调性。建立健全未来产业金融协调性监管框架，充分发挥金融业综合统计对货币政策和宏观审慎政策双支柱调控框架的支撑作用，在国家金融基础数据库框架内搭建未来产业金融服务机构资产管理产品报告平台，将未来产业金融新产品纳入金融业综合统计体系，通过统计信息标准化、数据挖掘算法嵌入、数据多维提取、指标可视化呈现等手段，推进统一化、共享化、全覆盖的未来产业金融综合统计体系建设。

三是提升穿透式监管能力。建立健全未来产业金融数字化监管体系，加强监管科技应用，制定风险管理模型，完善监管数据采集机制。综合全流程监管信息建立监测分析模型，把未来产业培育的资金来源、中间环节与最终投向穿透连接起来，透过金融创新表象全方位、自动化分析金融业务的本质和法律关系，精准识别、防范和化解金融风险，强化监管渗透的深度和广度。

6.6 未来产业的政府角色

国家产业政策对于未来产业高效、健康、可持续发展具有决定性作用。特别是在树立未来产业正确发展方向、协调未来产业结构、推动面向更高文明阶段的产业结构升级、引导人类社会摆脱低级欲望等方面，政府要积极发挥作用，将切实降低未来产业研究基地周边的民生成本（首要）、民生质量和创新环境作为核心工作，立足抓基本、抓重大、抓关键、抓服务，从创新平台建设、人才队伍培育、未来技术突破、高端国际合作、未来产业孵化、金融资本扶持、政府服务提升七个方面着力，打造"政产学研金服用"七大主体相互贯通、共生演进的未来产业创新发展生态[①]。

6.6.1 有为政府的主要抓手

1. 创新平台建设

培育国家实验室和大科学装置。进一步聚焦我国重点领域未来产业关键核

---

① http://www.shanxi.gov.cn/sxszfxxgk/sxsrmzfzcbm/sxszfbgt/flfg_7203/szfgfxwj_7205/202107/t20210701_925834.shtml

心技术攻关方向，完善稳定支持机制，严格控制数量，建设和完善国家实验室体系，重组国家重点实验室体系，联合科研院所、重点高校、新型研发机构全力推动大科学装置建设，加强核心技术研发攻关和成果转化应用。

建设重大创新平台。围绕我国未来产业的研究和发展需求，加快谋划"顶天立地"的重大创新平台布局，持续推进国家未来产业研究院（组织架构可参考图6-14）、国家技术创新中心等国家级创新平台建设，不断加快新型研发机构、工程研究中心、工程技术研究中心和企业技术中心等重点创新平台培育，集中力量抢占未来产业制高点，打造未来产业发展创新策源地。推动大型科研设施与仪器向各未来产业主体开放共享。

图 6-14 未来产业研究院的组织架构初探

培育以国家未来产业研究院为核心的科技创新联合体（如图6-15所示）。围绕我国未来产业细分领域，引导相关高校、科研院所、骨干企业搭建一批未来产业科技创新联合体，率先实现对未来产业重点领域的全覆盖。依托联合体开展"政产学研用"协同创新和大中小企业融通创新，推动联合体成员单位开展联合创新活动，以龙头企业为核心，联合联合体内配套中小企业共同推进、研发一批对我国未来产业竞争力整体提升具有全局性影响、带动性强的重点关键技术，加快成果产业化，实现大中小企业融通发展。

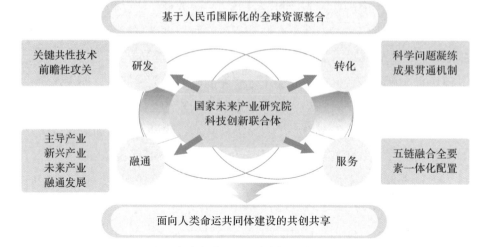

图 6-15　以国家未来产业研究院为核心的科技创新联合体

2. 人才队伍培育

强化创新人才培养。实施未来产业科技人才培育计划，结合高校"三个调整"，围绕未来产业发展需要，设立面向未来产业重点领域的学科、专业和课程，加大基础研究和交叉研究人才培育力度，打造具备横跨人文社科、自然科学、工程技术学科大类开展从战略规划到技术落地贯通式研究能力的复合型人才队伍，为国家战略科技力量提供坚实支撑。深化校企合作，强化研究生教育创新中心、工程实践教育中心建设，培养满足未来产业不同层次发展需求的专业技术人才。建设一批未来产业产教融合试点城市、企业。开展专业技能培训教育，实现高技能人才订单式培养与输送。实施卓越未来企业家和高水平创新人才培育行动，组织企业家及创新人才深入国内外未来产业龙头企业、研发平台、服务机构进行培训交流，提升发展素养。

开展创新人才引进。围绕未来产业重点领域的发展需求，建立完善未来产业信息数据库和招商项目数据库，及时发布人才需求和未来产业项目需求目录，坚持长期化、常态化吸引各类人才加速回流。推进未来产业聚才行动，以全球视野引进一批服务未来产业龙头企业或潜力中小企业的企业家。

创优人才使用生态。依托未来产业重点领域的各类创新平台，积极争取国家重大课题，为未来产业高层次人才和创新团队提供发展空间和载体。对未来产业领军人才和创新团队，健全人才跟踪培养体系，保障引进人才的待遇，提高人才服务质量，研究制定"一人一策""一事一议"的人才引进办法，精准引进高层次创新人才、领军人才和紧缺人才，打好激励组合拳。

3. 未来技术突破

加强基础理论研究。加强基础研究统筹布局，依托高等院校，在数字经济、生命健康、新材料、新能源、基础物理、人工智能、区块链等领域深化前沿基础理论研究，重点解决未来产业发展和生产实践中的共性基础问题，鼓励提出新思想、新理论、新方法。力争牵头组织实施一批国家大科学计划和大科学工程，在未来产业的战略性领域实现率先突破，为双循环新发展格局启旋和稳定后我国引领全球未来产业发展奠定基础、强化储备。

推动共性关键基础技术攻关。坚持战略性需求导向，面向未来产业创新发展需求，实施产业基础再造工程。建立未来产业共性关键基础技术攻关清单，按照"筑底板、锻长板、补短板"的总体思路推进基础材料、基础软件、基础元器件、基础工艺等自主可控，多举措并进抢占科技制高点。开展关键共性重大技术研究和产业化应用示范行动。鼓励未来产业重点企业参与共建国家未来产业研究院，与国家实验室、高校、科研院所等建立战略合作伙伴关系，共同承担国家科技重大专项、重点研发计划，实现基础研究、原始创新、科研攻关与产业化能力优势互补，加快推进未来产业先进科技成果的贯通式落地。

4. 国际国内合作

加快建设世界主要科学中心和创新高地，深化与国外特别是"一带一路"沿线国家一流科研机构、大学、企业的合作交流，推动科技园区、国际技术转移中心、联合实验室和产业化基地等平台建设，策划和实施一批"项目–人才–基地"相结合的国际科技合作项目，完善政府引导、民间参与、机构互动、产学研结合的国际合作架构。搭建国际未来产业合作交流平台，围绕未来产业重点领域，吸引和支持国际高端学术会议、专业论坛在我国举办或永久性落地，鼓励企业参加国际展会和技术交流活动。

推动区域协同创新。探索在北上广深等科技先进地区组建国家未来产业研究院，建立省际未来产业创新成果转移统筹协调机制、重大承接项目促进服务机制等，搭建科技成果转化基地和产业转移促进平台。

5. 未来产业孵化

打造未来产业孵化平台。围绕未来产业重点领域的创新创业需求，建设以未来产业为特色的智创城、创业苗圃、孵化器、加速器、星创天地等各级各类众创空间，全方位、多角度地为相关企业提供从种子期、创业发展期到快速成长阶段的技术平台、投融资、市场拓展、人力资源等综合化服务，形成"创业苗圃+孵化器+加速器"的全产业链培育模式，为我国未来产业发展提供重要载体。

建设未来产业服务载体。建设一批促进创新的未来产业公共服务平台，开展战略咨询、技术研发、检验检测、技术评价、技术交易、质量认证、人才培训等专业化服务，促进科技成果转化和推广应用。搭建未来产业技术交易服务平台，利用互联网、大数据等建立网上技术大市场，为未来产业创新成果产业化提供最优质的资源配置，提供技术向产业的转化全流程便捷化服务，构建线上与线下相结合、专业化与市场化互动的共享平台，加快未来产业创新成果产业化进程。

创建未来产业展示场景。依托综改示范区、开发区、高新区等未来产业集聚区域，整合重点企业、高校、科研院所等优势资源，聚焦能源免疫系统、云计算与区块链、虚拟现实与元宇宙、生命健康等重点领域，选取一批前沿、可演示、互动性较强的科技创新成果，建设未来产业展演展示中心，展示宣传最新科技创新成果。举行高端论坛，提升我国未来产业的影响力，吸引全球科技创新资源。

6. 金融政策扶持

强化产业基金支持。充分利用我国现有各类产业发展基金，积极探索运用股权投资与未来产业发展的新模式，建立未来产业投资基金，促进政府基金与市场基金协调互动，有效发挥财政资金杠杆撬动作用，重点支持未来产业企业培育、关键共性技术攻关、基地平台建设、创新应用示范等方向建设，引导产业资本、金融资本、社会资本支持未来产业发展。

规范企业上市融资。围绕未来产业重点领域，遴选一批创新型强、发展潜力大的未来产业培育企业开展重点服务，强化科技含量高、代表更高阶段文明发展方向的高精尖、专特新的企业孵化培养。加强未来产业培育企业对接市场培训，进行针对性上市培训培育，推动未来产业培育企业审慎上市融资。

搭建银企合作平台。探索建立产融创新金融服务联合体，推动我国银行、券商、投资基金、投资机构和其他金融服务机构针对我国未来产业发展，构建多层次、全方位的科技金融综合服务体系，重点发展适应未来产业发展的新型融资、担保、保险和服务，促进未来产业培育企业与金融资源的有效对接，拓宽未来产业培育企业的融资渠道。

7.政府服务提升

强化未来产业顶层设计。鼓励政治可靠、具有企业家精神的首席创新官深度参与未来产业政策措施制定，加快开发数字化智能化工具，梳理产业发展现状，明确产业链、创新链关键节点、龙头骨干企业、重点研发机构，研究制定未来产业招商引智清单、重点项目清单、产业布局清单，加速各项工作落实。科学规划未来产业集聚基地发展规划，将生产资料、创新资料公有制落到实处，确保未来产业集聚基地周边地区民生成本、民生质量和创新环境能够有效支撑未来产业良性可持续发展。引导地方政府结合国家未来产业发展总体布局，因地制宜推进功能板块错位发展、差异化竞争，引导未来产业集聚区加速形成。

落实未来产业政策举措。贯彻落实支持企业的普惠性政策，完善使用首台（套）重大技术装备、首批次新材料、研发费用税前加计扣除、高新技术企业税收优惠等鼓励政策。对已有产业扶持政策进行整合、统筹，加强财政资金对未来产业重点领域的支持，研究制定支持未来产业的政府新产品、新技术、新服务采购政策，健全完善知识产权保护机制，逐步形成完善的未来产业政策支持体系。

打造未来产业发展生态。聚焦未来产业重点领域，围绕产业链、布局创新链、配置资金链、做强人才链、完善政策链，以重大创新项目牵引要素集聚、产业配套，推动形成"龙头企业+配套企业+高校、研发机构+基地园区承载+金融支持+市场推广+政策扶持"的"五链"融合共生的数字化创新生态，实现精准培育、精准攻关、精准招商、精准引智、精准支持。建立统筹性、专职化的未来科技和未来产业高端智库，提升推动未来产业健康可持续发展的战略咨询服务能力。

6.6.2 硅谷奇迹的再认识

人才、资本、技术等创新要素的聚集，以及通过这些要素之间频繁而密切的协同融通形成的、孵育创新的良性生态系统是硅谷成功的关键（马晓澄，2020）。

1. 一流创新要素的高水平整合

通过学科交叉融合、聚集效应和紧密合作，硅谷可以高效地促进知识交互、加强创新人才之间的深度合作，成为天才成长的土壤，进而形成"天才集群"效应，涌现了拉里·佩奇、谢尔盖·布林、史蒂夫·乔布斯、马克·扎克伯格、埃隆·马斯克等在相当长一段时期内具有重要世界影响力的企业家。

世界一流高校是支撑区域高质量发展的重要因素。硅谷拥有斯坦福大学和加州大学伯克利分校两所世界级学府，以及全球顶尖的计算机专业及一大批工程类专业人员，为惠普、英特尔、超威半导体等科技领军企业提供了源源不断的高质量人才支撑，也因此吸引了全球其他国家以及美国其他地区的相关领域企业在硅谷设立研发中心或办公室，比如我国的华为、腾讯、百度，美国的亚马逊，韩国的三星等。

强大的国家实验室体系是美国能够长时间维持世界主要科技强国地位的关键。硅谷同时拥有劳伦斯伯克利、斯坦福线性加速器两个国家实验室以及美国国家航空航天局埃姆斯研究中心。

世界一流的人才、高校、科研机构使斯坦福大学周边的沙丘路成了全球风险资本最为集中的地方，拥有凯鹏华盈、红杉资本等诸多著名风险投资公司总部，集中了全美国40%左右的风险投资。这些高端创新要素的汇聚并不仅体现在地理聚集上，更重要的是能够形成"政产学研用"高度协同融通的良性生态。

2. 创新生态系统视角下的协同融通

在政产学协同的"三螺旋理论"（Etzkowitz H & Leydesdorff，1998）的基础上，硅谷还高度重视资本在推动创新中扮演的重要作用，实现"政府－产业界－高校－资本"对创新的"四轮驱动"。

第一，高校和产业界协同。从硅谷的发展经验来看，以斯坦福大学为代表的高校除了在人才培养和基础研究方面起到决定性作用外,还可以在促进产业发展中起到关键作用:一是依托学校设立技术转移办公室,实现原始创新的商业化,通过基于科学的创新使大学成为产业界的创新源泉;二是通过高校科研人员和产业界互动而产生知识流动,通常以大学教授提供咨询服务、到产业界兼职或者直接离职到产业界发展等形式实现;三是大学为产业界培养和供给高质量创新人才,或者为产业界提供在职培训,不断提升产业界管理人员、技术人员的创新意识和创新能力。反过来,产业界也能在产学协同的过程中给高校提供有力的支持:一是能够吸收大量高校毕业生,成为优质就业的最大载体;二是富有管理、技术和工程经验的产业界精英也可以到大学客座授课或担任创业导师,进一步丰富高校的智力资本来源;三是产业界可以为大学提供可观的科研项目资助,通过共建实验室、联合研发团队、设立讲席教授基金等方式资助高校科研和发展。

第二,政府和高校协同。政府主要通过提供科研项目和资金的方式对高校创新发展提供支持与引导。美国国家自然基金会(NSF)和国立卫生研究院(NIH)是美国联邦政府资助高校基础研究的两个主要机构。反过来,大学以及依托大学运行的国家实验室通过承担这些科研任务,能够为政府带来大量科研成果和高新技术供给。第二次世界大战期间,斯坦福大学和加州大学伯克利分校等都承担了很多战时紧急攻关任务,比如由加州大学伯克利分校物理学教授牵头的"曼哈顿计划"成功研发了原子弹,为美军扩大战场优势和加速结束战争提供了重要支撑。

第三,政府和产业界协同。虽然美国总以自由市场经济体自居,但从硅谷崛起的历史中可以发现,政府作为规则的制定者,在产业政策、法律法规、环境优化等方面有着积极作为,比如"信息高速公路计划"等政策为硅谷互联网产业的发展提供了根本动力和良性竞争的生长环境。此外,通过政府采购,政府能够为半导体等重要的战略性产业早期发展提供至关重要的支撑和成长机会。反过来,产业发展成熟后也会通过贡献税收、拉动就业和经济增长等方式反哺政府的支持。

第四,产业界和资本协同。一方面,金融投资机构能够为产业发展初期注入亟须的资金,帮助企业度过前期发展阶段。另一方面,还能提供优质的投后服务,为初创公司提供创业指导、战略咨询等支持。反过来,发展成熟后的产业能够通过企业的高速成长甚至成功上市让投资方获取高额回报，使资本方掌握更多的资金，继续投入更多具有潜力的初创项目，产生"滚雪球效应"。

第五，高校和资本互动。大学基金会是美国风险投资的重要组成部分。以斯坦福大学的基金为例，每年都能产生数十亿美元的投资收益，投资收益率接近 10%。再以加州大学为例，通过设立风险投资公司，鼓励和扶持教授、学生、校友创新创业。作为回馈，风险资本会为大学提供数量可观的捐赠，风险投资精英也会到斯坦福大学和加州大学伯克利分校授课，或以受邀嘉宾的身份参与到课程当中，与学生进行现场互动。

"政府–产业界–高校–资本"的深度协同、人才自由流动、资金适时注入、政策有力支持以及创新友好的社会文化环境，推动形成了硅谷强大的区域创新生态系统，实现了谷歌、苹果、英特尔等科技领军企业和科技型中小企业的融通发展、资本和人才等关键要素的集聚效应不断增强、面向全球的创新引领能力举世瞩目。

6.6.3　创新发展的西雅图现象

在相当长一段时期内，美国都是全球科技创新引领者，西雅图则是美国名副其实的科技创新之城，汇聚了亚马逊、微软、波音等众多高科技企业，是全美甚至全球科技人才聚集地。西雅图有着独特的文化底蕴，注重长远、追求卓越、客户至上、内敛友好等优点使其孕育了云计算服务的鼻祖，也是目前世界上规模最大、创新能力最强的电商企业亚马逊的所在地。

西雅图的创新发展离不开华盛顿州提供的优渥土壤。在过去的 100 年里，美国的华盛顿州一直处于航天工业创新的最前沿，设计和建造了一些世界上最先进、最成功的商用和军用飞机、无人机系统和太空探索飞行器。如今，该州的航空航天工业受益于一个密集的创新和跨部门合作生态系统。举例而言，该行业得到强大的公私伙伴关系支持，如航空航天和先进制造卓越中心、华盛顿航空航天培训研究中心和航空航天技术创新联合中心。对培训和教育的重视确保了航空电子、机器人、物流、生产、内饰和先进材料等领域的高水平专家的稳定流动。此外，该州主要大学和太平洋西北国家实验室的研究和发展推动了该领域的额外创新和发明。

源于在航空航天研究方面的悠久历史，华盛顿州一直在太空探索中发挥着核心作用。如波音公司在20世纪70年代设计和制造的月球探测车，为全球地面站提供宽带卫星通信网络运营、服务和管理职责。Aerojet为美国国家航空航天局所有最重要的任务提供火箭发动机。在过去的50年里，该公司已经在华盛顿生产了19000多个推进器，而且拥有100%的成功率。蓝色起源公司负责可重复使用的新谢泼德宇宙飞船以及新格伦火箭和月球着陆器系统的工程、设计和生产。

除了航天工业外，华盛顿州同样在清洁能源方面处于领先地位。华盛顿州拥有5万英里的河流和溪流，并对自然和环境怀有深厚的敬意，这为华盛顿州在开发和采用清洁、负担得起和可持续的能源组合方面提供了极好的条件。目前，华盛顿州73%的电力来自清洁能源，剩余的电力可以通过水力发电大坝网络为西部其他10个州提供电力。华盛顿州的能源战略包括：到2025年年底，公用事业公司必须停止使用所有燃煤发电系统；到2030年，公用事业公司必须利用温室气体中和的电力资源组合，温室气体排放量减少45%；到2050年温室气体排放量减少95%。

清洁技术产业得到了华盛顿州各级政府的热情支持，一直到州长办公室和立法机构。华盛顿州的清洁能源部门为了实现上述清洁目标，雇用了大约9万名科学家、研究人员、技术人员和其他工人，并获得了超过2亿美元的风险投资。自2013年以来，清洁能源基金管理了1.5亿美元的投资组合，向研究人员、公用事业公司和合作组织提供赠款，以探索新的能源概念和技术。这种政府支持水平可以帮助企业在未来的清洁技术和新能源战略方面领先于其他企业。同时，为了吸引更多的投资和创新，华盛顿州为清洁技术公司提供了一系列激励措施，包括对太阳能系统、组件和半导体材料制造商的税收减免，以及对使用可再生能源发电的设备的销售和税收减免。

在信息通信技术领域，华盛顿州作为全球信息和通信技术中心的声誉是当之无愧的。它是微软、亚马逊等传奇企业的诞生地。华盛顿州总共有超过14000家信息通信技术公司，从业界最知名的公司到致力于下一个大事件的小型初创公司。该州拥有大量的顶尖人才，华盛顿州的税收、生活成本、就业和工作环境对人才有极强的吸引力。华盛顿州在信息和通信技术领域的创新和发明生态系统由风险投资家、天使投资人、孵化器和众创空间提供支持。在主要的创新中心，大胆的新公司创始人就在前雇主的街对面开业的情况并不罕见。

这种文化、协作、创意和创新的独特融合使这个行业保持新鲜和不断变化。

在生命科学与全球健康领域，作为美国最大的生物技术集群之一，华盛顿州为投资者、初创企业和行业创新者提供了一个独特的环境，在这里，合作是常态，大胆的想法正在改变医疗保健行业的面貌。华盛顿州的生命科学和全球卫生部门在该领域的发展中起到举足轻重的作用，它的主要作用在于帮助现有的公司和组织扩大和发展，增加国际知名研究人员的数量，并为华盛顿的研究机构提供联邦资金。华盛顿州在生命科学与健康领域的发展也吸引了众多风险投资家和天使投资人的资金投入。比如 xhealth 就是一个很好的例子，在这个平台上，医生几乎可以为任何病人提供数字化处方。该公司获得了 1100 万美元的投资。

在海事经济方面，华盛顿州拥有 3200 英里的海岸线、5 万英里的河流和溪流以及直接通往太平洋的通道，数百年来，海运业塑造了华盛顿州的面貌。华盛顿州海事部门广泛支持各种行业，包括海运物流和航运、商业渔业和海鲜生产、船舶和造船、维修和保养、客运和休闲划船。成千上万的公司受益于该州丰富的海事人才资源，从熟练的商人和工匠到技术人员，他们正在开创一个新的海事机会时代。这些公司正利用华盛顿州在技术、先进材料和清洁能源方面的全球领先地位，设计出更高效、更快捷、更清洁、更有利可图的新一代船舶，以方便在各种环境下能够稳定运营。

6.6.4　大波士顿的未来产业

马萨诸塞州既是高端人才的聚集地，也是美国创新企业一个重要的根据地。马萨诸塞州的人口只占美国总人口的 2.5%，但是该州的四年制大学学院数量却占了美国大学总数量的 4.5%。马萨诸塞州不仅有着众多的高等学府，其出色的初高中教育资源也在各州中首屈一指，马萨诸塞州共有 30 多所私立高中。这些资源丰富了马萨诸塞州深厚的人才储备。

1. 科技和产业发展情况

马萨诸塞州经济规模最大的领域分别是先进材料、商业服务、计算机和通信硬件、多元化工业制造、金融服务、医疗保健服务、高中后教育、科学、技术、管理服务、软件和通信服务。在这些产业中，近年来，软件和通信服务、高中后教育和商业服务行业的经济增长比率依次排名前三；多元化工业制造行业的生产率相比其他各州增长最快，但在生物制药和医疗器械行业，生产率水平排在各州最低。制造业出口是马萨诸塞州主要的经济增长源，其中电脑及电子产品出口占据主导地位，占总出口的30%。加拿大是马萨诸塞州出口的最主要目的地，其次是英国和中国。

马萨诸塞州在将研发投入转化为新想法、新技术和企业中一直保持领先地位。该州科学与工程学术文章产出以及人均专利授权数常年保持美国第一，并且保持高速增长。该州作为唯一五大专利领域跻身技术领先州（LTS）前三的州，其领先地位具有广泛根基。在技术许可方面，马萨诸塞州也占足优势，人均小企业创新研究及小企业技术转移位列美国LTS第一，在医疗设备前期市场审批和通知数上位列前三，初创企业增幅也是目前为止在LTS中最快的。

2. 创新集群发展特征

根据马萨诸塞州的创新发展过程（如图6-16所示），联邦主要的创新资产——资本、科研、人才是创新的三大基本要素，它们帮助推动科技和商业发展。而创新过程中产生的经济影响，又反过来增强了联邦的创新资产，以达到不断繁荣的良性循环。对马萨诸塞州创新集群发展特征的考察，主要聚焦资本、科研、人才三大核心指标。

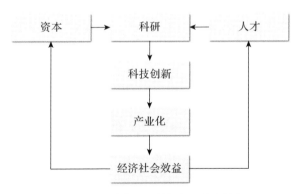

图6-16 马萨诸塞州创新发展的良性循环

科研指标。该指标将创新定义为可以持续将新想法转变成产品、工艺和服务的一种能力。马萨诸塞州的科研指标特点有：一是高度重视研发投入。该州呈现研发密集型经济形态，其研发占GDP的比重一直保持在5%以上。二是私营行业为研发主体。在马萨诸塞州，研发大部分在私营企业中进行。私营企业的研发开支占总研发经费的比例超过半数，位列美国LTS排名前列。同时，该州在大学、专科院校以及非营利性机构的研发开支也保持增长。三是高学术文章产出。马萨诸塞州保持了一个很高的科学与工程学术文章输出比率。其学术文章产出曾达到美国平均水平的将近三倍，排名第一，超过第二名马里兰州两倍之多。四是高度增长的专利申请量。马萨诸塞州在专利申请数上亦表现优异，其专利授权量占美国专利总数约 5%。

资本指标。马萨诸塞州每年吸引数十亿美元的资金用于研发、新业务形成和拓展。这种对公共和私人资金的吸收能力，保证了组织和个人在该州可以从事最前瞻性的研发工作。通过大学与产业界的互动保证最前沿的研究和产品开发。一是联邦基金对学术、非营利性机构和健康研发的大力支持。马萨诸塞州的大学和非营利性科研机构每年可以获得超 200 亿美元的联邦研发经费。二是产学研高度结合，产业资金是科学与工程学研发的主要动力。马萨诸塞州用于科学与工程学研发的产业基金保持全国领先优势。马萨诸塞州占全美国 S & E 学术研究产业基金的份额稳定保持在 5.5% 以上。三是该州高度聚集风险资本家和天使投资者，这对于新业务的形成和扩张至关重要，其风险投资额可以占到全国总投资额的将近 10%。

人才指标。拥有高端科学技术、工程数学人才是马萨诸塞州引领创新的关键要素和核心竞争优势。同时，该州对于国际高端人才具有很强的吸引力，成为国际高技术人才发展的首选地。这得益于以下几点，一是健全完善的教育体系。马萨诸塞州人均高等教育水平在全球排名第四。二是教育和学前教育招生公共投资比重逐年增长。马萨诸塞州对公立小学和中学的公共支出可达到人均15000 美元。三是专业和就业选择集中在科学、技术、工程和数学领域。越来越多的美国马萨诸塞州高中生选择了科学、技术、工程和数学领域的专业。四是就业方面，计算机专业人员占比将近一半，同时航天工程师和专业设计人员数量保持稳步增长。五是拥有开放创新政策服务体系，网罗国际高端人才。马萨诸塞州对于受过高等教育的人才具有很强的吸引力，该州超过一半的移民拥有学士学位以上学历。

3. 生物医药产业极具潜力

马萨诸塞州拥有上百所世界一流的大学、科研机构，如哈佛大学、麻省理工学院等，同时拥有数千位世界级的科学家和数十位诺贝尔奖获得者，人才优势突出。该州整合世界一流的生物医药研发能力，科学技术竞争力全美领先。

该州每年吸引的生物医药研究和投资资金超过 50 亿美元，人均风险基金投资额位居全美首位，是美国研发税收政策最优惠的地区之一。全州拥有超过 30 个技术转化办公室，支持研究成果的商业和市场化。在波士顿地区，很多中小企业充分利用了哈佛大学和麻省理工学院等的科研成果，形成了生物制药高科技产业集聚区。

马萨诸塞州生物医药产业的发展特点主要有：一是高就业率和就业增长率。生物技术产业向马萨诸塞州提供了良好的就业机会。二是高研发投入和国立卫生研究院资助。马萨诸塞州在"生物技术研发"方面占据主导地位，全州在研发方面的联邦资金投入稳居全美前三。三是风险投资高度聚集。该州风险资本一直以来保持强劲涨势，其生物医药风险投资额占全美的将近 25%，位居全美第一。四是市场需求庞大，新药研发全国领先。总部位于马萨诸塞州的公司的研发管线占美国的 11%，占全球 5.5%。五是健全完善的医疗设备和新药准入制度。PMA 是针对精密仪器或者新开发设备的批准。按人均计算，马萨诸塞州每千万人口注册的医疗器械 PMA 数一度达到了 7.6，远远超过加利福尼亚州，位列全美第一。

政府和行业协会推动了生物医药产业集群的发展。美国马萨诸塞州政府通过加大投入、引导创新、提供培训和给予税收优惠等一系列强有力的政策措施来加速当地生物医药产业的发展。美国国立卫生研究院在生命科学领域所投入的经费逐年增长显著，马萨诸塞州政府在 2008 年对生物医药产业首次拨款就达到 10 亿美元，此后逐年提升。在人力资源培训方面，马萨诸塞州政府每年拨款 1000 万美元资金用于人才培训。同时，马萨诸塞州政府制定了详细的产业政策鼓励就业和生物医药产业的发展。另外，马萨诸塞州的行业协会功能比较健全，具有制订行业规范、招商引资、帮助企业向政府要政策、扩展国内外市场等多种功能。对马萨诸塞州生物医药产业集群的发展起到了很好的推动作用。

企业在研发中起主导作用。在马萨诸塞州，政府投入主要用于引导技术创新，培育成长型中小企业，鼓励有实力的大企业大幅度增加投入。通过政府前期投入降低投资风险，引导风险资本健康发展。同时，生物医药企业作为产业集群的主力，通过与高校合作获得基础研究成果，与其他公司合作购买中间产品，与医院合作开展临床试验，推动生物医药产业健康良性发展。

6.6.5 德国鲁尔地区的转型

德国鲁尔地区是以煤炭开发利用起家的老工矿区,在几百年的煤炭开发历史进程中,为德国经济社会的发展做出了巨大贡献。为了应对煤炭资源的枯竭和煤矿的陆续关闭,鲁尔地区从超前布局、系统推进、科技创新、人才教育、环境优化等方面进行统筹考虑,步步为营推动实现产业经济转型,为世界资源枯竭型城市的转型发展和老工业区改造升级提供了重要借鉴(许祥左,2013)。其转型发展的成功经验主要包括5个方面。

1. 坚持政府主导超前规划并严格执行

正确的路线和思想观念是鲁尔地区转型成功的首要原因。在发展初期,鲁尔地区和全球各地的煤矿区一样无序开发和发展,所带来的一系列问题让鲁尔地区的内部环境和外在形象都受到了严重损害。德国政府痛定思痛,于1920年颁布法律,成立了鲁尔煤管区开发协会,作为鲁尔地区的最高规划机构。鲁尔地区在转型发展中始终坚持政府主导、规划先行,首先制定和完善推动转型升级的法律法规,相关各方都严格执行各类标准,政府按标准进行监管。鲁尔煤管区开发协会于1966年编制的总体发展规划是德国区域整治规划史上第一个地区性的总体规划,也是第一个在法律上生效的规划方案,成了世界各国战略性推动地区转型发展的重要参考和典范。

2. 坚持文化传承与转型发展并重

在产业转型过程中,鲁尔地区并没有对各类退役的仪器设备或工业建筑进行简单的报废或拆除,而是充分挖掘它们的历史价值、社会价值、文化价值,在总体规划的指导下,坚持工业遗产保护与创新发展并重,在传承中开拓进取。在整体结构保护、场地环境保护、工业设施保护等多方面举措的基础上,鲁尔地区通过兴建博物馆、展览馆、主题公园、景观公园,实现了对工业遗产的综合性开发利用和经济结构优化,在全球树立了鲁尔地区的品牌形象。

3. 坚持创新驱动高质量转型发展

对于已有的技术和设备优势,鲁尔地区通过出口传统优势产业的先进技术、出口或转让先进设备来充分发挥存量资源的价值。同时,发挥德国科研基础雄厚的优势,持续推动科技创新并及时转化为生产力,为产业结构转型升级提供强劲的驱动力。

4. 坚持加强自身建设，提升产业向心力

鲁尔地区把建立综合交通网络作为促进产业转型的优先工作，以水运优势为基础构建水陆联运体系，推动国土资源综合利用和产业转型紧密协同。同时，德国联邦政府、州政府和鲁尔煤管区开发协会通过健全法律法规和政策体系保护传统优势产业和新兴产业均衡平稳发展，确保新兴产业和招商项目迁入鲁尔地区后能够留得住、发展好。一系列综合性举措使鲁尔地区的投资吸引力显著高于其他地区，一大批极具发展潜力的企业争相迁入，推动鲁尔地区的产业向心力快速提升。

5. 坚持人才是支撑可持续发展的第一资源

鲁尔地区高度重视教育改革和学科建设，把高等院校的教育和科研与本地经济社会发展紧密结合，为产业界培养了大批支撑转型发展的高质量人才，也实现了从工业区转型成为科学教育和文化重地。为了打造人才高地，鲁尔地区将加强污染整治、修复生态环境、创造宜居环境、提高生活品质作为重要抓手，吸引不同地区、不同类型的优秀人才不断向鲁尔集聚，更好、更快、更全面地推动鲁尔地区的产业转型，形成人才和产业可持续成长的良性循环。

6.6.6 杭州未来工厂现雏形

近年来，杭州以城西科创大走廊为联动轴，加快构筑面向未来产业的竞争新优势（王凡和曹方，2021）。浙江春风动力股份有限公司"未来工厂"针对年轻用户对产品的个性化、定制化需求很高的特点，不断加强个性化订单的精细化水平。从消费者下订单到供应商零配件送货上门最快只需 4 小时（李剑平，2021）。

根据浙江省经济和信息化厅于 2020 年 8 月发布的《浙江省培育建设"未来工厂"试行方案》[一]，"未来工厂"是指广泛应用数字孪生、物联网、大数据、人工智能、工业互联网等技术，实现数字化设计、智能化生产、智慧化管理、协同化制造、绿色化制造、安全化管控和社会经济效益大幅提升的现代化工

[一] http://jxt.zj.gov.cn/art/2020/8/7/art_1582899_22249.html

厂，主要包括数字孪生应用、智能化生产、智慧化管理、协同化制造、绿色化制造、安全化管控和社会经济效益这七个基本建设要素。

比如浙江春风动力股份有限公司拥有两轮摩托车和四轮全地形车各 3 条生产线。这 6 条生产线全部为 AGV 智能化柔性生产线，车架、涂装、发动机、机加工、整车五大车间之间紧密协同，环环相扣，具备混线生产能力，每条生产线既可生产标准化车型，又可生产用户个性化定制车型[一]。此外，公司还构建了全业务链数据管理系统——"全球智能指挥控制室"，作为"未来工厂"的"大脑中枢"，并为销售的所有车辆都装上了车联网系统，通过"大脑中枢"平台可实时监测车辆行驶、发动机运行、仪表状态等各项数据，并以此为基础进一步分析玩车爱好者的使用习惯，通过持续迭代创新，不断促进产品更好地适应用户需求。"大脑中枢"的另一大作用是实时监测上下游产业链情况，包括供应商的零配件库存、物流运输实况、经销商的订单数据等信息。

目前，在国家级余杭经济技术开发区，已实现规模以上工业企业百分百上云、数字化应用全覆盖，重点企业数字化管理普及率达 100%、数控化率达 90% 以上，并建立起了"未来工厂""无人车间""智能工厂"培育建设梯队[二]。

6.6.7 深圳严守实体经济红线

在推进中国特色社会主义先行示范建设过程中，深圳市坚持做强实体经济，在构建"高端高质高新"的现代产业体系方面做出了优秀的示范[三]。2021 年 6 月，《深圳市国民经济和社会发展第十四个五年规划和二〇三五年远景目标纲要》[四] 提出"推进产业基础高级化和产业链现代化，提升基础核心零部件、先进基础工艺等的研发创新能力""加快发展战略性新兴产业，构建未来产业策源地"。在强政策的驱动下，近年来以"无人工厂"为代表的高端制造业蓬勃发展，国产替代进口的趋势明显。

据深圳市统计局发布的最新数据，2021 年上半年，全市规模以上工业增加值同比增长 8.3%，其中，通用设备制造业、电气机械和器材制造业、仪器

[一] http://d.youth.cn/newtech/202103/t20210302_12737750.htm
[二] http://www.zj.xinhuanet.com/2021-09/09/c_1127845307.htm
[三] https://www.sznews.com/news/content/2021-08-20/content_24498655.htm
[四] http://www.sz.gov.cn/cn/xxgk/zfxxgj/ghjh/content/post_8854038.html

仪表制造业、专用设备制造业增加值同比分别增长 27.7%、25.1%、23.0% 和 11.9%，两年平均分别增长 9.6%、8.1%、6.4% 和 8.7%。主要高技术产品产量大幅增长，工业机器人产量增长 79.5%，两年平均增长 61.5%；新能源汽车、充电桩产量分别增长 3.28 倍和 1.21 倍，两年平均分别增长 30.4% 和 66.8%；3D 打印设备产量增长 32.4%，两年平均增长 1.38 倍[一]。

通过划定"区块线"，严守 270 平方公里工业区块控制线，严厉处置通过股权转让等方式变相炒卖工业用地，深圳有效保持了工业用地总规模的稳定性，保障了制造业和实体经济高质量发展的空间，也为未来产业的培育提供了稳定土壤。根据目标规划，深圳正积极落实"七大战略性新兴产业（20 个产业集群）、七大未来产业"中长期发展工作方案和"五个一"清单，促进产业链、创新链、人才链、教育链"四链"融合，快速推动未来产业蓬勃发展。

基于 5G 应用的新一代信息技术、生物医药、数字经济等具有转型意义的产业已在深圳遍地开花，鹏城变电站的"5G 基站 + 智能巡检机器人"的组合，已替代了传统的人工作业，将电网设备巡检效率提升了 2.4 倍；通过远程医疗连接相隔千里的医生和患者，已经成为中山大学附属第八医院的诊断日常；"深圳星""仰望一号""海丝二号"的成功发射，昭示着深圳在卫星总研制、卫星平台研制、整星总装、测试、试验等方面都已经成为重要贡献者。

深圳的成功经验主要包括四点：一是"链长制"，由市领导担任重点产业链的"链长"，有效推动产业链上下游、产供销、大中小企业整体配套、协同发展；二是创建"矩阵式"产业扶持体系，从企业招引、项目培育、空间落地、人才支撑、惠企政策等多维度，为企业提供全方位、常态化服务；三是整合新型工业化产业示范基地等产业发展重点依托的空间载体，推动建立"头雁引领群雁飞"的产业生态，实现产业集群化发展；四是推动创业板改革，试点实现了注册制的高质量落地，坚持以信息披露为核心，引入"企业画像"等高技术手段，推动审核注册阳光化、电子化，改革后的创业板全力服务成长型创新创业企业，能够为产业发展与新技术、新产业、新业态、新模式深度融合提供关键支撑。

一 https://www.gd.gov.cn/zwgk/sjfb/dssj/content/post_3452184.html

6.6.8　创新发展的青岛模式

根据数字中国建设年度最佳实践30强榜单,"六位一体"创新发展电子政务"青岛模式"①案例成功入选。"青岛模式"具有建设成本低、应用规模大、高度集约化等优点,其成功经验主要体现在三个方面。

一是通过共享基础设施、应用支撑平台和通用应用实现"集约化发展"。青岛市电子政务和信息资源管理办公室成立以来,经过二十多年的不懈努力和持续进步,加快推进政府治理体系和治理能力现代化,推动实现了电子政务的集中统一管理、技术体系的高度一体化、资源配置使用的集约化,形成了电子政务、大数据、公共信用、政务公开、政府网站和信息资源"六位一体"统筹协调发展与深度融合。

二是在不断完善"互联网+政务服务"平台和模式的过程中,青岛市形成了统一机构、统一规划、统一网络、统一软件、分级推进的"四统一分"电子政务管理体制和集约化发展模式。电子政务网络实现了市、区(市)、镇街、社村四级互联。由8个平台、6个中心、1套目录组成的"861"核心技术体系构成了全市电子政务共享平台,并依托该平台建设了网上办公、电子监察、安全生产管理、督查考核管理、公众服务网站、信息交换共享等40多个应用系统②。

三是青岛各级政府、多部门与电子网络技术服务商高效协同。作为"青岛模式"的深度战略性服务商,数梦工场③运用新型互联网的架构能力,为青岛市打造了"两地四中心"构架的政务云、网络安全保障云盾·混合云、青岛政务通App,成功完成了"最多跑一次"改革,为"互联网+政务服务"的"青岛模式"建设提供了更强的承载能力、更高效、更安全可靠性的全方位保障,为推动青岛创新发展和腾飞插上了数字化、网络化双翼。

6.6.9　武汉生物医药产业崛起

武汉国家生物产业基地(即"光谷生物城")重点聚焦生物医药、生物医

---

① http://media.people.com.cn/n1/2018/0423/c40606-29942211.html
② http://www.qingdao.gov.cn/zwgk/zdgk/fgwj/zcwj/szfgw/2012/qzbz_144/202010/t20201019_496693.shtml
③ http://www.dtdream.com/companynews/458.jhtml

学工程、生物农业、精准诊疗、智慧医疗、生物服务等领域,构建了生物创新园、生物医药园、生物农业园、医疗器械园、医学健康园、智慧健康园的创新发展园区体系,正在大力推进建设生命健康园,打造集研发、孵化、生产、物流、生活为一体的生物产业新城㊀。自 2008 年 11 月开工建设以来,光谷生物城从无到有、从小到大、从弱到强,迅速崛起为全国领先的生物产业园区,成了区域创新体系的重要典范。

自 2018 年美国主动挑起贸易纠纷以来,面对全球经济下行的压力,光谷生物城坚持贯彻国家创新驱动发展战略和生物产业发展规划,依托全省优势资源,从推动创新主体聚集、建设产业创新中心、技术推广应用中心、强化人才、资金保障,完善政策环境等方面着手,大力推进区域创新体系建设,加快释放发展新动能,抢占生物产业未来发展制高点(但长春,2016),在逆境中依然保持了良好的发展势头,不断在海内外扩大品牌知名度和影响力,对周边区域产生了良好的辐射和带动作用。

生物医药产业崛起的湖北武汉模式,不仅实现了生物产业的创新能力和转化水平双提升,而且能够从中总结出体制机制创新的可供推广复制的成功经验,为我国生物医药领域抢占未来产业发展制高点起到关键作用。具体举措可以总结为以下四点:

一是瞄准全球价值链高端环节和国际竞争制高点,推动产业集群式发展。瞄准生物医学工程、生物医药、生物农业、生物服务等前沿产业领域,以及基因检测、基因工程药、数字医学影像、智慧医疗、细胞治疗等尖端技术领域,引进了一批世界 500 强生物制药企业,重点扶持了一批行业引领型龙头企业,精准培育了一批有潜力的中型企业,广泛汇聚了一批具有较强微观活力的科技型创业企业,并配套以人才、商事、金融、法律、咨询等全方位科技服务,推动形成了科技领军企业和科技型中小微企业优势互补、融通创新、集群式发展的良性格局。

二是打造公共服务平台,合理聚集创新主体,推动科技成果贯通式落地。对于科技创新环节,光谷生物城建立了基因工程药物中试放大平台、干细胞工程中心、灵长类动物实验中心等多个综合科研平台,成立了武汉东湖国家自主

㊀ http://www.biolake.net.cn/intro/4.html

创新示范区生物医药行业协会，组建了一批产业创新联盟，创设了多个产业高峰论坛，形成了科技供需匹配、技术攻关、创新成果推介、学术交流、技术培训等全链条综合服务能力，并与40多个国家和地区的相关领域科技园区、研究机构、行业协会签署了合作协议，助力企业创新发展。针对成果转化环节，光谷生物城围绕各子领域产业链关键环节构建了一系列孵化加速器和交易平台。

三是加强高端要素的精准保障。人才方面，通过实施湖北省"百人计划""3551光谷人才计划"，成功引进一批以院士为代表的海内外高层次生物人才。资金方面，通过引进金融服务机构、搭建企业金融服务平台、创新金融工具，破除"融资难""融资贵"等问题。积极发挥银行的基础性作用，联合推出工商银行"银证保"、建设银行"生物助保贷"、农商行"保证保险"等科技金融产品，解决企业"贷款难"的问题（但长春，2016）。高度重视资本市场的资源撬动作用，推动上百家生物医药企业登陆多层次资本市场融资。

四是加强制度政策的联动性供给，营造优良的创新创业环境。湖北省高度重视政务资源的整合，将省食品药品安全评价中心、省食品药品监督检验研究院、省药监局东湖高新区直属分局等近10家重要的行业研究、监督、检测机构都设立或搬迁至光谷生物城，通过打造专业化服务队伍，构建"一站式"行政审批、"零距离"技术检测、"全覆盖"第三方服务的服务体系，出台实施《中共湖北省委、湖北省人民政府关于促进生物产业发展的若干意见》《武汉市新兴产业投资贴息补助实施办法》《武汉东湖新技术开发区管委会关于促进生物健康产业发展的实施意见》等优惠政策，为企业提供精准服务和保障。

第 7 章
主要领域的未来展望

以习近平新时代中国特色社会主义思想为指导,全面贯彻党中央的有关重要会议精神,以"现有产业未来化"和"未来科技产业化"为抓手,围绕"优中培精""有中育新""新中求变""无中生有"4个路径,重点培育未来数字经济、未来生命健康、未来材料、未来能源、未来装备、未来农业、未来文旅7个未来产业重点领域,构建主导性、先导性、颠覆性、开创性4层培育体系(如图7-1所示),着力形成"7×4"未来产业发展矩阵,全面推进平台建设、人才引育、技术研发、交流合作、产业孵化、金融支持、政府服务的7大重点工程,持续提升产业基础高级化和产业链现代化水平,不断适应以国内大循环为主体、国内国际双循环相互促进的新发展格局,率先建成未来产业创新发展的国际先行区、示范区和引领区,为我国抢占先机、赢得未来竞争优势、实现转型跨越式发展提供强大动力。

坚持把创新理念作为核心统领。加快推进我国市场经济条件下新型举国体制构建,在部分重大民生领域和国民经济支柱领域探索基于大数据、云计算、物联网、人工智能等技术的新型计划经济,加强未来产业基础研究、注重原始创新,打好未来产业关键核心技术攻坚战,发挥创新联合体的创新先锋作用,构建良好的未来产业创新生态。

坚持把深化改革作为关键突破。坚持体制机制改革和创新,强化未来产业的市场导向机制,破除科技与经济深度融合的体制机制障碍,激励原创性突破和科技成果转化,切实提高科技投入产出效率,形成充满活力的科技管理和运行机制。

坚持把人才引育作为根本战略。大力实施人才育引计划,把高端人才培育和引进摆在未来产业培育发展的根本位置，深化人才培养、引进和使用机制改革，培育打造结构优化、布局合理、素质优良的未来产业人才队伍。

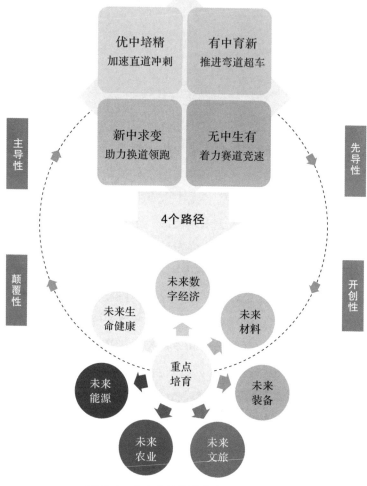

图 7-1　未来产业的培育发展路径展望

坚持把绿色发展作为基本准则。以推动实现碳达峰碳中和为目标，加快推进未来产业重点领域绿色低碳行动，全面加强绿色低碳技术创新，大力发展低碳能源，积极研发绿色材料，着力实现绿色低碳的生产生活方式。

坚持把国际视野作为重要导向。立足双循环新发展格局，在全球范围内优化配置各类创新资源，把未来产业培育与扩大对外开放相结合，使我国成为未来产业重要领域的参与者和重要规则的贡献者，加快提高我国在全球未来产业中的话语权。

立足国情，面向世界，锚定15~30年远景目标，综合考虑未来产业国内外发展趋势和我国发展条件，通过实施"三步走"战略，力争实现"十四五"夯实基础，15年形成体系，30年全面发展的目标。

"十四五"夯实基础。到2025年，我国成为全球发展未来产业的先行区。未来产业初步实现"从小到大""从弱到强""从无到有"的转变，深度融入京津冀一体化，"长三角""大湾区"分工协同以及国家重大战略当中，为"十四五"转型奠定坚实基础。一是规模总量快速提升。到2025年，力争打造数个产业规模超千亿元的未来产业，形成一批跨界融合的新增长点。二是头部企业持续壮大。到2025年，力争培育一批主营业务收入超千亿的企业。培养一批汇聚和配置全球资源、在细分领域占据统筹领导地位、在全国形成示范效应的头部企业。三是创新生态加速构建。到2025年，各高校设置一批未来产业相关学科，建成一批未来产业创新机构和平台，形成"基础理论研究—关键核心技术攻关—产业化生产完整链条"的创新体系，初步构建起一流未来产业创新生态。四是集聚发展日见成效。到2025年，形成一批主营业务收入超千亿的未来产业集群或集聚区，在方向明确的未来产业领域建成一批国家级制造基地，形成若干具有全球影响力的未来产业发展策源地。五是开发合作更加深化。到2025年，高新技术产品出口额的比重接近80%，制造业实际使用外资稳健增长。未来产业的"双循环"格局基本形成，未来产业开放合作发展进入快车道。

15年形成体系。到2030年，我国成为全球未来产业发展的示范区。未来产业体系基本建立，成为我国经济发展的重要增长极。先进能源、航天航空、海洋装备、生命科学、量子科技、人工智能等关键共性技术创新能力进入世界前列，重点产品和服务具有较强的国际竞争力，部分龙头企业和创新平台初步具备国际引领作用。

30年全面发展。到2050年，我国成为全球未来产业发展的引领区。未来产业构建起成熟的产业体系，重点领域的原始创新能力达到国际一流水平，实现关键核心技术的充分占有，重点产品和服务覆盖全球主要市场，形成一大批国际领军的龙头企业和创新平台。

7.1 未来数字经济

7.1.1 虚拟现实与元宇宙

无论是东方文化中的"桃源仙境"还是西方文化中的"伊甸园",都体现出世界各国人民对于自由而全面发展的理想社会的探索与向往,这也是虚拟现实与元宇宙等产业可持续发展的主要动力源。虽然距离真正落地还需要一段时期的努力,但是我国已经出现了一些积极探索,比如"古剑奇谭"游戏中对于"桃园仙居图""莲中境"等虚实深度融合空间的设计,就是对元宇宙的很好诠释。我国应从未来意识形态领域核心阵地的高度统筹布局虚拟现实与元宇宙产业发展。

1. 国内外发展现状

随着全球数字经济蓬勃发展,新一代移动通信、大数据、云计算、区块链、智能穿戴设备、虚拟现实、人工智能等前沿技术快速融入生产生活的各个方面,使元宇宙从众多科幻小说热词中脱颖而出,成了社会关注的焦点。2021年开始,腾讯、微软、Meta(原Facebook)、Roblox等国内外电子信息技术领先企业公开表示布局元宇宙领域。从技术成熟度的角度来看,元宇宙目前作为战略性新兴产业或许还为时尚早,但由于其非常符合中国优秀传统文化中对内儒外道的精神境界的追求,也有潜力成为未来世界人民深度交流的重要平台和拓展人类认知边界的重要工具,只要发展理念、路线和规制得当,在数十年内壮大成熟并成为未来主导产业是大概率事件。因此,有必要将元宇宙作为未来产业进行稳步探索和开发,而虚拟现实是其重要的前置产业之一。

近年来,虚拟现实硬件、软件、内容、应用和服务的全产业链生态系统已基本建立并在加快完善⊖。世界主要科技强国都在虚拟现实/增强现实领域建立了科研机构体系,比如谷歌的虚拟现实探索实验室Daydream Labs,德国计算机技术中心、FhG-IGD图形研究所、波茨坦普拉特拉学院的人类计算机交互实验室,荷兰海牙TNO研究所的物理电子实验室,日本东京大学的广濑研究室、

⊖ https://www.ccidgroup.com/info/1044/33780.htm

原岛研究室等，但采取的产业和技术路线不尽相同。美国是虚拟现实技术的发源地，在智能感知、交互界面、基础硬件、核心软件等方面均拥有深厚的研究积累，Meta 在虚拟现实实验室团队下建立了元宇宙产品团队，并发布了元宇宙业务的全新计划，提出持续推进虚拟现实/增强现实及其他元宇宙相关前置产业领域的技术、产品、服务开发，微软获得了美军百亿级美元的增强现实设备订单，英伟达创建的 Omniverse 虚拟工作平台已经为 17000 位用户提供了建筑、娱乐等领域的应用体验服务；英国在分布并行处理、触觉反馈等辅助设备等虚拟现实基础软硬件等方面的设计和应用研究处于领先地位；德国、荷兰等欧盟主要国家在虚拟现实产品开发应用方面建立了一定优势；日本、韩国、新加坡等亚洲科技强国也在积极快速地推进虚拟现实技术和产业发展。

我国高度重视虚拟现实产业的发展，"加快数字化发展，建设数字中国"作为《中华人民共和国国民经济和社会发展第十四个五年规划和 2035 年远景目标纲要》的单独篇章，将"虚拟现实和增强现实"列入数字经济重点产业，强调以数字化转型整体驱动生产方式、生活方式和治理方式变革，并提出新增"数字经济核心产业增加值占 GDP 比重"这一经济指标。基础设施建设方面，新一代移动通信网络建设正在稳步推进，目前 5G 网络已覆盖全国所有地级城市和 95% 以上县级城区，100Mbps 及以上接入速率的固定宽带用户已接近 5 亿户，为快速推进虚拟现实终端服务产业化提供了有力支撑。

在此基础上，我国产学研界纷纷发力，建立了腾讯优图实验室、小米探索实验室、京东虚拟现实/增强现实实验室、网易 VR Dream Lab、曼恒数字 G-Magic 虚拟现实实验室等企业研发机构，以及中国科学院计算技术研究所虚拟现实技术实验室、浙江大学计算机辅助设计与图形学国家重点实验室、北京航空航天大学虚拟现实新技术国家重点实验室、北京大学智能科学系视觉信息处理研究室、西南交通大学虚拟现实与多媒体技术实验室、山东大学人机交互与虚拟现实研究中心等科研学术机构。与虚拟现实产业强国相比，我国在硬件设备和软件开发平台方面差距明显，操作系统、界面设计方面基本被国外垄断，面临随时可能被"卡脖子"的严峻局面，而在虚拟现实基础理论、应用技术、内容制作与分发、应用与服务方面差距不大（如图 7-2 所示），总体上处于"并跑"状态。

图 7-2 虚拟现实产业核心技术及主要技术掌握方的情况

上游环节 —— 近眼显示

技术掌握情况：

- **高性能LCD与OLED技术**：主要技术掌握方包括三星、LG等韩国厂商，国内京东方、华星光电等企业也处于一流水平。
- **多焦面显示技术**：该技术目前存在无法实现连续焦距变化等问题，相比其他技术具备一定的过渡性质，预判该技术可能在达到高原期前会过时。
- **焦平面显示器技术**：主要技术掌握方是美国的Oculus公司等。
- **光场显示技术**：技术方案停留在实验室阶段，其技术路径和配套设备存在大量研发瓶颈，近期均无法量产普及。

技术简介：

近眼显示系统是增强现实设备的重要组成部分，它可以将虚拟的图像信息叠加到外部的真实环境中，使观察者既能沉浸在现实世界中又能接收到AR设备提供的信息。

- **高性能LCD与OLED技术**：是虚拟现实近眼显示主导地位，可变焦显示与光波导有望在5年左右成为主流。其中，快速响应液晶、AMOLED与OLEDoS技术均为成熟的可量产屏幕技术；光波导技术尚未确立主导技术方案，仍在探索中。
- **多焦面显示技术**：根据虚拟物体在虚拟空间中的远近位置，将其对应投影至两个及以上焦平面。
- **可变焦显示器技术**：以Oculus Half Dome原型机为代表，采用机械装置前后移动屏幕的位置来实现图像的焦距变化，配合眼动追踪、注视点渲染等多种软硬技术，模拟出人眼在观察远近不同物体时发生的屈光调节和双目调节过程。
- **焦平面显示器技术**：使用光相位调制器SLM把图像深度信息添加到普通2D屏幕画面中，让其在观察方向上模拟出图像的远近深度信息，可作为近似的光场显示技术。
- **光场显示技术**：可以完全契合自然情况下人眼观察外界的原理，成为近眼显示领域追求的终极显示技术。

中游环节 —— 渲染处理

技术掌握情况：

- **MultiViews渲染**：目前ARM在T8xx、Mali-G7x及Mali-G5x系列芯片、英伟达在Pascal架构中均集成了该渲染技术。
- **注视点渲染**：该技术是Meta、谷歌、微软等公司研发力量重兵集结的必争之地。预计2~5年内有望成为主流。
- **云渲染**：目前英伟达、微软、谷歌、英特尔等纷纷布局，我国三大运营商正积极尝试。
- **混合渲染**：清华大学研究团队通过优化分配部分前景交互和背景环境的渲染负载，显著提升移动VR渲染效率。

技术简介：

注视点渲染和混合渲染快速升温，端云协同、软硬耦合的精细化渲染成为趋势。

- **MultiViews渲染**：利用左右眼图像信息相近的原理，由CPU向GPU提交一次指令即可完成双目渲染，助推渲染帧率提升。
- **注视点渲染**：基于人眼由中心向外围视觉感知逐渐模糊的生理特性，搭配眼球追踪技术，在不影响用户体验的情况下，显著降低注视点四周的渲染负载，最多可减少约80%画面渲染。
- **云渲染**：采用云端渲染处理、终端交互呈现的技术架构，可以帮助用户在轻配头盔上实现渲染能力更强的PC级虚拟现实沉浸体验。
- **混合渲染**：将虚拟现实渲染处理拆分为云端与本地渲染协同进行，利用云端强大的渲染与存储能力实现静态画质与视觉保真度的提升，同时基于本地渲染满足时延控制要求。

中游环节 —— 网络传输

技术简介：

联式云化虚拟现实加速发展，5G赋能云VR。

- **5G**：5G将改变移动业务的发展趋势，未来移动业务将呈现出"智终端—宽管道—云应用"的大趋势，5G引入新空口（New Radio）、多天线（Massive MIMO）、终端4天线等关键技术将提供超大带宽（10~20Gbps）、超低时延（1ms）及增强移动（500km/h）等网络能力确保虚拟现实完全沉浸体验。

下游环节 —— 感知交互

技术掌握情况：

- **感知技术：**
- **Inside-out技术**：HTC、Meta、微软、苹果ARKit、谷歌ARCore与华为AR Engine是主要技术掌握方。
- **手势交互技术**：主要技术掌握方Wrnch、Meta、华为AR Engine、百度、旷视、商汤等国内外企业。
- **基于机器视觉的识别重建技术**：苹果、华为、OPPO等手机厂商开始采用结构光、ToF器件，为识别和重建提供了硬件基础，微软和Meta等在探索涉及混合现实功能的技术路线。
- **交互技术：**
- **沉浸声技术**：目前，英伟达、杜比、微软、谷歌、高通、Unity、Meta及众多初创企业等纷纷布局，旨在打造符合听觉与声学特性的沉浸式声场，预计沉浸声有望在5年内成为主流（基于个性化HRTF的沉浸声将在10年内成为主流）。
- **眼球追踪技术**：技术掌握方主要是Eye Fluence、Eye Tribe、Tobii Tech三家技术公司，后被Google和Meta接连收购。
- **虚拟行走技术**：主要技术掌握方有HTC、VOID、丰田、Amphibian等。

技术简介：

眼球追踪成为焦点，多感官交互技术路径多元化。

- **感知技术**：由内向外追踪定位、手势交互、机器视觉等有望在5年内成为虚拟现实主流技术。包括Inside-out技术、手势交互技术、基于机器视觉的识别重建技术等。
- **交互技术**：沉浸声场、眼球追踪与虚拟行走等有望在5年内成为虚拟现实主流技术。

下游环节 —— 内容制作

技术掌握情况：

- **全景拍摄技术**：代表产品有Giroptic io Pop、Ricoh Theta V、Z Cam K1 Pro等。
- **全景麦克风技术**：目前谷歌、Oculus已将其作为VR的声音格式。

技术简介：

内容交互性不断提高，助推媒体采播创新。

- **全景拍摄技术**：全景相机发展呈两极化演变态势，一方面为方便更多UGC 快速便捷地制作虚拟现实内容，会朝着小型化、易用化、多功能、机内拼接、降低成本方向发展。另一方面为满足高端PGC 生产高质量视频内容，更高分辨率、自由度、更多视频格式与斯坦尼康等拍摄辅助器材支持成为又一发展路线。
- **全景麦克风技术**：可采集单点所有方向的声音，作为一项既有拾音技术随着虚拟现实的兴起被业界关注。

虚拟现实产业的技术体系主要包括信息输入、信息处理、信息输出三个环节以及信息获取、分析建模、内容呈现、传感交互四个模块，涉及通信技术、感知技术、传感技术、全景技术、人工智能技术、仿真技术、渲染技术、计算机图形学、显示技术、人机交互技术、并行处理技术等领域。虚拟现实技术性能指标的关键在于沉浸感，是清晰度、分辨率、流畅度、刷新率、视场角、交互自然等方面的综合呈现。按照沉浸体验水平划分，虚拟现实产业的发展阶段可分为四个层次（如图7-3所示），目前全球虚拟现实产业总体上处于部分沉浸阶段，正加快突破深度沉浸的瓶颈。

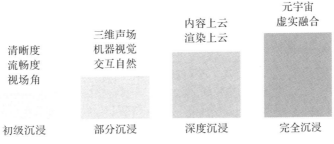

图7-3 虚拟现实沉浸体验的四个层次

目前，我国虚拟现实产业已经实现了在硬件、软件、内容制作与分发、应用与服务等方面的全产业链布局（如表7-1所示），北京、上海、杭州、深圳、青岛、武汉、拉萨、南昌、昆明、合肥、嘉兴等地方政府都已启动了虚拟现实产业的规划，部分已经建成了虚拟现实产业基地[一]。华为、创维、小鸟看看、亮风台、耐德佳等企业加快布局虚拟现实/增强现实终端产品，部分已经发售了标杆性终端。新冠疫情带来的线上工作生活需求加速了云办公、远程医疗、线上教育等方面的发展，虚拟现实/增强现实的新模式、新业态不断涌现。

表7-1 虚拟现实产业链上中下游各环节主要企业梳理

产业链主要环节		主要企业
硬件	传感器	博世、精量电子、美泰电子、明皜传感、耐威科技、深迪半导体、水木智芯、矽立科技、矽睿科技、亚德诺、应美盛、中颖、Colibrys、Epson、Lumedyne、Murata、Microsoft、Panasonic、PrimeSense、Silicon Designs、Sony、STMicroelectronics

[一] https://www.ccidgroup.com/info/1044/33780.htm

（续）

产业链主要环节		主要企业
硬件	光学器件	德州仪器、利达光电、联创光电、灵犀微光、珑璟光电、美光、耐德性、水晶光电、3M、Apple
	手柄	歌尔声学、凌感科技、蚁视科技、诺亦腾、3D rudde、Control VR、Intel、Leap motion、Nod、Noitom、Sixense、Sony、Trinity VR
	摄像机	大华、利亚德、联创电子、Bubl、Carl Zeiss、Google、Go Pro、JAUNT、Nikon、Sony
	体感设备	锋时互动科技、歌尔声学、广东虚拟现实科技、凌感科技、蚁视科技、七鑫易维、柔石科技、睿悦信息技术、虚现科技、Gloveone、Control VR、Cyberith、Moogles、Pinc、Shoogee、Tactical、Thalmic Labs、Virtuix
	通信模块	鸿海、和硕、诺亦腾、Flex、HTC、Jelbi、Pegatron
	头戴显示器	爱奇艺、暴风魔镜、创维、大朋、海信、华为、联想、亮风台、深圳市虚拟现实、小米、小鸟看看、小派科技、蚁视科技、Apple、Fujitsu、Google、HTC、LG、Magic Leap、Merge VR、Nreal、Microsoft、Oculus、SAMSUNG、Snap、STAR VR、Varjo、Vivo、Vuzix
	显示屏	华星光电、京东方、天马微电子、维信诺、JBD、LG、SAMSUNG、Sharp
	芯片	海思、华为、莱迪思半导体、凌美芯、瑞芯微、兆芯、中兴微电子、Intel、AMD、NVIDIA、Qualcomm、SAMSUNG
软件	操作系统	Google、Microsoft、Oculus、OSVR
	界面设计	Microsoft、Uninty
	软件开发工具包	爱奇艺、大恒科技、大朋、华力创通、华为、迈吉客、腾讯、Adobe、Cubic Doubleme、FIBRUM、Framestore、Google、Microsoft、Middle VR、Motion、Paracosm、PTGui、Surcical theater、The foundry、Thrive Vrclay、Wikitude、Worldviz
	三维引擎	曼恒数字、无限时空、起源天泽、Crytek、Uninty、Unreal、VR Platform、WorldViz
	中间件	睿悦信息、Mechdayne、Nibiru、NVIDIA、Unreal
内容制作与分发	平台	爱奇艺、百度、京东、青亭远见、腾讯、幸福时空、优酷、BBC、JAUNT、Youtube
	社交	字节跳动、Against Gravity、Big Screen、Google、Live Nation、Meta、PlutoVR、The Wave VR、VRChat、Vtime

（续）

产业链主要环节		主要企业
内容制作与分发	视频	爱奇艺、爱维德亚、冰立方、东方艾迪普数码、光线传媒、捷成世纪、看到科技、兰亭数字、七维视觉、强氧科技、三目猴科、优酷、中科大洋、20th Century Fox、Crackle、Disney、HBO、Inception、JAUNT、Meta、Netflix、NUKE、SLIVER.tv、Summer VR、VeeR VR、Wevr、Youtube
	应用程序	索尼、HTC、Oculus、Steam
	游戏	暴风科技、超凡视幻、极维客科技、魔视互动、腾讯、网易、焰火工坊科技、CCP Games、EA、EpicGames、Eyetouch、Google、Harmonix、Nianticlab、SEGA、Innerspace、Jaunt、Resolution、Reload、Sony、Survios、Temple Gates、TVR、Two Bit Circus、Valve、VR-Bits
	直播	斗鱼直播、花椒直播、微鲸科技、意景技术、Digital Domain、FOX Sports VR、LiveLike、Melody VR、Meta、NextVR、Rhapsody VR、Times Network、Vantage、Vreal、VR live、Vrtify、Virtually LIVE
应用与服务	健康	触幻科技、海信、领溯数字、幸福互动、虚拟内窥云、医微讯、Curiscope、DeepStream VR、Echopixel、Fearless、Level EX、Psious、Surgevry、Vivid Vision
	教育	奥鹏远程教育、麦课在线教育、微视酷、信恩科技、央数文化、A.i.Solve、Labster、Lifeliqe、Nearpod、IBM、Immersive Education、Unimersiv、VIVE ARTS、Zspace
	科技服务	航宇荣康、科骏、联想新视界、曼恒数字、IBM、MakrVR、Ngrain、Visidraft
	商贸	贝壳找房、京东、美克家居、美屋三六五科技、思能创智科技、无忧我房、指挥家智能科技、Blippar、Meta、Immersv、Little star、Prizmiq、PTC、Sketchfab、Valve、Wearvr
	文化	当红齐天、红色地标、兰亭数字、任我游、新起点、玄视科技、中视典、Ascape、Discovery VR、National Geographic

2. 未来产业发展趋势

（1）未来5年

我国虚拟现实产业链条进一步完善，整合科技领军企业和高校、科研院所的科研力量，加快补齐界面设计、操作系统等基础软硬件方面的短板，内容制作与分发、应用与服务等领域涌现出一大批掌握关键核心技术的科技型中小企业，形成系统完整、上下游衔接密切的创新链和产业链体系，实现在教育、科技、医疗、老幼陪护、文旅、虚拟家园、商贸、休闲、交通、建筑、考古、宇航、自然探索、大脑开发等领域的场景开发和多领域融合应用。

（2）未来 15 年

聚焦前沿领域基础理论和关键核心技术突破，打造产学研用协同融通的创新生态。界面设计、操作系统等基础软硬件方面的核心技术水平基本进入世界第一梯队，形成科技领军企业、科技型中小企业战略高度一致、优势高度互补的虚拟现实/增强现实产业集群，逐步形成虚拟现实/增强现实产业发展的全球高地。全面推动终端设备无线化、轻便化、人机一体智能化，以及内容上云、渲染上云、交互上云等，进入深度沉浸向完全沉浸的发展阶段。虚拟现实/增强现实成为铸牢中华民族共同体意识和加强世界人民思想文化交流的重要平台。元宇宙技术和产业发展路线逐渐明朗，落地方案初具雏形，关键核心技术加紧储备。

（3）未来 30 年

在"虚拟现实/增强现实+"的融合创新体系和产业发展体系的基础上，全面推动元宇宙技术应用和产业落地，探索一批新模式、新市场和新业态。发扬中国优秀传统文化中内儒外道、追求理想精神境界的独特魅力，吸引世界人民共建共创共享的元宇宙空间，共同努力摆脱"五感六觉"层面的初级欲望的束缚，加强对科学真理的不懈探索和对人类自身潜能与精神世界的深度开发，携手走向人类文明的更高发展阶段，让每个个体都有机会自由全面地发展，格于上下，逍遥于天地之间。

7.1.2 云计算、数字孪生与工业互联网

云计算、数字孪生、工业互联网等是数字经济的重要赋能技术。未来工业互联网是新一代信息通信网络技术与工业制造深度融合的全新工业生态、关键基础设施和新型应用模式，通过人机物的安全可靠智联，实现生产全要素、全产业链、全价值链的全面连接，推动制造业生产方式和企业形态根本性变革，形成全新的工业生产制造和服务体系，显著提升制造业数字化、网络化、智能

化发展水平^㊀。

1. 国内外发展现状

云计算、数字孪生与工业互联网是推动计算资源池化、管理简洁与精准化、降本增效、激发创新的重要工具。工业互联网平台内嵌有丰富的数字仿真软件与模型，可以与数字孪生技术结合形成"平台 + 孪生体"融合互促的发展生态，促进全要素、全产业链、全价值链高效连接与协同创新，为制造业的数字化、网络化、智能化转型升级提供高效赋能和重要载体，大幅降低企业数字化转型的门槛，为产业数字化转型提供全面服务和深度赋能，加速壮大创新链、产业链、人才链、资金链、政策链等多链融合的数字经济体系与数字化创新生态。

（1）云计算

云计算包含两方面的含义：一方面是底层构建的云计算平台基础设施，是用来构造上层应用程序的基础；另一方面是构建在这个基础平台之上的云计算应用程序（陈康和郑纬民，2009）。从产业链角度来看，云计算领域大体可以分为上游以芯片等核心硬件为代表的基础层，中游以服务器、存储设备、网络设备等为代表的设备层，下游以基础设施即服务（IaaS）、软件即服务（SaaS）和平台即服务（PaaS）等为代表的服务层。具体到用户层面，主要包括政务云、工业云、金融云、交通云、个人云等方面的应用场景（如图7-4所示）。

美国是信息技术产业领域的传统强国，历来将信息技术与产业创新发展作为基本国策，并将云计算技术及产业作为维护国家核心竞争力的重要领域。近年来，为了继续建立在云计算领域的优势，美国联邦政府采取强势主导策略，从统一战略规划、加强基础设施建设、加大政府采购力度、制定并完善技术架构与标准、积极培育市场与产业创新生态系统等方面优化政策供给，加快推动云计算产业落地发展。欧盟同样实施了积极的云计算发展战略，主要举措包括完善供应商标准规范与认证体系，采取包容性技术标准，提高用户之间的数据便携性、互操作性与可逆性；通过加强公共部门的采购力度，培育和壮大欧盟云计算合作生态与市场。

㊀ https://service.most.gov.cn/kjjh_tztg_all/20210804/4547.html

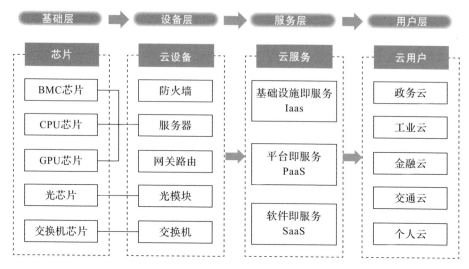

图 7-4 云计算产业体系梳理

和其他电子信息通信产业一样，芯片是云计算产业的核心硬件。芯片的自主可控水平直接决定云计算技术与产业能否自主发展。由于我国芯片产业长期处于受制于人的被动局面，面向云计算产业的国产芯片自主研发水平也一直落后于发达国家，特别是设计和制造环节。芯片设计领域的技术门槛高，计算机自动生成电路以及模拟仿真优化等核心环节都依赖于高端仿真软件，然而目前芯片仿真设计软件的核心技术和产品基本被 Cadence、Synopsys 等美国企业垄断。芯片制造领域世界最先进的制程工艺均被荷兰等国家和地区的企业垄断，我国目前的制程工艺水平暂时还存在代差，需要尽快突破"卡脖子"关键核心技术已经成为全社会共识。

云数据库是新一代信息技术领域的基础设施。目前我国企业在该领域的发展势头迅猛，比如腾讯云与中科曙光签署了战略合作协议，联合打造安全可控的云管平台及解决方案，近年来的发展速度远高于国外的 Oracle 等平台。华为于 2019 年推出了国产分布式人工智能原生数据库——高斯数据库 GaussDB，通过将人工智能技术融入分布式数据库的全生命周期，实现自管理、自运维、自诊断、自修复、自调优，能够提供 PB 级别数据量的处理能力。同年，华为云还推出了采用华为自研芯片和硬件设备、支持多款国产服务器及操作系统的鲲鹏云服务和解决方案。

从服务层面看，云计算市场主要分为基础设施即服务（IaaS）、软件即服务

（SaaS）和平台即服务（PaaS）三个领域。其中 SaaS 的全球市场规模最大，在我国的发展也最为成熟。传统软件行业龙头企业广联达、汇纳、金蝶、石基、用友等都在加速云化进程，北森、纷享销客、销售易等新型企业也向云计算产业注入了新鲜活力，利用 SaaS 迅速发展的重要机遇，推动国产软件质量和替代率快速攀升。比如先前采用甲骨文 Oracle 数据库的北方工业有限公司和采用思爱普的中石油在上云过程中都转而选择了金蝶以及自主可控的国产软件。

（2）数字孪生

数字孪生技术集成了多物理、多尺度、多学科属性，通过利用模型、数据、智能并集成多学科的技术，以数字化方式创建物理实体的虚拟模型，借助数据模拟物理实体在现实环境中的行为，通过虚实交互反馈、数据融合分析、决策迭代优化等手段，在产品全生命周期过程中为物理实体增加或扩展新能力（陶飞等，2017）。数字孪生技术具有实时同步、高保真度、忠实映射、高效智能等特性，是实现物理世界与信息世界交互与融合的重要技术手段（陶飞等，2018）。

2020 年 4 月，国家发展改革委、中央网信办印发了《关于推进"上云用数赋智"行动 培育新经济发展实施方案》，提出加快数字化转型共性技术、关键技术研发应用。支持在具备条件的行业领域和企业范围探索大数据、人工智能、云计算、数字孪生、5G、物联网和区块链等新一代数字技术应用和集成创新。加大对共性开发平台、开源社区、共性解决方案、基础软硬件支持力度，鼓励相关代码、标准、平台开源发展。在数字孪生创新方面，鼓励研究机构、产业联盟举办形式多样的创新活动，围绕解决企业数字化转型所面临的数字基础设施、通用软件和应用场景等难题，聚焦数字孪生体专业化分工中的难点和痛点，引导各方参与提出数字孪生的解决方案[⊖]。

数字孪生车间是数字孪生技术的重要应用场景（如图 7-5 所示），在智能制造领域具有强大的赋能潜力，具体包括 14 个应用方向（陶飞等，2018）：

⊖ http://www.gov.cn/zhengce/zhengceku/2020-04/10/content_5501163.htm

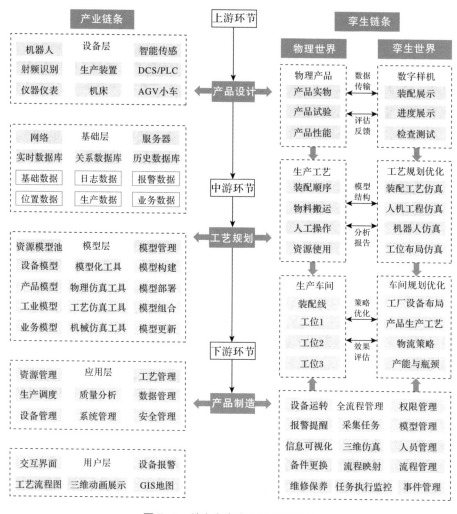

图 7-5 数字孪生产业链整体情况

1)产品设计。协同运用现实产品与虚拟产品的数字孪生数据,在产品设计过程中不断将创新、独特、有价值的产品概念转化为可行的产品设计方案,并持续缩小产品实际形态与设计形态之间的差距。

2)虚拟样机。通过跨领域综合仿真在数字世界中建立可以真实反映物理样机的数字孪生体,在物理样机制造之前对装备产品的性能进行测试与评估,有针对性地高效改进其设计缺陷。

3)工艺规划。通过建立超高保真的资源、产品、工艺流程等仿真模型,结合全要素、全流程虚实映射与交互融合,实现虚实共生的工艺设计迭代耦合优化。

4）车间快速设计。通过融合数字空间与物理空间，顺次推动物理设备数字化、运行过程脚本化、系统整线集成化、控制指令同步化、数据传输并行化，实现物理设备与数字孪生体的实虚融合、指令与数据同步，构建面向车间的快速规划、设计、装配与测试平台。

5）车间生产调度优化。通过全数据、全要素、全模型、全空间的虚实映射和交互融合，形成虚实共生、以虚控实、协同匹配、迭代优化的新型调度模式。

6）生产物流精准配送。通过数字孪生体与物理实体的虚实映射、实时交互、闭环调控，推动物理世界、数字世界与物流服务系统之间协同运行，实现生产物流的运输路线自规划、任务组合自优化、交接环节无缝化、目标调控智能化。

7）车间装备智能控制。优化车间控制系统的设计与性能，强化控制系统的智能决策水平。

8）车间人机交互。通过构建与物理车间完全映射的数字孪生车间，运用低延迟、高可靠的实时传感与通信技术精准识别工作人员的眼神、动作、声音等指令，远程控制机器人执行和匹配作业指令，并实时反馈更新虚拟车间的运行状态与制造进程。

9）复杂产品装配。通过物联网技术和服务平台，实现物理车间与数字车间装配过程中的互联互通，加强对零部件、装备的动态精准控制，自统筹、自组织、自适应地高效管理复杂产品的装配过程。

10）测试与检测。在数字车间中构建高保真的被测对象孪生体及测试系统，通过多学科、多属性、多尺度的高精度迭代仿真，全面、实时、直观地监测物理被测对象全生命周期的生产状态。

11）能耗管理。通过综合智能传感技术对物理车间的生产要素信息、生产设备信息、产品状态信息、能耗信息进行实时监测和分析，在数字孪生车间中对物理车间的各状态信息进行全面映射、模拟、分析、优化、交互，进而对物理车间能耗进行实时调控。

12）产品质量分析与追溯。采集物理产品在各制造环节中的受力、定位、变形等信息，通过对数字孪生体的仿真计算，对产品质量进行分析、预测与追溯。

13）故障预测与健康管理。构建物理设备与数字孪生设备的同步映射与实时交互，实现故障快速捕捉、原因精准判断，维修策略自拟定、自执行、自追踪、自验证。

14）产品服务系统。对不同产品组合、服务组合、产品与服务组合进行智能分析与决策，优化物理世界和数字世界的资源配置，实现全数据、全要素、全模型、全空间的虚实融合运用。

除了数字孪生工厂外，数字孪生技术还可以选择数字孪生城市、数字孪生医院、数字孪生学校、数字孪生实验室、数字孪生宇宙基地等落地场景。《中华人民共和国国民经济和社会发展第十四个五年规划和2035年远景目标纲要》在"加快数字社会建设步伐"章节中强调要适应数字技术全面融入社会交往和日常生活新趋势，促进公共服务和社会运行方式创新，构筑全民畅享的数字生活⊖，并明确提出探索建设数字孪生城市（如图7-6所示）这一重要概念。

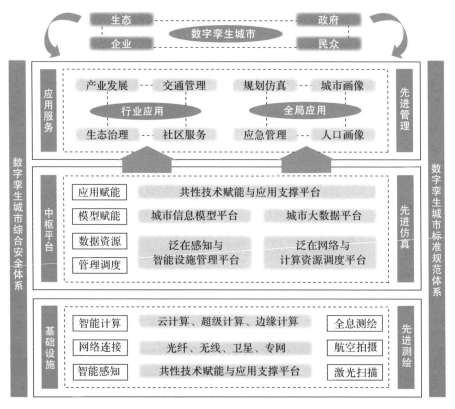

图7-6　数字孪生城市总体框架

⊖ http://www.gov.cn/xinwen/2021-03/13/content_5592681.htm

（3）工业互联网

工业互联网通过先进的传感网络、大数据分析技术与软件来建立具备自我改善功能的智能工业网络（杨帅，2015），实现数据、硬件、软件与智能工具的流通和交互（Evans & Annunziata，2013）。

自《工业互联网发展行动计划（2018–2020年）》实施起，我国先后发布实施了十余项落地性文件，不断完善政策体系。通过实施工业互联网创新发展工程，带动总投资近700亿元，遴选4个国家级工业互联网产业示范基地和258个试点示范项目，打造了一批高水平的公共服务平台，培育了一批龙头企业和解决方案供应商○。2021年2月，我国政府工业互联网专项工作组进一步印发了《工业互联网创新发展行动计划（2021–2023年）》，提出了5方面、11项重点行动和10项重点工程，着力解决工业互联网发展中的深层次难点、痛点问题，计划到2023年，新型基础设施进一步完善，融合应用成效进一步彰显，技术创新能力进一步提升，产业发展生态进一步健全，安全保障能力进一步增强。工业互联网新型基础设施建设量质并进，新模式、新业态大范围推广，产业综合实力显著提升○。

《中华人民共和国国民经济和社会发展第十四个五年规划和2035年远景目标纲要》在"推进产业数字化转型"章节中提出实施"上云用数赋智"行动，推动数据赋能全产业链协同转型。在重点行业和区域建设若干国际水准的工业互联网平台和数字化转型促进中心，深化研发设计、生产制造、经营管理、市场服务等环节的数字化应用，培育发展个性定制、柔性制造等新模式，加快产业园区数字化改造○。"十四五"规划为今后一段时期内工业互联网的发展打下坚实基础。

工业互联网是物联网与产业融合产生的新业态（Wollschlaeger et al.，2017），其运行框架总体上可以分为设备层、软件层、平台网络层、应用层（如图7-7所示）。在工业互联网平台上，日常联网设备既是接收工业中生产数据的终端设备，又是可与用户实时交互的智能设备，从而实现人、机、物全面

○ http://www.gov.cn/zhengce/2021-02/18/content_5587565.htm
○ http://www.gov.cn/zhengce/zhengceku/2021-01/13/content_5579519.htm
○ http://www.gov.cn/xinwen/2021-03/13/content_5592681.htm

互联。其中，智能制造是工业互联网的核心，也是发展先进制造业的重点所在（吕文晶等，2019）。

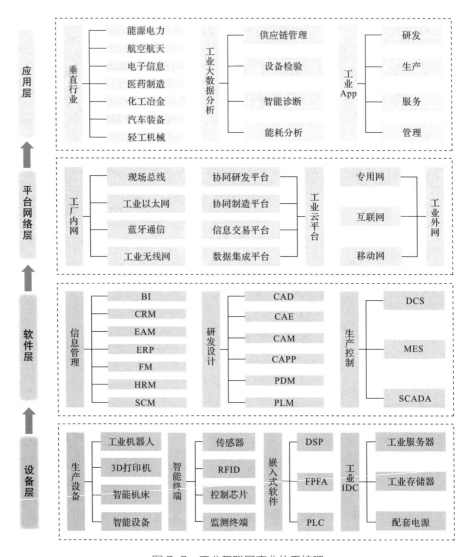

图 7-7 工业互联网产业体系梳理

我们以海尔卡奥斯工业互联网平台为例来介绍工业互联网企业级平台业务架构的具体搭建逻辑。卡奥斯平台以打造开放的工业互联网平台操作系统为基础，聚合来自各行业多主体的优质资源，为工业企业特别是制造业企业提供丰富的智能制造应用服务（吕文晶等，2018）。

卡奥斯平台的业务架构总体上可以分为基础资源层、平台网络层、应用服务层和业务模式层四个层次（如图7-8所示）。

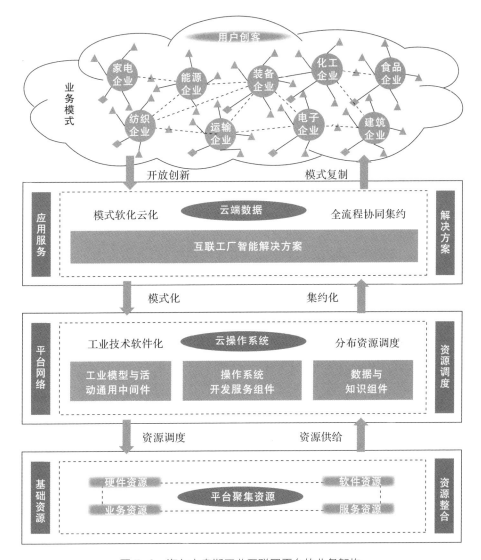

图7-8 海尔卡奥斯工业互联网平台的业务架构

其中，基础资源层整合与集成工业互联网平台建设所需的硬件资源、软件资源、业务资源、服务资源，通过打造包括能源、制造、农业、运输、零售、医疗保健等行业领域产业物联网生态（冯昭奎，2018），为应用服务层和业务模式层提供资源支撑。

平台网络层采用分布式模块化微服务架构，集成了大数据、物联网、新一代移动通信等卡奥斯平台的核心技术，以云操作系统、工业技术软件化和分布资源调度为基础，开发建立开放的工业互联网云平台，再结合数据与知识组件、工业模型活动通用中间件等功能模块，既可以为公有云提供服务，也可以为第三方企业的私有云提供服务。

在应用服务层，将海尔互联网工厂制定的智能制造方案上传至云端，并在应用平台上进一步开发小型 SaaS 应用，形成协同集约的云端数据和智能制造方案，为各行业的企业提供个性化的工业互联网全流程解决方案。

工业互联网平台的最终成果体现在业务模式层。卡奥斯平台借助海尔数十年来立足家电领域探索出的智能制造模式以及人单合一、链群合约等工业互联网运行的组织、经营、管理模式，总结提炼了能够引领并带动产业链上下游及利益相关行业发展的可复制经验与模式，赋能传统制造业数字化转型发展。

从商业逻辑的角度来看，卡奥斯平台通过智能服务平台构建智能生产与物联网系统，实现智能设备、智能产品与用户之间的互联互通，其运行机制主要包括计划调度、设计生产、智能互联等环节。

计划调度方面，卡奥斯平台基于计算资源和经营管理信息系统，对市场信息、互联设备与制造大数据信息、智能产品反馈的用户大数据信息进行实时采集和分析，据此制定生产计划与资源调度方案。

产品设计生产方面，卡奥斯平台的设计系统、生产系统与经营管理信息系统之间会持续进行交互，根据用户对技术方案和产品规划的反馈意见不断做出联动调整，并在质量保证系统的监控下完成生产，实现设计和生产全流程的模块化采购、数字化调控、智能化运行、柔性化生产、定制化服务。

生产环节完成后，卡奥斯平台坚持"以用户为中心""实现用户终身价值"等发展理念，通过物联网平台构建产品与产品之间、产品与平台之间、产品与用户之间智能互联的服务生态，鼓励用户参与生产全流程、全周期的产品体验，实时征集产品使用信息和用户反馈信息，对产品进行精准迭代升级，持续优化用户体验。同时，结合智能服务平台提供的智能解决方案以及 HOPE 等其他平台提供的技术解决方案，卡奥斯平台还能跨领域获取创新资源和技术灵感。

2. 未来产业发展趋势

（1）未来 5 年

新型基础设施进一步完善；融合应用成效进一步彰显，智能化制造、网络化协同、个性化定制、服务化延伸、数字化管理等新模式新业态广泛普及；技术创新能力进一步提升，工业互联网基础创新能力显著提升，网络、标识、平台、安全等领域一批关键技术实现产业化突破，工业芯片、工业软件、工业控制系统等供给能力明显增强，基本建立统一、融合、开放的工业互联网标准体系，关键领域标准研制取得突破；产业发展生态进一步健全，促进产业链供应链现代化水平提升；安全保障能力进一步增强，基本建成覆盖全网、多方联动、运行高效的工业互联网安全技术监测服务体系[1]。

大数据、人工智能、新一代移动通信、虚拟现实/增强现实、数字建模、多维仿真等技术持续突破并加速融合，数字孪生仿真软件性能持续提升。通过大数据和人工智能技术深度挖掘和分析海量复杂工业机理模型，提升多维仿真精度；基于新一代移动通信技术实现数字空间与物理世界之间高可靠性、低延时性数据流通[2]；加快推动数字建模、多维仿真与虚拟现实/增强现实的深度融合，运用动态三维建模、多媒体技术构建全息、动态的虚拟场景，运用动态标定、信息同步、数据融合技术，将包括强核力、弱核力、电磁力、引力在内的现实世界可测物理参数融合进全拟场景中，并以此为基础通过实时跟踪注册、场景融合、复合传感器、模块集成技术在虚拟场景内嵌入可供智能模块进行加工、使用、测试、研究的实体装备，推动数字孪生体与物理实体一体化发展。

打造自主可控的标识解析体系、标准体系、安全管理体系，加强工业软件研发应用，培育形成具有国际影响力的工业互联网平台，推进"工业互联网+智能制造"产业生态建设[3]。

（2）未来 15 年

数字孪生技术和工业互联网将逐步构建起一个人、机器、产品之间时空无边界的网联体系。在全要素互联的结构化组织方面，不断完善未来工业互联网

---

[1] http://www.gov.cn/zhengce/zhengceku/2021-01/13/content_5579519.htm
[2] https://www.ccidgroup.com/info/1096/33573.htm
[3] http://www.gov.cn/xinwen/2021-03/13/content_5592681.htm

全要素互联的连接关系、相互控制关系与结构，突破按需连接的本征模型与调控机理、生产要素数据多维表征及结构化组织机理、全要素互联的系统熵理论；在生产制造流程的柔性构造方面，精准控制生产链制造全流程中的误差传播，有效识别生产流程的脆弱性，定量评估生产线重构的收敛性，完善柔性化制造全流程的容差分析与传播模型、全流程稳定性构建方法、全流程重构的理论与方法；在产业链与价值链的网络化调控方面，建立健全生产制造的全产业链构建模型、全价值链构建模型、效率视角的网络化产业链模型、效用视角的网络化价值链模型，完善互联网跨链耦合的网络化调控原理，加强跨产业链与价值链联动的多目标调控优化能力[一]。

（3）未来 30 年

量子计算和边缘人工智能等技术获得重要突破，柔性化制造全流程的流畅性与稳定性产生质变，生产制造全产业链、全价值链的耦合与复杂调控水平更加成熟，人机物全要素实现安全可靠互联，人类社会的融通化、非物质化、去中心化、赛博格化进程加速。

7.1.3 大数据融合创新

大数据产业主要以数据生产、采集、存储、加工、分析、服务为主，包括数据资源建设、大数据软硬件产品开发、销售和租赁活动以及相关信息技术服务。

1. 国内外发展现状

当前，全球数据量正处于飞速增长阶段，据国际权威机构 statista 统计和预测，2035 年全球数据产生量将达到 2142ZB 以上，全球数据量将迎来大规模持续爆发期[二]。为了抓住万物互联时代的数据机遇和治理挑战，美国、欧盟等国家和地区相继实施数据战略，并依托世界银行、国际货币基金组织、亚马逊、微软、谷歌数据、谷歌趋势、英特尔、甲骨文、IBM、Meta、思爱普等国际组织和跨国企业推进前沿科技创新和产业发展，探索未来的大数据发展之路。

[一] https://service.most.gov.cn/kjjh_tztg_all/20210804/4547.html

[二] http://www.caict.ac.cn/kxyj/qwfb/bps/202012/P020210208530851510348.pdf

美国的大数据战略思路正从单纯强调"技术创新"转向兼顾"资源治理"。2012年以来,美国高度重视大数据领域前沿基础科学和关键核心技术的攻关以及面向工程实践的发明创造,致力于打造强大的数据创新生态。近年来,随着大数据逐渐成为全球国家治理的重要工具,美国对其重视程度进一步提升。2019年年底,美国白宫行政管理和预算办公室发布了《联邦数据战略与2020年行动计划》,提出了"将数据作为战略资源开发"的目标,并围绕国家数据治理描述了联邦政府未来十年的数据发展愿景和计划推行的关键行动,具体确立了40项数据管理目标,总体可分为三个层面:①重视数据并促进共享;②保护数据资源,包括真实性、完整性和安全性;③有效使用数据资源。

欧盟选择了以发展数据敏捷型经济体为核心的大数据发展战略,将数据作为未来经济社会发展的血液和动力,以及新产业衍生和培育的基础。2020年2月,欧盟公布了《欧盟数据战略》,总体提出了欧盟委员会推动数据产业发展和赋能数字经济方面的主要政策、举措及五年投资计划,并通过建立单一的数据市场,谋求欧盟在未来数据产业发展中的领先地位。欧盟数据产业发展的目标非常明确,通过构建跨部门治理框架、加强数据领域投入、提升数据素养、构建数据空间四方面举措,以保障隐私、安全和道德水准为前提,推动形成造福经济社会和每一个个体的数字红利,用10年左右的时间使欧洲成为全球最活跃、最安全、最具吸引力的数据敏捷型经济体。

英国发布的《国家数据战略》提出,释放数据价值,建立促进增长和可信的数据体制,以提高效率并改善公共服务为目标转变政府的数据使用模式,确保数据所依赖的基础架构的安全性和韧性,倡导国际数据流动,计划设立政府首席数据官,并培训500名公共部门的数据科学分析师。

除了国家和地区外,国际组织也十分重视全球化进程中的数据战略。比如世界银行在新冠疫情全球蔓延的前期,就呼吁各国政府、企业界和学术界联合推动发挥大数据在应对疫情上的重要作用。再如二十国集团(G20)数字经济部长会议于2020年将数据流动设置为重点议题之一,又于2021年提出围绕数字化转型、智慧城市、数据流动、互联互通、人工智能等议题加强沟通交流、增进理解互信、深化务实合作,共同促进数字经济高质量发展,携手推动世界经济强劲复苏,并通过了《二十国集团数字部长宣言》。

从国内看，党的十八届五中全会将大数据上升为国家战略。作为人口大国、制造大国、电力大国、经济大国和科技大国，我国大数据资源极为丰富，占全球数据总量 20% 以上。而随着数字中国建设的推进，各级政府积累了大量公共信息数据，成了最具价值数据的保有者，各产业领域数据资源的采集、应用广度和深度不断提升，只要能盘活这些宝贵而又海量的数据资源，推动大数据与实体经济和社会发展的融合不断深化，就能够持续挖掘其中蕴藏的巨大发展潜力。

我国大数据科技和产业的发展主要依托地方产业集群、国家科研院所和高新技术企业，比如京津冀大数据综合试验区、北京大数据研究院、清华大学大数据科研中心、中国电科、中国移动、中国联通、中国电信、华为、腾讯云、百度数智等。2015 年 8 月，国务院印发了《促进大数据发展行动纲要》，国家大数据战略加快实施，各级政府积极响应、联动合作、加紧谋篇布局。国家发改委批复了 11 类大数据领域国家工程实验室，并联合工信部、中央网信办批复了贵州、上海、京津冀、珠三角等 8 个国家综合试验区，各级地方政府积极配套出台促进大数据发展的指导意见、行动计划、专项政策、制度条例等，推进力度之大、速度之快举世瞩目。

科研投入方面，无论是国家重点研发计划还是"科技创新 2030—重大项目"，都围绕大数据产业进行了重点部署。国家重点研发计划由若干目标明确、边界清晰的重点专项组成，重点专项采取从基础前沿、重大共性关键技术到应用示范全链条一体化的组织实施方式[一]，主要面向事关发展安全的国家重大需求，面向战略主动的未来科技和未来产业前沿，面向事关民生福祉的经济主战场，面向事关人民生命健康的应急管理的战略性、基础性、前瞻性重大科学问题，为经济社会高质量发展提供持续性支撑和引领。针对云计算与大数据领域，国家重点研发计划提出要形成自主可控的云计算和大数据技术体系、标准规范和解决方案；在云计算与大数据的重大设备、核心软件、支撑平台等方面突破一批关键技术；基本形成以云计算与大数据骨干企业为主体的产业生态体系和具有全球竞争优势的云计算与大数据产业集群；提升资源汇聚、数据收集、存储管理、分析挖掘、安全保障、按需服务等能力，实现核心关键技术自

一 http://www.gov.cn/zhengce/zhengceku/2021-10/01/content_5640704.htm

主可控。"科技创新 2030—重大项目"是以 2030 年为时间节点，体现国家战略意图的重大科技项目和重大工程○。针对大数据领域，"科技创新 2030—重大项目"提出要突破大数据共性关键技术，建成全国范围内数据开放共享的标准体系和交换平台，形成面向典型应用的共识性应用模式和技术方案，形成具有全球竞争优势的大数据产业集群。

近年来，大数据的内涵伴随着万物互联进程的推进开始逐渐演进和拓展，从基础性的面向海量数据的存储、处理、分析延展到相关的管理、流通、安全等其他需求，大数据技术体系不断完善，成为数据能力建设的根本基础。伴随着技术体系的完善，大数据产业持续向降低成本、增强安全的方向发展。从大数据的生命周期来看，大数据采集、大数据预处理、大数据存储、大数据分析挖掘，共同组成了大数据生命周期里最核心的技术。具体来看：①大数据采集，即对各种来源的结构化和非结构化海量数据进行采集，包括数据库采集、网络数据采集、文件采集等；②大数据预处理，指的是在进行数据分析之前，先对采集到的原始数据所进行的诸如"清洗、填补、平滑、合并、规格化、一致性检验"等操作，旨在提高数据质量，为后期分析工作奠定基础；大数据预处理主要包括四个部分：数据清理、数据集成、数据转换、数据规约；③大数据存储，指用存储器以数据库的形式存储采集到的数据的过程，包括基于 MPP 架构的新型数据库集群、基于 Hadoop 的技术扩展和封装、大数据一体机三种典型路线；④大数据分析挖掘是从可视化分析、数据挖掘算法、预测性分析、语义引擎、数据质量管理等方面，对杂乱无章的数据进行萃取、提炼和分析的过程。

随着其他相关领域新技术的不断出现，大数据产业还会在交叉融合领域迎来一些新趋势：基础技术方面，控制成本按需索取或将成为主要理念；数据管理方面，自动化智能化数据管理需求或将越来越紧迫；分析应用方面，图像分析和自然语言处理等新需求不断催生数据分析技术新方向；数据安全方面，面向隐私信息全生命周期保护的隐私计算等技术将成为大数据产业可持续发展的关键。

○ http://www.gov.cn/xinwen/2017-02/20/content_5169236.htm

2. 未来产业发展趋势

（1）未来 5 年

应用落地方面：一是重点通过优化和提升基础类技术产品的架构和能力降低应用成本，加强对自动化、智能化数据管理工具方面的研发；二是探索融合图像分析、自然语言处理等技术的更多落地场景；三是加快隐私计算技术等方面的研发投入，以保障技术安全性为基础前提提升产品性能；四是增强政府、社会、企业和个人的数据应用意识和能力，推动数据驱动的创新发展；五是加强大数据教育普及，逐步促进大数据技术融合到生产生活的各个环节。

数据治理方面：一是要加快建立健全相关制度规则体系，不断完善数据共享、交易、流通机制，打造可信数据服务体系，从宏观层面构建通畅有序的数据流通环境；二是要加快推进数据管理能力成熟度评估模型的贯标工作，从微观层面加强组织内部的数据管理意识和能力；三是要加快推动法律体系建设，在强化个人信息保护、数据跨境流动、数据权属等方面立法的同时，加强反垄断、反不正当竞争立法执法，并依法强化数据安全监管，加快实现各行业、各领域数据安全治理全覆盖。

（2）未来 15 年

万物互联时代下的数据规模将持续高速增长，倒逼量子计算、边缘计算等技术加快发展，不断提高技术支撑能力。以数据为中心存算一体的计算机体系结构和云边端融合的新型计算模式加快建立，软件定义方法论被广泛采用，网络通信向宽带、移动、泛在发展，Pb/s 级带宽海量数据能够更好地满足快速传输和汇聚需求，Gb/s 级高密度泛在移动接入能够更好地满足千亿级设备联网需求，表示、组织、处理和分析等方面的基础性原理性突破、基础软硬件的创新和变革能够更好适应高性能、高时效、高吞吐等极端化需求，移动终端和固定终端等生产生活设备高度融通，共建共享的开源生态实现良性循环[①]。

（3）未来 30 年

以量子计算等前沿技术为支撑的人工智能逐步实现高阶应用，数据处理能力的上限被不断突破，"暗数据"的利用能力和比例持续提高，阻碍人类社会

---

① http://www.npc.gov.cn/npc/c30834/201910/653fc6300310412f841c90972528be67.shtml

迈向更高发展阶段的结构性深层次矛盾在大数据自主智能分析的基础上被科学揭示。

7.1.4 量子科技

量子科技主要包含量子计算、量子通信与量子精密测量三方面内容。具体而言：量子计算的挑战性最强，很可能是下一代信息产业的制高点；量子通信主要包括量子密钥分发和量子隐形传态两种类型，利用量子叠加态和纠缠效应的不确定性、测量坍缩和不可克隆等特性防止窃听或破解，进而提供绝对安全的通信保障；量子精密测量可以分为超导精密测量、量子导航、超冷原子精密测量等方向，主要利用量子效应实现突破标准量子极限的精密测量。

1. 国内外发展现状

针对量子科技的应用研究始于 20 世纪 90 年代，目前总体处于从基础理论向应用研究转化的初期，到真正实现应用技术落地和产业化还有一定距离。

量子计算方面，美国近年来持续大力投入，已形成政府、产业、科研机构、投资机构多方协同的良好局面，并在技术研究、样机研制和应用探索等方面建立了领先优势。欧盟、加拿大、英国、日本、澳大利亚等国家和地区紧随其后。这些领先国家之间通过联合攻关和成果共享，正在形成并尝试进一步强化联盟优势。俄罗斯、印度、韩国等也已将量子计算列入国家科技计划体系。我国近年来取得系列研究成果。2021 年 10 月，我国科学家团队成功构建了 113 个光子 144 模式的量子计算原型机"九章二号"，求解高斯玻色取样数学问题比目前全球最快的超级计算机快 10 的 24 次方倍（亿亿亿倍），在研制量子计算机之路上迈出重要一步[一]。量子计算技术在世界各国取得的进展激发了广泛的市场关注和投资热情，特别是机器学习、数字安全、搜索引擎、数值模拟等对算力高度依赖的技术领域以及与之相关的能源神经网络、航空航天、万联网、生物医药、材料科学、气象、金融、综合交通、无人驾驶等众多产业领域都将随着量子计算的成熟迸发出全新生命力，反过来又将反哺量子计算的市场规模和生态链更快壮大。

量子通信方面（如图 7-9 所示），以量子密钥分配技术为主的量子保密通

[一] https://m.gmw.cn/baijia/2021-10/26/1302653005.html

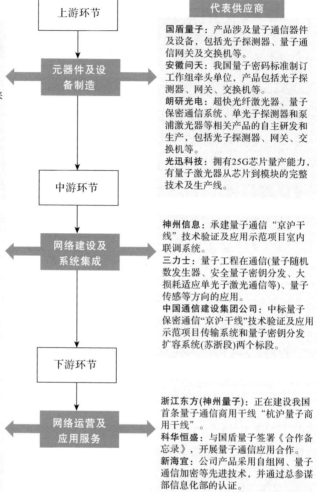

图 7-9 量子通信产业链梳理

信已经在全球范围内开启了试点应用和网络建设进程。20 世纪 90 年代以来，欧、美、日等国家和地区竞相投入大量资源角逐量子通信领域，逐步推动技术理论走向实验和应用。比如：欧盟于 2018 年 10 月启动了"量子技术旗舰计划"，期望通过对量子通信和相关基础科学等领域投资 10 亿欧元推进量子通信网络的建设，建立起量子计算机、模拟器与传感器的广泛连接[一]；2018 年 12 月，

[一] http://www.ecas.cas.cn/xxkw/kbcd/201115_127114/ml/xxhzlyzc/201811/t20181101_4544724.html

美国启动了为期 10 年的"国家量子行动法案",将量子密码、量子计算及量子传感等技术和商品列入出口管制清单;英国和德国也分别于 2016 年和 2018 年启动"国家量子技术专项"与"量子技术:从基础到市场"国家量子技术框架计划,并追加了数以十亿计欧元的投资。我国量子通信技术虽然起步较晚,理论研究方面也还和欧洲主要国家存在差距,但在中央的高度重视[一]和政策、资金的大力支持下,在产业应用方面走在了前列。2016 年 8 月,我国成功发射了世界上第一颗量子科学实验卫星"墨子号",首次实现了卫星和地面之间的量子通信,构建了天地一体的量子保密通信与科学实验体系[二],并率先建立了多个城际量子通信干线网。2021 年 1 月,我国科研团队进一步实现了跨越 4600 公里的星地量子密钥分发,成功构建了天地一体化广域量子通信网络,为未来实现覆盖全球的量子保密通信网络奠定了科技基础[三]。一系列的世界"首次"标志着我国在一定程度上实现了"弯道超车"。

量子测量方面,关键技术可以在军事、民用诸多领域广泛落地。在世界科技强国的竞相推动下,量子时钟源、量子磁力计、量子加速度计、量子重力仪、量子陀螺、量子雷达等领域都已经开发出样机产品,在航天航空、能源、通信、医疗等领域具有广阔的应用潜力。与欧美国家政、产、学、研、军融通推进科研攻关和产业化相比,我国在量子测量领域的研究更多集中在高校和科研院所,和行业企业之间的协同融通还有一定的强化空间。

2. 未来产业发展趋势

(1)未来 5 年

共性关键核心技术加快突破。量子计算方面主要包括超低温和磁场隔离环境、高品质样品材料制备、高维纠缠态制备与操控、高精度操控测量系统等;量子通信方面主要包括高品质量子态光源、高性能单光子探测、高效纠缠制备分发及探测、量子态存储与中继技术等;量子测量方面主要包括集成化隔离屏蔽环境、高精度操控系统等。

[一] http://politics.people.com.cn/n1/2020/1018/c1024-31895872.html
[二] http://www.gjbmj.gov.cn/n1/2018/0828/c411145-30256663.html
[三] http://www.gov.cn/xinwen/2021-01/08/content_5577894.htm

（2）未来 15 年

量子计算方面，原理样机进一步突破，量子计算专用处理器逐步开始商业化应用，加大通用化可编程量子计算的研发力度；量子通信方面，基于量子隐形传态和量子存储中继技术的量子通信方案开始实现传输和组网，量子卫星技术基本成熟，广域量子保密通信网络开始构建，量子密钥分发和量子保密通信开始应用；量子测量方面，基于量子相干性检测和量子纠缠探测的相关技术更加成熟，实用化水平显著提高。

（3）未来 30 年

量子计算方面，通用量子计算机和量子计算软件逐渐落地，在密码破译、气候预测、量子化学、材料设计、药物分析等领域开始发挥作用；量子通信方面，量子信息互联网或将成为下一代互联网底层技术；量子测量方面，量子传感芯片和测量设备实现集成化和产业化。

7.1.5 万物互联与可信智能社会

随着智能传感、云计算、天地一体化通信等技术不断发展与成熟，一个由智能机器人、智能制造、智慧医疗、智慧交通、智能家居、智能安防等领域深度融合的万物互联的智能社会正加快向我们走来。"从简单重复的劳动中解放出来"这个人类长久以来的朴素梦想也正逐渐成为可能。面对即将到来的万物互联时代，乃至以感知融合、虚实融合、人机融合等为基本特征的社会与文明新形态，加快重塑我们的信任体系，构建一个可信的智能社会至关重要（如图7-10 所示）。而为了应对人类文明在智能社会的控制下误入歧途的风险，可以考虑适时启动实施地外备份工程和复盘工程。

1. 国内外发展现状

万物互联是智能社会的核心特征，狭义上可以理解为构建从物品到物品的网络连接（孙其博等，2010），实现物品的智能化识别、流通、交互、管理；从广义上看，万物互联是数字空间与物理空间的全面融合，推动世间万物数字化、网络化、智能化，在物与物之间，物与人之间，人与人之间，人与数字世界之间，物理空间与数字空间、赛博空间之间，现在世界与过去世界、未来世界之间，建立全领域、全时域、全场景的高效信息交互（如图 7-11 所示），进而催生更广泛的技术创新与模式创新,是数字经济推动人类社会发展的更高境界。基于区块链等技术的信任机制是万物互联和智能社会可持续发展的关键;天地一体化新一代通信网络、智能传感与物联网等是万物互联和智能社会的软硬件底座。

图 7-10 可信智能社会的整体架构

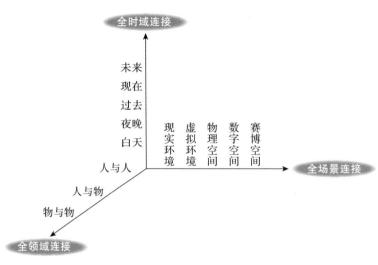

图 7-11　万物互联的三个维度

（1）区块链

区块链是新一代信息技术的重要组成部分，是分布式网络、加密技术、智能合约等多种技术集成的新型数据库软件⊖。区块链按照时间顺序将数据区块以链条的方式组合成特定数据结构，并以密码学方式保证的不可篡改和不可伪造的去中心化共享总账，能够安全存储简单的、有先后关系的、能在系统内验证的数据。随着技术的不断发展，区块链的内涵也在逐渐丰富，逐渐拓展为一种去中心化基础架构与分布式计算范式（袁勇和王飞跃，2016）。通过加密链式区块结构来验证与存储数据、利用分布式节点共识算法来生成和更新数据、利用自动化脚本代码来编程和操作数据等技术路线，获取去中心化、不可篡改、可追溯、高可信、高可用、时序性强、集体维护等优势（邵奇峰等，2018）。通俗来讲，区块链技术的主要价值在于通过分布式的加密账户体系和智能合约程序，实现协议相关方之间的合约自动执行和清算结算，从而大幅降低社会的信任成本。

从技术角度看，区块链平台总体上可分为网络层、共识层、数据层、智能合约层和应用层五个层次。根据技术层次的脉络，区块链产业链条主要包括基础层、平台层、交互层、接口层、呈现层、应用层等（如图 7-12 所示）。其中基础层和平台层主要涉及区块链平台所依赖的基础组件、算法与协议等，包括

⊖　https://wap.miit.gov.cn/zwgk/zcjd/art/2021/art_30c7489e3b3447318188d074f9f81044.html

预处理模块、数据存储模块、对等传输模块、通信协议、共识机制、智能合约等，这些底层技术虽然处于快速发展阶段，但是交互、接口、呈现、应用、安全、监管等层面还缺少统一的标准，共识算法、节点管理、业务逻辑、加密水平、平台性能、网络环境等之间的显著差使跨领域互通、产业融合、场景拓展以及大规模商业化难以在短时间内实现，还远不能达到支撑可信智能社会发展的要求。此外，区块链曾经历过一段时期的非理性炒作，在大幅波动式发展的过程中引发了安全和监管方面的担忧，除了虚拟货币可能引发的金融风险外，还可能波及数据安全、信息安全、系统安全、网络安全、舆情安全、经济安全、公共安全等生产生活中的方方面面，这就要求监管部门充分并深入了解这项前沿技术带来的机遇与挑战，加快构建相应的技术体系、标准体系、治理体系、法律体系来填补监管漏洞，弥合行业之间的裂痕。

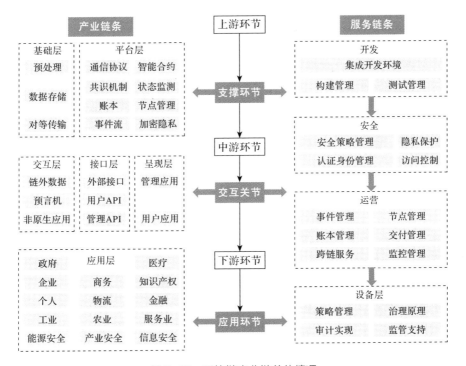

图 7-12　区块链产业链总体情况

从全球范围来看，美国、中国、英国、加拿大、新加坡、瑞士的区块链产业规模领先，俄罗斯、澳大利亚、日本等国家也制定了区块链相关的国家战略和发展路线，支持区块链在智能制造、医疗健康、供应链管理、物联网、公益慈善、金融服务、数字资产交易、文化娱乐等领域的应用。

　　美国高度重视区块链标准制定权，于 2019 年 7 月通过了《区块链促进法案》，要求美国商务部为"区块链"建立标准定义，以及建立新的法律框架，为未来新兴技术的应用提供指导和防范风险[一]，并提出可以在防止税务欺诈、医疗保险跟踪、社会保障福利体系、政府档案管理等领域推动区块链技术的应用。具体到落实层面，美国一方面加强共识算法、密码学等区块链领域的人才培养和科学研究，在麻省理工学院、斯坦福大学、普林斯顿大学、哈佛大学等顶尖高校设置相关课程与研究方向，另一方面构建强大的产业创新生态，亚马逊、微软、谷歌、甲骨文、Cosmos、EOS、IBM、IOTA、Ripple、Stellar 等企业纷纷布局区块链领域的技术研发和在贸易金融、税务、供应链、物流、选举、司法存证、社会公共服务、医疗健康、能源、农业等行业的应用落地。

　　欧盟及欧洲其他主要国家同样高度重视抢占国际"区块链标准"高地。德国政府在 2019 年 9 月发布的区块链战略中指出，区块链技术是未来互联网的基石，应当进一步巩固在该领域的领先地位，并制定了区块链战略实施指导和路线图，提出促进创新、推动投资、确保稳定、加强可持续力等 10 项原则和 5 个领域的行动措施，包括：①确保稳定、刺激投资：金融领域的区块链技术；②孕育创新：推进各类项目和实体实验室建设；③开放投资：明确、可信的框架条件；④技术应用：数字化管理服务；⑤信息传播：知识、交流与合作[二]。英国同样将推动区块链技术发展与应用提升到国家战略高度，特别是发挥区块链在金融科技领域的作用，尝试通过基于区块链技术的"沙盒机制"，在特定范围内调整对部分金融创新产品、服务和商业模式的监管要求，以期节约融资时间和成本（对金融审慎监管带来了较大挑战）。

　　我国同样高度重视区块链技术和产业发展。2019 年 10 月，习近平总书记在中央政治局第十八次集体学习时强调"要把区块链作为核心技术自主创新的重要突破口，明确主攻方向，加大投入力度，着力攻克一批关键核心技术，加快推动区块链技术和产业创新发展"[三]。《中华人民共和国国民经济和社会发展第十四个五年规划和 2035 年远景目标纲要》中将区块链与人工智能、大数据、

一　http://world.people.com.cn/n1/2019/1129/c1002-31481994.html

二　http://world.people.com.cn/n1/2019/1129/c1002-31481994.html

三　http://www.gov.cn/xinwen/2019-10/25/content_5444957.htm

云计算、网络安全并列作为要加快推动的新兴数字产业[一]。

在强有力的政策引导下，国家外汇管理局发起成立了全国跨境金融区块链服务平台并加快应用拓展[二]；国家信息中心牵头发起了国家级区块链平台"区块链服务网络"，并联合中国移动通信集团设计院有限公司、中国银联股份有限公司、中国移动金融科技有限公司等企业共同建设；中国电子、国家电网、中国中车、华为、平安、腾讯、百度、京东等企业也纷纷在行业领域建设区块链公共服务平台，以区块链创新赋能实体经济。在政产各界的共同努力下，我国在区块链技术研究和产业应用方面打下了良好的发展基础，在防伪溯源、供应链管理、司法存证、政务数据共享、民生服务等领域涌现了一批有代表性的区块链应用[三]。区块链展现出为我国未来智能社会提供信用支撑的巨大潜力。

（2）天地一体化新一代通信网络

天地一体化新一代通信网络是以地面网络为基础、以空间网络为延伸，覆盖太空、空中、陆地、海洋等自然空间，为天基、空基、陆基、海基等各类用户的活动提供信息保障的基础设施（如图7-13所示），是支持互联网、移动通信网络、空间网络3种网络业务互联互通的，采用通用平台承载实现各类信息覆盖的互联互通网络系统（李贺武等，2016）。

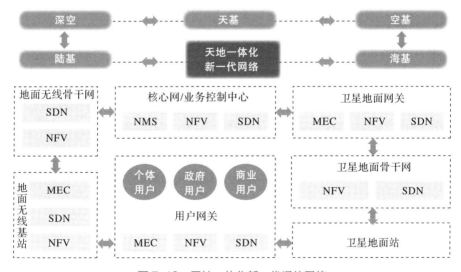

图7-13 天地一体化新一代通信网络

[一] http://www.gov.cn/xinwen/2021-03/13/content_5592681.htm
[二] http://blockchain.people.com.cn/n1/2019/1126/c417685-31474655.html
[三] https://wap.miit.gov.cn/zwgk/zcjd/art/2021/art_30c7489e3b3447318188d074f9f81044.html

天地一体化新一代通信网络是支撑万物互联与可信智能社会的重要新型基础设施，是承载未来科技与产业深度融合发展的关键底座，符合我国重大战略需求。对此，我国在首批启动的"科技创新2030——重大项目"中设立了"天地一体化信息网络"项目，对于贯彻落实"国家利益在哪里，信息化就覆盖到哪里"、保障国家核心安全、拓展国家发展空间、维护国家战略利益、整合全球高端资源、促进区域协调发展具有重大意义。该项目由中国电科牵头实施，按照"天基组网，地网跨代，天地互联"思路，以地面网络为基础、空间网络为延伸[一]，最终目标是实现太空、空中、陆地、海洋全覆盖。其中，地面信息港是空间信息服务的枢纽，也是一阶段的发展重点，总体上分三个层次展开建设：一是基础设施建设，基于中国电科龙云平台打造自主可控、安全可靠的云计算与存储公共基础设施，为政府、企事业单位及个人用户提供定制化的时空数据处理计算和存储服务；二是服务平台建设，打通从数据源头、算法开发到应用产品的时空信息服务全链条；三是典型应用落地，加快提供工业、交通、农业、应急、民生、托管、仓储、旅游、环保等方面的服务。

在"空间信息网络基础理论与关键技术"重大研究计划和"宽带通信和新型网络"重点专项等一系列项目的共同支持下，我国将全面加强新一代互联网协议、新一代信道编码及调制、新一代信道编码、极化多址接入系统的设计与优化、基于深度学习的信号处理、新一代天线与射频、超大规模天线、一体化射频前端系统、太赫兹无线通信系统、动态频谱共享、基于 AI 的无线通信、区块链、网络切片、随流检测、网络分析、自动调优、网络智能、软件与开源网络等关键技术与系统的研究开发，推进天地一体化、有线无线一体化、有源无源一体化、宽带窄带一体化、传输接入一体化驱动下的多层覆盖、多网融合、全域覆盖，更好满足多场景、多频段、多制式的差异化性能需求，加快实现从 5G 移动物联网时代向 6G 万物深度智联时代的跨越。

（3）智能传感与物联网

物联网是建立各种信息传感设备与系统之间智能连接的自组织网络，在人与人之间通过互联网交流的基础上，实现人与物、物与物之间的连接、交互、沟通，是互联网在数字世界中的进化和向物理世界的延伸和拓展。物联网的建

一 https://www.nsfc.gov.cn/publish/portal0/tab446/info73710.htm

立基于对传感技术、计算机技术、数字技术、区块链技术、网络技术、通信技术等的集成应用，涉及智能传感、集成电路、高性能计算、数据通信、信息处理、人工智能、信息安全等多个领域，智能传感是其比较有特色的基础环节。新材料研发与应用是智能传感技术迭代升级的主要驱动力，比如纳米材料能够促进传感器向微纳化方向发展；生物敏感材料具有灵敏度高、响应迅速、选择性好、成本低等优势，在生物医学、临床检验、试剂、制药、化工、食品、环境监测等方面拥有广阔的应用前景；新型光电传感技术具有检测距离远、检测范围广、分辨率高、响应迅速等特点（丁鹏飞，2014；薛飞，2014）。

传统意义的物联网整体上可分为感知层、接入层、网络层、服务层、应用层五个环节（刘强等，2010），涉及元器件、通信组模、基础设施、网络通信、云平台、智能终端、应用场景等一系列产业链关键环节（如图7-14所示）。

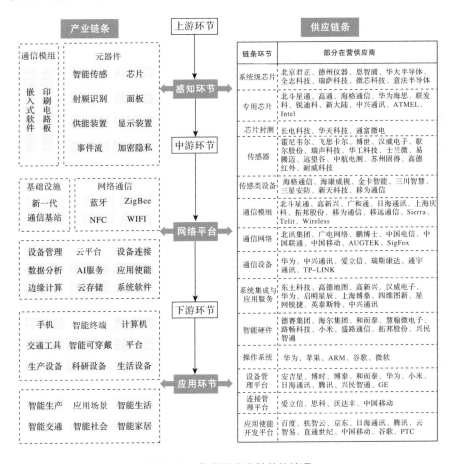

图7-14 物联网产业链总体情况

各种类型的传感器、元器件和相应的信息处理软件是感知层的基础，其作用是全天候、大规模、分布式地感知、采集与识别环境参数、物理化学属性、行为状态等信息，进而对多类型、多尺度、多领域的信息数据进行在线协同计算、控制与处理，是实现网络中所有人与人、人与物、物与物之间资源共享与交互的终端基础。

接入层通过宽带通信网、移动通信网、卫星网等通信网络的通信组模、基础设施，将来自感知层的信息数据传输到天地一体化网络中。

网络层以宽带互联网、移动通信网络、空间网络为基础，将感知获取和交互获取的庞大信息数据资源整合成联通万物的大型智能网络，为物联网的服务层和应用层提供稳定、全面、高效、可信的公共基础设施平台。

服务层主要由云计算平台构成，通过超级服务器和系统软件为物联网提供设备管理、设备连接、数据分析、智能服务、应用使能、边缘计算、云存储等全方位服务，实现对物联网海量数据信息的实时运算、管理和处理，并为应用层落地提供全天候、全覆盖的用户接口。

应用层在集成物联网底层功能的基础上与其他领域新兴技术融合发展，构建起涵盖智能生产、智能生活、智能交通、智能家居、智能医疗等领域的万物互联的全智能化社会。

从新冠疫情的发展过程来看，目前人类社会的科技水平和全球治理体系，即便面对不具备主动攻击能力的大规模公共卫生安全事件，都还没有掌握有效的应对方法。未来在推动社会全智能化的进程中，人类的生命特征信息、基因信息等暴露生命脆弱性的信息很可能都会被智能系统所掌握，一旦失控将面临几种形式的颠覆性风险，包括定向气候灾难、定向地质灾难、定向生态灾难、高能武器微纳化、基因污染、舆论操控、海量机器失控、人类主体性剥夺、大规模精神控制等。为了避免陷入建设性科技力量和破坏性科技力量之间无休止竞逐的恶性循环，未来智能社会安全可控发展的关键在于如何合理划分智能领域的融合边界（陈劲和朱子钦，2020）。这也是为什么我们在本书3.4节中提出科技安全工程学与复盘工程，在5.5节中提出未来科技和未来产业的"发展、规制、复盘、重启"四元治理机制，在7.2.3节中提出生命护盾产业，在7.4.5节中提出能源免疫系统与模块化供能。接下来我们就以创新资源物联网系统和特殊材料输运系统为例来探讨在未来智能社会中划分智能领域融合边界的思路。

（4）安全可信的创新资源物联网系统架构设计

在未来万物互联的全社会智能时代，全球科技创新将进入空前密集活跃的时期，航天、能源、信息、生命、基因、农业、量子、材料、人工智能等科技领域将进一步深度融合和爆炸式发展，各国政府在开放式创新等思想的启发下大力完善国家创新体系和管理机制体制，搭建创新中心和服务平台，以此整合创新资源和要素，激发全社会的创新潜能和活力。照此趋势发展，在政府"简政放权"和"优化服务"两方面工作的不断完善下，在不久的将来，创新很可能会成为一种破除了知识壁垒、信息壁垒、资源壁垒、政策壁垒和时空壁垒的公共活动，人类社会很可能会迎来全民创新的伟大时代，科技水平也将以越来越大的加速度呈指数趋势提升。

科技创新在为社会发展带来积极效应的同时也引发了对环境、伦理、社会和安全等方面的冲击与风险。在智能社会催生的技术爆炸时代，个体或群体之间的价值认同和发展路线取向之间的阶段性差异矛盾如果被不正当地利用和激化，很可能会引发以威胁和破坏为目的的科技创新"恶性竞赛"，这种局面下，科技创新很可能不仅无法为人类社会带来福祉，反而会带来难以预估的伦理、社会和安全危机。随着各项前沿技术所涉及的能量级数和空间尺度都正以越来越快的速度脱离人类脆弱的身躯所能抵御和承受的范围，这些技术之间的灵活组合和相互促进也正快速缩短它们从理论雏形发展到实际应用之间所需的流程和时间，乃至超出评估和监管机构的应对能力，在可预见的未来，任何形式的科技失控事件都很可能给人类社会带来措手不及的灾难性影响。墨菲定律告诫我们："如果有两种选择，其中一种将导致灾难，则必定有人会做出这种选择。"在历史教训的不断警醒下，我们应充分认识到，政府在"放"和"服"的同时，一定要肩负好"管"的重任，以全覆盖、科学化、精细化、规范化、法制化监管科技创新资源的供给为抓手，确保科技创新活动始终在党的领导下开放而有序地开展，永远以人民为中心，体现人民的意志，维护人民的利益。

以公共创新时代的标准审视当前现状，会发现世界各国的科技创新资源管理机制体制仍然存在着顶层设计缺乏战略性和统筹性、物资调配不够灵活、信息共享不够到位、人才供给不够均衡、需求拆解不够彻底、供需匹配不够精准、风险监管不够科学全面等多方面问题。

为了解决上述问题，管理部门应当充分认识到，当今时代，有效掌控数据和信息是权力的根本来源，对于科技创新管理这类核心领域，特别是创新资源供给等关键环节，有必要逐渐摒弃以往所熟悉的层级管理思路，利用物联网、大规模定制、大数据、区块链、人工智能、超级计算和超大规模数据存储等技术，将服务和监管深入和精细到基层甚至是个体，防止资源错配和权力架空，确保党始终能够总揽科技创新事业的全局。

所述的创新资源管理系统及方法应着眼于几个关键问题。一是要让创新资源在政府的主导和管控下逐步公共化，杜绝无关人员通过挤占和寄生人为拉高创新人员的生活和工作成本，直至完全破除知识、信息、物资、人才、政策和时空等各方面壁垒，真正做到培养和释放所有人的创新潜力、全面整合创新资源并按需分配。二是要坚持人民性，将人民的直接需求以及人民通过企业或政府等机构间接表达出的需求视作重要的创新资源，并对其进行科学精准地拆解，均衡地匹配到能够解决相关问题的创新人才或创新人员手中。三是要实现对任何创新人员在任何时期以任何形式调用任何创新资源进行全覆盖实时监管，避免资源滥用和科技失控事件。四是要确保掌控力，在能源供给环节上树立最后也是最彻底的一道安全防线。

为了实现上述目标，我们提出了一种科技创新资源的模块化储存运输系统（范利武等，2019），包括评估控制系统、机器人系统、创新系统、能源系统、通断系统、中控系统、生产系统、存储系统、物流网络、安防系统和监管平台。确保人类对科技创新资源的生产、使用、运输和监管过程的绝对掌控能力。

其中，评估控制系统用于对创新系统的创新需求进行预约和风险评估，并根据存储系统所具有的科技创新资源情况进行对比分析，进一步控制生产系统和存储系统。

机器人系统用于为创新资源生产、储存、运输及监管过程提供技术支持与安全保障。

能源系统用于提供机器人系统、评估控制系统、安防系统、生产系统、存储系统和物流网络所需要的能源。

通断系统用于控制能源系统供能。

中控系统对科技创新资源物联网系统的所有环节拥有最高监管权限，可以跨过任何环节对通断系统直接下达指令，进而管控能源系统。

生产系统包括材料分级平台、材料生产单位、设备分级平台和互联网工厂。材料分级平台用于对科研材料进行分级，将科研材料划分为一般材料和特殊材料，并根据分级结果对不同科研材料的生产、储存、调配、使用和回收等环节的工作资质、方法和流程进行规范；材料生产单位用于生产创新活动所需的材料；设备分级平台用于对科研设备进行分级，将科研设备划分为一般设备和特殊设备，并根据分级结果对不同设备的生产、调配和使用等环节的工作资质、方法和流程进行规范；互联网工厂利用模块化设计、3D打印和柔性制造等技术根据创新人员的权限及需求定制科研设备。

存储系统包括材料库、封装计量模块、设备库和编码追踪模块。材料库用于储存材料；封装计量模块用于特殊材料的封装、计量和追踪，其具有高精度质量称量、质谱分析、原子吸收光谱分析、原子标定追踪等功能，确保材料的计量精度达到原子级，并追踪材料流向；设备库用于存放设备；编码追踪模块用于对特殊设备进行编码、追踪和记录，一方面对特殊设备进行定位追踪，另一方面记录创新需求对设备的使用情况。

物流网络包括运输网络、专用运输网络、监督审核平台、回收平台、调配平台、专用调配平台和定位匹配平台。运输网络用于运输一般材料；专用运输网络用于运输特殊材料；监督审核平台用于识别创新人员的身份并记录其对材料的使用情况；回收平台用于回收特殊材料并计量和记录回收量，确保特殊材料的流向完全可控；调配平台根据创新人员的权限及需求，向创新人员供给一般设备；专用调配平台根据创新人员的权限及需求，向创新人员供给特殊设备；定位匹配平台一方面对特殊设备进行定位追踪，另一方面识别创新人员的身份并记录其对设备的使用情况。

安防系统用于对特殊材料、设备、生产系统、存储系统和物流网络进行物理隔离和监控，并提供有效的防卫力量。

监管平台用于监测管控机器人系统和全资源可视化系统，出现异常情况时监管平台直接控制通断系统停止供能，只有在所述中控系统的授权和控制下才能重新供能。

如图 7-15 所示，在本设计的一个具体实例中，评估控制系统包括预约模块、风险评估模块、全资源可视化系统以及信息处理模块。预约模块用于汇总收集来自创新系统的创新需求；风险评估模块用于对创新需求可能产生的风险以及不同材料设备组合存储运输过程中的风险进行评估，当其风险超出设定阈值时将封锁创新需求并上报中控系统；全资源可视化系统用于实时监管反馈存储系统中科技创新资源的情况，并将信息同步至创新系统；信息处理模块用于将预约需求与全资源可视化系统中的科技创新资源情况进行对比分析，并进一步控制生产系统和存储系统，当预约所需创新资源少于存储系统中具有的创新资源时，信息处理模块将直接控制存储系统进行创新资源出库入库，当预约所需创新资源多于存储系统中具有的创新资源时，信息处理模块将控制存储系统进行创新资源出库入库，同时控制生产系统对于所需的剩余创新资源进行生产。

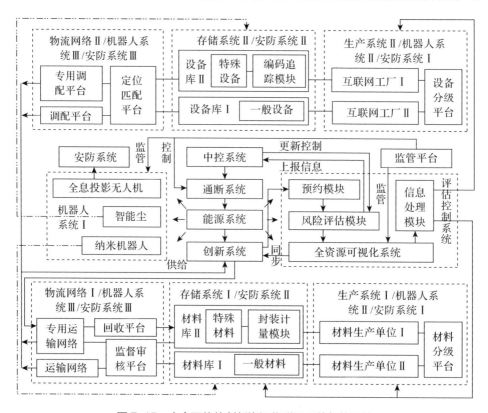

图 7-15 安全可信的创新资源物联网系统架构设计

机器人系统分为机器人系统Ⅰ、机器人系统Ⅱ和机器人系统Ⅲ；机器人系统Ⅰ包括全息投影无人机、智能尘和纳米机器人，全息投影无人机用于为安防系统提供技术支持，当安防系统监测到创新材料和设备的异常转移和聚集情况时，一方面将分析结果上传至中控系统，另一方面通过全息投影无人机对异常情况进行阻截，并通过全息投影技术模拟创新材料和设备成功异常转移和聚集的场景，以误导非法操作人员。智能尘为编码追踪模块提供技术支持，其隐藏覆盖于特殊设备的核心技术部分，一旦特殊设备遇到非法转移或暴力破坏，智能尘便启动自毁程序破坏特殊设备的核心技术部分，同时将周围的音像信息上传至中控系统。纳米机器人为封装计量模块提供技术支持，其作为特殊材料模块化储存的容器，一旦特殊材料遇到非法转移或暴力破坏，纳米机器人将进行自动修复，修复后只有在所述中控系统的授权和控制下才能重新解锁。当纳米机器人的修复能力无法抵御外界入侵时，其会将特殊材料催化或在可能的情况下通过物理或化学手段将特殊材料转化为一般材料，同时将周围的音像信息上传至中控系统；机器人系统Ⅱ会参与生产系统，为材料、设备的生产过程提供技术支持；机器人系统Ⅲ会参与物流网络，为材料、设备的运输过程提供技术支持。

生产系统分为生产系统Ⅰ和生产系统Ⅱ；生产系统Ⅰ包括材料分级平台和材料生产单位；材料生产单位被材料分级平台划分为材料生产单位Ⅰ和材料生产单位Ⅱ，材料生产单位Ⅰ用于生产无安全风险的一般材料，材料生产单位Ⅱ用于生产有安全风险的特殊材料；生产系统Ⅱ包括设备分级平台和互联网工厂；互联网工厂被设备分级平台划分为互联网工厂Ⅰ和互联网工厂Ⅱ，互联网工厂Ⅰ用于生产无安全风险的一般设备，互联网工厂Ⅱ用于生产有安全风险的特殊设备；材料生产单位Ⅱ和互联网工厂Ⅱ均受到安防系统Ⅰ的严密保护。

存储系统分为存储系统Ⅰ和存储系统Ⅱ；存储系统Ⅰ包括材料库和封装计量模块；材料库被材料分级平台划分为材料库Ⅰ和材料库Ⅱ，材料库Ⅰ用于储存无安全风险的一般材料，材料库Ⅱ用于储存有安全风险的特殊材料；材料库Ⅱ采用模块化的储存管理方式，当具有使用资质的创新人员通过预约系统提出特殊材料的调用申请并获得授权后，由评估控制系统中的信息处理模块控制材料库Ⅱ将相应质量的特殊材料交付专用运输网络；封装计量模块用于特殊材料的封装、计量和追踪，其具有高精度质量称量、质谱分析、原子吸收光谱分析、原子标定追踪等功能，确保材料的计量精度达到原子级，并将特殊材料封装至模块化纳米机器人中，追踪材料流向；存储系统Ⅱ包括设备库和编码追踪模块；所述的设备库被设备分级平台划分为设备库Ⅰ和设备库Ⅱ，设备库Ⅰ用于储存无安全风险的一般设备,设备库Ⅱ用于储存有安全风险的特殊设备;设备库Ⅱ在具有资质的创新人员向预约系统提出特殊设备的生产调用申请并获得授权后,由评估控制系统中的信息处理模块调用特殊设备交付专用调配平台;编码追踪模块通过智能尘机器人对特殊设备进行编码、追踪和记录,其一方面对特殊设备进行定位追踪,另一方面记录创新需求对设备的使用情况;特殊材料、特殊设备、材料库Ⅱ、设备库Ⅱ、封装计量模块和编码追踪模块均受到安防系统Ⅱ的严密保护。

物流网络分为物流网络Ⅰ和物流网络Ⅱ;物流网络Ⅰ包括运输网络、专用运输网络、监督审核平台和回收平台;运输网络用于运输一般材料,专用运输网络用于运输特殊材料,监督审核平台用于识别创新人员的身份并记录其对材料的使用情况,回收平台用于回收特殊材料并计量和记录回收量,确保特殊材料的流向完全可控;物流网络Ⅱ包括调配平台、专用调配平台和定位匹配平台;调配平台根据创新人员的权限及需求,向创新人员供给一般设备,专用调配平台根据创新人员的权限及需求,向创新人员供给特殊设备,定位匹配平台一方面对特殊设备进行定位追踪,另一方面识别创新人员的身份并记录其对设备的使用情况;运输网络、专用运输网络、监督审核平台、回收平台、调配平台、专用调配平台和定位匹配平台均受到安防系统Ⅲ的严密保护。

能源系统不接受除来自通断系统以外的任何指令;通断系统不接受除来自中控系统和监管平台以外的任何指令;风险评估模块不接受除来自中控系统以外的任何指令,任何人不得对其程序进行修改;全资源可视化系统不接受除来自监管平台以外的任何指令,任何人不得对其内容进行修改和删除;安防系统不接受除来自中控系统以外的任何指令;中控系统实时备份科技创新资源物联网系统中的所有信息和指令,以备随时审查。

(5)安全可信的特殊材料输运系统架构设计

新材料是推动可信智能社会发展的基础性元素。近年来纳米材料、生物材料、新型合金等创新材料极大地推进了各个领域的发展,并且带来了新的生产力结构转型。随着科学技术的不断发展,越来越多的新型材料被开发并投入使用,其所具备越大的能力的同时就会存在越大的潜在风险,为现有的评估监管工作带来了很大挑战,并且创新材料中所蕴含的能量级数和空间尺度都已远远超出人类所能抵御和承受的范围。如果管理不当，不同材料的组合储存运输或者是同一种材料的不同用途均可能造成巨大破坏，给人类社会带来严峻的安全问题。

目前分布式、区块链、人工智能等技术都在强调"去中心化""智能化"和"自适应管理"，如果不能处理好系统内部不同模块之间的功能关系，会使技术监管、要素分配等流程脱离主管部门的控制。基于目前的运输体系和技术，虽然特殊材料多为科技创新人员所使用，但其在运输过程中如果出现操作不当或者被非法截断等情况，会给公民造成极大伤害，比如有害气体运输过程中出现爆炸等情况。而对于一般材料的运输过程，如果缺乏有效的监控安保环节，同样会出现非法拦截的情况，造成大量的经济损失，比如公共卫生事件中重要医疗物资被非法拦截，导致处理公共卫生事件不及时等情况。因此，针对存在潜在危险的纳米材料、生物材料、新型合金等通过合成手段制造出的特殊材料的运输管理，应基于底线思维，利用大数据、量子通信、物联网、模块化供能等技术将运输环节流程化、材料信息透明化，利用相变控温技术确保材料在运输过程中的温度环境安全，以此提高特殊材料在运输过程中的安全可控性（范利武等，2020）。

为了解决上述问题，本研究团队提出了一种特殊材料的储存运输装置及其储运方法，确保人类对特殊材料的储存、使用、运输和监管过程的安全保障以及绝对掌控能力。本研究团队设计的特殊材料的储存运输装置包括封装运输平台、信息处理平台、信息共享平台、供能平台和监管安防平台。

如图7-16所示，本系统的工作流程如下（具体技术细节请参阅发明专利"一种特殊材料的储存运输装置"，202010403359.9）：

创新人员提出创新需求，交付AI计算模块进行评估处理，其利用AI计算、机器学习等技术根据数据库中已有的特殊材料信息，利用数据信息及社会和自然科学知识，运用现代数学和统计学方法，分析和评估基于预约的特殊材料所产生的科技创新活动会对环境、伦理、社会和安全等方面造成的影响与风险，以自然资源承受极限、生态环境承受极限、社会伦理承受极限和人类生存承受极限为评估标准，拒绝不符合标准的特殊材料预约要求，并将评估结果备份至数据库；通过审核后，AI计算模块会根据创新需求产生一般数据和特殊数据，并保存至数据库中。一般数据为可以公开的数据，所有一般数据，如特殊材料预约情况、余量剩余等信息通过区块链模块上传，供所有创新人员了解，特殊数据为仅可以提供给提出创新需求的创新人员的数据信息，如用于身份识别的量子密钥，特殊材料的种类、数量及运输地点等信息，同时通过量子加密模块生成量子密钥，提供给创新人员用于身份核实；一方面，量子通信模块产生的量子密钥信息通过量子通信模块储存在特殊数据中，另一方面，特殊数据通过量子通信模块与外部中控系统实时同步，以实现外部中控系统对所有环节的最终管控；创新人员通过量子通信模块访问资格审查模块以申请对特殊材料的转移，资格审查模块通过键盘输入、语音录入、瞳孔识别、脑电波识别等方式审核创新人员的身份，若创新人员提供的量子密钥与通过量子加密模块提供的量子密钥完全一致，则可驱动供能模块为封装计量模块和动力模块功能，并开始运输。

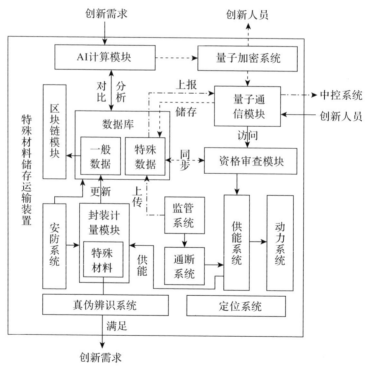

图7-16　安全可信的特殊材料智能储运装置设计

如图7-17所示，运输过程中，利用物联网数字化输运网络和无人驾驶技术实现自动驾驶，通过封装计量模块将特殊材料打包，其具有高精度质量称量、质谱分析、原子吸收光谱分析、原子标定追踪等功能，确保材料的计量精度达到原子级，并追踪材料流向，利用相变材料储/放热过程中温度几乎不变的特点，通过相变微胶囊保温层以维持特殊材料保存过程中所需要的温度，并对特殊材料进行隔离存放，当其周围的温度探测层监测到特殊材料储存模块的边界温度波动超过预定阀值范围时打开转换通道，备用相变微胶囊进入保温层实施替换，同时电控温装置会根据特殊材料所需要的相变温度开始对于新进入的备用相变微胶囊进行储/放热交换。

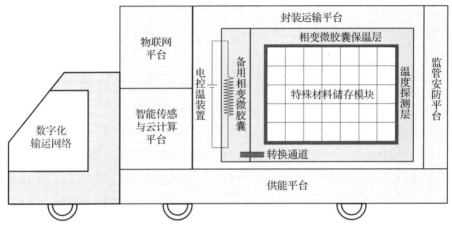

图 7-17　安全可信的特殊材料智能输运系统架构设计

通过监管模块监测管控特殊材料运输过程中所有平台的运行情况，出现异常情况时，监管平台直接控制通断模块停止供能，只有在所属外部中控系统的授权和控制下才能重新供能；通过安防模块对特殊材料、数据库、AI 计算模块、量子通信模块和量子加密模块进行物理隔离和监控，并提供有效的防卫力量，当安防模块监测到特殊创新材料的非法转移或暴力破坏时，便会启动自毁程序使特殊材料失效，当特殊材料抵达预设地点时，通过真伪辨识模块对于完成运输过程的特殊材料进行核查，核查通过后创新人员可以获得特殊材料，完成运输过程。

2. 未来产业发展趋势

（1）未来 5 年

区块链方面，聚焦紧迫技术需求和关键科学问题，建立自主创新的区块链基础理论体系，突破区块链系统构建共性关键技术，加强区块链安全监管与治理技术研究；区块链基础理论方面，重点聚焦新型区块链体系架构设计理论与方法、高延展性可证明安全共识算法及系统设计理论与方法研究、高并发可扩展区块链存储的基础理论和方法研究；区块链系统构建共性关键技术方面，重点推动区块链性能模型及多层级协同优化关键技术研究、区块链可证明安全隐私保护技术研究、区块链评测技术体系与系统研究、区块链安全威胁感知与取证研究；区块链安全监管与治理技术方面，重点推动区块链生态安全监管关键技术等研究[①]。

智能传感方面，以战略性新兴产业、国家重大基础设施和重大工程、生命健康保障等重大需求为牵引，系统布局智能传感基础及前沿技术、传感器敏感元件关键技术、面向行业的智能传感器及系统和传感器研发支撑平台，一体化贯通智能传感器设计、制造、封装测试和应用示范环节，到 2025 年实现传感器创新研制支撑能力明显提升，产业链关键环节技术能力显著增强，若干重点行业和领域的核心传感器技术基本自主可控，专项引领传感器产业可持续规模化发展。从具体技术领域来看，智能传感基础及前沿技术方面，重点推动高精度力学量的量子传感技术研究、生化量检测用太赫兹传感技术研究、结构光场纳米位移传感技术研究、人体健康监测传感器自供能关键技术研究、有机框架材料及气体传感技术研究、基于超材料的力热传感增强技术研究、柔性植入式多模态集成感知及调控技术研究、异质微结构印刷工艺及传感器研究、微纳跨尺度结构集成的超灵敏生化传感器、感算一体化室温红外成像探测技术研究、变革性敏感原理、材料、工艺及传感器研究；传感器敏感元件关键技术方面，重点推动病原微生物及疾病代谢标志物敏感元件及应用、新型低功耗、高选择性气敏元件及传感器、高性能高选择性离子敏元件及传感器、微型高性能加速度敏感元件及传感器、微型高分辨力三轴加速度敏感元件及传感器、高性能声音敏感元件及传感器、高灵敏 MEMS 磁敏感元件及传感器、高性能激光气体传感器及应用、高性能 X 射线敏感元件及在线传感应用；面向行业的智能传感器及系统方面，重点推进深地探测高灵敏度电磁传感器技术及深部探矿示范、车载固态激光雷达关键技术及工程化研究、汽车级高精度组合导航传感器系统开发及应用、特种钢生产关键参数在线检测传感技术及应用；传感器研发支撑平台方面，重点推进 8 英寸 MEMS 传感器加工中试平台、MEMS 传感器批量制造

---

① https://service.most.gov.cn/sbzn/20210511/4286.html

平台、高温传感器专用 ASIC 工艺平台开发㊀。

通信网络与物联网方面，建设高速泛在、天地一体、集成互联、安全高效的信息基础设施，增强数据感知、传输、存储和运算能力。加快 5G 网络规模化部署，推广升级千兆光纤网络。前瞻布局 6G 网络技术储备。扩容骨干网互联节点，新设一批国际通信出入口，全面推进 IPv6 商用部署。实施中西部地区中小城市基础网络完善工程。推动物联网全面发展，打造支持固移融合、宽窄结合的物联接入能力。加快构建全国一体化大数据中心体系，强化算力统筹智能调度，建设若干国家枢纽节点和大数据中心集群，建设 E 级和 10E 级超级计算中心。积极稳妥发展工业互联网和车联网。打造全球覆盖、高效运行的通信、导航、遥感空间基础设施体系，建设商业航天发射场。加快交通、能源、市政等传统基础设施数字化改造，加强泛在感知、终端联网、智能调度体系建设㊁。

（2）未来 15 年

区块链方面，智能合约、共识算法、加密算法、分布式系统等技术领域达到全球领先水平，以联盟链为重点的区块链服务平台体系构建完整，形成在金融科技、供应链管理、政务服务等领域的成熟应用方案并实现广泛应用，监管机制成熟运行并与时俱进，区块链技术成为可信智能社会的重要基础。天地一体化网络方面，IPv6 实现全面普及，第六代移动通信技术引领全球标准，重点加强空间信息网络建设，以卫星、无人机等空间平台为载体，推动空间信息的实时获取、传输和处理，在全面服务导航定位、应急救援、航空运输、远洋航行、航天测控等重要领域应用的基础上，加快推动支持对地观测的高动态、宽带实时传输，以及向上可支持深空探测的超远程、大时延可靠传输㊂，将人类的科学、生产、文化活动拓展至近地空间、远洋、深海乃至外星和深空；物联网方面，智能传感、网络切片、高精度定位等技术领域步入全球领先行列，云服务与边缘计算服务具有较强的全球竞争力，车联网、医疗物联网、供销物联网、办公物联网、家居物联网等产业成为全球示范区。

㊀ https://service.most.gov.cn/sbzn/20210514/4299.html
㊁ http://www.gov.cn/xinwen/2021-03/13/content_5592681.htm
㊂ https://service.most.gov.cn/kjjh_tztg_all/20200923/4152.html

(3) 未来 30 年

未来 30 年，万物互联的新型社会将逐步进入全智能化阶段，在量子计算、新一代通信技术、纳米智慧材料等的驱动下，智能传感器或将在自感知、自学习、自决策、自组织、自适应、自维护、自进化等方面发生质变，通用人工智能和无机生命初具雏形，能源免疫系统、地外备份工程、复盘工程、重启工程或需加速提上日程。

7.1.6 人工智能与无机生命

当我们将人工智能作为一个未来产业的选项加以探讨时，首先要应对的风险就是：随着量子计算、未来移动通信、万物互联、大数据、类脑智能等技术的快速融合发展，人类和人工智能之间在智力、算力、精力、生存力、扩张力等各方面的差距将加速拉大，再加上智能决策的不可解释性，一旦智能系统失控，人类几乎不会有事后响应与纠错的机会。届时如果我们还一厢情愿地要求人工智能服务于人类的发展，无异于单细胞生物妄想统治人类。因此，我们从 2017 年就开始以人工智能领域为例，通过一系列论文和专利逐步构建科技安全工程学理论框架和技术体系，并再三强调，即使仅从人工智能未来治理的角度出发，也要坚持能源行业的集中统一管理、公有制和独立性。相关内容在本书 4.7 节中做了简要介绍。

人工智能的内涵非常丰富，涵盖模拟、延伸和扩展人的智能的一系列理论、方法、技术及系统工具，涉及计算机科学、数理逻辑、信息论、自动化、控制论、生命科学、脑科学、神经生物学、语言学、心理学、哲学等多门学科。人工智能产业链主要包括上游基础支持层（包括计算系统技术、计算硬件、数据处理等）、中游中间技术层（包括算法理论、开发平台、应用技术等）、下游应用层（目前主要包括智慧教育、智慧医疗、智慧金融、智能家居、智能制造、智能交通等方面）三个环节。

1. 国内外发展现状

从全球来看，在人工智能和类脑科技领域美国相对领先，其拥有谷歌、微软、亚马逊、苹果、Meta、IBM 等科技龙头企业和 Brainco、Emotiv、Kernel、Neurallink 等一大批创新能力突出的新兴企业。比如谷歌依托 X 实验室等机构长期积累的大量前沿技术优势，推动谷歌大脑和医学、生命科学、心理学深度融合，力争走在通用人工智能系统的最前端；微软重点聚焦意识网络架构，推进新型类脑人工智能系统的可解释性；IBM 尝试通过 Watson 系统和 TrueNorth 类脑芯片等软硬件支撑争取类脑智能生态系统的先发优势。拥有一大批世界顶尖高校和科学家是美国长期保持人工智能引领地位的关键。麻省理工学院在美国国家自然科学基金委的支持下组建了脑、心智与机器研究中心，在著名计算神经科学家 Tomaso poggio 的带领下，研究中心借鉴了媒体实验室的优秀传统，聚集了计算机科学、人工智能、认知科学、脑科学、神经生物学等领域的优秀学者，共同推动面向超网络的连续学习、因果推理与决策、神经计算等方面的交叉融合研究；斯坦福大学的心智、脑与计算研究中心在人工神经网络专家 Jay McClelland 的带领下研究包括机器感知、传感、理解、思维、决策等环节的类脑神经信息处理机制。

英国、法国、瑞士、日本、以色列等国家也在加紧布局：欧盟高度重视智能技术监管和规制方面的话语权，在人工智能伦理的原则、共识、标准建设方面做出了系列部署；瑞士深耕类脑芯片领域，比如洛桑联邦理工学院的脑与心智研究所组建了一只由神经生物科学、计算神经科学、人工智能、机器人领域的优秀科学家，共同推动欧盟脑计划、瑞士蓝脑计划的研究和产业化进程，2019 年，瑞士著名的类脑芯片企业 aiCTX 率先发布了全球首款动态视觉专用人工智能处理器，在人工智能细分领域建立了独特优势；日本更加重视人工智能在提高经济社会发展水平和解决社会问题方面的创新应用，基于在机器人、高端医疗、汽车等领域的显著优势，面向养老、教育、健康等方面的日本全社会难题，重点布局人工智能医疗机器人、服务机器人和自动驾驶等领域。

自 2017 年起，科技部先后确定了 15 个国家新一代人工智能开放创新平台，并印发了《国家新一代人工智能开放创新平台建设工作指引》[一]。平台覆盖基础软硬件、智能供应链、智能视觉、智能语音、视觉计算、图像感知、城市大脑、医疗影像、自动驾驶等领域的应用场景[二]，依托单位涵盖华为、海康威

[一] http://www.gov.cn/xinwen/2019-08/04/content_5418542.htm

[二] http://digitalpaper.stdaily.com/http_www.kjrb.com/kjrb/html/2021-10/21/content_523567.htm

视、腾讯、京东、百度、科大讯飞、平安、小米、360奇虎、阿里、商汤、旷视、依图、明略和好未来15家人工智能领域的代表性企业㊀。

和很多其他科技领域一样，我国已经基本建成人工智能应用强国，比如计算机视觉和语音识别等应用领域正在引领世界前沿发展，类脑计算（张鑫，2021）等部分技术领域已经建立一定优势，但在人工智能基础理论、基础科学和很多共性关键技术方面还相对薄弱。

从产业链逻辑来看（如图7-18所示），我国上游的理论层和基础层支撑能力不足，核心软硬件面临受制于人的风险，比如人工智能芯片、开源软件生态等方面。以类脑智能为例，其理论层主要涉及脑科学与神经计算等方面，需要通过探明脑功能结构、大脑与神经可塑性、大脑信息处理等机制为软硬件开发夯实理论底座；基础层主要包括核心软硬件，其中核心硬件主要包括面向类脑功能实现的神经形态芯片（刘星和李星宇，2021），包括脉冲神经网络芯片、忆阻器、忆容器、忆感器等，关键软件包括机器学习、强化学习、连续学习等核心算法和视觉感知、听觉感知、多模态融合感知、自然语言理解、推理决策等通用技术。只有打牢理论层和基础层的根基，脑机接口、脑控设备、神经接口、智能穿戴等人机交互产品和类脑计算机、类脑机器人等整机产品才有可能实现可持续进化。

中游的技术层在当前的大环境下受到高校、科研院所等各类创新主体的青睐，广阔的市场需求也激发了企业投入的积极性，计算机视觉、语音识别等技术领域已经处于引领地位。同样以类脑智能为例，国家发改委于2017年批复中国科学技术大学在合肥牵头组建类脑智能技术及应用国家工程实验室，共建单位包括中国科学院、复旦大学、微软、百度等科研院所、高校和企业㊁；次年，北京市政府联合中国科学院、军事科学院、中国中医科学院、中国医学科学院、清华大学、北京大学、北京师范大学等单位联合成立了北京脑科学与类脑研究中心㊂，重点聚焦认知障碍相关重大脑疾病、类脑计算与脑机智能、儿童青少年脑智开发、脑认知原理解析等方面的研究㊃。

㊀ http://it.people.com.cn/n1/2019/1015/c1009-31399956.html
㊁ http://leinao.ustc.edu.cn/25856/list.htm
㊂ http://www.cibr.ac.cn/about/generalization
㊃ http://news.sciencenet.cn/htmlnews/2018/3/406603.shtm

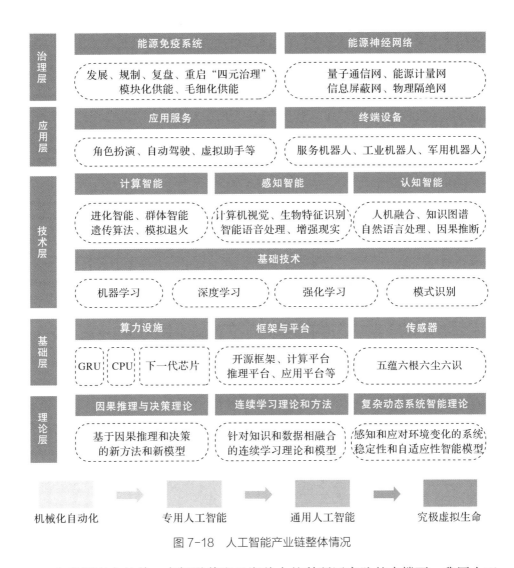

图 7-18 人工智能产业链整体情况

在我国庞大的单一市场滋养和日渐壮大的科研国家队的支撑下，我国人工智能下游的应用层已经展现出难以比拟的发展潜力，应用场景丰富，产品类别多元。比如腾讯充分利用网络平台和用户积累方面的优势，从零售、医疗、安防、娱乐等多个行业切入人工智能领域，为下一阶段向理论层和基础层进军提供了丰富的数据源和迭代场。

2. 未来产业发展趋势

（1）未来 5 年

以推动人工智能技术持续创新和与经济社会深度融合为主线，按照并跑、领跑两步走战略，围绕大数据智能、跨媒体智能、群体智能、混合增强智能、自主智能系统五大方向持续攻关，从基础理论、支撑体系、关键技术、创新应用四个层面构筑知识群、技术群和产品群的生态环境，抢占人工智能技术制高点，妥善应对可能带来的新问题和新挑战，促进大众创业万众创新，使人工智能成为智能经济社会发展的强大引擎[1]。

基础理论方面，推动因果推理与决策理论模型研究、连续学习理论和方法、复杂动态系统智能理论与方法等方面的研究；基础软硬件支撑体系方面，开发大规模分布式神经网络通用智能计算芯片、感存算一体化的智能感知芯片、自主无人系统标准化流式智能计算单元、自主无人系统的开放通用高端智能控制器、基于脉冲神经网络的类脑计算、大规模多智能体强化学习训练和评估技术、数据安全与隐私保护下的机器学习技术、基于人机协作的复杂智能软件系统构造与演化技术、跨域异质分布式学习和推理系统等；在人工智能提高经济社会发展水平创新应用方面，推进面向模拟集成电路版图自动优化的人工智能 EDA、面向数字集成电路设计的人工智能 EDA、模型驱动的工业算法与优化求解、人机融合医疗会诊关键技术与应用、标准化儿童患者模型关键技术与应用、农业智能知识服务平台、典型畜禽疫病智能诊断与主动防控系统等方面的落地；在人工智能提升社会综合治理能力创新应用方面，推进新冠疫情等公共卫生事件的智能流调研究、全球重大突发传染病智能化主动监测预警系统、面向重大突发事件的智能应急物资物流调配技术及应用。

（2）未来 15 年

脑科学和神经科学在专用人工智能的支撑推动下或将迎来真正意义上的重大突破，进而反哺和推动人工智能基础理论和算法的革新，并逐步向更高阶的人工智能迈进。在更高阶人工智能的支撑推动下，脑科学和神经科学或将在某个难以预料的时刻突破临界点，进入人工智能、脑科学和神经科学之间回旋激荡、相互促进、迭代升级的进程，以指数型进化速度催生出初级通用人工智能。此时，人工智能技术和产品或将广泛深度融入人类社会的教育科技、医疗健康、老幼陪护、生产生活等各个方面。

---

[1] https://service.most.gov.cn/sbzn/20210706/4394.html

（3）未来 30 年

量子计算、下一代通信网络等未来科技的无边界嵌入融合会加速人工智能朝巨系统和纳米化两个方向发展，一旦智能机器产生了自我意识，甚至进化成为无机生命体，由此引发的不可控性有可能会给人类文明带来颠覆性风险。正如前文所提到的，在我们一厢情愿地畅想未来人工智能助力于人体增强、生命延长、解放人类之前，首先要考量清楚在智力、算力、精力、生存力、扩张力都远胜于我们的人工生命面前，如何确保人类自身不会被视作精神和肉体都异常脆弱的低级生物。因此，我们提出"底线式治理"的概念、理论体系和技术方案（陈劲和朱子钦，2020），以期通过构建能源神经网络、能源免疫系统、模块化供能体系和生命护盾系统，来为人类有效开发自身大脑并及时匹配人工智能的进化速度争取宝贵的时间窗口。

7.2 未来生命健康

从长远来看，维护我国人口安全，特别是保持我国主体民族人口的全球占比稳定是未来生命健康产业的重要使命，是我们在铸牢中华民族共同体意识的基础上可持续推动构建人类命运共同体的根本前提。

7.2.1 生物与基因

生物产业是以生命科学理论和技术为基础，与材料、化学、工程、信息等多领域交叉融合的产业，主要包括生物医药、生物育种、生物基因、生物材料、生物能源等领域。由于与人类生命健康直接相关，自 20 世纪 70 年代兴起以来，生物产业一直保持快速增长，其年复合增长率能够达到世界经济整体增速的 10 倍左右，且其全球营业额每 5 年左右就会实现倍数增长，展现出未来长时间保持主导产业地位的潜力。

1. 国内外发展现状

从全球来看，美国依靠强大的研发与创新能力，在生物医药（如图 7-19 所示）和生物材料等领域确立了明显优势。借助在自然资源、人才资源、科技水平、集群式发展等方面的优势，形成了华盛顿、波士顿、圣地亚哥、旧金山、北卡罗来纳等生物科技和产业集群，主导着全美乃至全球的生物科技与产业发展方向。在论文数量、专利数量、在研药品数量、科技型企业数量等方面，美国均长时间保持全球第一。

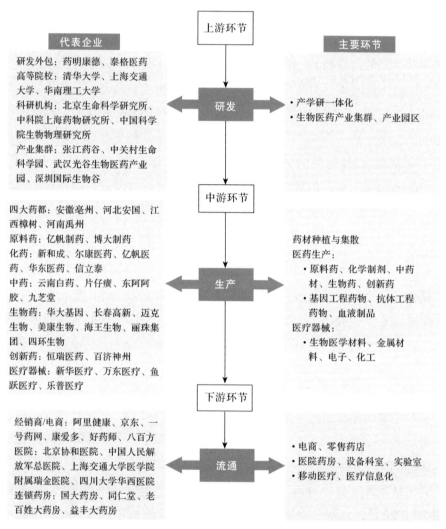

图 7-19　生物医药产业链

目前，生物医药产业主要聚焦免疫性疾病、遗传性疾病、肿瘤方向的药物和治疗技术研发，具体包括两条发展路径，一是结合前沿生命科学和制药科学等基础科学研制和生产新药物，是以生物领域的基础理论突破和关键核心技术攻关为起点的药物开发路径；二是以基因工程、细胞工程、发酵工程、酶工程、生物芯片和生物信息技术为主的工程与技术优化路径。

基因技术一直是国际研究的热点，21世纪初由包括我国在内的多个国家合作完成的人类基因组计划对人类认识自身、提高健康水平、推动生命科学、医学、制药科学、生物技术、农业技术等领域发展都具有重要意义，而与之相关的基因治疗技术及临床试验受到了世界各国的高度重视，近年来由单基因遗传病逐步拓展到心血管疾病、自身免疫性疾病、代谢性疾病、肿瘤、感染性疾病等多个重大疾病领域。

生物材料领域（如图7-20所示），美国、欧盟等发达国家和地区起步较早，在细胞工程、生物化工、合成生物学、高分子材料与工程等学科领域积累

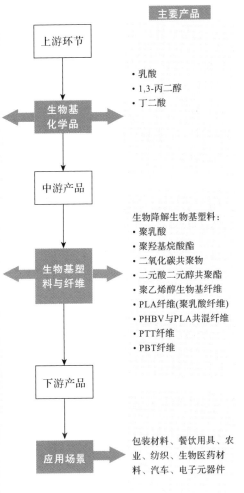

图7-20 生物材料产业链

了一定优势，产业化已初具规模，但目前市场需求还未完全打开，产业链构建还不够完善，生产成本竞争力不足，生物材料的商业化进程还不够理想。

自"十二五"规划起，我国就非常重视生物产业的战略意义。《中华人民共和国国民经济和社会发展第十四个五年规划和2035年远景目标纲要》进一步提出，推动生物技术和信息技术融合创新，加快发展生物医药、生物育种、生物材料、生物能源等产业，做大做强生物经济。随着我国人民生活水平不断提高，人口老龄化趋势愈加严峻，生态文明建设标准日趋严格，以个性医疗、精准医疗等为代表的生物医药产业和满足可再生、可降解等要求的生物材料产业具有良好的未来发展前景。目前，我国已经形成长江流域、环渤海、珠三角等多个生物产业集群。其中，以北京为中心的环渤海集群拥有较为丰富的教育资源、人才资源、临床资源，构建优势互补、紧密协同的上下游产业链，代表性的生物产业基地包括中关村生命科学园等；以上海、武汉等城市为中心的长江流域集群具有较为完善的产业创新生态和国际合作机制，跨国企业云集，在科技创新、产业化、国际化等方面具有明显优势，代表性的生物产业基地包括张江生物医药基地、武汉光谷生物城、苏州生物医药产业园；以广州、深圳、珠海等城市联动形成的珠三角集群拥有较为成熟的市场经济体系和医药流通体系，构建了强大的生物产业商业网络。

以上海张江生物医药基地为例，在强有力的政策引导和支持下，基地构建了完善的产学研产业创新生态，包括中药、医疗器械、生物制品、化学药等多个领域的500余家生物企业，中国科学院上海药物研究所、上海中药创新研究中心、国家人类基因组南方研究中心等高水平科研机构，美国礼来公司、瑞士罗氏集团等跨国企业的研发中心、上海交通大学、复旦大学、同济大学等一流高校。在公共科研机构与设施、生物科技服务平台、成果转化孵化平台等配套资源的支撑下，打造了高端创新资源集中、科技创新能力强劲、产业化效益和水平突出的生物产业集群典范。

2. 未来产业发展趋势

（1）未来5年

全面推进中医药现代化[一]进程，加大中医药临床救治装备研发力度，加强

[一] https://service.most.gov.cn/kjjh_tztg_all/20210621/4364.html

中医药标准化、智能化和规模化供给能力建设。稳定支持精准医药、合成生物学、干细胞技术等生物制药领域和生物基纺织材料、生物基工程塑料、可反复化学循环生物降解高分子材料等生物材料领域研究。加强人工智能技术在药物临床研究、疫苗研发等方面的应用，提升疾病建模、新靶点发现、先导化合物发现、化合物筛选、先导药物优化等环节的效率，更好地解决药物、疫苗研发效率低、周期长、成本高等问题，加快推动精准医药和精准治疗的普惠化。

（2）未来15年

随着人工智能、量子计算、类脑科技、脑机接口、基因增强、多能干细胞等技术的进一步突破，生物技术和生物产业将在融合发展中迎来变革。DNA存储、生物计算/细胞计算等前沿交叉技术将日趋成熟。再生医学、人造器官、人工器官等领域的进步或将进一步开发和扩展人类机体的潜能，通过更加广谱的组织或器官修复、取代、再生来改变人类对创伤、疾病或自然老化过程的认知。

（3）未来30年

积极应对我国人口老龄化和少子化趋势，识别和顺应社会需求新变化，加大对慢性病相关的药物研发投入和对基因缺陷修正技术的探索，在普惠化的基础上加强个性化供给能力。进一步加强再生医学、生物基因、人工智能、类脑科技、量子计算等技术领域的深度融合，在维护我国全球人口占比稳定的战略目标框架下，统筹生物与基因产业发展的规划和布局。

7.2.2 医疗与大健康

根据前瞻产业院的研究，医疗与大健康产业包括与健康检查、维护、恢复、促进相关的生产经营和服务活动，其全面性和交叉关联性决定了不宜用单一产业上中下游的分析方式，需要采用多模块层次分析。按照传统理念总体上分为五个领域：①医疗服务机构；②医药用品；③保健用品；④健康管理服务；⑤健康养老。

除了传统的个体健康领域外，随着万物互联和元宇宙时代的到来，我们还应关注人类社会作为一个整体的身心健康问题。设想这样一个可能性，当计算机和云端掌握了每个人的婚恋、生育状况这类看似对正常生活没有直接影响的隐私时，智能系统通过精准推送"自我""宠物""性别""存在主义"等方面信息的方式潜移默化地大范围影响每个人的生育观和人类观，其影响之广泛和深远或许会远超国家宏观政策的引导能力,这也是为什么我们一直强调在万物互联和元宇宙时代维护人类主体意识和人口安全的重要性。

1. 国内外发展现状

从全球来看,美国拥有数量与水平领先的医疗研究机构和顶级科学家,仅国立卫生研究院就有近30个研究所和研究中心,在生命科学、行为学、材料学、物理学、计算机科学领域的基础研究和疾病预防、医疗诊断、疾病与残障治疗、医疗信息化、医疗器械等领域的应用研究建立了领先优势,为美国医疗健康产业的发展提供了强大的科技支撑和驱动力,根据美国顶尖综合医疗及研究机构克利夫兰医学中心的计划,未来将在血红蛋白病的基因治疗、治疗原发性多发性硬化症的新药、心脏起搏器连接智能手机、治疗囊性纤维化的新药、通用的丙型肝炎治疗、提高早产儿的肺功能、新政策催增远程医疗服务、控制产后出血的真空诱导的子宫压塞器、抑制剂用于前列腺癌、预防偏头痛的免疫药物领域重点发力。

欧洲主要国家在数字医疗、医疗器械和高端养老设施领域有较好的积累,比如德国于2017年建立了数字医疗实验室,以期通过将数字技术和传统医疗相结合,加速升级医疗装备和治疗方法;法国高度重视与我国的合作,以法国健康产业联盟为主要平台,汇聚130余家在华医疗与大健康领域企业,在医院设计规划、医院管理系统、老年健康与护理等领域与我国研究型医院、医学研究机构等建立合作关系;爱尔兰都柏林数字健康技术公司通过搭建远程数字医疗平台,能够为顾客提供线上生命体征监测和门诊等服务。

日本立足国情,致力于发展面广质优的养老科技、产品与服务,并高度重视学习美国国立卫生研究院的经验,于2014年和2015年先后成立了"健康医疗战略推进本部"和日本医学研究发展署,以期整合科技教育、卫生健康、经济产业部门在医疗健康领域的政策、人才、项目、资金、基地、平台资源,改进一元化资助与研究模式,形成日本医疗健康领域的科研决策、管理、监督中枢。

我国向来高度重视医疗与大健康产业。比如在新冠疫情防控的过程中,世界卫生组织和越来越多的国家表示中国防疫的成功经验值得借鉴和学习,世界卫生组织总干事称赞中国"设立了应对疫情暴发的新标杆"[一]。究其原因,就是

[一] http://www.gov.cn/xinwen/2020-02/03/content_5474306.htm

我们始终坚持"人命关天""以人为本"的以人民为中心的思想,发挥全国一盘棋、调动各方面资源、集中力量办大事的显著优势。2016年10月,中共中央、国务院印发了《"健康中国2030"规划纲要》,提出"共建共享、全民健康"是建设健康中国的战略主题。核心是以人民健康为中心,坚持以基层为重点,以改革创新为动力,预防为主,中西医并重,把健康融入所有政策,人民共建共享的卫生与健康工作方针,针对生活行为方式、生产生活环境以及医疗卫生服务等健康影响因素,坚持政府主导与调动社会、个人的积极性相结合,推动人人参与、人人尽力、人人享有,落实预防为主,推行健康生活方式,减少疾病发生,强化早诊断、早治疗、早康复,实现全民健康[一]。

以数字化、网络化、智慧化(如图7-21所示)为方向的科技创新是当前我国医疗健康产业高质量发展的核心驱动力。近年来,我国先后筹建了中国健康医疗大数据股份有限公司、中国健康医疗大数据产业发展集团公司、中国健康医疗大数据科技发展集团公司,打造了健康医疗大数据领域的"国家队",规划形成了一个国家数据中心、七个区域中心、各地若干个应用和发展中心,也就是"1+7+X"的健康医疗大数据应用发展的总体格局[二];在上海、湖南等地相继建成了数家医疗大数据应用技术国家工程实验室,主要围绕临床医疗、卫生管理模式、公共卫生服务等领域开展研究;新沪商医疗大健康产业联盟作为新型产业生态赋能平台,致力于推动我国医疗健康领域关键核心技术加快突破;由工信部批复组建的国家高性能医疗器械创新中心重点围绕与医疗健康密切相关的预防、诊断、治疗、康复领域的高端医疗设备需求,着力提升我国高性能医疗装备研发和制造能力,为生物医疗战略新兴产业和医疗市场提供创新技术和设备,完成技术开发到转移扩散到首次商业化应用的创新链条各环节的活动,打造贯穿创新链、产业链和资金链的高性能医疗器械产业创新生态系统[三]。

[一] http://www.gov.cn/zhengce/2016-10/25/content_5124174.htm
[二] http://www.gov.cn/xinwen/2017-04/28/content_5189760.htm
[三] http://www.xinhuanet.com/2020-05/08/c_1125959352.htm

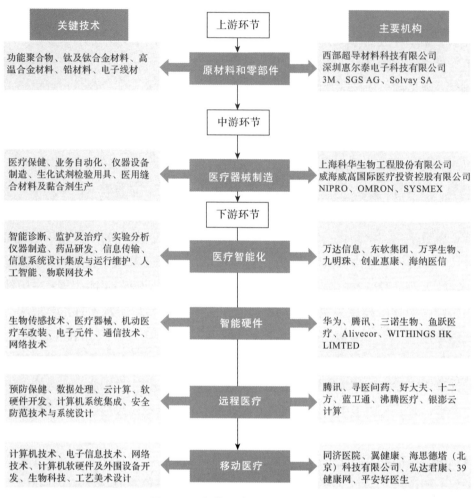

图 7-21　智慧医疗产业链总体情况

经过多年的科研力量建设与积累，我国医疗与大健康领域的科技与产业实力在抗击疫情的过程中实现了厚积薄发。新冠疫情暴发伊始，中央就成立了以钟南山院士为组长、14 位专家组成的新型冠状病毒感染的疫情联防联控工作机制科研攻关专家组。在国家层面迅速启动应急科技攻关项目，着重在病毒溯源、传播途径、动物模型建立、感染与致病机理、快速免疫学检测方法、基因组变异与进化、重症病人优化治疗方案、应急保护抗体研发、快速疫苗研发、中医药防治等 10 个方面进行部署○。具体到落实层面，一方面更好发挥政府作用，加

○ http://www.xinhuanet.com/politics/2020-01/24/c_1125499453.htm

强统筹协调，加大卫生健康领域科技投入，加快推进相关领域科研力量布局，整合国家重点科研体系，布局了一批国家临床医学研究中心，组织跨学科、跨领域的科研团队，深化科研、临床、防控一线的相互协作，大力开展协同创新，形成推进自主创新的强大合力。通过组织疫情防控和科研生产等各条战线的精干力量协同作战，聚焦检测试剂、疫苗、抗体、药物、诊疗方案等方面集中攻关，并配套财税、金融、商事、政府采购等一系列优惠政策，培育了一批能够掌握关键核心技术的公共卫生领域科技型企业和产业集群，实现高端医疗技术、产品和装备自主可控，牢牢掌握关键核心技术的主动权，从根本上保障国家公共卫生安全。在基本控制住疫情的基础上，我国进一步瞄准世界科技前沿，抓住公共卫生领域前瞻性基础研究，并推进应用基础研究产业化，把科技成果充分应用到我国现代化事业的建设中。另一方面，我国高度重视培养前沿技术攻关和尖端人才，着力开发应用大数据、人工智能、云计算等数字技术，更好发挥其在疫情监测分析、病毒溯源、防控救治、资源调配等方面的支撑作用，提高我国应对重大突发公共卫生事件的能力和水平。坚持中西医结合，持续大力发展公共安全领域的科学技术，加快成为世界主要科学中心和创新高地，牢牢掌握科技发展的主动权，推动我国向世界公共卫生科技强国迈进。

2. 未来产业发展趋势

（1）未来5年

在高端医疗装备和创新药方面，加强中医药关键技术装备开发。突破腔镜手术机器人、体外膜肺氧合机等核心技术，研制高端影像、放射治疗等大型医疗设备及关键零部件。发展脑起搏器、全降解血管支架等植入介入产品，推动康复辅助器具提质升级。提高医疗器械的创新能力和产业化水平，重点发展影像设备、医用机器人等高性能诊疗设备，全降解血管支架等高值医用耗材，可穿戴、远程诊疗等移动医疗产品。实现生物3D打印、诱导多能干细胞等新技术的突破和应用。研发重大传染性疾病所需疫苗，开发治疗恶性肿瘤、心脑血管等疾病的特效药[一]。发展针对重大疾病的化学药、中药、生物技术药

㊀ http://www.gov.cn/xinwen/2021-03/13/content_5592681.htm

物新产品，重点包括新机制和新靶点化学药、抗体药物、抗体偶联药物、全新结构蛋白及多肽药物、新型疫苗、临床优势突出的创新中药及个性化治疗药物㊀。

临床医学与健康方面，加强某类绝症、心脑血管、呼吸、代谢性疾病等发病机制基础研究，主动健康干预技术研发，再生医学、微生物组、新型治疗等前沿技术研发，重大传染病、重大非传染性疾病防治关键技术研究。

（2）未来 15 年

人民健康水平持续提升，人民身体素质明显增强，人均健康预期寿命显著提高。主要健康危险因素得到有效控制。全民健康素养大幅提高，健康生活方式得到全面普及，有利于健康的生产生活环境基本形成，食品药品安全得到有效保障，消除一批重大疾病危害。健康服务能力大幅提升。优质高效的整合型医疗卫生服务体系和完善的全民健身公共服务体系全面建立，健康保障体系进一步完善，健康科技创新整体实力位居世界前列，健康服务质量和水平明显提高。健康产业规模显著扩大。建立起体系完整、结构优化的健康产业体系，形成一批具有较强创新能力和国际竞争力的大型企业，成为国民经济支柱性产业。促进健康的制度体系更加完善。有利于健康的政策法律法规体系进一步健全，健康领域治理体系和治理能力基本实现现代化㊁。不断压缩一手制造问题一手解决问题的空间。

（3）未来 30 年

人类身体机能和预期寿命或将出现重大突破，应提前布局构建和完善心理层面的中老年人创新生态体系，以及以"中医药现代化 + 人类增强 + 生命护盾"为主导的未来医疗大健康产业体系，确保我国人口安全，维护我国主体民族人口的全球占比稳定。

7.2.3 生命护盾

随着全球城镇化率越来越高，水资源污染、自然灾害、非自然灾害、传染性疾病等公共安全问题都会造成大规模人员伤害。而随着科技的发展，公共安

㊀ http://www.gov.cn/zhengce/content/2015-05/19/content_9784.htm

㊁ http://www.gov.cn/zhengce/2016-10/25/content_5124174.htm

全不仅限于传统意义上的自然灾害或人为伤害等,还包括一些高科技公共安全风险。由于这些高科技风险涉及的领域比较前沿,并涉及深度的学科交叉融合,很可能只有具体领域内的科学家比较了解,一般民众甚至管理部门都很难在短时间内分析出公共安全事件的发生原因和原理,更难以有效地进行针对性响应。但这些公共安全事件往往涉及面很广,且后果很可能会比较严重。比如对于一些生化事故,一般都需要一段时间才可以分析出病原体,但在分析期间可能会有大量人员受到伤害。所以我们急需一套在此类公共安全事件发生时对个体民众进行广谱、精准防护的安全防护体系。对此,我们建议适时发展生命护盾产业(陈劲和朱子钦,2020)。

生命护盾产业的核心使命是建立一套公共安全防护系统及方法(如图 7-22 所示),及时对公共安全事件进行响应和调控,通过将人民群众与公共安全事件的危险源隔离的方法,实现面向原理不可知的公共安全事件的广谱性、精准到个体的安全防护。

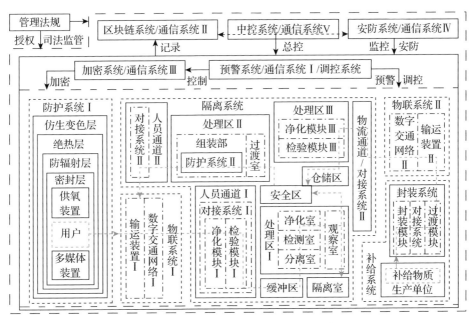

图 7-22 生命护盾产业的整体运行框架

为实现上述使命定位,我们设计了生命护盾系统的相关发明专利并提出了完整的技术方案,该系统主要包括:采集模块、调控模块、定位模块、防护模块、物联模块和中控模块。其具体运行包括以下步骤:①采集公共安全信息;

②调控模块接收公共安全信息，并对公共安全信息进行分析，判断其是否存在安全隐患，若存在安全隐患则将公共安全信息发送至定位模块；③确定用户和防护模块的位置，并将用户和防护模块的位置信息发送至物联模块；④物联模块将防护模块输送至用户处，防护模块将用户与安全隐患相隔离；⑤在用户使用防护模块后，将防护模块和用户移动输送至安全位置。

由于采取以上技术方案，生命护盾系统及相应产业具有以下优点：①能够在有效的前提下将成本控制在最低，对公众进行全覆盖、无差别保护；②运用了底线思维，响应速度快，能够第一时间有效保护公众安全和健康，特别是针对性威胁；③采用了模块化设计方法，更新升级能力强，能够迅速适应复杂应用环境和新要求；④通过合理建立相对封闭的通信模块，确保了中控模块对所有环节的最高管理权限；⑤运用了区块链、物联网、量子通信、智能安防等前沿技术，物资供应和信息交互体系具有足够的独立性和可控性，抗干扰和防破坏能力强，稳定性和安全系数高；⑥能够很好地对接传统的人防、疾控、粮食物资能源储备等模块，必要时为公众提供长期庇护；⑦具有较好的开放性和扩展性，可以为科技领域以外的公共安全管理提供平台和技术基础。

为了使读者更好地理解生命护盾系统的技术方案，我们提供了一个实施案例对其进行具体描绘（其他技术细节请参阅发明专利"一种公共安全防护系统及方法"，202010021526.3），包括：采集模块、调控模块、定位模块、防护模块、物联模块和中控模块。

采集模块用于采集公共安全信息。其包括但不限于有毒气体检测器、有害颗粒物传感器、重金属传感器、有机物传感器、可燃性气体（如甲烷、一氧化碳等）传感器、放射性物质传感器、烟气传感器、地震检测仪、摄像头和路况检测仪。其中，各种传感器和检测仪放置在可能存在公共安全隐患的位置点。比如加油站比较容易引发火灾，故可以在加油站设置可燃性气体传感器和烟气传感器；对于水体安全则可以在水库或江河湖泊内设置重金属传感器和有机物传感器。同时也可以在人流密集的区域如商场、学校、写字楼内立体式设置多种传感器、测试仪，以保证一旦有公共安全事件发生时，可以及时发现预警。

调控模块接收采集模块采集的公共安全信息，并对公共安全信息进行分析，判断其是否存在安全隐患，若存在安全隐患则将公共安全信息发送至定位模块。调控模块对用户进行编码、定位、引导和追踪；对对接模块、防护模块、隔离模块、补给模块进行编码、定位和调配。调控模块根据公共安全信息制定应对方案并将应对方案发送至中控模块，再按照应对方案向对接模块、物联模块、用户、防护模块、隔离模块、补给模块、加密模块发出行动和匹配指令，实时向中控模块和预警模块反馈应对方案的实施进展，实时对应对方案进行调整。

本实施例中的系统还包括对接模块，用于对接调控模块和采集模块、定位模块、防护模块和物联模块；对接模块内包括净化器和含量检测模块，用于在模块对接时，对各模块中含有的有毒物质或放射性物质进行净化和含量检测。

定位模块，用于确定用户和防护模块的位置，并将用户和防护模块的位置信息发送至物联模块。

防护模块，用于将用户与安全隐患隔离。防护模块包括绝热层、防辐射层和仿生变色层；分别用于隔绝热损伤、辐射损伤和定向伤害；仿生变色层能够根据光的颜色自动变色，使用户不易被发现；防护模块中设有有害气体过滤部和供氧部，分别用于隔绝外界有害气体和给用户供氧。

物联模块是用于建立对接模块、用户、防护模块、隔离模块、补给模块之间的联系，根据调控模块的指令输运用户、防护模块和补给物资；用于将防护模块输送至用户处，并在用户使用防护模块后，将防护模块和用户移动输送至安全位置。物联模块包括输运装置和数字交通网络。输运装置根据调控模块的指令封装和输运用户和防护模块；数字交通网络根据调控模块的指令对用户、防护模块、输运装置、隔离模块进行编码，当发生安全隐患时，根据用户的授权和调控模块的指令对输运装置、用户和防护模块进行定位和匹配，通过输运装置封装用户和防护模块，并根据调控模块的指令将用户和防护模块输运至指定的安全地带。同时，物联模块也可以与补给模块连接，用于补给物品的运输。

物联模块在用户使用防护模块后，将防护模块和用户移动输送至隔离模块；隔离模块包括缓冲区、处理区、隔离室、安全区和补给输送区；缓冲区用于初步检测具有传染性疾病患病风险的人员是否出现症状或是否暴露在有害物质环境内；处理区用于对出现症状或暴露在有害环境中的人员进行处理、治疗；隔离室用于对经过处理、治疗的人员进行观察；安全区用于容纳疫区内未检测出疾病症状或未暴露在有害物质环境内的人员，处于安全区内的人员需进行定时检测和监控;补给输送区用于为疫区内人员提供基本生活用品、医疗用品和药物。

处理区包括处理区Ⅰ和处理区Ⅱ,处理区Ⅰ包括:分离室、检测室、净化室和观察室。分离室用于将出现症状或暴露在有害环境中的人员和有害环境相分离;检测室用于对人员进行深度检测,检测出症状的人员会被送入净化室;无症状的人员会被送入观察室进行观察;净化室用于对检测出疾病症状的人员进行治疗和净化。处理区Ⅱ包括:过渡室和组装部,过渡室用于临时容纳等候转出人员,过渡室内设有采集模块,用于检测过渡室内有毒物质或放射性物质的含量,当有毒物质或放射性物质含量在阈值以下时,连通安全区和过渡室,转出人员进入过渡室。组装部会对安全防护组件进行组装,并将其固定在转出人员的身体上。

隔离模块的补给输送区与补给模块相连通。补给模块用于生产和储存补给物资,根据调控模块的指令提供补给物资。补给模块包括生产单位、补给物资和封装区;生产单位包括生产模块和储备模块,生产模块根据调控模块的指令生产补给物资,储备模块根据调控模块的指令储备补给物资;补给物资为用户提供维持生命健康的基本物资、药品和医疗用品;封装区包括封装模块和过渡模块,封装模块将补给物资封装为能够长期保存的模块化补给单元,封装好的补给物资经对接模块转入过渡模块,当接收到调控模块的指令时,所述过渡模块将补给物资转移至输运装置,再由输运装置输运至隔离模块的补给输送区为用户提供补给,过渡模块每送出一次补给物资后均进行自净化处理,并实时监测内部环境,只有过渡模块内部环境安全时,对接模块才能接通封装模块和过渡模块。补给输送区包括存储模块、净化模块、检验模块,存储模块用于存储补给物资,当接收到调控模块的指令时,净化模块会对补给物资做净化处理,经检验模块确认安全后,补给物资会被送入安全区为用户提供补给。

本实施例中的系统还包括预警模块,预警模块用于接收调控模块中存在安全隐患的公共安全信息,并对公共安全信息的风险类型、发生原因、技术原理、影响范围和扩散进程进行评估,并对调控模块、定位模块、防护模块和物联模块进行预警。预警模块会将公共安全信息的评估结果发送至调控模块,并根据调控模块的反馈信息迭代和优化预警信息的分析评估结果,其具体过程如下:首先通过分层聚类算法和奇异值分解法,将采集到的公共安全信息拆分并求得时间相关因子的先验值，然后采用贝叶斯算法求解出时间相关因子的真实值，之后采用自回归差分移动平均模型求得时间相关因子的预测值，最后将公共安全信息代入原始方程求得公共安全信息的预测值。

本实施例中的系统还包括通信安全模块，通信安全模块中包括区块链模块、加密模块和安防模块，能够防止非法操作、数据篡改和未授权的转移、交互。

区块链模块对预警模块、调控模块、用户、对接模块、物联模块、防护模块、隔离模块、补给模块的运行信息进行全天候、全覆盖记录，防止非法操作和数据篡改。

加密模块根据调控模块的指令授权对接模块、物联模块、用户、防护模块、隔离模块、补给模块之间的交互请求，利用量子通信和量子密钥技术防止未授权的交互。

安防模块一方面监控对接模块、物联模块、防护模块、隔离模块、补给模块的未授权转移、交互情况，并将监控信息上报至区块链模块与中控模块，另一方面为对接模块、物联模块、防护模块、隔离模块、补给模块提供有效的防卫力量。

中控模块对公共安全末端管理模块的所有组成部分拥有最高控制权限，可对所有组成部分直接下达指令和实施控制，并直接管控区块链模块和安防模块。调控模块、区块链模块、加密模块、安防模块均不接受来自中控模块以外的任何指令；中控模块实时备份所发出的信息和指令，以备随时审查。

本实施例中的系统还包括通信模块，通信模块用于建立所述预警模块、调控模块、用户、对接模块、物联模块、防护模块、隔离模块、补给模块、区块链模块、加密系模块、安防模块、中控模块之间的联系。

通信模块分为通信系统Ⅰ、通信系统Ⅱ、通信系统Ⅲ、通信系统Ⅳ、通信系统Ⅴ。通信系统Ⅰ用于建立预警模块、调控模块、用户、对接模块、物联模块、防护模块、隔离模块、补给模块之间的联系；通信系统Ⅱ用于建立区块链模块和预警模块、调控模块、用户、对接模块、物联模块、防护模块、隔离模块、补给模块之间的联系；通信系统Ⅲ用于建立所述加密模块和预警模块、调控模块、用户、对接模块、物联模块、防护模块、隔离模块、补给模块之间的联系；通信系统Ⅳ用于建立安防模块和预警模块、调控模块、用户、对接模块、物联模块、防护模块、隔离模块、补给模块之间的联系；通信系统V用于建立中控模块和预警模块、调控模块、用户、对接模块、物联模块、防护模块、隔离模块、补给模块、区块链模块、安防模块之间的直接联系。通信系统Ⅰ、通信系统Ⅱ、通信系统Ⅲ、通信系统Ⅳ、通信系统Ⅴ均为独立的封闭网络。

作为对本书第3.4节的呼应，生命护盾产业是"科技安全工程学与复盘工程"的关键组成部分，是实现未来产业"四元治理"的重要基础，我们希望能够在后续研究工作中进行系统性的探讨。

7.3 未来材料

材料是制造业的物质基础和保障，材料工业是基础性产业。材料工业的发展水平和质量，直接影响和决定着一个国家的工业化与制造业发展水平和质量。实践证明，制造业强国必然是材料强国。我国已成为全球材料生产和消费大国，但大而不强的问题依然突出，与材料强国之间存在很大差距，难以支撑制造强国和网络强国的建设（肖劲松，2021）。在未来产业的布局中，必须以创新驱动材料工业特别是新材料产业的发展。建议加快制定材料强国战略，推动材料先行，提升基础材料的品质，前瞻性布局新材料领域未来产业，实施材料效率提升工程，强化人才和政策支撑。

7.3.1 先进半导体材料

半导体材料产业大体可分为上游（基底材料，材料支撑产业）、中游（制造材料，材料制造产业）和下游（封装材料，材料应用产业）等环节（如图7-23所示）。继第一代半导体材料硅和锗奠定了计算机、网络和自动化技术发展的基础，第二代半导体材料砷化镓和磷化铟奠定了信息技术的发展基础后，以碳化硅、氮化镓、氧化镓、氮化铝、金刚石等为基础的第三代半导体材料迎来了高速发展，第四代半导体材料氧化镓及其器件方兴未艾，是新一代电力电子、微波射频和光电子等应用的发展底座，在新一代移动通信、新型电力系统、人工智能、元宇宙、新能源汽车、高速轨道交通、消费类电子等领域有广阔的应用前景，是全球产业竞争的必争之地（赵婉雨，2019）。

第7章 主要领域的未来展望

技术掌握情况　　　　上游环节　　　　**技术简介**

碳化硅单晶材料：国际主要技术掌握方有美国科锐公司、贰陆 II-VI、道康宁（Dow Cormine）、德国SiCrystal（被日本罗姆Kohm 收购）等公司，其碳化硅单晶产品覆盖4英寸和6英寸。国内有露笑科技、三安光电、天科合达、山东天岳。

氮化镓材料：国际主要技术掌握方有住友电工、日立、古河电工、三菱、日本信越、富士电机。国内主要有苏州纳维、东莞中镓、上海镓特和芯元基等。

氧化锌：主要技术掌握方有湖南株洲冶炼厂、广西柳州锌品厂、湖南长沙锌厂、葫芦岛锌业股份公司、山西运城地区磷肥厂、大化集团油漆厂、日本九州工业大学、东京电波有限公司、东曹公司。

金刚石：国际主要技术掌握方有英国元素六公司、日本产业技术综合研究所（AIST）、日本ածⴭ材料研究所（NIMS）、美国地球物理实验室卡耐基研究院、美国阿贡国家实验室，国内有三安光电、闻泰科技、豫金刚石、易事特、聚灿光电、捷捷微电、派瑞股份。

硅基板：国内主要技术有浙江正天新材料有限公司、埃克诺新材料（大连）有限公司、泰晟新材料科技有限公司、中科院上海硅酸盐研究所、机电部上海内燃机研究所。

氮化铝材料：主要技术掌握有德山化工、京瓷、日本特殊陶业、住友金属工业、富士通、东芝、日本电气、俄罗斯NitrideCrystal公司，国内有北京钢铁研究总院、福建施诺瑞新材料有限公司、三河燕郊新宇高新技术陶瓷材料有限公司、合肥开尔纳米技术公司。

基底材料

碳化硅单晶材料：SiC材料是IV-IV族半导体化合物，具有宽禁带、高击穿电场、高热导率等特点。在宽禁带半导体材料领域就技术成熟度而言，碳化硅是这族材料中最高的，是宽禁带半导体的核心。

氮化镓材料：GaN材料是1928年由Johason等人合成的一种I-V族化合物半导体材料。近年来，以GaN为代表的II族氮化物因在光电子领域和微波器件方面的应用前景而受到广泛的关注。

氧化锌：是I-VI族纤锌矿结构的半导体材料，禁带宽度为3.37eV。日、美、韩等发达国家已投入巨资支持ZnO材料的研究与发展，掀起世界ZnO研究热潮。

金刚石：金刚石是碳结晶为立方晶结构的一种结构。在这种结构中，每个碳原子以"强有力"的刚性化学键与相邻的4个碳原子相连并组成一个四面体。金刚石集力学、电学、热学、声学、光学、耐蚀等优异性能于一身，是目前最有发展前途的半导体材料。

硅基板：硅是一种可作为几乎所有半导体器件和集成电路的基板材料。随着技术的改进，其性能和可靠性将不断提高，获得更加广泛的应用。

氮化铝材料：氮化铝材料是II族氮化物，具有0.7～3.4eV的直接带隙，可以广泛应用于光电子领域。近年来，GaN基蓝、绿光LED、LD、紫外探测器以及大功率高频HEMT器件都有了很大发展，目前国外在氮化铝单晶材料发展方面，美国、日本的发展水平最高。

中游环节

掩膜版：市场集中度高，整体被国外公司所主导。主要技术掌握方有日本的TOPAN、大日本印刷、HOYA、SK电子，美国的Photronic，国内的企业有菲利华、石英股份、清溢光电。

湿电子化学品：主要技术掌握方集中于欧美、日本，国内技术水平相对较低。全球市场主要由欧美和日本企业主导，主要技术掌握方有德国的巴斯夫和HenKel、美国的Ashland、APM、霍尼韦尔、ATMI、Airproducts，日本的住友化学、字部兴产、关东电化、长濑产业、三菱化学等公司，国内企业有金敏多、晶瑞股份、巨化股份、嘉化能源、滨化股份、三美股份、江化微、澄星股份、光华科、兴发集团等。

电子特气：美国、法国、德国、日本化工巨头已实现市场垄断，国内企业依然面临巨大的竞争压力。全球电子特气的龙头企业主要是美国的空气化工和普莱克斯、法国液空、林德集团，日本的大阳日酸。国内的主要技术掌握方有雅克科技、华特气体、南大光电、中环装备、昊华科技、三孚股份、巨化股份等。

光刻胶：日、韩、美垄断国际市场，中国光刻胶技术与国外相比仍有较大差距。全球光刻胶市场主要被欧、美、日、韩、台等国家和地区的企业所垄断。国内的技术掌握方主要有上海新阳、强力新材、苏州瑞红、南大光电、飞凯材料、容大感光、永太科技。

CMP抛光材料：全球抛光垫市场几乎被陶氏垄断，抛光液市场则主要由日本的Fujimi和Hinomoto Kenmazai、美国的卡博特、杜邦、Rodel、EKA，韩国的ACE等企业占领绝大多数市场份额。国内的技术掌握方主要有鼎龙股份（抛光垫）、安集科技（抛光液）。

溅射靶材：全球范围内呈现明显的区域集聚特征，高纯溅射靶材生产业以美国、日本为代表。全球溅射靶材的龙头企业有美国的霍尼韦尔和普莱克斯，日本的日矿金属、住友化学、爱发科、三井矿业和东曹。国内的相关上市公司主要有阿石创、有研新材、隆华科技、江丰半导体等。

制造材料

掩膜版：半导体芯片光刻过程中的设计图形的载体，通过光刻和刻蚀，实现图形到硅晶圆片上的转移。

湿电子化学品：通常也被称为超净高纯试剂，是指用在半导体制造过程中的各种高纯化学试剂。按照用途可以被分为通用化学品和功能性化学品，其中通用化学品一般是指高纯度的纯化学溶剂，例如高纯的去离子水、氢氟酸、硫酸、磷酸、硝酸等较为常见的试剂。

电子特气：通常也被称为超净高纯试剂，是指用在半导体制造过程中的各种高纯化学试剂。按照用途可以被分为通用化学品和功能性化学品，其中通用化学品一般是指高纯度的纯化学溶剂，例如高纯的去离子水、氢氟酸、硫酸、磷酸、硝酸等较为常见的试剂。

光刻胶：是图形转移介质，其利用光照反应后的溶解度不同将掩膜版图形转移至衬底上。目前广泛用于光电信息产业的微细图形线路加工制作，是电子制造领域的关键材料。

CMP抛光材料：主要包括抛光垫、抛光液、调节器和清洁剂，前两者占主体。抛光垫的材料大多是聚氨酯，抛光液一般是由超细固体粒子研磨剂（如纳米级二氧化硅、氧化铝粒子等）、表面活性剂、稳定剂、氧化剂等组成。

溅射靶材：溅射型镀膜是利用离子源产生的离子，在高真空中经过加速聚集，而形成高速度的离子束流，轰击固体表面，离子和固体表面原子发生动能交换，使固体表面的原子离开固体并沉积在基板表面。被击的固体是用溅射法沉积薄膜的原材料，因此称为溅射靶材。

下游环节

芯片黏结材料：芯片黏结材料的龙头企业有中芯国际，德国汉高，比利时优美科、日本京瓷、飞凯材料、联瑞新材、宏昌电子、永固科技等。

陶瓷封装材料：根据SEMI数据显示，2016年全球陶瓷封装材料的市场规模大约为21.7亿美元，占到全部封装材料市场规模的11%左右。全球龙头企业主要是日本企业，如日本京瓷、住友化学、NTK公司、三菱等。

封装基板：全球封装基板龙头企业主要是日本的Ibiden、神钢和京瓷，韩国的三星机电、新泰电子和大德电子，中国台湾地区的UMTC、南亚电路、景硕科技等。

键合丝：全球半导体用键合丝的龙头企业主要是主要是日本的贺利氏、田中贵金属、新日铁、康强电子等。

引线框架：全球引线框架龙头企业主要是康强电子、长通敏感电器、卓力达、三金电子、友润电子；三井科技、Amkor。

切割材料：全球切割材料龙头企业主要是岱勒新材，致力金刚石科技，日本旭金刚石工业株式会社（Asahi）、日本中村超硬材式会社。

封装材料

芯片黏结材料：芯片黏结材料是采用黏结技术实现管芯与底座或封装基板连接的材料，在物理化学性能上要满足机械强度高、化学性能稳定、导电导热、低固化温度和可操作性强的要求。

陶瓷封装材料：陶瓷封装材料是电子封装材料的一种，用于承载电子元器件的机械支撑、环境密封和散热等作用。相比于金属封装材料和塑料封装材料，陶瓷封装材料耐湿性有更好的线膨胀率和热导率，在电热机械等方面性能极其稳定。

封装基板：是封装材料中成本占比最小的一部分，主要起到承载保护芯片与连接上层芯片和下层电路板的作用。完整的芯片是由裸芯片（晶圆片）与封装体（封装基板、封装材料、引线等）组合而成。

键合丝：半导体用键合丝是用来焊接连接芯片与支架，承担着芯片与外界之间关键的电连接功能。

引线框架：引线框架作为半导体的芯片载体，是一种借助于键合丝实现芯片内部电路引出端与外部电路（PCB）的电气连接，形成电气回路的关键结构件。

切割材料：导体晶圆切割是半导体芯片制造过程中重要的工序，在晶圆制造中属于后道工序，将做好芯片的整片晶圆按照芯片大小切割成单一的芯片井粒，称为芯片切割和划分。

图7-23 半导体材料产业上下游核心技术及简介

1. 国内外发展现状

美国、德国、日本、韩国等在先进半导体材料领域长期掌握非常显著的科技优势，相当长一段时期内保持着几家独大的垄断局面。（"先进半导体材料及辅助材料"编写组，2020）。半导体硅晶圆方面，全球约有 95% 的市场份额由中国台湾环球晶圆股份有限公司、德国世创公司、日本信越化学工业株式会社、胜高科技株式会社、韩国海力士公司等少数企业占据；半绝缘砷化镓单晶及其外延材料方面，全球同样约有 95% 的市场份额来自美国晶体技术有限公司、德国弗莱贝格化合物材料公司、日本住友电气工业株式会社；氮化镓体单晶材料方面，日本具有全球领先地位，其电线株式会社、住友电气工业株式会社、古河机械金属株式会社、三菱化学控股集团等代表性企业占据了全球市场份额的 85% 以上；碳化硅单晶衬底方面，目前由欧、美、日本三方主导，其中美国科锐公司（Cree）是全球最大的碳化硅单晶供应商，占据了全球 85% 以上的市场份额；集成电路辅助材料主要包括光刻胶、掩膜版、抛光液等领域，其中光刻胶由日本合成橡胶株式会社、住友化学株式会社、东京应化工业株式会社、信越化学工业株式会社、美国罗门哈斯公司等企业主导，掩膜版的市场份额主要由美国福尼克斯公司、日本印刷株式会社、凸版印刷株式会社等公司占据，抛光液的市场份额主要由德国拜耳公司、美国卡博特公司、日本富士美株式会社、荷兰阿克苏诺贝尔公司等企业占据。

近年来，以一维的碳纳米管和二维的石墨烯为代表的碳基纳电子材料进入了半导体研究人员的视野（如图 7-24 所示）。比如石墨烯材料的电子迁移率高、导热性好，能够在高频工况下更好地保持温度和性能的稳定性，是一种理想的集成电路基础材料。与硅基芯片相比，碳基芯片具有许多适用于半导体材料的力学、电学和化学优异性能，既能够更快地处理海量数据，又能够节约 30% 左右的功耗，在国防科技、能源安全、航空航天、人工智能、气象监测、医疗器械等众多领域具有广阔的应用前景。相较于我国硅基半导体材料与发达国家的差距明显而言，我国在碳基半导体材料与发达国家基本处在同一起跑线，甚至在碳纳米晶体管材料等方面已经取得一定的竞争优势，但从半导体产业全局来看，碳基半导体的产业化任重道远。

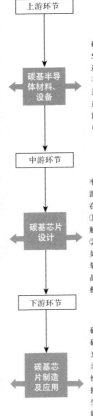

图 7-24 碳基半导体材料产业链总体情况

掌握先进半导体材料是提高电子信息产业全球价值链位势的根本（如图 7-25 所示）。为了继续占据电子信息制造业的价值制高点，美、英、德等国家纷纷描绘了《先进制造业伙伴计划》《英国制造 2050》《工业 4.0》等宏伟蓝图，为吸引电子信息制造等高端制造业"回流"，进而谋求在下一代移动通信技术、智能网联车、精密仪器等产业的优势地位。

根据陈悦教授团队对半导体材料领域的文献计量分析，2011 年到 2020 年间，以半导体为主题，全球范围内已发表的文献数量共计 25247 篇。在全球前 20 的机构排名中，中国占据 8 席，分别是中国科学院（1180）、中国科学院大学（300）、南京大学（232）、北京大学（191）、清华大学（191）、中国科技大学（185）、台湾交通大学（172）、台湾清华大学（170）；美国占据 3

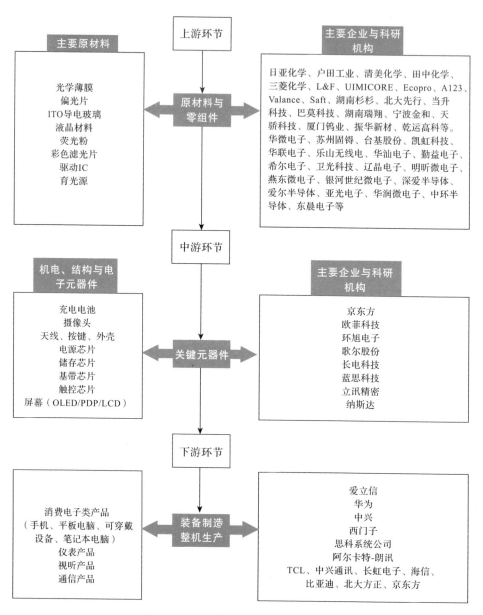

图 7-25 电子信息制造产业链总体情况

席,分别为西北大学、加州大学伯克利分校和斯坦福大学;日本占据 4 席,分别为东京大学、大阪大学、东北大学和日本产业技术综合研究所;俄罗斯的俄罗斯科学院、新加坡的南洋理工大学、英国的剑桥大学、韩国的首尔大学和法国的法国科学研究中心各占据 1 席(见表 7-2)。

表 7-2　2011-2020 年与半导体相关的发文量全球机构排名前 20 名

排名	机构名称	所属国家	频次	占比（%）
1	中国科学院	中国	1180	4.67
2	俄罗斯科学院	俄罗斯	729	2.89
3	东京大学	日本	390	1.55
4	中国科学院大学	中国	300	1.19
5	南京大学	中国	232	0.92
6	加州大学伯克利分校	美国	225	0.89
7	西北大学	美国	224	0.89
8	大阪大学	日本	217	0.86
9	东北大学	日本	217	0.86
10	剑桥大学	英国	204	0.81
11	日本产业技术综合研究所	日本	199	0.79
12	北京大学	中国	191	0.76
13	斯坦福大学	美国	191	0.76
14	清华大学	中国	191	0.76
15	南洋理工大学	新加坡	185	0.73
16	中国科技大学	中国	185	0.73
17	首尔大学	韩国	182	0.72
18	台湾交通大学	中国	172	0.68
19	台湾清华大学	中国	170	0.67
20	法国科学研究中心	法国	168	0.67

在全球前 20 名的作者中，中国作者占据 6 位，分别属于中国科学院（3 位）、北京计算机科学研究院、华北电力大学和南方科技大学；美国作者有 5 位，分别属于西北大学（3 位）、斯坦福大学、鲍林格林州立大学；日本作者有 6 位，分别属于东京大学（4 位）、东京工业大学、东北大学；英国的剑桥大学、以色列的耶路撒冷希伯来大学和俄罗斯的俄罗斯科学院各有 1 位作者。从中可以看出，全球的半导体主要以日本、中国、美国三个国家的研究较多（见表 7-3）。

表 7-3　2011-2020 年与半导体相关发文量全球作者排名前 20 名

排名	作者	所属机构	所属国家	频次
1	Huang Wei	中国科学院	中国	59
2	Facchetti Antonio	西北大学	美国	56
3	Kanatzidis Mercouri G.	西北大学	美国	55
4	Tanaka Masaaki	东京大学	日本	53
5	Takagi Shinichi	东京大学	日本	47
6	Takenaka Mitsuru	东京大学	日本	46
7	Hu Wenping	中国科学院	中国	46
8	Bao Zhenan	斯坦福大学	美国	45
9	Hosono Hideo	东京工业大学	日本	38
10	Wei Su-huai	北京计算机科学研究院	中国	36
11	Zhang Wei	中国科学院	中国	35
12	Takeya Jun	东京大学	日本	35
13	Sirringhaus Henning	剑桥大学	英国	35
14	Banin Uri	耶路撒冷希伯来大学	以色列	35
15	Pikhtin N.A.	俄罗斯科学院	俄罗斯	34
16	Marks Tobin J.	西北大学	美国	34
17	Zamkov Mikhail	鲍林格林州立大学	美国	33
18	Wang Lei	华北电力大学	中国	33
19	Takimiya Kazuo	东北大学	日本	33
20	Guo Xugang	南方科技大学	中国	33

为进一步分析文献的主要涉及领域，我们用 VOSviewer 对近十年的文献做了关键词共现分析，可以将全球的半导体文献大致分为五类主题（如图 7-26 所示）。第一类：动力学、模型、模拟等。第二类：纳米粒子、量子论等。第三类：薄膜、光学性质等。第四类：半导体的性能、转化、场效应晶体管等。第五类：半导体组件、半导体材料，如硅等。

从国内来看，2011 年到 2020 年间，在半导体发文量全国机构排名前 20 名中，中国科学院位列第一，频次为 1178 次，在前 20 家排名中，所有机构均为高校研究所（见表 7-4）。

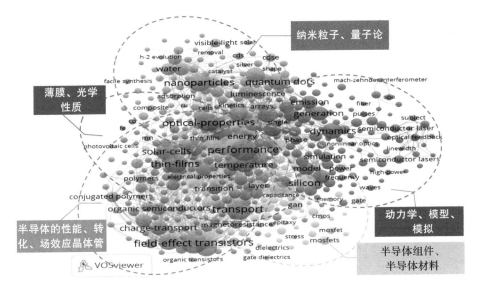

图 7-26　全球半导体文献的关键词共现网络

表 7-4　2011—2020 年与半导体相关的发文量全国机构排名前 20 名

排名	机构名称	频次
1	中国科学院	1178
2	中国科学院大学	302
3	南京大学	231
4	北京大学	191
5	清华大学	191
6	中国科技大学	184
7	华中科技大学	168
8	浙江大学	166
9	吉林大学	160
10	电子科技大学	139
11	上海交通大学	134
12	天津大学	128
13	西安电子科技大学	128
14	苏州大学	125
15	山东大学	104
16	复旦大学	103

（续）

排名	机构名称	频次
17	东南大学	103
18	香港城市大学	102
19	南京邮电大学	89
20	西安交通大学	89

在半导体发文量作者排名前 20 名中，位列第一与第二的科学家均来自中国科学院（见表 7-5）。

表 7-5　2011-2020 年与半导体相关发文量全国作者排名前 20 名

排名	作者	所属机构	频次
1	Huang Wei	中国科学院	57
2	Hu Wenping	中国科学院	46
3	Pan Wei	清华大学	32
4	Zhang Wei	中国科学院	31
5	Guo Xugang	南方科技大学	30
6	Chen Xiangfei	南京大学	29
7	Liu Yang	山东大学	29
8	Wang Lei	华北电力大学	29
9	Zhang Peng	电子科技大学	28
10	Li Nianqiang	苏州大学	27
11	Liu Ming	华中科技大学	27
12	Shi Yi	南京大学	27
13	Yang Jiashi	浙江大学	27
14	Yu Gui	中国科学院	27
15	Shi Yuechun	南京大学	26
16	Wang Hui	中国科学院大学	26
17	Wang Jun	湖南大学	25
18	Wang Wei	苏州大学	25
19	Wang Xinchen	福州大学	25
20	Wei Su-huai	北京计算机科学研究院	25

为进一步分析文献的主要涉及领域，我们用VOSviewer对近十年的文献做了关键词共现分析，共有15493个关键词，最小重复次数为20。全国半导体文献的关键词共现可以大致分为四类主题（如图7-27所示）。第一类：石墨烯、光学性质、总耗能量等。第二类：纳米粒子、半导体性能等。第三类：动力学、半导体激光等。第四类：场效应晶体管、薄膜晶体管、半导体的转化等。

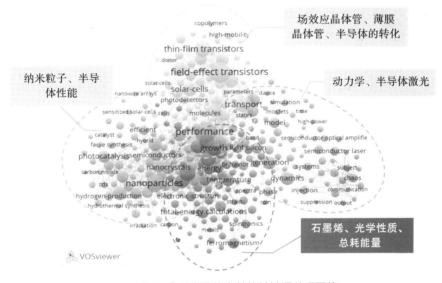

图7-27 全国半导体文献的关键词共现网络

2. 未来产业发展趋势

（1）未来5年

我国半导体产业关键核心技术水平逐步进入世界第一梯队，基本满足产业链、供应链安全要求。集成电路应用方面，逐步完善技术并扩大12 in（1 in=2.54 cm）硅单晶等国产材料的市场应用份额；功率器件应用方面，加紧推进碳化硅、氮化镓器件和装备产业化，做大电力电子器件和电子信息装备产业规模；发光器件应用方面，推动基于氮化镓的照明用发光器件，兼顾激光投影显示对氮化镓可见光激光器以及消毒杀菌用氮化镓紫外发光二极管，尤其是深紫外发光器件的发展；光电探测应用方面，发展对特种光波长产生响应的光电探测器件、具有超快响应特性的光电探测器件以及超高灵敏的光电探测器件；制造/封装工艺和材料方面，显著提高国产电子气体主要品种、超高纯化学试剂、光刻胶的市场占有率，稳步推进进口产品替代（"先进半导体材料及辅助材料"编写组，2020）；碳基新材料方面，碳基柔性材料的质量将逐渐满足大规模集成电路的制备要求，掀起柔性电子技术革命，在能源装置、电子皮肤、电子标签、发光显示等方面带来生活方式的改变。

（2）未来 15 年

我国半导体产业关键核心技术水平整体进入世界第一梯队，能够全面满足产业链、供应链安全要求。集成电路应用方面，加快突破关键核心技术，稳步实现 18in 单晶硅材料和 5nm/3nm 节点集成电路材料量产；功率和高频器件应用方面，推动实现碳化硅、氮化镓、氮化铝、氧化镓、金刚石等单晶材料产业化；发光器件应用方面，全面实现深紫外发光器件国产化制造；光电探测应用方面，突破 18~20μm 甚长波红外探测器件关键技术；制造/封装工艺和材料方面，进一步提高国产电子气体主要品种、超高纯化学试剂、光刻胶的市场占有率，进口产品替代率达到 50% 以上。

（3）未来 30 年

我国半导体材料整体技术水平达到全球领先，产业水平饱和于国内产业链需求，并具备一定的出口能力，光子芯片、先进存储芯片、AI 芯片、类脑芯片全面开花结果。

7.3.2 特种金属材料

特种金属材料是通过成分设计或特殊成型方法制成的具有特殊性能的金属材料。特种金属材料的产业链主要包括上游的原材料制备与供应、中游的材料装备与制造生产和下游的材料应用。具体应用领域包括大型装备制造业、航空航天高性能材料、高端医疗仪器设备等产业。

1. 国内外发展现状

特种金属材料主要分为各种用途的功能金属材料和结构金属材料，具体包括非晶态、准晶、微晶、纳米晶金属材料，隐身、超导、形状记忆、减振阻尼、抗氢、耐磨等特殊功能合金，以及金属基复合材料等（如图 7-28 所示），是未来新材料的重要组成部分。

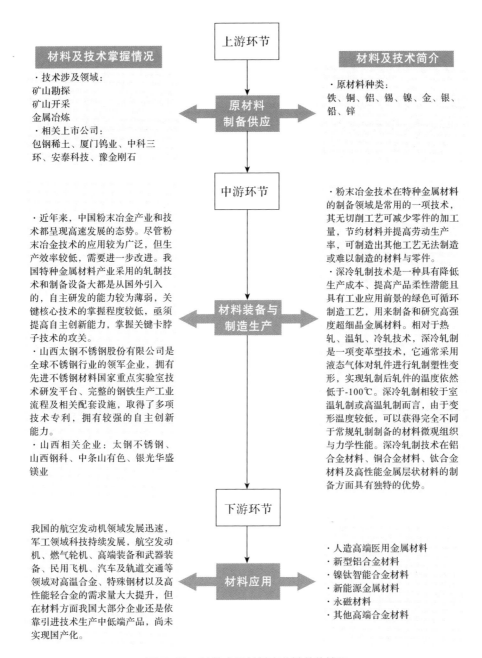

图 7-28 特种金属材料产业链总体情况

世界科技强国都非常重视特种金属材料领域的理论和应用研究。美国国家航空航天局和橡树岭国家实验室是新型金属材料和高性能复合材料领域的重要研究机构，在铝合金、增材制造材料等领域取得了一系列引领性的科研成果；

德国聚焦人工组织与器官技术开发出了镍钛智能合金材料,能够广泛应用于人工肌肉、心脏辅助装置制造等领域;英国同样关注人造高端医用金属材料领域,比如牛津大学发现金氰化锌具有超常受压扩展能力,据此挖掘其在人造肌肉和新型光学压力传感器等领域的应用潜力;加拿大深耕铝合金技术在交通运输工具和设施方面的应用,通过系统性减重大幅提升运输行业的综合效益。

相较发达国家而言,我国特种金属材料产业虽已初具规模,但在自主研发投入、关键核心技术、高端加工装备、产业创新生态构建方面仍存在一定的差距。近年来,我国充分调动中国科学院金属研究所、北京科技大学新金属材料国家重点实验室、清华大学先进材料教育部重点实验室、江苏先进材料技术创新中心等产学研界的科研力量,加快攻克特种钢铁、轻金属、粉末冶金、特种装备材料、深冷轧制等方面的技术难关,努力逐渐缩小差距。产业方面,我国在稀土永磁材料、特种不锈钢等领域的产能已经居于世界前列。

2. 未来产业发展趋势

(1)未来 5 年

加快缩小我国在高温合金、特种钢、人造高端医用金属材料、新型铝合金材料、镍钛智能合金材料、新能源金属材料、高性能稀土永磁材料等领域的差距,逐步减小进口依赖。优先支持国防工业领域高温合金、铝合金、钛合金等各类特种金属材料的科研攻关,以"筑底板""锻长板"的思路推动航空发动机、燃气轮机等核心装备跃迁升级。为双循环新发展格局构筑"持剑共赢"的坚强后盾。

(2)未来 15 年

通过军转民等路径,推动高温合金、特殊钢材、高性能轻合金在民用高端装备、轨道交通、民航、汽车等领域广泛落地,加快制造业领域特种金属材料的国产化替代进程。同时,聚焦生命健康等重大民生领域,加强医用不锈钢、形状记忆金属材料、钛及钛合金、锌合金、钴基合金、可降解镁及镁合金、特基合金等国产医用特种金属材料的技术攻关和产业化应用。

(3)未来 30 年

结合可控核聚变、航空航天、深海远洋、先进轨道交通、电子信息装备等我国已经取得科技水平领先的其他产业领域，依据区域性资源优势及产业基础，充分利用市场需求优势，统筹布局政策链、产业链、创新链、人才链、资金链，加强针对性的基础研究和应用基础研究，完善科研成果统筹贯通机制，推动特种金属材料产业集群式发展，构建特种金属材料的全球创新高地。

7.3.3 碳基新材料与复合材料

在相当长的一段时期内，我国都是世界第一产煤大国，但是火力发电等传统、粗放、单一的开发利用模式不利于经济社会高质量发展和生态文明建设。"双碳"目标对我国加快推进煤炭产业转型升级，坚持多元、精细、低碳、绿色的煤炭清洁高效利用发展道路提出了迫切要求。2021年11月，国务院常务会议决定在前期设立碳减排金融支持工具的基础上，再设立2000亿元支持煤炭清洁高效利用专项再贷款，形成政策规模，推动绿色低碳发展。

1. 国内外发展现状

以煤炭资源为主要原材料分离加工出的碳基材料，具有适用于多领域的优异性能、高效能与性价比、高附加值、生产低污染，受到了军用、民用领域的广泛重视。比如碳基导电材料、补强材料、吸附材料、高温材料等可以广泛应用于电缆、蓄电池、污水处理、空气净化、冶金等领域；再如石墨烯、碳纤维、碳纳米管等功能性碳基材料被广泛应用于航空航天、深海远洋极地、先进轨道交通、可再生能源、特种装备等领域（如图7-29所示）。

对于特定的应用领域，通过在基底材料中添加组合另一种增强材料形成性能上优势互补、综合性能显著提升、工况适用范围显著扩大的复合材料是未来材料产业的重要发展路径。

碳基复合材料往往具有导热强、导电优、强度高、弹性强、质量轻、加工成型方便、耐腐蚀、物理稳定性高、寿命长等优点，在航空航天、国防工业、特种装备、精密机械、深海远洋、轨道交通等高新技术领域应用广泛。比如固液相变材料具有储热密度高、相变过程温度几乎不变且体积变化小、熔点分布广、化学性质稳定等优点，在可再生能源储热、工业余热利用以及电子器件热管理等领域获得了广泛应用。常用的有机相变材料虽然具有较大的比热容和相变潜热，但它们的导热系数通常很低，严重影响储热系统的整体换热性能，也因此制约了它们的实际应用。随着纳米技术的快速发展，添加具有高导热系数的纳米颗粒成了一种改善相变材料传热性能的新兴手段（图 7-30 所示为十四醇-石墨烯纳米片复合相变材料，朱子钦，2018）。

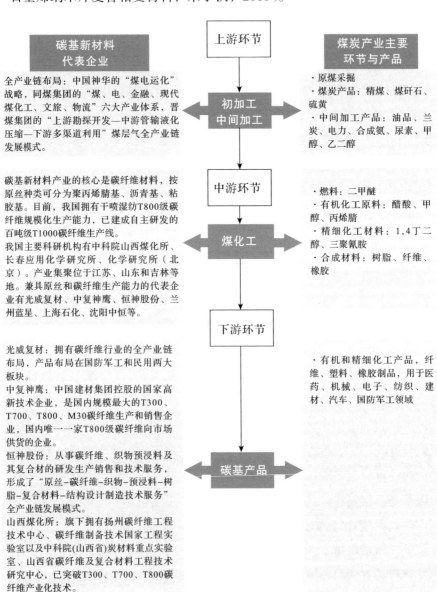

图 7-29 碳基新材料产业链总体情况

图 7-30　纳米复合相变材料的（a）扫描电镜 SEM，（b）透射电镜 TEM（小图为原子力显微镜 AFM），（c）试样的静置稳定性，（d）连续熔化/凝固循环后试样的静置稳定性的测试结果

先进煤化工、煤成气等技术是碳基新材料的基础。目前我国已经是煤化工和碳基新材料大国。煤矿绿色安全开采技术水平不断提升，大型煤炭气化、液化、热解、低阶煤分级分质利用等煤炭深加工技术已实现产业化。2021 年 10 月，伊吾疆纳新材料有限公司 550 万吨/年低阶煤分级分质清洁高效深加工综合利用产业一体化项目煤炭热解装置 B 部煤 7/8 输煤系统通廊第一段一次吊装成功并顺利就位[1]。国家 2021 年 11 月设立的 2000 亿元支持煤炭清洁高效利用专项再贷款将按照聚焦重点、更可操作的要求和市场化原则，专项支持煤炭安全高效绿色智能开采、煤炭清洁高效加工、煤电清洁高效利用、工业清洁燃烧和清洁供热、民用清洁采暖、煤炭资源综合利用和大力推进煤层气开发利用（如图 7-31 所示）。具体方式是，全国性银行向支持范围内符合标准的项目自主发放优惠贷款，利率与同期限档次贷款的市场报价利率大致持平，人民银行可按贷款本金等额提供再贷款支持[2]。

---

[1] http://www.coalchem.org.cn/news/html/800201/189017.html

[2] http://www.gov.cn/zhengce/2021-11/18/content_5651536.htm

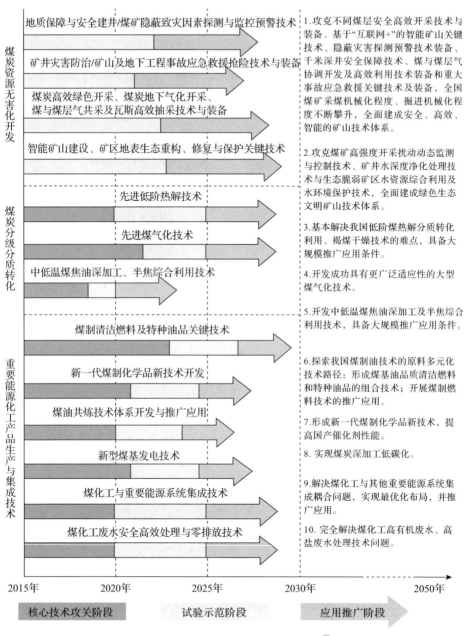

图 7-31 碳基新材料产业链总体情况[一]

[一] 基于《能源技术革命创新行动计划（2016—2030年）》相关内容改写绘制。

2. 未来产业发展趋势

（1）未来 5 年

重点推动煤炭分级分质转化、重要能源化工产品生产、煤化工与重要能源系统耦合集成、煤化工废水安全高效处理等领域的关键核心技术攻关和产业化进程。煤炭分级分质转化方面，重点在先进煤气化、大型煤炭热解、加氢液化、焦油和半焦高效转化等方面开展研发与攻关；重要能源化工产品生产方面，重点在天然气、超清洁油品、航天和军用特种油品、基础化学品、专用和精细化学品的生产工艺技术等方面开展研发与攻关；煤化工废水安全高效处理方面，重点在提高复杂废水处理能力、降低成本、资源化利用、减少排放和新型煤基发电和污染物一体化脱除等方面的攻关；煤化工与重要能源系统耦合集成方面，重点推动与火力发电、炼油可再生能源制氢、生物质转化、燃料电池等系统的耦合集成方面攻关。

（2）未来 15 年

安全高效绿色智能化开采方面，基本建成绿色矿山，原煤入洗率达到应洗尽洗，采动环境损伤降低 90% 以上，煤矿稳定塌陷土地治理率达到 90% 以上；实现智能化开采，重点煤矿区基本实现工作面无人化、顺槽集中控制，全国煤矿采煤机械化程度达到 95% 以上，掘进机械化程度达到 80% 以上；规模化地下气化开采矿井实现工业示范。煤炭清洁高效利用方面，形成适应不同煤种、系列化的先进煤气化技术体系，突破基于新概念的催化气化、加氢气化等技术；实现百万吨级低阶煤热解转化技术推广应用，突破热解与气化过程集成的关键技术；开发出一批高效率、低消耗、低成本的煤制燃料和化学品新技术并实现工业化应用；突破煤化工与炼油、石化化工、发电、可再生能源耦合集成技术并完成工业化示范；建成新型煤基发电技术示范工程并推广，形成具有自主知识产权的燃煤污染物净化一体化工艺设备成套技术。

（3）未来 30 年

安全高效绿色智能化开采方面，全面建成安全绿色、高效智能矿山技术体系，实现煤炭安全绿色、高效智能生产。煤炭清洁高效利用方面，形成完整的煤炭清洁高效利用技术体系，整体达到世界领先水平，煤炭加工转化全生命周期经济、社会和环保效益显著提高，支撑产业实现绿色可持续发展[一]；实现碳基新材料和碳基复合材料在核工业、航空航天、海工船舶、先进轨道交通等领域的全面广泛应用和自主可控，逐步成长为重要出口国；掌握磁流体发电联合循环发电等探索技术，实现示范应用；全部煤电机组实现低成本污染物超低排放，重金属污染物控制技术全面应用。

7.4 未来能源

需要说明的是，在未来能源这一章节中，我们对于核能、氢能、可再生能源、分布式能源与储能产业的展望都是基于"可控核聚变还需要 30 年以上的时间才能逐步实现商业化"这一基本假设而做出的。如果 20 年之内我国就率先实现了可控核聚变商业化应用，那么本书"7.4.5 能源免疫系统与模块化供能"这一章节将最具参考意义。

7.4.1 核能

根据 2020 年国际能源署发布的电力数据，核电目前是仅次于水电的第二大低排放电源，全球 400 余个核反应堆供应超过 10% 的电力。核能（特别是可控核聚变）具有高效、高能量密度、清洁、无碳等优点，被普遍认为是未来理想的基荷能源和人类实现能源自由的可行方案（如图 7-32 所示），是各国高度重视的战略领域。

2011 年的福岛核事故为核能安全敲响了警钟，其他类型清洁能源的竞争力也随着降本增效在不断提高，这些都在一定程度上影响了世界各国对核能发展的规划。未来核能的发展对安全性和经济性都提出了更高要求，纵深防御理念需要融入核能技术和管理体系的各个方面。

1. 国内外发展现状

2011 年福岛核事故后，安全标准更加严格的第三代核电成了世界核电发展的主流。目前，在掌握第三代核电技术的国家当中，美国虽然暂时拥有庞大的

[一] http://www.gov.cn/xinwen/2016-06/01/5078628/files/d30fbe1ca23e45f3a8de7e6c563c9ec6.pdf

核反应堆基数,但是出于成本等原因,先进压水反应堆(AP1000)的建设进度比较缓慢;法国是传统的核电大国,其核电在能源结构中的占比在相当长一段时期内保持在70%以上,但同样出于第三代核电技术成本较高,以及国内环保、安全等舆论环境,法国已经提出逐步降低核电占比;韩国曾提出宏大的核电机组出口计划,但随着新一届"反核"政府上台,该计划无疾而终。

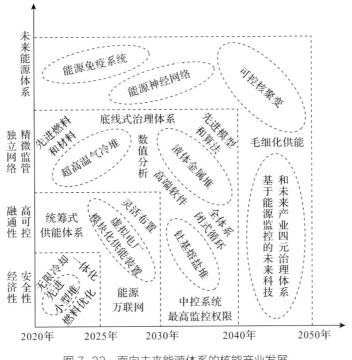

图 7-32 面向未来能源体系的核能产业发展

中国和俄罗斯是目前全球积极推动核能发展的主要国家,2021年5月19日,中俄两国元首通过视频连线共同见证中俄核能合作项目——田湾核电站7、8号机组和徐大堡核电站3、4号机组的开工仪式[一]。短期内看,我国已经实现了以华龙一号(HPR1000)为代表的第三代核电技术自主可控,并形成了完整的核工业技术体系(如图7-33所示),只要立足双循环新发展格局,优先开发好国内市场以及友好的国际市场,就能够拥有足够广阔的拓展和迭代空间。可以说,当前是我国第三代核电和第四代核电从局部超越走向全面引领的重要战略机遇期。

[一] http://world.people.com.cn/n1/2021/0519/c1002-32108044.html

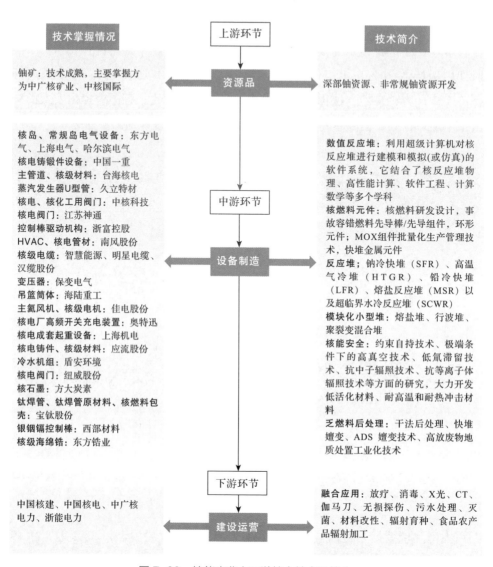

图 7-33 核能产业上下游核心技术及简介

对于未来的创新布局，美国能源部核能办公室提出的《战略愿景》[一]以及于2019年实施的《核能创新和现代化法案》强调现有堆优化、先进反应堆及其配套材料与燃料开发、小型堆与微型堆示范、高通量多用途堆落地等方向的研究，并成立了由爱达荷国家实验室领导的国家核反应堆创新中心，以期巩固民用核能领域的领先地位。俄罗斯在《俄罗斯2030年能源战略》《俄联邦"核工业综

一 http://www.ceep.cas.cn/mznyxw/202103/t20210322_629739.html

合体"发展国家纲要》中提出发展新一代核能技术，推动快堆、压水堆、浮动堆和空间核动力等先进反应堆的技术创新（荣健和刘展，2020）；第四代快堆技术是欧盟战略能源技术计划的重要组成部分，欧洲原子能共同体计划 2050 年实现第四代核裂变反应堆的示范验证，并拓展核能技术在非电领域的广泛应用，而在《2050 能源技术路线图》等战略计划中，欧盟进一步突出了可再生能源在能源供应中的主体地位，提出智能电网、碳捕集与封存等重点方向并推进下一阶段的国际热核聚变实验堆（ITER）计划和欧洲核聚变研究计划；韩国在钠冷快堆、小型压水堆、高温气冷堆、全自然循环铅基微小堆等方面投入较大。

我国能在较短时间内实现核能领域的追赶，首先得益于国家的超前战略布局和新型举国体制的强大支撑。2016 年 6 月，国家发改委和国家能源局发布了《能源技术革命创新行动计划（2016–2030 年）》[一]，从深层复杂地质条件下铀资源勘探开发、高效智能化新一代地浸采铀、非常规铀资源开发、先进核燃料元件、先进核能及利用等方面对我国核能技术的创新发展路线做出了详细规划（如图 7–34 所示）。

2. 未来产业发展趋势

（1）未来 5 年

未来 5 年我国将以第三代核电技术的完善、普及和第四代核电技术的突破、提升为主轴。华龙一号、国和一号等自主第三代压水堆和高温气冷堆等第四代核电堆型技术达到国际一流水平，第三代核电机组实现批量化、规模化生产，技术水平和可靠性、安全性、防扩散与实体保护等性能得到系统性提升，成本显著下降。先进燃料元件方面，提升国际领先核燃料研发设计能力，事故容错燃料先导棒/先导组件实现商用堆辐照考验，初步实现环形元件在压水堆核电站商业运行；MOX 组件批量化生产管理技术达到国际先进水平，快堆金属元件具备规模化应用条件。在先进模块化小型堆方面，实现标准化、规模化建设；熔盐堆等先进堆型关键设备材料取得重大突破，具备建设示范工程条件；可控核聚变方面，聚变工程技术试验平台（FETP）成功运行，掌握聚变堆芯燃烧等离子体的实验、运行和控制技术；数值反应堆方面，基于先进耦合建模技

[一] http://www.gov.cn/xinwen/2016-06/01/5078628/files/d30fbe1ca23e45f3a8de7e6c563c9ec6.pdf

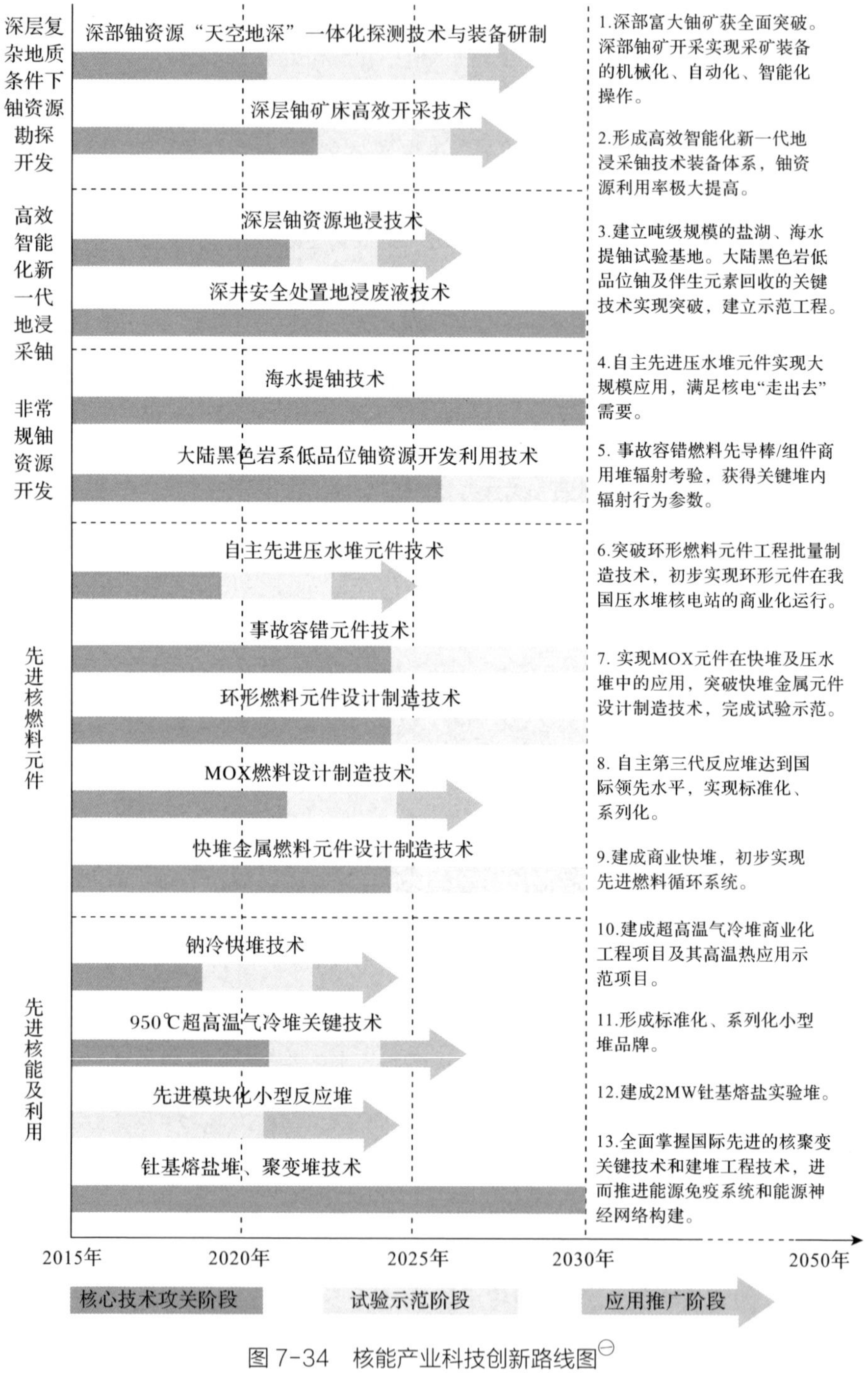

方向	技术	2015年 — 2050年 目标

深层复杂地质条件下铀资源勘探开发
- 深部铀资源"天空地深"一体化探测技术与装备研制
- 深层铀矿床高效开采技术

高效智能化新一代地浸采铀
- 深层铀资源地浸技术
- 深井安全处置地浸废液技术

非常规铀资源开发
- 海水提铀技术
- 大陆黑色岩系低品位铀资源开发利用技术

先进核燃料元件
- 自主先进压水堆元件技术
- 事故容错元件技术
- 环形燃料元件设计制造技术
- MOX燃料设计制造技术
- 快堆金属燃料元件设计制造技术

先进核能及利用
- 钠冷快堆技术
- 950℃超高温气冷堆关键技术
- 先进模块化小型反应堆
- 钍基熔盐堆、聚变堆技术

目标：
1. 深部富大铀矿获全面突破。深部铀矿开采实现采矿装备的机械化、自动化、智能化操作。
2. 形成高效智能化新一代地浸采铀技术装备体系，铀资源利用率极大提高。
3. 建立吨级规模的盐湖、海水提铀试验基地。大陆黑色岩低品位铀及伴生元素回收的关键技术实现突破，建立示范工程。
4. 自主先进压水堆元件实现大规模应用，满足核电"走出去"需要。
5. 事故容错燃料先导棒/组件商用堆辐射考验，获得关键堆内辐射行为参数。
6. 突破环形燃料元件工程批量制造技术，初步实现环形元件在我国压水堆核电站的商业化运行。
7. 实现MOX元件在快堆及压水堆中的应用，突破快堆金属元件设计制造技术，完成试验示范。
8. 自主第三代反应堆达到国际领先水平，实现标准化、系列化。
9. 建成商业快堆，初步实现先进燃料循环系统。
10. 建成超高温气冷堆商业化工程项目及其高温热应用示范项目。
11. 形成标准化、系列化小型堆品牌。
12. 建成2MW钍基熔盐实验堆。
13. 全面掌握国际先进的核聚变关键技术和建堆工程技术，进而推进能源免疫系统和能源神经网络构建。

阶段：核心技术攻关阶段（2015—2025）、试验示范阶段（2020—2030）、应用推广阶段（2025—2050）

图 7-34 核能产业科技创新路线图⊖

⊖ 基于《能源技术革命创新行动计划（2016–2030 年）》相关内容改写绘制。

术、大规模并行计算技术、先进的验证与确认等技术，以下一代超级计算机为硬件基础，实现实际反应堆各种物理过程的高精细模拟预测。

（2）未来 15 年

普及第四代核电技术。核燃料自主设计、液态金属冷却等方面走在全球前列；建成内陆型先进模块化小型堆示范工程，熔盐堆、行波堆、聚裂变混合堆等先进堆型关键材料及部分技术取得重要突破；面向"可持续性、安全性、经济性和核不扩散"的要求，推动四代核能系统不断向更小、更安全、更高效、核燃料使用时间更长的方向发展，智能制造、柔性制造等先进技术广泛应用，实现核能在供热、化工、制氢、冶金等方面具备规模建设条件；数值反应堆方面，建成先进的核反应堆设计优化、高效运行、事故预测和应急以及新材料研发等的试验验证平台，同时以人工智能、高精度仿真、智能控制、预见性监测及维护为基础的数字孪生技术开始进入先进堆研发领域，不断降低下一代先进堆发电的运行和维护成本；开启聚变原型电站的建设进程。

（3）未来 30 年

实现聚变能源商用化应用，开启聚变发电与能源免疫系统、能源神经网络的并轨进程。推动核能与其他产业的交叉融合、创新协同发展，在同位素电池，同质异能素技术，高安全性、小身型、多用途小型反应堆等领域，形成高水平的研发机构和产业园区。稳步实现核能在海水淡化、城市供热、提供高温蒸汽、医疗、工业等领域的更广泛应用，大力发展放疗、消毒、X 光、CT、伽马刀、无损探伤、污水处理、灭菌、材料改性、辐射育种、食品农产品辐射加工等技术，形成多元化、可移动、便携式的核能动力装备的产品开发能力并不断推广应用。

7.4.2 氢能

氢能产业主要涵盖上游（氢能制取、纯化）、中游（氢能储存、运输、加注、燃料电池）和下游（氢能应用）等环节。氢能产业的核心技术及国内外掌握情况如图 7-35 所示，其大规模应用落地的前提是确保杜绝主观引起的连锁性破坏事件。美国重视氢能产业技术优势的建立和前瞻技术的掌控；日本致力于构建氢社会，大力推动氢能产业下游规模化和多元化利用；欧洲将氢能作为能源转型和低碳发展的重要保障；韩国将氢能视为绿色增长战略的重要组成部分；我国重视氢能产业发展，多地布局氢能利用项目。

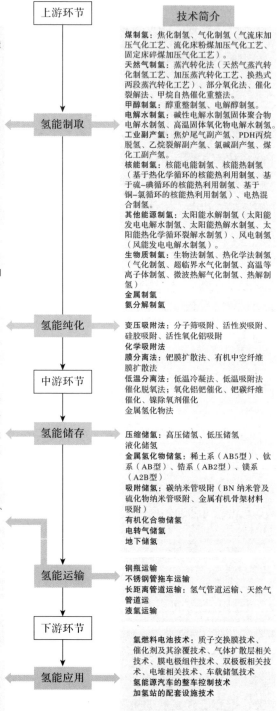

图 7-35　氢能产业核心技术及国内外掌握情况

1. 国内外发展现状

发达国家依托重点企业建立了氢能产业发展的领先优势，比如日本丰田、三菱重工、松下、日产、本田、日立等公司，美国通用、埃克森美孚、霍尼韦尔等公司，德国西门子、林德等公司，韩国现代汽车公司。氢气制备方面，已有天然气重整制氢等多条成熟的技术路线，并在不断探索零排放"绿色"制氢的低成本技术和模式。氢储运领域，美、欧、日等国家和地区高压储氢容器性能参数领先，氢储运产业化水平较高，并且已经初步实现长距离液氢储运。美国、欧洲已分别建成 2600 km、1500 km 以上的输氢管道，远高于其他国家和地区。氢能基础设施建设方面，日本拥有全球最多的加氢站存量，其次是德国和美国，这些主要发达国家的发展目标明确，面向 2025 年甚至 2030 年规划了可观的加强站数量。氢能应用是氢能产业链下游的核心组成部分，其中氢燃料电池及其在交通领域的应用最具发展潜力。美、日、韩等国已研发出氢燃料电池车辆并投放市场，其中美国拥有世界上一半以上的燃料电池汽车（包括超过 25000 辆燃料电池物流车）。在此基础上，发达国家在进一步推动氢能在工业和能源领域的多元化应用。例如德国在大规模储能应用方面、日本在家庭供电方面进行了积极探索。氢能炼钢方面，德国、日本、瑞典已有示范项目落地，有望大幅降低钢铁产业的碳排放。

我国虽然已成为世界第一产氢大国，但从全产业链来看，核心关键技术总体处于跟跑阶段，少数环节存在并跑，关键核心技术和重要装备设施还没有完全实现自主可控，氢能产业整体上还处于初级发展阶段，面临一系列挑战（卢琛钰等，2021）。制氢技术方面，化石能源制氢具有优势，如煤制氢、天然气制氢处于全球领跑地位，其他技术大多处于并跑、跟跑水平；储运技术方面，储运四型瓶技术还没掌握，气氢储运的整体参数性能和世界第一梯队还有明显差距，且相关标准和规范尚不健全，液氢储存技术处于跟跑水平，还不能上路运输，固态储氢和有机溶液储氢主要采取长管拖车运输方式，处于并跑阶段，一定程度上，氢储运已经成为中国氢能产业发展的"卡脖子"环节；加注技术方面，与国际领先水平差距较大，加氢枪、压缩机等相关设备基本都依靠进口；氢燃料电池汽车产业整体处于规划和起步阶段，虽已初步掌握燃料电池电堆与关键材料、动力系统、整车集成等核心技术，但质子交换膜、催化剂、碳纸等关键零部件和材料仍依赖进口，产业化水平相对落后。氢能全产业链的关键核心技术及国内外掌握情况如图 7-35 所示。

目前，我国已形成京津冀、华东、华中、华南四个区域性产业集群。其中，京津冀是我国较早开展燃料电池电堆和关键零部件研发的地区；华东是我国燃料电池车研发与示范最早的地区；华中是我国燃料电池重要零部件研发和客车大规模示范地区；华南是我国燃料电池车大规模示范和加氢网络规划较为成熟的地区。2021 年 11 月，《中共中央 国务院关于深入打好污染防治攻坚战的意见》⊖ 正式发布，强调要持续打好柴油货车污染治理攻坚战，深入实施清洁柴油车（机）行动，全国基本淘汰国三及以下排放标准汽车，推动氢燃料电池汽车示范应用，有序推广清洁能源汽车。一系列重要政策（如图 7-36 所示）的加码为氢燃料电池以及氢燃料电池汽车的加速创新发展提供了强劲推力。

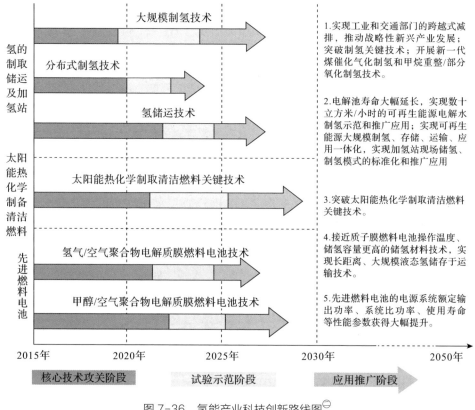

图 7-36　氢能产业科技创新路线图⊜

⊖　http://www.gov.cn/xinwen/2021-11/07/content_5649656.htm
⊜　基于《能源技术革命创新行动计划（2016—2030 年）》相关内容改写绘制。

根据陈悦教授团队对氢能领域的文献计量分析，2011 年到 2020 年间，全球范围内已发表的主题为氢能的文献数量共计 23400 篇。在氢能发文量全球机构排名前 20 名中，有 14 家中国机构、3 家韩国机构、1 家俄罗斯机构、1 家日本机构和 1 家印度机构。其中，中国科学院位列第一，发文量为 821 篇，占全球发文总量的 3.510%。20 家机构均为高校研究所（见表 7-6）。

表 7-6　2011-2020 年与氢能相关的发文量全球机构排名前 20 名

排名	机构名称	所属国家	文献数量	占比（%）
1	中国科学院	中国	821	3.510
2	西安交通大学	中国	368	1.573
3	浙江大学	中国	325	1.389
4	清华大学	中国	323	1.380
5	哈尔滨工业大学	中国	313	1.338
6	天津大学	中国	252	1.077
7	上海交通大学	中国	219	0.936
8	印度理工学院	印度	215	0.919
9	中国科技大学	中国	212	0.906
10	华中科技大学	中国	198	0.846
11	中国科学院大学	中国	173	0.739
12	重庆大学	中国	169	0.722
13	九州大学	日本	164	0.701
14	俄罗斯科学院	俄罗斯	157	0.671
15	韩国电气研究院	韩国	156	0.667
16	华南理工大学	中国	155	0.662
17	大连理工大学	中国	150	0.641
18	韩国先进科技研究所	韩国	147	0.628
19	吉林大学	中国	144	0.615
20	韩国科技研究院	韩国	136	0.581

在氢能相关的发文量作者排名前 20 名中，有 133 名来自中国，2 名来自加拿大，2 名来自韩国，美国、德国、泰国各有 1 名。其中，加拿大安省理工大

学的 Dincer Ibrahim 位列第一，文献数量为 209 篇。20 名作者的所属机构均为高校研究所（见表 7-7）。

表 7-7　2011-2020 年与氢能相关发文量全球作者排名前 20 名

排名	作者	作者所属机构	国家	文献数量
1	Dincer Ibrahim	安省理工大学	加拿大	209
2	Guo Liejin	西安交通大学	中国	111
3	Liao Qiang	重庆大学	中国	54
4	Wang Hui	华南理工大学	中国	54
5	Chi Bo	华中科技大学	中国	51
6	Naterer g. f.	纽芬兰纪念大学	加拿大	51
7	Wang Lei	中国科学院	中国	50
8	Zhu Bin	中国科学院	中国	50
9	Pu Jian	华中科技大学	中国	49
10	Wang Wei	湖北大学	中国	48
11	Ju Hyunchul	仁荷大学	韩国	46
12	Li Jian	西安交通大学	中国	45
13	Reungsang Alissara	孔敬大学	泰国	45
14	Wang Yan	明尼苏达大学	美国	45
15	Zhang Wei	陕西师范大学	中国	44
16	Zhou Wei	厦门大学	中国	43
17	Kumar Gopalakrishnan	延世大学	韩国	42
18	Stolten Detlef	尤利希研究中心	德国	42
19	Wang Yi	华中科技大学	中国	42
20	Zhu Min	华南理工大学	中国	41

为进一步分析文献的主要涉及领域，我们用 VOSviewer 对近十年发布的文献做了关键词共现分析（如图 7-37 所示），发现文献主要集中于：①氢能的性能、温度、燃料电池、续航力；②氢能的优化、设计、模拟；③生物产氢；④制氢、生产、氢能热解；⑤储氢、脱氢、吸附；⑥纳米粒子、氧化、析氢反应。

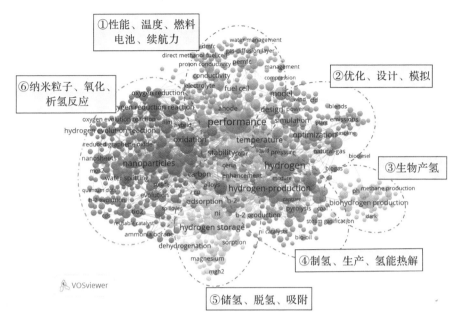

图 7-37　全球氢能文献的关键词共现网络

再看全球专利情况，2011 年到 2020 年间，全球氢能相关的有效专利数量为 1178 件，如表 7-8 所示，全球氢能专利申请的主要申请人（排名前 20 位）中有 166 家中国公司或高校，日本、韩国、美国分别有 2、1、1 家。其中，武汉格罗夫氢能汽车有限公司位列第一，申请量为 132 件，技术主要集中于机动车、挂车等领域（见表 7-8）。

表 7-8　2011-2020 年全球氢能专利的主要申请人

排名	主要申请人	所属国家	申请量	技术领域
1	武汉格罗夫氢能汽车有限公司	中国	132	机动车、挂车
2	中国石油化工股份有限公司	中国	15	烃油裂化；液态烃混合物的制备
3	四川理工学院	中国	14	含除碳、氢、卤素、氧、氮、硫、硒或碲以外的其他元素的无环、碳环或杂环化合物
4	芜湖国氢能源股份有限公司	中国	12	电动车辆动力装置；一般车辆的电力制动系统

（续）

排名	主要申请人	所属国家	申请量	技术领域
5	韩国海洋科学技术学院	韩国	10	微生物或酶；其组合物
6	大连理工大学	中国	10	非金属元素；其化合物
7	石家庄新华能源环保科技股份有限公司	中国	10	车辆动力装置或传动装置的布置或安装
8	芜湖同优汽车科技有限公司	中国	10	车辆动力装置或传动装置的布置或安装
9	浙江大学	中国	9	化学或物理方法
10	东南大学	中国	8	分离；专门适用于制造或处理微观结构的装置或系统的方法或设备
11	中国石油化工股份有限公司抚顺石油化工研究院	中国	8	烃油裂化；液态烃混合物的制备
12	中国神华煤制油化工有限公司	中国	8	烃油裂化；液态烃混合物的制备
13	中国神华煤制油化工有限公司上海研究院	中国	8	烃油裂化；液态烃混合物的制备
14	东芝株式会社	日本	8	生产化合物或非金属的电解工艺或电泳工艺
15	武汉地质资源环境工业技术研究院有限公司	中国	8	制冷设备或系统；热泵系统；用于直接转变化学能为电能的方法或装置
16	江苏师范大学	中国	8	用于直接转变化学能为电能的方法或装置
17	神华集团有限责任公司	中国	8	烃油裂化；液态烃混合物的制备
18	PAUL H SMITH JR	美国	7	盛装或贮存压缩的、液化的或固化的气体容器；固定容量的贮气罐
19	哈尔滨工业大学	中国	7	微生物或酶；其组合物；非金属元素；其化合物
20	东芝能源系统有限公司	日本	7	生产化合物或非金属的电解工艺或电泳工艺

如表 7-9 所示，2011 年到 2020 年间，全球氢能专利的主要发明人（排名前 20 位）中，发明人所属机构均为中国，所属机构主要集中在武汉格罗夫氢能汽车有限公司、四川理工学院、芜湖国氢能源股份有限公司、芜湖同优汽车科技有限公司 4 家机构。排名前 3 位的均属武汉格罗夫氢能汽车有限公司（见表 7-9）。

表 7-9　2011—2020 年全球氢能专利的主要发明人

排名	发明人	发明人所属机构	申请量
1	郝 XX	武汉格罗夫氢能汽车有限公司	144
2	屠 XX	武汉格罗夫氢能汽车有限公司	16
3	谭 XX	武汉格罗夫氢能汽车有限公司	13
4	李 XX	四川理工学院	12
5	谢 XX	四川理工学院	12
6	赵 XX	芜湖国氢能源股份有限公司	12
7	邓 XX	四川理工学院	12
8	鲍 XX	芜湖国氢能源股份有限公司	12
9	张 XX	武汉格罗夫氢能汽车有限公司	11
10	吴 XX	四川理工学院	10
11	徐 XX	芜湖同优汽车科技有限公司	10
12	戴 XX	芜湖同优汽车科技有限公司	10
13	方 XX	芜湖国氢能源股份有限公司	10
14	李 XX	芜湖同优汽车科技有限公司	10
15	程 XX	芜湖国氢能源股份有限公司	10
16	贾 XX	石家庄新华能源环保科技股份有限公司	10
17	赵 XX	中北大学	10
18	邹 XX	四川理工学院	10
19	周 XX	武汉格罗夫氢能汽车有限公司	9
20	崔 XX	赫普能源环境科技股份有限公司	9

从国内来看，2011 年到 2020 年间，全国范围内已发表的主题为氢能的文献数量共计 8251 篇。在氢能发文量全国机构排名前 20 名中，中国科学院位列第一，发文量为 821 篇，占全国发文总量的 9.950%。20 家机构均为高校研究所（见表 7-10）。

表 7-10　2011-2020 年与氢能相关的发文量全国机构排名前 20 名

排名	机构名称	文献数量	占比（%）
1	中国科学院	821	9.950
2	西安交通大学	368	4.460
3	浙江大学	325	3.939
4	清华大学	323	3.915
5	哈尔滨工业大学	313	3.793
6	天津大学	252	3.054
7	上海交通大学	220	2.666
8	中国科学技术大学	212	2.569
9	华中科技大学	198	2.400
10	中国科学院大学	173	2.097
11	重庆大学	169	2.048
12	华南理工大学	155	1.879
13	大连理工大学	150	1.818
14	吉林大学	144	1.745
15	北京化工大学	123	1.491
16	北京理工大学	120	1.454
17	北京科技大学	113	1.370
18	华南理工大学	111	1.345
19	同济大学	109	1.321
20	四川大学	108	1.309

在氢能发文量作者排名前 20 名中，除 Wang Lei 和 Zhu Bin 来自中国科学院外，其他人均来自高等院校。其中，西安交通大学的 Guo Liejin 位列第一，文献数量为 111 篇，占比 1.345%（见表 7-11）。

表 7-11　2011-2020 年与氢能相关发文量作者排名前 20 名

排名	作者	作者所属机构	文献数量	占比（%）
1	Guo Liejin	西安交通大学	111	1.345
2	Liao Qiang	重庆大学	54	0.654
3	Chi Bo	华中科技大学	51	0.618

(续)

排名	作者	作者所属机构	文献数量	占比（%）
4	Pu Jian	华中科技大学	49	0.594
5	Wang Hui	华南理工大学	48	0.582
6	Wang Wei	湖北大学	48	0.582
7	Li Jian	西安交通大学	45	0.545
8	Wang Lei	中国科学院	45	0.545
9	Zhu Bin	中国科学院	43	0.521
10	Wang Yan	明尼苏达大学	42	0.509
11	Wang Yi	华中科技大学	42	0.509
12	Zhang Wei	陕西师范大学	42	0.509
13	Zhang Li	哈尔滨工业大学	41	0.497
14	Zhu Min	华南理工大学	41	0.497
15	Cen KeFa	浙江大学	40	0.485
16	Li Jun	复旦大学	40	0.485
17	Zhou Wei	厦门大学	40	0.485
18	Li Qian	上海大学	39	0.473
19	Liu Yang	复旦大学	39	0.473
20	Zhang Lei	华中科技大学	39	0.473

为进一步分析文献的主要涉及领域，我们用 VOSviewer 对近十年发布的文献做了关键词共现分析（如图 7-38 所示），发现文献主要集中于：①储氢、氢动力、吸附；②氢的生成、进化；③纳米粒子、氧化还原反应、析氢反应、催化剂；④性能、续航力；⑤制氢、燃烧、优化、生物氢生产。

再看国内专利情况，2011 年到 2020 年间，全国氢能相关的有效专利数量为 939 件，如表 7-12 所示，全国氢能专利的主要发明人（排名前 20 位）中，公司企业占 11 家，其余 9 家为高校研究所，武汉格罗夫氢能汽车有限公司位列第一，申请量为 132 件，比排名第二位的中国石油化工股份有限公司多 117 件，其主要技术领域为机动车、挂车。

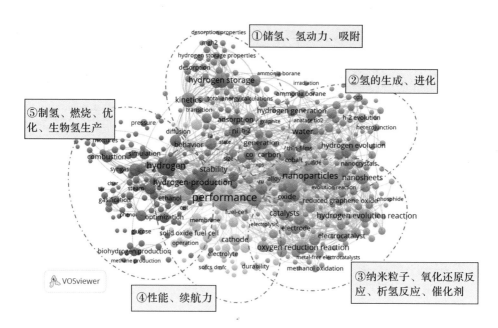

图 7-38　全国氢能文献的关键词共现网络

表 7-12　2011-2020 年全国氢能专利的主要申请人

排名	主要申请人	申请量	技术领域
1	武汉格罗夫氢能汽车有限公司	132	机动车、挂车
2	中国石油化工股份有限公司	15	烃油裂化；液态烃混合物的制备
3	四川理工学院	14	含除碳、氢、卤素、氧、氮、硫、硒或碲以外的其他元素的无环、碳环或杂环化合物
4	芜湖国氢能源股份有限公司	12	电动车辆动力装置；一般车辆的电力制动系统
5	大连理工大学	10	非金属元素；其化合物
6	石家庄新华能源环保科技股份有限公司	10	车辆动力装置或传动装置的布置或安装
7	芜湖同优汽车科技有限公司	10	车辆动力装置或传动装置的布置或安装
8	浙江大学	9	化学或物理方法
9	东南大学	8	分离；专门适用于制造或处理微观结构的装置或系统的方法或设备

（续）

排名	主要申请人	申请量	技术领域
10	中国石油化工股份有限公司抚顺石油化工研究院	8	烃油裂化；液态烃混合物的制备
11	中国神华煤制油化工有限公司	8	烃油裂化；液态烃混合物的制备
12	中国神华煤制油化工有限公司上海研究院	8	烃油裂化；液态烃混合物的制备
13	武汉地质资源环境工业技术研究院有限公司	8	制冷设备或系统；热泵系统；用于直接转变化学能为电能的方法或装置
14	江苏师范大学	8	用于直接转变化学能为电能的方法或装置
15	神华集团有限责任公司	8	烃油裂化；液态烃混合物的制备
16	哈尔滨工业大学	7	微生物或酶；其组合物；非金属元素；其化合物
17	上海交通大学	6	生产化合物或非金属的电解工艺或电泳工艺；测量电变量
18	上海柯来浦能源科技有限公司	6	一般的或变容式的机器或发动机
19	中国科学院合肥物质科学研究院	6	生产化合物或非金属的电解工艺或电泳工艺
20	中国科学院大连化学物理研究所	6	化学或物理方法；分离；非金属元素

如表 7-12 所示，2011 年到 2020 年间，全国氢能专利的主要发明人（排名前 20 位）中，发明人所属机构均为中国，所属机构主要集中在武汉格罗夫氢能汽车有限公司、中国石油化工股份有限公司、四川理工学院、芜湖国氢能源股份有限公司 4 家机构。

2. 未来产业发展趋势

（1）未来 5 年

美国氢能发展主要关注氢能产业推广，对氢燃料电池车、加氢站数量有明确预测。日本氢能发展更多关注技术开发，加氢站建设及运营成本、氢燃料电池车价格每经过一个阶段都有较大幅度的下降。欧洲则更多关注氢能发展对二氧化碳减排的作用。我国应在保障用氢安全的前提下打造技术体系健全、产业链完善、产业闭环，具备市场竞争力的氢能生产、利用示范基地。在工业领域中，建设利用焦炉气中甲烷与二氧化碳进行重整制氢。在储能领域中，积极探索以"制氢+储供氢装备制造+氢能重卡和专用车辆制造+加氢基础设施建设+氢能重卡物流园区+氢能社区"的产业发展路径。

（2）未来 15 年

我国氢能产业或将迎来快速发展的重大机遇期，特别是在技术研发、制氢环节、用氢环节等方面产生巨大突破。高转换效率、长循环寿命、低制造成本的新一代燃料电池堆技术得到广泛应用，低成本、高覆盖密度的新一代加氢站迅速普及，高效率、高密度、高输出的新一代车载储氢装置成为主流。技术方面氢转电所用燃料电池的催化剂、质子交换膜和极板以及储氢罐使用的碳纤维等材料在规模化生产情况下成本会有所下降。从制氢环节上看，研发高效太阳能聚光系统和高效光催化反应器，提高光解制氢系统的能量效率。利用光解水制氢、核能、太阳能、风能以及生物质气化制氢的成本与效率均得到改善。从储氢环节上看，储氢密度、储氢安全性和储氢成本之间的平衡关系得到解决，与大规模商业化应用的差距进一步缩小。液体有机物常温常压储氢技术得到突破，加、脱氢温度、催化剂成本和效率得到改善，成为主流氢气储运方式。用氢环节上，用氢安全得到完全保障，加氢站建设成本降低，数量增加，氢燃料电池汽车得到广泛推广。

（3）未来 30 年

随着技术进步和资本持续投入，全球氢能产业或将迎来整体快速发展期。我国在确保杜绝氢能发生连锁破坏可能性的前提下，或将建成充电站、加氢站互补的新能源汽车供能体系，并实现全过程 100% 绿氢。

7.4.3 可再生能源

可再生能源包括风能、太阳能、海洋能、生物质能等，具有绿色低碳的优势，是清洁能源的重要组成部分。在未来一段时期内，可再生能源将成为世界多轮驱动能源供应体系的重要组成部分，对于改善能源结构、保护生态环境、应对气候变化、实现经济社会可持续发展具有重要意义[一]。

1. 国内外发展现状

从全球来看，世界主要国家均高度重视可再生能源技术发展，通过各种政策措施推动主要创新平台抢占发展制高点，比如美国国家可再生能源实验室、橡树岭国家实验室、麻省理工学院光伏研究实验室，德国弗劳恩霍夫太阳能系统研究所、风能研究所，新加坡太阳能研究所，丹麦国家可再生能源实验室，荷兰能源研究中心，西班牙国家可再生能源研究中心，加拿大枫叶能源公司，日本产业技术综合研究所光伏研究中心等。在这些机构平台的强势推动下，风电技术正朝深海、高空方向纵深发展；太阳能技术正同时推进光伏、光热两条技术路线，光伏电池组件效率不断提高，光热发电技术开始规模化示范；生物质技术的多元化路径均有突破；电网技术、电气设备、储能技术、新材料技术的进步使可再生能源能够得到更广泛的稳定应用，逐步成为新增电力重要来源。

我国在可再生能源领域布局了一大批重点创新平台，其中国家重点实验室体系涵盖了风力发电、风电设备及控制、光伏科学与技术、光伏材料与技术、水资源与水电工程科学、水沙科学与水利水电工程等领域，中国科学院则设立了可再生能源重点实验室、风能利用重点实验室、可再生能源重点实验室、广州能源研究所、地质与地球物理研究所地热资源研究中心等研究机构。通过对科研力量和项目的系统性规划布局（如图 7-39 和图 7-40 所示），我国基本可以实现可再生能源领域的自主可控，但是很多方面的技术水平与欧、美等国家和地区还有一定差距。

2. 未来产业发展趋势

（1）未来 5 年

风电技术攻关重点聚焦在 100 米级及以上叶片三维设计方法与设计体系、叶片载荷与破坏机理和优化校核方法等方面，以及基于高效叶片气弹、轻量化结构、新材料技术相结合的一体化设计技术，陆上复杂条件影响下的风特性并揭示脉动特性，普查陆上典型风资源并分析数据，建立风资源评估数值模型；光伏技术攻关重点聚焦在分布式光伏直流并网发电等方面，以及区域性分布式

[一] http://www.nea.gov.cn/2021-03/30/c_139846095.htm

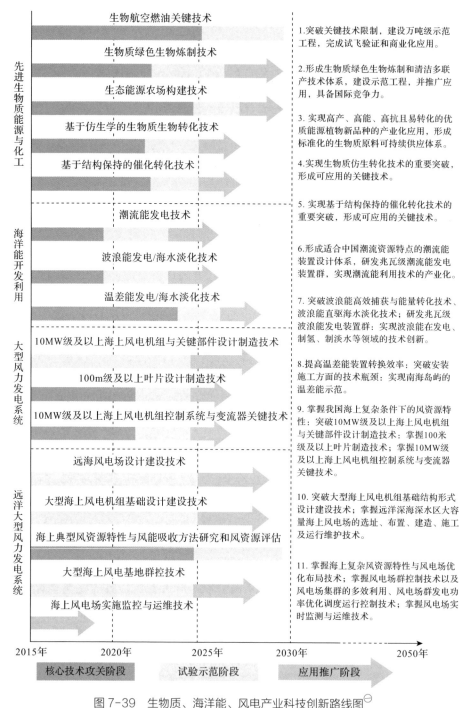

图 7-39　生物质、海洋能、风电产业科技创新路线图㊀

㊀ 基于《能源技术革命创新行动计划（2016–2030 年）》相关内容改写绘制。

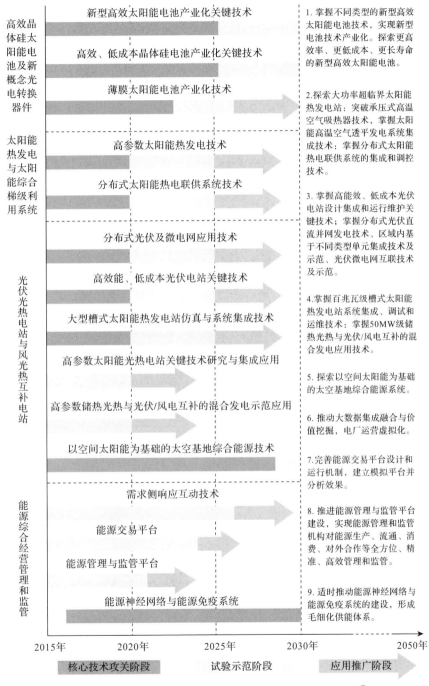

图 7-40 以太阳能为代表的分布式能源科技创新路线图⊖

⊖ 基于《能源技术革命创新行动计划（2016–2030 年）》相关内容改写绘制。

光伏功率预测技术，开展区域内基于不同类型智能单元的分布式光伏系统设计集成技术的研究及示范，低成本晶体硅电池产业示范线关键技术和工艺，太阳能电池关键配套材料，开发高效电池用配套电极浆料关键技术；生物质技术攻关重点聚焦在纤维素及非粮生物质的水热降解、中间体加氢脱氧等方面，研究油脂提取及加氢异构技术、油脂与木质纤维素生物航油的加氢精制技术、油脂与木质纤维素原料互补的燃油组成及性能调控技术、生物航油适应性燃烧技术。

（2）未来 15 年

风电领域主要实现高空风力发电应用推广，建立符合海况的远海风电场设计建设标准和运维规范，掌握风电场集群的多效利用、风电场群发电功率优化调度运行控制技术，成为风电技术创新和产业发展强国；太阳能领域主要掌握高性能电池材料，建立完整自主知识产权的光伏生产线，高参数太阳能热发电技术，全面推动产业化应用，建成 50MW 太阳能热电联供系统，形成自主知识产权和标准体系，突破太阳能热化学反应器技术，研制出连续性工作样机；生物质领域完成万吨级多元化原料的生物航油集成与生产示范，形成完整的重大化工产品的先进生物制造工艺及产业链，建立系列重大化工产品生物制造产业示范工程和生态能源农场示范，形成标准化的生物质原料可持续供应体系。

（3）未来 30 年

形成风、光、热、储能互补的可再生能源电、热、冷联供体系，以及多元化生物质原料可持续供应保障体系，并根据"碳中和"目标要求的倒排时间表支撑核电占比稳健上升。

7.4.4 储能

储能包括抽水蓄能、压缩空气、飞轮、超导、超级电容、电池、储热（见图 7-41）、储冷、储氢等方式，是多元化能源系统的重要组成部分，是显著提高可再生能源消纳水平的关键支撑技术，能够为电网运行提供调峰、调频、备用、黑启动、需求响应支撑等多种服务[一]，是提升传统电力系统灵活性、经济性、安全性、稳定性的重要手段，是促进能源新业态发展的重要基础，是未来能源体系备份系统的压舱石。

一 http://www.gov.cn/xinwen/2017-10/11/content_5231130.htm

图 7-41 不同熔点范围内储热材料的典型应用

1. 国内外发展现状

近年来，全球储能市场规模稳中有升，中、美、日位列全球储能装机规模的前三位。德国、法国、意大利、西班牙、印度、瑞士、韩国总体排名靠前，但装机规模与中、美、日三国相比差距明显。相当长一段时期内，抽水蓄能一直是国际储能装机的主导技术。2016 年起，在电动汽车等产业发展的带动下，世界各主要国家的储能政策开始向电化学储能倾斜（电储能产业核心技术及简介如图 7-42 所示），使其在储能装机规模中的占比开始提升。根据中国化学与物理电源行业协会储能应用分会的统计结果，以及国际可再生能源署发布的《电力储存与可再生能源：2030 年的成本与市场》和国际能源署发布的《2050 净零排放：全球能源路线图》报告，截至 2020 年年底，全球储能累计装机规模超过 190GW，并将在接下来的 10 年保持 10% 以上的复合增长率，其中抽水蓄能的装机规模或将从 170GW 增长至 230GW，电化学储能装机规模或将从不到 14GW 迅速增长至 500 GW 以上。

新型储能是能源领域碳达峰碳中和的关键支撑之一，我国高度重视储能产业发展。国家发改委和国家能源局于 2017 年 9 月发布了首个关于储能技术与产业发展的全国性规划文件《关于促进储能技术与产业发展的指导意见》，并于 2021 年 7 月进一步印发了《关于加快推动新型储能发展的指导意见》，强调抽水蓄能和新型储能是支撑新型电力系统的重要技术和基础装备，对推动能源绿色转型、应对极端事件、保障能源安全、促进能源高质量发展、支撑应对气候变化目标实现具有重要意义[一]，并从统筹开展储能专项规划、大力推进电源侧

㊀ http://www.gov.cn/zhengce/zhengceku/2021-07/24/content_5627088.htm

储能项目建设、积极推动电网侧储能合理化布局、积极支持用户侧储能多元化发展四方面做出了具体部署。

技术掌握情况		技术简介
碳酸锂、镍钴矿、氧化锰等：主要技术掌握方有赣锋锂业、邦普集团、金川集团、合肥国轩高科动力能源有限公司、荆门格林美、长沙矿冶研究院。**PC、EC、DEC、六氟磷酸锂、添加剂**：主要技术掌握方有锦洋新材、新泰材料、聚之源、北斗星、鑫动能锂电、森田新能源。	上游环节↓原材料	废旧镍氢、镍镉、锂离子等二次电池、废镍、废钴资源化回收与处理。镍、铂、铜、钴、稀有贵金属和硫酸、烧碱、液氯、盐酸、亚硫酸钠等化工产品以及有色金属深加工产品。磷酸铁锂材料及电芯、三元电芯、动力电池组、电池管理系统及储能型电池组。矿产资源开发与综合利用研究、新材料开发与生产、民爆器材研发。
	中游环节↓储能装置	
正极：三元、磷酸铁锂等，主要技术掌握方有安达科技、裕能新能源、湘潭电化新能源、三元新材料、瑞福锂业。**电解液**：主要技术掌握方有新宙邦、天赐材料、天津金牛国泰华荣、凯欣电池材料。**负极**：石墨、LTO等，主要技术掌握方有新宙邦、宁波中车新能源科技有限公司、申和热磁电子。**储能电池**：主要技术掌握方有阳光电源、科力远、比亚迪、四方股份。		**正极**：磷酸铁、磷酸铁锂、镍钴锰三元正极材料、镍钴锰三元正极材料前驱体、碳酸锂储能材料的研发、制造、矿石提取锂电池正极原材料——电池级碳酸锂、电池级碳酸锂和工业级碳酸锂、联产氟硅材料、钾盐、铯铷盐等。**电解液**：精细化学材料的研发、生产、锂离子电池材料、有机硅材料、锂电池材料研发、制造、功率型储能技术产品和解决方案。**负极**：半导体热电制冷材料、覆铜陶瓷基板、电力电子模块、NC数控机床系列产品、半导体设备洗净工程、单晶硅片加工生产等新型材料的开发。**储能电池**：成套数控自动化设备及相关零部件、镍系列电池以及镍产品、二次充电电池、继电保护、电网自动化及发电自动化产品的研发、生产。
	下游环节↓系统集成	
储能系统集成：主要技术掌握方有南都电源、欣旺达、科陆电子、圣阳股份、国轩高科、中航锂电、阳光三星、中天储能。		化学电源、新能源储能产品的研究、开发、制造。锂离子电池模组的研发、设计、生产。电力自动化产品及电工仪器仪表的研发、生产；储能电源、备用电源、动力电源和系统解决方案及运营服务，新能源汽车动力电池与输变电产品，新能源电池、电源系统研发、生产。储能逆变器、三星锂离子电池、能量管理系统等储能核心设备。能量搬移、微电网和电力调频等一系列先进的系统解决方案。

图 7-42 电储能产业核心技术及简介

从储能类型的角度来看（如图 7-43 所示），目前我国主要采用的储能类型包括：①物理储能，包括抽水蓄能、压缩空气蓄能和飞轮储能等，其中抽水蓄能容量大、度电成本低，是目前装机规模最大的储能方式；②电化学储能，主

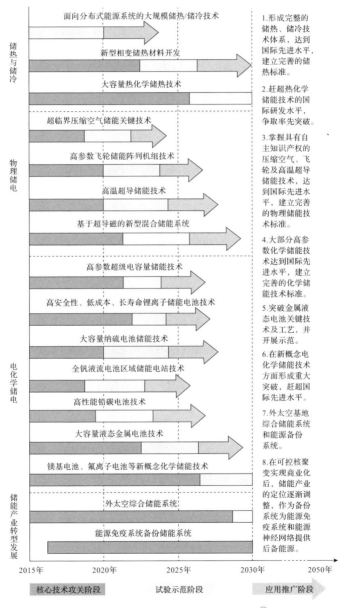

图 7-43 储能产业科技创新路线图[一]

[一] 基于《能源技术革命创新行动计划（2016—2030 年）》相关内容改写绘制。

要包括锂离子电池储能、铅蓄电池储能和液流电池储能，近年来发展迅速，其中锂离子电池循环特性好、响应速度快，是目前主要的电化学储能方式；③超导储能、超级电容器等其他储能方式出于技术成熟度和成本方面的原因，主要处于示范性工程阶段。

从应用对象的角度来看，当前我国储能技术主要应用于电网输配与辅助服务、可再生能源并网以及用能终端各部分。电网输配和辅助服务方面，储能技术主要用于电网调峰、加载、启动，可以起到缓解输电阻塞的重要作用；可再生能源并网方面，储能技术可以促进可再生能源的平滑输出和即时并网；用能终端方面，储能技术可以优化需求侧响应、促进削峰填谷、稳定系统输出，并作为重要用能设备应对极端事件的备用能源。

2. 未来产业发展趋势

（1）未来 5 年

物理储能方面，重点突破太阳能光热高效利用高温储热技术、大容量储热（冷）技术、压缩空气储能的核心部件设计制造技术；化学储电方面，突破各种新材料制备、储能系统集成和能量管理等核心关键技术。积极探索研究高储能密度低保温成本的储能技术、新概念储能技术（液体电池、镁基电池等）、基于超导磁和电化学的多功能全新混合储能技术，实现新型储能从商业化初期向规模化发展转变。新型储能技术创新能力显著提高，核心技术装备自主可控水平大幅提升，在高安全、低成本、高可靠、长寿命等方面取得长足进步，标准体系基本完善，产业体系日趋完备，市场环境和商业模式基本成熟。

（2）未来 15 年

实现战略方向重点布局的新型储能核心技术装备自主可控，实现新型储能不同规模的示范验证，全面推动市场化发展，建立比较完善的储能产业链，实现绝大部分储能技术在其适用领域的全面推广，技术创新和产业水平稳居全球前列，标准体系、市场机制、商业模式成熟健全，与电力系统各环节深度融合发展，装机规模基本满足新型电力系统相应需求。

（3）未来 30 年

新型储能在推动实现"碳中和"过程中发挥显著作用，根据"碳中和"目标要求的倒排时间表支撑可控核聚变占比稳健上升,多功能全新混合储能技术等实现重大突破,力争完全掌握材料、装置与系统等各环节的核心技术,储能技术整体达到国际领先水平,引领国际储能技术与产业发展。

7.4.5 能源免疫系统与模块化供能

在可控核聚变实现商业化运行后,能源产业的主要定位将从支撑经济社会运行转向调控科技和产业有序发展,避免科技失控和产业失控(陈劲和朱子钦,2020),基于这一考量,能源免疫系统、能源神经网络和毛细化供能技术将成为未来能源产业的重点发展方向。

近年来,非法基因编辑等事件不断警醒人们要高度重视科技创新带来的伦理、环境、社会、公共安全等多方面风险。随着各项前沿技术所涉及的能量级数和空间尺度正以越来越快的速度脱离人类社会的抵御和承受范围,这些技术之间的灵活组合和相互促进也正快速缩短它们从理论雏形发展到实际应用之间所需的流程和时间,在可预见的未来,任何形式的科技和产业失控事件都可能给人类社会带来措手不及的灾难性影响。

新形势下,运用底线思维,在科技和产业创新活动中的源头性关键环节上建立起牢固的安全防线,对于发展未来产业至关重要。首先,及时全面地掌握数据、信息和情报是科学有效决策的根本前提;其次,能源是开展创新活动和使用创新产物的基本要素。然而,现有的科技风险评估和安全监管体系面临两方面问题:一是监测对象没有下沉到具体的仪器设施设备,无法及时获取科技领域高度复杂和动态的风险信息和异常情况;二是对以能源为代表的创新要素的调控还处于非常粗放的状态,无法对其进行及时精准的调控。

针对上述问题,我们提出构建以能源免疫系统、能源神经网络和毛细化供能技术(陈劲和朱子钦,2019;朱子钦等,2017;朱子钦等,2018)为基础的模块化供能产业,提供一种模块化的供能装置及供能方法(如图7-44所示),实现点对点地监测用能设备的程序运行情况和能源使用情况,并根据程序运行和能源使用是否异常来点对点地精准调控对用能设备的供能过程。

为实现上述目的,需要发展模块化供能产业并开发相应装置,所述装置包括通信系统、供能系统、储能系统、程序监测系统、能源监测系统、内控系统、通断系统、安防系统、备用能源系统和中控系统;其中,通信系统用于建立供能系统、储能系统、内控系统、程序监测系统、能源监测系统、通断系统、安防系统、备用能源系统以及中控系统之间的信息交互方式；供能系统包括产能模块和供能模块，产能模块用于产生供能装置和用能设备所需形式的能源，供能模块用于为供能装置和用能设备供应所需形式的能源；储能系统用于储存所述供能装置的备用能源；程序监测系统用于监测用能设备运行程序的信息，并通过通信系统将程序监测信息传送给内控系统和中控系统；能源监测系统用于监测用能设备内能量流动的信息，并通过通信系统将能源监测信息传送给内控系统和中控系统；内控系统用于根据设置的禁令触发条件对程序监测信息和能源监测信息进行监控；通断系统根据内控系统和中控系统下达的指令控制供能装置和用能设备之间的通断；安防系统用于监控和保护供能装置和用能设备的核心元件；备用能源系统为被误关的用能设备提供备用能源；中控系统对供能的所有环节进行监控，拥有最高控制权限，可以跨过任何环节对所有系统和模块直接下达指令，并直接控制安防系统和备用能源系统。

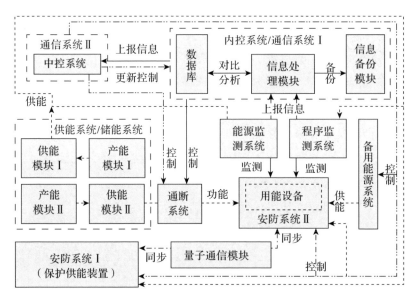

图 7-44　模块化供能产业的核心产品技术方案

如图 7-44 所示内控系统包括数据库、信息处理模块和信息备份模块；数据库用于存储禁令触发条件信息；信息处理模块包括信息收集模块、信息判断模块、指令发送模块和指令执行模块，信息收集模块通过通信系统收集程序监测信息和能量监测信息；信息判断模块用于对比、分析和判定程序监测信息和能量监测信息是否满足禁令触发条件；指令发送模块用于根据所述信息判断模块的判定结果，通过通信系统发出指令控制通断系统；指令执行模块将信息上报给中控系统并执行中控系统发出的指令；信息备份模块用于备份信息以备审查。

数据库接受中控系统的更新指令；信息备份模块不接收任何指令和修改；通断系统接收中控系统和内控系统的指令，当中控系统和内控系统的指令相矛盾时，服从中控系统；安防系统接收中控系统的指令；备用能源系统接收中控系统的指令。

通信系统包括通信系统Ⅰ和通信系统Ⅱ，通信系统Ⅰ能够建立内控系统和供能系统、储能系统、程序监测系统、能源监测系统、通断系统之间的信息交互方式，而通信系统Ⅱ能够建立中控系统和供能系统、储能系统、内控系统、通断系统、安防系统、备用能源系统之间的信息交互方式；通信系统Ⅰ和通信系统Ⅱ均为独立的封闭系统。

产能模块包括产能模块Ⅰ和产能模块Ⅱ；供能模块包括供能模块Ⅰ和供能模块Ⅱ；产能模块Ⅰ产生供能装置运行所需的能量，并通过供能模块Ⅰ为供能装置供能，产能模块Ⅱ会产生用能装置运行所需的能量，并通过供能模块Ⅱ为用能装置供能；供能模块Ⅱ具有自隔离功能，在遇到异常状况时可以自行切断与外界的能量流动，防止供能装置被大密度能流反向击穿摧毁。

安防系统包括安防系统Ⅰ、安防系统Ⅱ和量子通信模块；安防系统Ⅰ用于保护供能装置，安防系统Ⅱ用于保护用能设备的核心元件，当任何一方遇到异常状况时，安防系统Ⅰ和安防系统Ⅱ通过所述量子通信模块向对方发送信号并同步封锁供能装置和用能设备的核心元件，只有在中控系统的授权和控制下才能重新解锁；另外，安防系统具有自毁功能，当安防系统无法抵御外界入侵时，安防系统Ⅰ和安防系统Ⅱ会自动摧毁保护对象。

中控系统的所有决策权均属于自然人，中控系统能够实时备份供能装置中的所有信息和指令，以备随时审查。

模块化供能方法包括以下步骤：①供能系统产生和供应供能装置和用能设备所需的能源；②储能系统储存供能装置的备用能源；③程序监测系统监测用能设备运行程序的信息，并通过通信系统将程序监测信息传送给内控系统和中控系统；④能源监测系统监测用能设备内能源流动的信息，并通过通信系统将能源监测信息传送给内控系统和中控系统；⑤内控系统用于根据设置的禁令触发条件对程序监测信息和能源监测信息进行监控；⑥通断系统根据内控系统和中控系统下达的指令控制供能装置和用能设备之间的通断；⑦安防系统监控和保护供能装置和用能设备的核心元件；⑧备用能源系统为被误关的用能设备提供备用能源；⑨中控系统对供能的所有环节具有最高控制权限，可以跨过任何环节对所有系统和模块直接下达指令，并直接控制安防系统和备用能源系统。

模块化供能装置和以此为基础的未来能源产业由于采取以上技术方案，其具有以下优点：①运用了底线思维，为全面精确地控制能源供给过程提供了技术支撑，为防止科技失控事件提供了有效抓手；②供能装置采用的是模块化的设计思路，一方面为设计和生产供能装置提供了统一标准，同时又具有足够的灵活性和扩展性，可以基于本装置的标准和思路针对性设计出适应各类用能设备的有效供能装置；③通信系统为封闭独立的网络，确保了监管过程的有效性和安全性，但同时本装置又具备足够的灵活性，数据库会定期经由中控系统更新；④通过合理设计和建立相对独立的通信系统，确立了中控系统的最高监管权限，并以此为基础确保了自然人的决策权；⑤着重考虑了安防问题，为装置有效实现功能提供了逻辑严密的安全保证。

需要强调的是，本书所提出的能源免疫系统、能源神经网络、毛细化供能、模块化供能等概念的技术方案并不是静态不变的，而是需要随着未来科技和未来产业的发展与时俱进地迭代更新，重点是这些概念涵盖的治理逻辑、思维模式和哲学思考。

7.5 未来装备

装备制造业是为经济社会生产运行提供工作母机和装备等各类制造业的总称，是工业和国民经济的心脏与生命线，是带动相关产业发展和支撑国家综合国力的重要基石。装备制造业的涵盖范围很广，按照国民经济行业划分（GB/T 4754—2017），包括金属制品业、通用装备制造业、专用设备制造业、交通运输设备制造业、电气机械及器材制造业、通信计算机及其他电子设备制造业、仪器仪表及文化办公用品装备制造业等类别。

本章节主要聚焦空、海、陆三个维度探讨未来装备制造产业的发展趋势。

7.5.1 航空航天

航空航天产业是先进制造业和国防工业的重要组成部分，是国家整体实力的重要象征，是人类由行星文明迈向星际文明的根本基础，对于人类未来经济社会的可持续发展具有决定性作用。航空航天产业具有科技水平高、资本密集、价值链长、带动能力强等鲜明特点，能够带动高端制造、新一代信息技术、新能源、新材料等高技术产业的发展。

1. 国内外发展现状

除了高风险、高投入、高产出三个基本特性外，航空航天产业还具有高垄断性和技术复杂性等特点。当前，全球航空航天产业转移趋势不断加剧，转包市场不断扩张，为我国航空航天产业发展带来了巨大的机遇。目前全球航空航天工业布局呈现出明显的集群化特征和寡头垄断格局，主要的产业集群都集中在美国、俄罗斯、法国、英国、德国、加拿大、日本、巴西等国家的大都市地区。美国拥有世界上规模最大的航空航天产业集群（8800 余家企业），约占全球企业总数的 40% 和全球总产值的近 50%。

航空领域，美国波音公司是全球航空航天业的领袖公司，是世界上最大的民用和军用飞机制造商之一，也是美国最大的出口商。经过百年来的发展，波音公司已经成为美国航空技术和航天市场的主导企业与创新发展的象征，也是美国强大的政治、经济和军事实力的表现。目前，全球正在使用中的波音喷气客机达 14000 多架，约占全球总量的 75%。在军工产品方面，波音公司也处于全球领先地位。空中客车工业公司是位于欧洲的国际合营飞机制造公司，世界第二大飞机制造企业。空中客车 A320 系列是民航历史上交付量第二的商用飞机，交付架次仅次于波音 737 系列，累计总订单量已超过 15000 架，超越波音 737 系列成为民航历史上销量最高的商用飞机，帮助空中客车公司奠定了在民航客机市场中的重要地位，打破了美国垄断客机市场的局面。

航天领域，美国的技术发展仍然走在全球前列。美国国家航空航天局、美国太空总署，是美国联邦政府的一个行政性科研机构，负责制订、实施美国的太空计划，并开展航空科学暨太空科学的研究。其总部下辖 10 个研究中心，分别为戈达德航天飞行中心、约翰逊航天中心、肯尼迪航天中心、马歇尔航天飞行中心、斯坦尼斯航天中心、艾姆斯研究中心、阿姆斯特朗飞行研究中心、兰利研究中心、格伦研究中心、喷气推进实验室。

我国的航空航天工业起步于20世纪50年代，经过近60年的发展，逐步形成了门类较为齐全，教育、科研、生产都具有坚实基础和相当规模的发展体系（见表7-13），成立了航天科技、航天科工、航空工业、中国航发、中国商飞等一批中央管理的国有特大型企业，建成了北京航空产业园、南昌航空工业城、沈阳航空产业园、成飞航空高科技产业园、珠海航空产业园等十余个产业基地，并在加速形成以上海为核心的华东、以沈阳为中心的东北、以西安为中心的西北、以成都为中心的西南、以南昌为中心的中部产业集群。目前，北京、西安、成都、沈阳、上海、哈尔滨、南昌、长沙等城市是我国航空航天产业研制生产的主要基地。

表7-13 中国主要航空研究院所与企业

601所 沈阳飞机设计研究所	112厂 沈阳飞机制造公司
602所 中国直升机设计研究所	116厂 平原机械厂
603所 中航第一飞机研究院	117厂 沈阳兴华航空电气有限责任公司
605所 中国特种飞行器研究所	120厂 哈尔滨东安发动机（集团）有限公司
606所 沈阳航空发动机研究所	122厂 哈尔滨飞机制造有限责任公司
607所 中航雷达与电子设备研究院	124厂 郑州飞机设备公司
608所 株洲航空动力机械研究所	125厂 北京曙光电机厂
609所 中国航空附件研究所	126厂 贵州新安航空机械公司
610所 中国航空救生研究所	132厂 成都飞机制造公司
611所 成都飞机设计研究所	133厂 长春航空机载设备公司
612所 中国空空导弹研究院	134厂 豫新机械厂
613所 洛阳电光设备研究所	135厂 万里机电总厂
614所 中国工业航空动力控制系统研究所	162厂 贵航集团双阳飞机制造厂
615所 中国航空无线电电子研究所	172厂 西安飞机制造公司
618所 西安飞行自动控制研究所	174厂 四川航空液压机械厂
620所 中国航空系统工程研究所	181厂 武汉航空仪表公司
621所 北京航空材料研究院	205厂 四川泛华航空仪表电器厂
622所 北京航空工艺研究所	241厂 四川航空川江仪器厂
623所 中国飞机强度研究所	242厂 兰州飞控仪器总厂

（续）

624 所 中国燃气涡轮研究院	300 厂 中南传动机械厂
625 所 中国航空工业制造工程研究所	320 厂 洪都航空工业集团有限责任公司
626 所 沈阳空气动力研究所	322 厂 宏图飞机制造厂
627 所 哈尔滨空气动力研究所	331 厂 南方航空动力机械公司
628 所 中国航空信息中心	370 厂 兰翔机械总厂
629 所 结构热强度研究所	372 厂 昌河飞机工业（集团）有限责任公司
630 所 中国飞行试验研究院	382 厂 常州飞机制造厂
631 所 中国航空计算技术研究所	410 厂 沈阳发动机制造公司
633 所 上海航空测控技术研究所	420 厂 成都发动机制造公司
634 所 北京长城航空测控技术研究所	430 厂 西安航空发动机公司
637 所 济南特种结构研究所	460 厂 贵州黎阳机械厂
640 所 上海飞机研究所	503 厂 北京长空机械有限责任公司
648 所 贵州飞机设计所	513 厂 南京宏光空降装备厂
649 所 贵州航空发动机设计所	522 厂 石家庄飞机工业有限责任公司
650 所 南昌飞机设计研究所	540 厂 巴山机械厂
301 所 中国航空综合技术研究所	542 厂 保定向阳精密机械厂
303 所 中国航空精密机械技术研究所	550 厂 保定惠阳航空螺旋桨制造厂
304 所 中国航空计量技术研究所	570 厂 三江机械厂
011 基地 贵州航空工业集团	3207 厂 四川雅安川西机器厂
012 基地 汉中航空工业（集团）公司	3337 厂 青岛前哨精密机械公司
013 基地 湖南航空工业局	3347 厂 景德镇航空锻造公司 2 集团
014 中心 中国空空导弹研究院	3357 厂 徐州航空压铸厂
103 厂 豫北机械厂	5712 厂 长沙五七一二飞机修理厂
105 厂 天津航空机电有限公司	5722 厂 中国航空工业第二集团公司五七二二厂
陕西航空硬质合金工具公司	航空工业第三设计研究院
中原电测仪器厂	汉中集团的 012 基地
宏峰航空精密机械工具公司	陕西燎原航空机械制造公司
朝阳机械厂	陕西华燕航空仪表公司
长空精密机械制造公司	

中国主要航天研究机构包括：航天一院（运载火箭技术研究院）、航天二院（地空导弹研究院）、航天三院（飞航导弹研究院）、航天四院（航天化学动力研究院）、航天五院（空间技术研究院）、航天六院（中国河西化工机械公司）、航天七院（航天建筑设计研究院）、航天八院（上海航天技术研究院）、航天九院（航天基础电子技术研究院）、航天十院（航天时代仪器公司）。

除北京航空航天大学、南京航空航天大学等行业特色型高等学府外，清华大学、浙江大学、哈尔滨工程大学、西安交通大学等众多一流高校相继开设了航空航天相关专业，建立了一批航空航天相关国家重点实验室、国家实验室和省部级重点实验室，为航空航天产业提供了基础研究支撑和高质量人才供给（见表7-14）。

表7-14 国内高校航空航天专业建设情况[一]

序号	高校	学院名称	成立时间
1	清华大学	航天航空学院	2004年5月
2	同济大学	航空航天与力学学院	2004年1月
3	西安交通大学	航天航空学院	2005年4月
4	浙江大学	航空航天学院	2007年1月
5	哈尔滨工程大学	航天与建筑工程学院	2008年5月
6	上海交通大学	航空航天学院	2008年9月
7	大连理工大学	航空航天学院	2008年12月
8	北京理工大学	宇航学院	2008年12月
9	中南大学	航空航天学院	2009年6月
10	四川大学	空天科学与工程学院	2011年11月
11	电子科技大学	航空航天学院	2012年5月
12	西安电子科技大学	空间科学与技术学院	2013年7月
13	重庆大学	航空航天学院	2013年12月
14	厦门大学	航空航天学院	2015年4月
15	复旦大学	航空航天系	2015年
16	华中科技大学	航空航天学院	2015年

[一] 引自《华夏幸福产研院：航空航天产业空间布局研究》。

（续）

序号	高校	学院名称	成立时间
17	昆明理工大学	航空学院	2016年6月
18	吉林大学	机械与航空航天工程学院	2018年6月
19	太原理工大学	航空航天学院	2019年12月

2. 未来产业发展趋势

短时间内，航空航天领域将愈发成为各国竞争的重要战略领域。长远来看，航天合作、太空开发与太空移民，或将成为在铸牢中华民族共同体意识的基础上推动构建高水平人类命运共同体的重要驱动力。

（1）未来5年

航空领域，基于数字化转型和人工智能技术的"智慧航空"将是全球航空业发展的重要方向；航空发动机方面，航空推进系统是目前新材料、新技术攻关和应用的主战场，正朝着自适应或变循环发动机的方向发展。航空新材料是航空制造业发展与变革的决定性因素，随着新型铍铝合金、钛铝合金以及微晶格镍磷合金和纳米陶瓷镁合金等相继问世，航空新材料将在全球竞争中不断涌现，随时有可能颠覆现有航空产品的设计思路和总体格局，也为我国加快实现高端干线客机、支线客机、通用飞机、直升机等领域的弯道超车提供了重要契机。

航天领域，载人航天、卫星技术、空间科学、空间运输、空间探测、空间通信等将是接下来一段时期内的焦点领域。美、俄、日等主要航天国家会加快军事太空系统能力建设，加强对深空探索的规划和投入，以夺取太空战略优势；商业航天方面，在保证发射成功率的前提下，降低成本将成为并长期成为最重要的发展重点之一，为天基通信网络建设、载人航天发射及在轨维护等任务提供有力支持。卫星技术方面，需要持续开发和完善卫星运行轨迹监测技术，维护和升级卫星天线等设备，构建高速空间通信网络，不断加强卫星系统、能源网、电信网、交通网等的安全性、可靠性和稳定性。

（2）未来15年

航空领域，在能源动力方面，航空电力推进技术将逐渐成熟，储能能力大幅提升，轻型电动客机或将成为现实。增材制造方面，空间 3D 打印技术或将在航天器结构件制造中得到普遍应用。小型、微型无人机使用权限将逐渐从日间、视距内运行拓展到夜间、超视距运行，并在军、民各领域得到广泛应用。开发智慧空管系统并建立应用示范区，在适用区域使航空飞行器安全、高效地进入低空空域或将成为一项重点任务。

航天领域，在深空推进方面，太阳能电推进飞行器能够实现将大型有效载荷送入火星轨道并着陆，或将是人类登陆火星的关键。空间探索方面，载人航天将实现从低地球轨道扩大至地月空间，并逐步向太阳系其他行星迈进。我国将实施长征九号运载火箭（重型运载火箭）、空间飞行器在轨服务与维护系统、天地一体化信息网络、下一代空间基础设施、火星和小行星取样返回、觅音计划——太阳系近邻宜居行星的太空探索计划等重大工程项目，并将跻身世界航天强国前列。

（3）未来 30 年

航空领域，融合电力推进、通用信息和感知等技术的空中巴士、全自主客运飞机的落地或将成为现实。新材料方面，复合材料与混合结构的低成本制造与组装技术水平将大幅提升。超音速飞行方面，音爆问题或将得到有效解决，超音速运输机发展的重要障碍被破除，进而实现安全、可靠、高效和商业化应用。

航天领域，我国或将建成功能完备、长期运行的月球科研站，实施空间安全环境全球监测与治理工程、发展载人登火能力等重大工程项目[一]，启动实施地外备份和复盘工程，引领建立宇宙探测和开发的国际标准和规范，开启人类未来航天事业发展的新纪元。

7.5.2　远洋深海与极地

海洋产业是指以开发、利用和保护海洋资源和海洋空间为目标的产业（张耀光，2015），主要包括五个方面：①直接从海洋中获取资源、产品的生产与服务活动；②从海洋中获取资源、产品的一次加工生产与服务活动；③应用于海洋和海洋开发活动的产品生产与服务活动；④利用海水或海洋空间作为基本

㊀ http://scitech.people.com.cn/n1/2019/1213/c1007-31504909.html

要素所进行的生产与服务活动；⑤海洋教育、科学研究、管理和服务活动。

随着科技和装备水平的不断进步，全球远洋深海事业已经进入前所未有的战略机遇期。近年来，我国在海洋技术装备研发、战略资源开发、海洋空间拓展、海洋环境保护等方面持续发力，在全海深载人潜水器领域不断刷新载人深潜世界纪录，标志着我国在大深度载人深潜领域达到世界领先水平。

1. 国内外发展现状

传统的海洋产业大体可以分为物质生产类和非物质生产类，物质生产类包括海洋渔业、海洋药物开发、海洋能利用、海水淡化与综合利用、海水制盐及盐化工业、深海采矿、海洋油气开发与石化工业、海洋交通运输业、滨海与深海采矿业、船舶工业、海洋装备与工程等物质生产类，以及滨海旅游、海洋空间利用、海底贮藏、海洋信息服务、海洋环境保护、海洋科教综合服务等非物质生产服务类。其中，海洋装备与工程是海洋产业的重要基础。

海洋装备是指用于海洋资源勘探、开采、加工、储运、管理及后勤服务等方面的各型工程装备和辅助性装备，具有技术密集、劳动密集、资金密集、高附加值、高产业带动性与渗透性等特征，主要包括各类钻井平台、生产平台、平台供应船等海洋钻采平台及辅助供应装备，起重船、铺管船、海底挖沟埋管船、潜水作业船、仪器作业船、浮式生产储油船、卸油船等海洋资源开发装备，海洋监管船和海洋浮体结构物等⊖（如图7-45所示）。

随着陆地资源的开发潜力逐渐接近上限，海洋产业被普遍认为是21世纪国际竞争的热点。根据已探明的储量，海洋油气资源约占世界储量的1/3，可燃冰储量超过全球天然气探明储量10余倍，镍、钴、锰等金属元素资源可供全人类开发利用数万年之久。高效全面地开发利用这些以油气资源、海洋矿产、海洋生物等为代表的海洋资源和空间，基本成为世界上150多个国家和地区的共同选择。世界主要科技强国纷纷加紧了海洋环境探测、海洋资源调查、深海矿产开发、海洋空间利用、海洋油气开发、海洋生态保护等领域的科技布局。

⊖ 根据前瞻产业研究院等机构的研究资料整理。

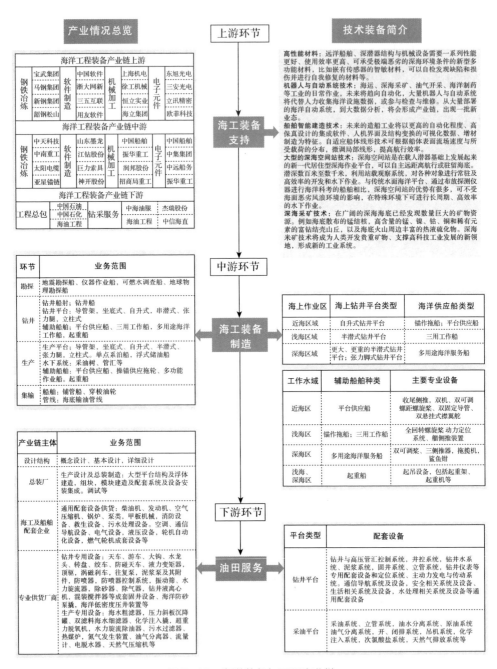

图 7-45 海洋装备与工程产业链

深海科技方面,以人工智能技术为基础的智能化、无人化、链群化深海装备正在加紧研制并加速应用落地,美国、比利时、加拿大等国家在深海采矿试验方面走在了前列。海洋生物资源方面,美欧等国家和地区高度重视海洋生物基因资源的采集与储备。海洋生态保护方面，联合国于2017年发起了"海洋科学促进可持续发展十年"○，以"构建我们所需要的科学，打造我们所希望的海洋"为目标愿景，旨在"推动形成变革性的科学解决方案，促进可持续发展，连接人类和海洋"。2021年1月，"海洋十年"《实施方案》正式实施，这项联合国促进海洋可持续发展的重要决议和未来十年最重要的全球性海洋科学倡议将对海洋科学发展和全球海洋治理产生深远影响。

经过50余年的发展，我国海洋产业已经形成了以环渤海、长三角和珠三角地区为中心的多个海洋工程产业集群，构建了较为完整的产业链。船舶工业方面，我国已经进入世界第一梯队，拥有20余家能够建造全套、复杂、高端产品的大型船厂和100余家具备互补优势的特色船厂。在装备设计及原材料提供、装备制造和钻采油气服务等海洋工程装备产业链上下游各主要环节也已成长起了一批优秀企业，但是在高性能的关键材料、零部件以及配套设备等方面还依赖进口，需要尽快贯彻高质量发展理念，攀升全球价值链高端，加快从海洋大国向海洋强国迈进。

2. 未来产业发展趋势

（1）未来5年

以南海建设为战略核心，全面推进关键材料、核心技术和装备国产替代进程，加快普及无人化、智能化、链群化、深海化、远洋化技术。重点围绕提升海洋环境安全保障能力、保障岛礁可持续发展的重大需求，重点发展海洋自主传感器研制能力，构建自主可控的南海观测示范体系。发展先进的自主同化与预报技术，实现重点海区观测水平、预报产品和预警能力的超越；持续突破岛礁安全和可持续发展的关键核心技术，巩固和保持岛礁开发利用方面的整体技术优势，并解决岛礁及海域安全监测的"卡脖子"难题；开发海洋生态环境保护、治理与修复等共性关键技术，支撑海洋生态文明建设○。

海洋立体监测探测方面，重点推进以布防式移动观测平台和沉浮式智能组网的声学探测关键技术研发；海洋环境预报预测方面，重点推进全球多尺度耦合无缝海洋模式平台、区域高分辨率多圈层耦合资料同化系统、高精度快速海

○ http://www.xinhuanet.com/expo/2021-06/09/c_1211193046.htm
○ https://service.most.gov.cn/sbzn/20210706/4393.html

气边界层及海洋水体表层遥感产品研制以及基于大数据和人工智能的海洋环境快速预报技术研究与应用；海洋生态环境保护方面，重点攻克近岸海域主要污染陆海气协同防治等关键技术。

（2）未来 15 年

着眼国家发展与安全的长远利益，紧扣远洋、深海领域关键技术和装备，坚持自立自强，坚持重点突破，坚持实际能力的巩固与提升[1]。着力突破深海科学考察、探测作业、深海资源开发的系列关键技术与装备，支撑促进深海装备产业发展；加快建成世界上最为完备的深潜装备集群，形成世界领先的深海进入能力；着力攻克空天地海立体探测，建立深海空间站装备和体系，显著提升远洋、深海监测预报能力。

深海进入、探测与作业技术装备方面，重点推进超长续航水下滑翔机产品化开发、全国产千米级通透轻型载人潜水器研制、船载重型深海作业装备的研制；深海油气及天然气水合物资源勘探开发利用方面，推进深海无隔水管泥浆回收循环钻井技术装备、海洋天然气水合物、浅层气、深部气目标评价及合采技术研发；极地探测、保护与可持续利用方面，重点推进北极航道通信导航保障关键技术研究与系统研发、北极海冰自主卫星探测及微波综合试验、极地多栖无人艇研制、极地大深度冰盖快速钻探技术与装备研制。

（3）未来 30 年

实现高性能材料、海洋装备智能建造、深海多金属结核非连续采矿、远洋深海无人系统与工作平台、大型深海空间站体系等领域的关键材料、技术、装备自主可控，实现不受远洋深海恶劣环境影响的长周期、高效率作业。远洋深海旅游业逐步成为现实。

7.5.3 先进轨道交通

在可预见的未来，先进轨道交通产业或将引领"新陆权时代"的崛起。先进轨道交通包括铁路、高铁和城市轨道交通等形式，是最具可持续性的交通运输模式，是国民经济大动脉、大众化交通工具和现代城市运行的骨架，是国家关键基础设施和重要基础产业，对我国经济社会发展、民生改善和国家安全起

---

[1] https://service.most.gov.cn/u/cms/static/202102/041506490160.pdf

着不可替代的全局性支撑作用[一]。从广义上讲，基于道路数字化改造和数字交通网络的智能网联车体系也可能成为未来轨道交通的关键成员。先进轨道交通装备是我国制造业的重要组成部分，涵盖机车车辆、工程及养路机械、通信信号、牵引供电、安全保障、运营管理等各种机电装备。

1. 国内外发展现状

先进轨道交通产业的技术要求、行业壁垒和产业集中度均处于较高水平。目前全球技术水平和市场规模比较领先的企业包括德国西门子、法国阿尔斯通、日本日立和川崎重工、加拿大庞巴迪。先进轨道交通产业链的上游主要包括原材料、研发设计、基础施工等方面；中游主要包括整车装配以及各主要装备零部件等方面；下游主要包括车辆设备检测、检修以及交通运营等方面（如图7-46所示）。高端轴承和车轮是我国目前高度受制于人的技术和产品领域，其中全球高端轴承市场主要由德国、美国、日本垄断，车轮主要由德国、法国、日本、意大利控制。

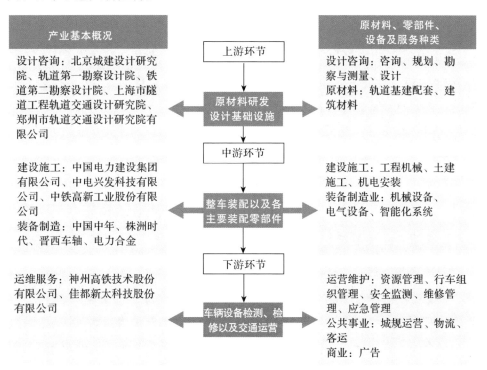

图7-46 先进轨道交通产业核心技术及技术掌握方情况

[一] http://www.htrdc.com/gjszx/gdjt/index.shtml

先进轨道交通是我国一直高度重视和大力扶持的关键基础设施和国民经济战略性支撑产业。经过 70 多年的奋发努力,我国轨道交通领域已经形成了自主研发、配套完整、设备现代、整机先进、规模领先的轨道交通装备制造体系和完整的产业链,培育了中国中车、中国中铁、中国铁建、中铁工业、鼎汉技术等一批优秀的创新型企业。高速铁路和大功率机车更是取得了举世瞩目的成绩,形成了较强的国际竞争优势,成了驱动我国经济社会运行效率全面提升的重要引擎,也为加快推进"一带一路"倡议提供了重要抓手。

国家重点研发计划"先进轨道交通"重点专项的成功实施,进一步树立了我国在路基沉降、桥隧建设、轨道铺设、车辆生产、交通控制等方面的国际优势地位,动车组的试验速度和实际运营速度也处于世界领先地位。2021 年 6 月,中车青岛四方 CR400AF-Z 和 CR400AF-BZ 两种编组的新型"复兴号"智能动车组首次亮相,正式上线投入运营。新车型融合了互联网、云计算、大数据、5G 等新技术,在智能化、舒适性、安全性、运用维护便捷性等方面实现升级,服务功能再次优化,是目前全球商业运营速度最快、科技含量和智能水平最高、系统匹配最优最全的动车组。

《中国制造 2025》和《中华人民共和国国民经济和社会发展第十四个五年规划和 2035 年远景目标纲要》中进一步强调,要重点推动先进轨道交通装备等制造业创新发展。2021 年 7 月,在实现系统集成、车辆、牵引供电、运控通信、线路轨道等成套工程化技术重大突破的基础上,我国独立开发的世界首套设计时速 600 公里的高速磁浮交通系统在青岛成功下线,标志着我国掌握了高速磁浮成套技术和工程化能力,为引领新一代先进轨道交通技术的发展赢得了先机。

2. 未来产业发展趋势

(1) 未来 5 年

根据《中国制造 2025》对推动先进轨道交通装备发展的解读[⊖],未来 5 年我国轨道交通装备制造业要形成完善的、具有持续创新能力的创新体系,在主要领域全面推行智能制造模式,主要产品达到国际领先水平,境外业务占比达

⊖ http://www.gov.cn/zhuanti/2016-05/12/content_5072764.htm

到 40%，服务业务占比超过 20%，主导国际标准修订，建成全球领先的现代化轨道交通装备产业体系，占据全球产业链的高端。加快新材料、新技术和新工艺的应用，重点突破体系化安全保障、节能环保，数字化、智能化、网络化技术，研制先进可靠适用的产品和轻量化、模块化、谱系化产品。研发新一代绿色智能、高速重载轨道交通装备系统，围绕系统全寿命周期，向用户提供整体解决方案，建立世界领先的现代轨道交通产业体系[一]。重点突破高性能转向架技术、电传动系统技术、制动系统技术、列车网络控制技术、通信信号技术、储能与节能技术等关键共性技术，补齐高速动车组车轴/车轮、齿轮传动系统、列车制动系统、车钩缓冲系统、功率半导体器件、动力型超级电容器件、通信信号装备等关键零部件方面的短板，开发自主化中国标准高速动车组、30吨轴重重载电力机车、城际快速动车组、100%低地板现代有轨电车、中低速磁悬浮系统等重点产品。围绕轨道交通装备制造强国的战略目标，按照"推动原始创新、引领绿色智能、创新发展模式、拓展国际空间"的发展思路，以构建具有世界领先的现代轨道交通装备产业体系为指引，以体现信息技术与制造技术深度融合的数字化、智能化中国制造为主线，推进要素驱动向创新驱动转变、低成本竞争优势向质量效益竞争优势转变、传统制造向智能制造转变、生产型制造向服务型制造转变。

（2）未来 15 年

时速 600 公里级高速磁悬浮系统、时速 400 公里级高速轮轨（含可变轨距）客运列车系统[二]逐步实现商业运营，时速 1000 公里级低真空管（隧）道高速列车等技术加紧研发和储备[三]。实现城市轻轨、地铁、有轨电车、磁悬浮轨道等各种类别轨道交通全覆盖，推动"中心城市—都市圈—城市群"格局的完善与扩大，加快推动区域经济发展和"一带一路"倡议广泛落实。

（3）未来 30 年

时速 1000 公里级低真空管（隧）道高速列车逐步实现商业运营，时速 4000 公里级以上高真空管（隧）道磁悬浮列车等技术加紧研发和储备。轨道交

[一] http://www.gov.cn/zhengce/content/2015-05/19/content_9784.htm
[二] http://www.gov.cn/zhengce/zhengceku/2020-08/06/content_5532842.htm
[三] http://www.gov.cn/zhengce/2021-02/24/content_5588654.htm

通逐步连通亚洲、欧洲、非洲等陆地经济圈，引领"新陆权时代"崛起。

7.6 未来农业

在新型计划经济、新时代供销体系和相关基础软硬件的支撑下，农业全产业链数字化、网络化、智能化进程将加快，实现农业数据实施收集和传送、要素配置自主决策和优化，使未来农业成为平抑物价、实质性降低全社会生活生产成本的重要基础。同时，如果我们对祖先辛勤建立的辉煌的农耕文明传承得当，未来农业很可能和未来生命健康、未来文旅等产业深度融合，为中华民族提供重要的精神归宿。

数字农业和智慧农业是未来农业的初级阶段（赵敏娟，2020）。根据华为《联网农场智慧农业市场评估》，全球数字农业规模已超千亿人民币，细分领域发展迅速。按照应用环节划分（如图 7-47 所示），精准农业（包括精准种植、精准养殖等）、智能温室、农业遥感、农业监测（包括收成监测、土壤监测等）、农业无人机等是智慧农业中发展体量较大、技术较为成熟、成长速度较快的领域。

1. 国内外发展现状

根据中国信息通信研究院发布的《G20 国家数字经济发展研究报告》，欧美国家、东亚国家的农业数字经济占行业增加值比重排名较高，其中英国、德国、韩国、美国、日本、法国名列前茅，均达到 10% 以上，英国更是超过 25%。德国拜耳、克拉斯，美国爱科、约翰迪尔、杜邦先锋、孟山都，荷兰的凯斯纽荷兰环球，日本久保田、洋马农机，法国库恩，以色列安道麦（被中国化工收购）等著名企业为这些国家的农业高质量转型提供了坚实支撑。相比之下，我国排名虽然也已稳定进入前十，但是高质量农业占比以及农业科技水平和第一梯队还有一定差距。

农业技术领先的国家均重视因地制宜地选择发展路径。总的来看，农业高质量发展的路径主要包括三种：一是侧重提高劳动生产率的农业机械化路径，代表性国家有美国、加拿大、澳大利亚等；二是侧重提高土地产出率的路径，代表性国家有荷兰、日本、以色列等；三是兼顾农业机械化和生物技术产业化路径，代表性国家有德国、法国等。

图 7-47 先进农业产业链总体情况

具体来看，英国启动《农业技术战略》后，大力推动大数据、数智化、物联网等技术在精准农业领域的应用，比如麦赛福格森公司研发的"农田之星"信息管理系统充分融合了智能传感、智能机械和全球卫星定位等技术，为精准种植和养殖、数据记录分析、农场管理、策略优化和决策辅助等需求提供了全方位支撑；美国根据地势平坦、气候温和、土地肥沃等自然禀赋优势，大力发展以遥感系统（RS）、地理信息系统（GIS）和全球定位系统（GPS）（统称为"3S系统"）为基础的农业数字化生产技术和智能化管理技术，根据《数字农业研究现状和发展趋势分析》，美国超过52%的年轻农场主、40%的家庭农场、46%的奶牛牧场均已联网，可以获得专业的农业信息和农业技术服务，促进精细化耕作和农业管理；德国充分利用工业4.0和机械制造领域的优势推进规模化和机械化，在整合中小型农场、实施数字农场改造过程中逐渐扩大规模优势，打通农业全环节，提高国家总体农业生产率和科技利用水平；以色列的农业技术主要以解决水资源短缺这一核心问题为目标，通过卫星图像、无人机、热像仪、多转子、多探头传感器进行全天候监测，为农民提供实时的决策辅助信息，大幅提高了干预响应速度，提升了资源节约利用水平和极端天气防护能力，同时，还通过"基布兹"这种公有化的组织形式，汇聚集体力量推动生产效率提升，为当地农业发展建设做出了重要贡献。

当前，我国正处于从农业大国迈向农业强国的关键时期。2021年中央1号文件《中共中央 国务院关于全面推进乡村振兴加快农业农村现代化的意见》[一]指出，"民族要复兴，乡村必振兴。全面建设社会主义现代化国家，实现中华民族伟大复兴，最艰巨最繁重的任务依然在农村，最广泛最深厚的基础依然在农村。解决好发展不平衡不充分问题，重点难点在'三农'，迫切需要补齐农业农村短板弱项，推动城乡协调发展；构建新发展格局，潜力后劲在'三农'，迫切需要扩大农村需求，畅通城乡经济循环；应对国内外各种风险挑战，基础支撑在'三农'，迫切需要稳住农业基本盘，守好'三农'基础。"

我国农业科技在生物合成、干细胞育种、畜禽品种、基因改良、高端农机及核心部件等领域长期面临关键核心技术"卡脖子"问题，还不能很好地为未来农业前瞻性布局和高质量发展提供支撑。具体表现为：

[一] http://www.xinhuanet.com/politics/2021-02/21/c_1127122068.htm

一是科研联合攻关的顶层设计、组织保障、战略规划的力度有待提升。攻克未来农业的关键核心技术需要汇聚全创新链和全产业链力量，但是目前我国的科研组织模式还不能完全适应这一需求。科技决策方面，需要建立完善国家更高层面的农业科技决策与管理体系进行强力引导；战略规划方面，缺乏针对外部环境加剧变化下的动态研判、精准分析和整体布局；管理体制方面，还没有形成迅速贯彻中央决策部署、高效组织未来农业关键核心技术联合攻关的能力。

二是央企的创新引领能力不足，科研联合攻关面临体制机制藩篱。央企拥有更为丰富的创新资源，对于目标明确的关键核心技术攻关任务具有显著优势，应更好发挥引领作用，但首先要解决创新动力不足的问题；对于民企，应更好融入央企引领的科研攻关体系，充分运用公共创新资源，加快壮大自主创新能力，尽早形成优势互补的局面，是决定未来农业关键核心技术联合攻关效率的关键；对于高校院所，现行政策体系特别是评价体系中存在制约基础科研支撑技术攻关的结构性矛盾，因此有必要从中央层面加快推进政策的联动调整和集成供给。

三是新机构、新平台的建设需提速。产学研合作长期面临分工不合理、信息流通不畅、创新链条长且分散、成果转而不化、评价激励体系形不成合力等问题；大中小企业融通发展也面临各方地位不平等、利益分配不平衡、大企业创新整合引领能力不足、中小企业整体方案供给能力不足等问题。大力推进以国家实验室为代表的新机构新平台建设，加快探索与科研联合攻关相适应的体制机制，个性化、精准化满足各类创新主体和人员的诉求，是解决上述问题的必要抓手。

四是人才和资金等核心要素的创新支撑能力有待提高。人才供给方面，我国农业科技人才规模和水平已有大幅度提升，但是能够解决关键核心技术问题的高端基础性、复合型人才仍然不足，对海外人才依赖比较严重；农业科技金融方面，缺乏针对关键核心技术攻关的专项支撑，融资难、融资贵问题依然严峻。

针对以上问题，一是要强化顶层设计和战略规划，为未来农业的关键核心技术联合攻关提供组织保障和精准指引，具体做法为：①深化科技管理体制改革，适时成立更高层面的农业农村创新委员会及实体办事机构，建立和完善统筹性更强的农业农村科技规划机构、科技政策机构和科研组织协调机构，推动建立农业农村未来科技和未来产业咨询委员会，全方位加强党的领导和科技资源统筹；②完善农业科技安全预警监测体系，强化农业科技智库建设，建立国家农业科技安全预警监测平台，针对全国农业全链条进行全面、系统、深入摸排，聚焦农业安全底线和战略主动，以全国一盘棋的高度开展战略研判、专题研究、动态追踪，建立未来农业技术分级清单，在攻关需求生成、谋划方向重点、制定技术策略、论证拟制规划计划等方面为创新主体提供精准指引；③加强战略规划和全局引导。出台相关指导意见和攻关指南，按照"筑底板、强长板、补短板"的整体思路，对未来农业技术采取分级管理，并细化攻关进度规划，提高央企、科研院所、高校等各创新主体的政治站位，合理分工，压实责任，将确保农业安全底线和战略主动作为首要目标，集中力量全速补齐技术底板，加快形成长板技术集群。

二是加强科研联合攻关的制度政策供给和集成联动，形成以央企为引领的农业技术攻关体系。

加快化解现行政策体系中的结构性矛盾。一方面要化解竞争思维和整合思维之间的矛盾。我国针对各类创新主体的激励政策很多采用竞争思维，造成了各类主体之间利益诉求不统一、竞争压力大于合作动力的现状。建议加快从更高层面推进政策集成，联动调整完善现行相关农业科技、教育、财税、金融、产业等政策，确立整合型政策的主导地位，化解竞争型政策的掣肘影响，推动形成强大的攻关合力。另一方面要化解评价导向和国家需求之间的矛盾。无论是调动央企的创新动力方面，还是强化高校、科研院所的基础科研支撑方面，现行的评价体系都需要全面深化改革。建议充分吸收总体设计部思想，总结提炼探月、北斗等国之重器的攻关经验，加快形成适应国家需求的评价考核体系。通过专家指导咨询制度和评价考核对象意见征集制度，采取"专事专议""联合破题"的形式，探索能够差异化、个性化满足不同创新主体和创新人员诉求的动态协同激励机制，推动形成联合攻关的强大合力。

突出央企引领作用，以集群式发展提升全产业链的企业创新能力。首先要突出央企引领作用，建设世界一流创新型企业。通过"以评促建"和"以评促改"，完善农业龙头央企及其领导的评价考核体系，加大核心技术自主可控程度、研发成果质量、创新辐射带动作用等指标的权重，大力培养具有企业家精神的战略型领导，引导央企加大研发投入，优化研发支出结构，联合高校、科研院所加强"卡脖子"技术相关的基础研究和应用基础研究，加快提升攻关引领能力。对于周期长、跨任期的研发项目，注重对项目连续支持的考核，落实尽职免责的宽容失败机制。在此基础上，要壮大产业集群，带动民营企业创新能力和乡村创新系统建设。推动产业集群式发展，强化企业专业化协作和配套能力。支持民企深度参与央企牵头的未来农业关键核心技术攻关项目，组建创新联合体，加快形成强协同、弱耦合的创新生态。同时，通过完善科技创新政策，加强创新服务供给，激发创新创业活力，引导民企加大研发投入，完善技术创新体系，推动"小而精、小而特"的科技型中小企业蓬勃发展，与国家队之间形成优势互补的局面。在此基础上，推进农业产业联盟和科创中心的建设，着力打造各具特色的农业全产业链，建立健全产业链增值收益分享机制，推动一二三产业融合发展与价值提升，形成以乡村产业创新体系为核心、乡村中介服务体系为支撑和乡村现代治理体系为保障的协同开放生态和高质量乡村创新系统。

三是加快推进农业领域国家实验室建设，探索并灵活运用新机制。加快推进国家实验室及其内部体制机制建设，完善农业科研联合攻关的组织领导体系、多元化支持投入机制、目标导向的评价考核机制、促进形成合力的利益和风险共担机制、开放流动的用人机制、基于区块链等技术的信息共享互信机制、快速高效的成果转移转化机制等，加快形成从基础研究到农业产品开发的一体化攻关机制，简化创新链条、削减中间环节、缩短创新周期。

四是实施专项人才供给和资金支持政策。人才引进方面，建立人才特区，对农业"卡脖子"技术攻关的急需人才，灵活制度安排，开辟专门渠道，实行特殊优待。人才培养方面，细化人才发展规划，构建产教融合网络、深化农业农村教育改革，建立宽、专、交结合的培养体系，培养科学基础厚、技术能力强、综合素质高、具有国际竞争力的领军型创新人才和复合型农业科技人才队伍。专项资金方面，更好发挥政府引导作用，按照"风险共担、利益让渡"的原则，加大财政资金和政策性金融的投入力度、风险补偿力度、保障力度和让利力度，引导农业金融机构加大对未来农业关键核心技术攻关的专项投入。深化各地农村合作金融机构与农民专业合作社的互动合作，引导农村商业银行、农村合作银行、农村信用社加快回归本源，不断降低信贷担保服务门槛，为农业技术推广应用筑牢资金基础。进一步强化高质量绿色发展导向,加快完善新型农业补贴政策体系,灵活运用最低收购价、价外补贴等举措。税费方面,加大研发费用加计扣除减免税、分期缴税、递延纳税优惠等政策力度。信贷方面,完善银行业金融机构服务科技型企业的激励约束机制,推进各具特色的农业科技金融专营机构建设,开展投贷联动、金融科技应用等试点,对规模以上或成长性好的、勇于承担社会责任的科技型企业实施信贷利息贴息。债券方面,鼓励有条件的地方政府设置科技创新专项债券,用于支持农业科技产业园区、新型研发机构等的基础条件建设。社会资本方面,通过设立基金会和技术转化基金等方式,吸引企业、私募基金、社会组织等投入和捐赠,按章程、协议约定分享收益。资本市场方面,精准推进农业科技型企业在各板块上市,充分利用多层次资本市场融资发展。

2. 未来产业发展趋势

在机械化、电气化、信息化、自动化、良种化的基础上,物联网、大数据、元数据管理、区块链、人工智能、机器人、新一代移动通信网络、智慧气象等现代科技在农业领域的融合应用是推动农业走向下一代革新的关键。

(1)未来 5 年

深入推进国家数字乡村建设[一]。运用"3S 系统"、农用无人机、传感节点和通信网络加快推动农田精准管理分区,实现从种植、田间管理到收获的全过程实时监护。根据不同的分区土壤、作物、疫病、天气等信息,因地制宜、因时制宜实施精准施肥、灌溉、用药,最大限度地提高水肥和药的利用效率。推动农业生产全过程数字化、网络化、智能化,通过和地理学、土壤学、生态学、农学、植物生理学等基础学科有机结合,实现农业生产环境的智能感知、智能预警、智能决策、智能分析、专家在线指导,为农业发展提供精准化生产、可视化管理、智能化决策等支撑。

(2)未来 15 年

新时代供销体系全面建成,生物合成、干细胞育种、畜禽品种、基因改良、高端农机及核心部件等领域步入世界前列。农业数据资源建设、农业生产

[一] http://www.cac.gov.cn/2021-09/03/c_1632256398120331.htm

数字化（种业数字化、种植业数字化、林草数字化、畜牧业数字化、渔业渔政数字化）、农产品加工智能化、乡村特色产业数字化监测、农产品市场数字化监测和农产品质量安全追溯管理等领域全面取得成效，建成循环农业、低碳农业、智慧农业全球示范区。

（3）未来 30 年

在全球范围内促进农业高质量发展，和国际社会共同解决饥饿和贫困问题，推动生态友好型农业在全球成为主流。在农耕养殖趋向无人化的同时，未来农业将和未来生命健康、未来文旅等产业深度融合，成为中华民族追念先祖、追本溯源的重要载体。

7.7 未来文旅

文化旅游产业蕴含着满足新时代人民美好生活需求的广阔天地。增强现实、虚拟现实、分布式云、神经科学等前沿科技的成熟与应用将推动未来文旅产业迅速发展壮大。

1. 国内外发展现状

相当长一段时期以来，美国都是全球文化产业的领先者和第一输出大国，文化产业产值的 GDP 占比常年保持在 20% 以上。美国家庭的文化娱乐消费总体占比也保持在 30% 左右。高科技的融合运用是美国文化产业强大的重要原因，比如电影产业中的特效制作已经形成集聚效应和横向结合、纵向分工的完善的生产供应体系。环球唱片、华纳兄弟、迪士尼等世界级知名企业共同形成了强大的规模效应，成功托举了"好莱坞"的全球音乐影视产业中心地位。汲取全球优质文化资源是美国文旅产业长久保持蓬勃生机和创新发展的关键。《功夫熊猫》《雪人奇缘》《花木兰》《角斗士》等融合各国丰富传统文化元素的好莱坞电影风靡全球；捧红了《猫》《歌剧魅影》等一大批"进口"作品的百老汇，使音乐剧这门古老艺术获得了新生，让络绎不绝的观众感受到音乐剧的无穷魅力。对自然和宇宙的探索是欧美文旅产业极富想象力的部分。在每一集《荒野求生秘技》中，英国冒险家贝尔·格里尔斯都会选择一个远离人类文明的艰难环境，寻找与大自然和谐共处的求生之道，其探险足迹已经遍布亚洲、非洲、美洲、欧洲、大洋洲等地，在全球吸引了大批忠实观众。2021年9月，美国完成了没有专业宇航员随行的太空环绕地球轨道任务，"航天文旅"取得了重要进展。

近年来，我国的新文旅产业进入了快速发展期。通过与新媒体、新技术深度融合，新文旅产业在技术创新、模式创新、内容创新、商业创新、管理创新等方面都给百姓带来了惊喜。一是电子商务和新媒体融合催生了新商业模式。"故宫文创"作为这一模式的品牌明星，依托故宫180余万件藏品的丰富元素和创意资源进行产品创新，实现了"低频消费"游客经济向"高频消费"粉丝经济的转型；李子柒作为这一模式的个体明星，顺应了短视频时代的潮流，既体现了足够的艺术性，又摆脱了文化素养和语言的限制，将我国田园牧歌的唯美展现给全球各族人民。二是AR、VR、全息3D等高新技术的融合应用，使传统文旅产品的观赏性、沉浸感、渲染力得到了全面提升。作为杭州宋城旅游景区的灵魂作品，《宋城千古情》采用先进的舞台机械和声、光、电一体的技术手段打造了"主题公园＋传统文化演艺＋现代科技融合"的成功典范。

2. 未来产业发展趋势

（1）未来5年

新型基础设施建设、自然语言处理、通用智能传感、机器视觉、机器学习等初级人工智能技术、数字化、大数据、云技术、虚拟现实、增强现实、元宇宙的发展是推动文旅产业全面升级的关键。新型基础设施建设方面，基于新一代移动通信、可穿戴设备等设施和技术的"云、网、端"三层次建设加快推动文旅产业的数字化、网络化、智能化转型，也为创新发展和更好地度过新冠疫情对线下文旅带来的冲击提供坚实支撑，云科普、云旅游、云演艺、云聚会、云看展等新兴模式将蓬勃发展；跨媒体语义理解、艺术智能化创作等人工智能技术将加快推动融媒体向智媒体飞跃；文旅资源统计分析、旅游大数据分析、景区运营分析、出行优化分析、产业运行监测等大数据技术将大幅增强线下文旅的收获感和幸福感；物理运算处理器、高性能传感处理器、虚拟现实视觉图形处理器、新型近眼显示器件、智能文旅装备等硬件支撑下的多元数据处理、快速渲染处理、实时定位跟踪、动态环境建模、实时动作捕捉、实时三维图像生成等技术将加速虚拟现实/增强现实的深度运用。

（2）未来 15 年

推动真善美导向的、有意义的文旅创新，让承载着更多中国优秀文化和东方智慧的文旅产品在全球产生广泛影响。欧美等西方国家文旅产业的超额利润往往来自文化溢价，其品牌和产品的背后多暗含西方王室、贵族、精英文化等元素。而中国要将新一代移动通信、8K 超高清、云化、智能化、AR、VR、沉浸式体验等技术和城市 IP 等模式相结合，把民为贵的发展理念、对世界人民大团结和理想境界的追求传播给世界各国人民，推动各美其美、美人之美、美美与共、天下大同。

（3）未来 30 年

航天、远洋、深海等领域的先进技术和装备或将逐步实现较大规模的商业化，人民群众也有可能实现"上九天揽月，下五洋捉鳖"的宏伟梦想；元宇宙的逐步落地或将允许每个人都能营造属于自己的"桃源仙境"，体味"一花一世界，一叶一菩提"的禅意；而面向更长远的未来，当人类的"五感六觉"已经被充分挖掘和满足后，对于纯粹的精神世界的深度探索和潜能开发或将成为未来文旅的关键，即所谓格于上下、逍遥于天地之间。

后 记

未来产业是我们持续赢得未来的关键。本书以习近平总书记关于未来产业的重要思想为基础，较为系统地阐述了未来产业的战略意义、理论体系、工具方法、发展路径、领域展望，以期为当前和今后一段时期更好推动未来产业良性发展提供理论和实践借鉴。

在学术交流和访谈调研中我们发现，最有影响力的战略研究专家们首要关注的问题是发展未来产业的意义是什么。如果不能很好地明确这个问题，那么我们很可能会偏离夯实双循环新发展格局根基、全面建设社会主义现代化强国、铸牢中华民族共同体意识、推动构建人类命运共同体等国家和人民的真实需求，而将有限的战略资源浪费在无意义的概念炒作上。因此，本书对于未来产业的发展道路、理念、原则和战略方面的思考展望，相较产业研判、技术预测、机制设计、政策建议等具体细节而言更具参考价值。

本书第一个核心观点是：道路问题是决定未来产业发展成败的第一位问题。如果我们将目光放得足够长远，全球未来产业何去何从，将很大程度上决定人类文明的兴衰存亡。从新冠疫情在各国的发展情况来看，中国道路、理论、制度和文化在应对全球性的发展议题上具有显著优势，很多方面可以说是难以替代的。在前瞻性、综合性更强的未来科技和未来产业发展与治理问题上，我国更要坚定四个自信、树立底线思维、坚持和加强党的领导、完善新型举国体制、贯彻党的群众路线、构建开放包容新秩序，以全球视野推进以人民为中心的发展思想深入人心，为破解全球治理的"四个赤字"和推动构建人类命运共同体贡献中国智慧。

本书第二个核心观点是：与时俱进地推动生产资料和创新资料公有制是保

持我国未来产业根植于实体经济良性可持续发展的重要前提。未来产业的发展需要有与之相适应的政治体制、经济水平、社会制度、文化土壤、技术能力才能真正落地。对于我国而言，公有制经济是维护国家发展安全、保障人民共同利益、切实推动共同富裕的重要力量，是培育未来产业核心力量，是在推进人民币国际化的进程中确保全球资源始终服务于实体经济发展的定海神针，必须理直气壮、坚定不移地将其做强做优做大。这就要求我们将未来产业理论体系和实践框架的构建完善作为一个伴随社会主义政治、经济、社会、文化、生态、技术等各领域融合发展、螺旋上升的长期系统工程来与时俱进地推进，让未来产业成为全体人民共创共享的普惠产业。

本书第三个核心观点是："发展、规制、复盘、重启"的四元治理模式和治理技术体系是实现未来科技和未来产业高效、可控发展的必要抓手。对于高度不确定的未来科技和未来产业而言，单靠传统的政策思维、理念倡导、原则共识甚至法律法规都不足以平衡其发展和规制之间的关系。对于未来产业这类本身极具复杂性的治理对象，我们的观点始终明确，在2019年发表的"意义导向的科技创新管理模式探究"一文中，便提出要通过系统工程思维、基于硬科技的管理模式和系统构建来实现对未来科技和未来产业的动态评估与精准调控，并在随后发表的"底线式科技安全治理体系构建研究"中系统地搭建了"底线式治理"的理论体系、方法体系、技术体系、系统架构。本书在此基础上，初步构建了未来产业四元治理的系统架构，并提出加快培养具备扎实的理工科学术功底和跨学科大类战略研究能力、能够超脱具体产业和科技领域利益而持中立场、具备独立判断能力的复合型科技管理人才。

即便如此，由于研究时间相对有限，本书具体到管理系统架构和技术方案的设计主要面向人工智能产业领域，今后还需要将研究不断拓展到其他未来产业，最终形成通用的管理系统构建方案和相关技术方案。此外，还应探究能够支撑管理系统运行逻辑的领导体系、组织结构和体制机制，比如"决策委员会""执剑委员会""动态轮值制度"等。之所以现在提出"科技安全工程学""复盘工程"和"四元治理"等看似超前的理论概念、管理模式、系统架构和技术方案，以及能源免疫系统、能源神经网络、模块化供能体系、生命护盾体系等未来产业领域，是因为未来科技和未来产业的治理理念和技术路线一旦走偏，想要调整会遇到很大阻力，甚至再难回头。我们希望能够为今后适时构建未来科技与未来产业的四元治理框架做出前瞻性研究并提供借鉴，待时机合适时再对上述概念和观点做进一步专题探讨，也期待下一本书能够如期与读者见面。

对理想境界的追求是中国优秀传统文化的重要内核，是我国推动世界人民走向大团结、引领人类共创共享未来产业、共同赢得未来的重要法宝。如果将人类的发展进程类比作人的一生，那么三次工业革命和两次世界大战的洗礼就是人类十有五而立志于学、奋发不辍而又跌跌撞撞的青春时代的缩影。党的十八大以来，我国在全面建成小康社会和双循环新发展格局的基础上，开始了社会主义现代化强国建设和推动共同富裕的新征程，于而立之年仁心朗现，首要目标就是"我国经济实力、科技实力、综合国力将大幅跃升，经济总量和城乡居民人均收入将再迈上新的大台阶，关键核心技术实现重大突破，进入创新型国家前列"[一]，持续开拓数字中国和万物互联时代的场景创新，加快迈向四十而不惑的仁智双彰之境。随着第二个百年奋斗目标如期实现，"碳中和"和共同富裕的庄严承诺成功兑现，中国道路、中国理论、中国制度、中国文化将稳步进入与天相知不逾矩之境，在初心使命的指引下，以未来科学、未来技术、未来管理、未来产业更牢固地铸造中华民族共同体意识，更有力地推动构建人类命运共同体，引领迈向更高文明发展阶段。愿此书能够为这个历经沧桑和遗憾的世界描绘一个更美满的未来，也愿我们终有一天能够携手走上山顶，俯瞰全世界，这是对我们最亲爱的人民真诚而盛大的告白。

[一] http://www.gov.cn/zhengce/2020-11/03/content_5557086.htm

参考文献

[1] 陈劲.美好未来已来 [J].清华管理评论,2021（Z1）：1.

[2] 陈劲.聚焦未来产业,探寻管理创新 [J].清华管理评论,2020（09）：1.

[3] 陈劲.从技术引进到自主创新的学习模式 [J].科研管理,1994（02）：32-34+31.

[4] 陈劲.企业创新生态系统论 [M].北京：科学出版社,2017.

[5] 陈劲,李佳雪.公共创新：财富创造与创新治理 [J].创新科技,2020,20（1）：1-9.

[6] 陈劲,宋保华.首席创新官手册：如何成为卓越的创新领导者 [M].北京：机械工业出版社,2016.

[7] 陈劲,王方瑞.技术创新管理方法 [M].北京：清华大学出版社,2006.

[8] 陈劲,吴欣桐.面向2035年的中国科技创新范式探索：整合式创新 [J].中国科技论坛,2020（10）：1-3.

[9] 陈劲,伍蓓,张平,等.高校创新体系建设的初步研究 [J].高等工程教育研究,2006（06）：11-16.

[10] 陈劲,阳银娟,刘畅.融通创新的理论内涵与实践探索[J].创新科技,2020,20(2)：1-9.

[11] 陈劲,阳镇.融通创新视角下关键核心技术的突破：理论框架与实现路径[J].社会科学,2021（05）：58-69.

[12] 陈劲,阳镇,尹西明.共益型企业家精神视角下可持续共享价值创造的逻辑与实现[J].社会科学辑刊,2021（05）：145-157+209.

[13] 陈劲,阳镇,朱子钦."十四五"时期"卡脖子"技术的破解：识别框架、战略转向与突破路[J].改革,2020（12）：5-15.

[14] 陈劲,郑刚.创新管理：赢得持续竞争优势[M].北京：北京大学出版社,2016.

[15] 陈劲,朱子钦.全球未来产业的发展态势及对中国的启示[J].新经济导刊,2021（03）：4-9.

[16] 陈劲,朱子钦.七方面重点发力,加快迈向高水平科技自立自强[N].科技日报,2021-07-08（06）.

[17] 陈劲,朱子钦.探索以企业为主导的创新发展模式[J].创新科技,2021,21(5)：1-7.

[18] 陈劲,朱子钦.加快推进国家战略科技力量建设[J].创新科技,2021（1）：1-8.

[19] 陈劲,朱子钦.揭榜挂帅：从理论阐释到实践方案的探索[J].创新科技,2020,20（4）：1-7.

[20] 陈劲,朱子钦.关键核心技术"卡脖子"问题突破路径研究[J].创新科技,2020,20（7）：1-8.

[21] 陈劲,朱子钦.加强公共卫生科研攻关体系和能力建设[N].光明日报,2020-04-20.

[22] 陈劲,朱子钦.一种底线式的信息交互管理系统:中国,202010199921.0.[P].2020-03-20.

[23] 陈劲,朱子钦.一种公共安全防护系统及方法:中国,202010021526.3.[P].2020-01-09.

[24] 陈劲,朱子钦.发挥科技创新对现代化经济体系建设的支撑作用[N].光明日报,2019-02-11.

[25] 陈劲,朱子钦.一种统筹式科技创新资源管理系统及方法:中国,201910179500.9[P].2019-03-11.

[26] 陈劲,朱子钦.一种模块化的供能装置及供能方法:中国,201910387743.1[P].2019-05-10.

[27] 陈劲,朱子钦.加快推进国家战略科技力量建设[J].创新科技,2020,21(1):1-8.

[28] 陈劲,朱子钦.建设面向意义的中国特色新型高校科技智库[J].情报工程,2019,5(5):4-15.

[29] 陈劲,朱子钦,季与点,等.底线式科技安全治理体系构建研究[J].科学学研究,2020,38(8):1345-1357.

[30] 陈劲,朱子钦,梅亮.意义导向的科技创新管理模式探究[J].科学学与科学技术管理,2019,40(12):3-18.

[31] 陈劲.新时代的中国创新[M].北京:中国大百科全书出版社,2021.

[32] 陈凯华,于凯本.加快构建以国家实验室为核心的国家科研体系[N].光明日报,2017-12-07.

[33] 陈康,郑纬民.云计算:系统实例与研究现状[J].软件学报,2009,20(5):1337-1348.

[34] 陈恭.未来30年上海将如何推进产业发展——"上海未来产业发展战略和'十三五'产业转型升级"专题研讨会综述[J].科学发展,2015(08):108-113.

[35] 陈俊英."未来产业"的概念探讨——以中医产业为例[J].福建行政学院福建经济管理干部学院学报,2005(02):68-70+75.

[36] 陈柳钦.未来产业发展的新趋势:集群化、融合化和生态化[J].商业经济与管理,2006(01):30-34.

[37] 陈平.中华文明的复兴和经济理论的创新[J].东方学刊,2018(02):75-93+131.

[38] 陈套.推动科研范式升级 强化国家战略科技力量[N].科技日报,2020-08-21.

[39] 陈晓华.从党建视角探索新时代国企高质量发展的实现路径[J].理论探索,2019(03):21-27.

[40] 丛知.试论"未来产业"[J].中国科技信息,2005(23):173.

[41] 大卫·科茨,黄斐.新自由主义的衰落与社会主义的未来——大卫·科茨访谈[J].当代世界与社会主义,2016(02):44-48.

[42] 但长春.武汉光谷生物城构建区域创新体系的探索[N].湖北日报,2016-11-02(11).

[43] 丁鹏飞. 纳米材料敏感/增强的QCM气敏和生物传感器的研究[D]. 杭州: 浙江大学, 2014.

[44] 丁学良. 马克思的"人的全面发展观"概览[J]. 中国社会科学, 1983（03）: 127-153.

[45] 樊浩. 基因技术的道德哲学革命[J]. 中国社会科学, 2006（01）: 123-134+208.

[46] 范芙蓉, 秦书生. 科技风险的基本特征及其防范对策[J]. 理论月刊, 2018, No.440（8）: 177-183.

[47] 范利武, 李梓瑞, 陈劲, 等. 一种科技创新资源的模块化储存运输系统: 中国, 201910689309.9 [P]. 2019-07-29.

[48] 范利武, 李梓瑞, 陈劲, 等. 一种特殊材料的储存运输装置: 中国, 202010403359.9 [P]. 2020-05-13.

[49] 方莹馨. 欧盟发布人工智能伦理准则[N]. 人民日报, 2019-04-11.

[50] 冯昭奎. 信息技术发展趋势与半导体产业增长点[J]. 国际经济评论, 2018（04）: 46-66+5.

[51] 何介强. 国内先进城市发展未来产业的创新经验及对宁波的启示[J]. 政策瞭望, 2019（12）: 45-47.

[52] 郭炳南, 黄太洋. 比较优势演化、全球价值链分工与中国产业升级[J]. 技术经济与管理研究, 2010.

[53] 郭京京, 眭纪刚, 马双. 中国未来产业发展与创新体系建设[J]. 新经济导刊, 2021（03）: 10-17.

[54] 韩兆柱, 单婷婷. 网络化治理、整体性治理和数字治理理论的比较研究[J]. 学习论坛, 2015, 31（7）: 44-49.

[55] 郝君超, 王海燕, 李哲. DARPA科研项目组织模式及其对中国的启示[J]. 科技进步与对策, 2015, 32（9）: 6-9.

[56] 郝坤, 关俊稳, 杨阳. 未来产业: 塑造新一轮竞争优势的战略性力量[J]. 新经济导刊, 2021（03）: 35-38.

[57] 贺正楚, 吴艳. 战略性新兴产业的评价与选择[J]. 科学学研究, 2011, 29（5）: 678-683+721.

[58] 洪银兴, 安同良, 孙宁华. 创新经济学[M]. 南京: 江苏人民出版社, 2017.

[59] 洪银兴, 刘伟, 高培勇, 等. "习近平新时代中国特色社会主义经济思想"笔谈[J]. 中国社会科学, 2018（09）: 4-73+204-205.

[60] 侯方宇, 杨瑞龙. 产业政策有效性研究评述[J]. 经济学动态, 2019（10）: 101-116.

[61] 侯宏. 未来已来: 产业空间下的生态竞争与演化[J]. 清华管理评论, 2021（Z1）: 82-91.

[62] 黄本笑, 范如国. 管理科学理论与方法[M]. 武汉: 武汉大学出版社, 2006.

[63] 黄鑫. 工信部: 在人工智能领域"揭榜挂帅"[N]. 经济日报, 2018-11-14.

[64] 季冬晓. 实行"揭榜挂帅"等制度[N]. 光明日报, 2020-11-16（02）.

[65] 蒋洁.人工智能应用的风险评估与应对策略[J].图书与情报,2017(6):117-123.

[66] 李斌,阳娜,郭宇靖,等.十问未来产业[J].瞭望,2020(51):37-40.

[67] 李斌,郭宇靖,盖博铭,等.未来产业:塑造未来世界的决定性力量[M].北京:北京联合出版公司,2021.

[68] 李崇富.论治国理政的"底线思维"[J].马克思主义研究,2016(03):5-15.

[69] 李贺武,吴茜,徐恪,等.天地一体化网络研究进展与趋势[J].科技导报,2016,34(14):95-106.

[70] 李晶.最神秘的实验室Google X[N].经济观察报,2014-11-17(43).

[71] 李娜.马克思共同富裕思想及其当代价值研究[D].湘潭:湘潭大学,2020.

[72] 李剑平.探访杭州两家"未来工厂".[EB/OL].https://s.cyol.com/articles/2021-09/11/content_Dlag6ZuL.html

[73] 李娇.基于知识图谱的科研综述生成研究[D].北京:中国农业科学院,2021.

[74] 李晓华.数字经济新特征与数字经济新动能的形成机制[J].改革,2019(11):40-51.

[75] 李晓华.产业组织的垂直解体与网络化[J].中国工业经济,2005(07):28-35.

[76] 李晓华,刘峰.产业生态系统与战略性新兴产业发展[J].中国工业经济,2013.

[77] 李晓华,吕铁.战略性新兴产业的特征与政策导向研究[J].宏观经济研究,2010(09):20-26.

[78] 李晓华,王怡帆.未来产业的演化机制与产业政策选择[J].改革,2021(02):54-68.

[79] 李政,周希禛.国有企业创新功能的理论逻辑与实现路径[J].当代经济研究,2020(08):21-30.

[80] 刘强,崔莉,陈海明.物联网关键技术与应用[J].计算机科学,2010,37(6):1-4+10.

[81] 刘星,李星宇.神经形态计算芯片产业化发展前景分析[J].新经济导刊,2021(03):31-34.

[82] 卢琛钰,孙浩天,田泽普.中国氢能产业发展的机遇、挑战及对策建议[J].新经济导刊,2021(03):26-30.

[83] 吕文晶,陈劲,刘进.智能制造与全球价值链升级——海尔COSMOPlat案例研究[J].科研管理,2019,40(4):145-156.

[84] 吕文晶,陈劲,刘进.工业互联网的智能制造模式与企业平台建设——基于海尔集团的案例研究[J].中国软科学,2019(07):1-13.

[85] 马晓澄.解码硅谷:创新的生态和对中国的启示[M].北京:机械工业出版社,2020.

[86] 马云俊.产业转移、全球价值链与产业升级研究[J].技术经济与管理研究,2010.

[87] 孟海华.产业技术路线图研究[D].北京:中国科学技术大学,2009.

[88] 钱学森.论系统工程[M].上海:上海交通大学出版社,2007.

[89] 钱学森，许国志，王寿云.组织管理的技术——系统工程[N].文汇报，1978-09-27.

[90] 前瞻产业研究院.《2021—2026年中国工业互联网产业发展前景预测与投资战略规划分析报告》.

[91] 曲冠楠，陈劲，王璐瑶，等.创新意义资产：理论基础、战略价值与企业实践[J].科学学研究，2021，39（6）：1111-1119.

[92]《山西省"十四五"未来产业发展规划》发布[EB/OL]. http://www.gov.cn/xinwen/2021-06/25/content_5620809.htm.

[93] 邵律，王帅，刘枭雄.未来产业：干细胞与再生医学——专访国家"千人计划"专家、同济大学干细胞中心孙毅教授[J].上海经济，2013（04）：36-37.

[94] 沈华，王晓明，潘教峰.我国发展未来产业的机遇、挑战与对策建议[J].中国科学院院刊，2021，36（5）：565-572.

[95] 盛朝迅.决胜未来产业[J].中国中小企业，2021（05）：68-69.

[96] 荣健，刘展.先进核能技术发展与展望[J].原子能科学技术，2020，54（9）：1638-1643.

[97] 邵奇峰，金澈清，张召，等.区块链技术：架构及进展[J].计算机学报，2018，41（5）：969-988.

[98] 宋微，史琳，杨婧.2019—2020年韩国政府研发投资方向及战略[J].全球科技经济瞭望，2019，34（10）：14-19.

[99] 孙其博，刘杰，黎羴，等.物联网：概念、架构与关键技术研究综述[J].北京邮电大学学报，2010，33（3）：1-9.

[100] 陶飞，程颖，程江峰，等.数字孪生车间信息物理融合理论与技术[J].计算机集成制造系统，2017，23（8）：1603-1611.

[101] 陶飞，刘蔚然，刘检华，等.数字孪生及其应用探索[J].计算机集成制造系统，2018，24（1）：1-18.

[102] 汪江桦，冷伏海.新兴技术的未来产业影响力之分析方法研究综述[J].图书与情报，2012（04）：70-75.

[103] 汪立鑫.中国国有经济制度安排的政治经济学[J].探索与争鸣，2018（06）：81-87+143.

[104] 王凡，曹方.以科创大走廊为联动轴 构筑面向未来产业竞争新优势[J].科技中国，2021（08）：5-10.

[105] 王龙飞.未来产业：积蓄山西转型新动能[N].山西经济日报，2021-07-14（05）.

[106] 王雪莹.未来产业研究所：美国版的"新型研发机构"[J].清华管理评论，2021（02）：12-17.

[107] 王志刚.科技部党组传达学习党的十九届五中全会精神[EB/OL]. http://www.most.gov.cn/kjbgz/202011/t20201104_159554.htm，2020-11-04.

[108] 王志刚.加大对冷门、基础和交叉学科长期稳定支持[EB/OL]. https://www.chinanews.com/gn/2020/10-21/9318858.shtml，2020-10-21.

[109] 吴晓明. "中国方案"开启全球治理的新文明类型[J]. 中国社会科学, 2017 (10): 5-16.
[110] 武力. 发挥新型举国体制优势 强化国家战略科技力量[N]. 中国纪检监察报, 2020-12-24 (5).
[111] "先进半导体材料及辅助材料"编写组. 中国先进半导体材料及辅助材料发展战略研究[J]. 中国工程科学, 2020, 22 (5): 10-19.
[112] 肖红军. 推进国有经济产业布局优化和结构调整的方法论[J]. 改革, 2021 (01): 74-91.
[113] 肖劲松. 打造材料强国, 引领未来产业发展[J]. 新经济导刊, 2021 (03): 22-25.
[114] 许祥左. 德国鲁尔矿区产业转型的具体实践及其启示[J]. 煤炭经济研究, 2013, 33 (5): 74-77.
[115] 薛飞. 光子晶体制备及其应用于生化传感器的研究[D]. 北京: 北京理工大学, 2014.
[116] 薛华成. 管理信息系统[M]. 北京: 清华大学出版社. 2013.
[117] 杨光斌. 以中国为方法的政治学[J]. 中国社会科学, 2019 (10): 77-97+204-205.
[118] 杨帅. 工业4.0与工业互联网: 比较、启示与应对策略[J]. 当代财经, 2015 (08): 99-107.
[119] 尹丽英, 张超. 中国智慧城市理论研究综述与实践进展[J]. 电子政务, 2019 (01): 111-121.
[120] 余东华. "十四五"期间我国未来产业的培育与发展研究[J]. 天津社会科学, 2020 (03): 12-22.
[121] 袁广林. 麻省理工学院媒体实验室跨学科研究的经验与启示[J]. 国家教育行政学院学报, 2018 (08): 81-85.
[122] 袁勇, 王飞跃. 区块链技术发展现状与展望[J]. 自动化学报, 2016, 42 (4): 481-494.
[123] 野中郁次郎, 持续成长: 日本优质长寿企业的实战智慧[M]. 北京: 人民邮电出版社, 2021.
[124] 曾婧婧, 黄桂花. 科技项目揭榜挂帅制度: 运行机制与关键症结[J/OL]. 科学学研究: 1-18[2021-11-13].https: //doi.org/10.16192/j.cnki.1003-2053.20210521.002.
[125] 张建墅. 日本致力于"投资未来"的产业革新[N]. 中国青年报, 2016-09-28 (04).
[126] 张石彦. 集群创新视角下的云南生物产业人力资源支持体系研究[D]. 昆明: 云南财经大学, 2011.
[127] 张鑫. 类脑计算: 未来技术和产业"锻长板"突破口[J]. 新经济导刊, 2021 (03): 18-21.
[128] 张耀光. 中国海洋经济地理学[M]. 南京: 东南大学出版社, 2015.
[129] 赵敏娟. 智慧农业的经济学解释与突破路径[J]. 人民论坛•学术前沿, 2020 (24): 70-78.
[130] 赵婉雨. 聚焦产业关键技术, 把握第三代半导体发展机遇——第三代半导体材料产

业技术分析报告[J]. 高科技与产业化, 2019（05）: 28-40.

[131] 中共中央关于制定国民经济和社会发展第十四个五年规划和二〇三五年远景目标的建议[EB/OL]. http: //www.gov.cn/zhengce/2020-11/03/content_5556991.htm.

[132] 中国共产党第十九届中央委员会第五次全体会议公报[EB/OL]. http: //cpc.people.com.cn/big5/n1/2020/1029/c64094-31911510.html.

[133] 中国信息通信研究院.《数字孪生城市白皮书（2020）年》[EB/OL]. http: //www.caict.ac.cn/kxyj/qwfb/bps/202012/Po20201217506214048036.pclf.

[134] 朱瑞博. 中国战略性新兴产业培育及其政策取向[J]. 改革, 2010（03）: 19-28.

[135] 朱子钦. 面向储热的纳米复合相变材料熔化传热特性实验研究[D]. 杭州: 浙江大学, 2018.

[136] 朱子钦, 陈劲, 范利武. 推动创新应聚焦人民需求[N]. 经济日报, 2018-03-29（15）.

[137] 朱子钦, 陈劲, 范利武, 等. 一种用于人工智能时代的能源监管系统及方法: 中国, 201710605633.9 [P]. 2017-07-24.

[138] 朱子钦, 陈劲, 范利武, 等. 一种基于能源监控的统筹式创新管理系统及方法: 中国, 201810576221.1 [P]. 2018-06-06.

[139] 朱子钦, 陈劲, 范利武, 等. 一种促进科技创新的大众智慧数据信息管理平台及方法: 中国, 201710261523.5 [P]. 2017-04-20.

[140] 庄忠正, 陆君瑶. 马克思主义生态思想的逻辑构建——基于《德意志意识形态》的考察[J]. 思想教育研究, 2021（06）: 61-66.

[141] Hirschman A O. The Strategy of Economic Development [M]. Boulder: Westview Press Inc, 1988.

[142] Asimov I I, Robot [M]. New York City: Gnome Press, 1950.

[143] Barley S R, Tolbert P S. Institutionalization and Structuration: Studying the Links between Action and Institution [J]. Organization Studies, 1997, 18（1）: 93-117.

[144] Cardinal L B, Alessandri T M, Turner S F. Knowledge Codifiability, Resources, and Science-based Innovation [J]. Journal of Knowledge Management, 2001, 5（2）: 195-204.

[145] Chesbrough H, Vanhaverbeke W, West J. Open Innovation: Researching a New Paradigm [M]. London: Oxford University Press, 2006.

[146] Christensen C M, Johnson C W, Horn M B. Disrupting Class: How Disruptive Innovation Will Change the Way the World Learns [M]. New York City: McGraw Hill, 2008.

[147] Collingridge D. The Social Control of Technology [M]. London: Printer, 1980.

[148] Drucker P F. Post-Capitalist Society[M]. New York City: Harper Paperbacks, 1994.

[149] Etzkowitz H, Leydesdorff L. The Endless Transition: a "Triple Helix" of University-industry-Government Relations: Introduction[J]. Minerva, 1998: 203-208.

[150] Evans P C, Annunziata M. Industrial Internet: Pushing the Boundaries of Minds and

Machines[J]. General Electric, 2013.

[151] Freeman, C. Technology Policy and Economic Performance: Lessons from Japan[M]. London: Pinter Publishers, 1987.

[152] Harari Y N. 21 Lessons for the 21st Century [M]. New York City: Spiegel & Grau, 2018.

[153] Hippel E V. Democratizing Innovation [M]. Cambridge: The MIT Press, 2006.

[154] Kissinger H. How the Enlightenment Ends[J]. The Atlantic, 2018 (06).

[155] Owen R, Macnaghten P, Stilgoe J. Responsible Research and Innovation: From Science in Society to Science for Society, with Society [J]. Science and Public Policy, 2012, 39 (6): 751-760.

[156] Owen R, Bessant J, Heintz M. Responsible Innovation: Managing the Responsible Emergence of Science and Innovation in Society [M]. New Jersey: John Wiley & Sons, 2013.

[157] Pandza K, Ellwood P. Strategic and Ethical Foundations for Responsible Innovation [J]. Research Policy, 2013, 42 (5): 1112-1125.

[158] Ross A. The Industries of the Future [M]. New York City: Simon & Schuster, 2016.

[159] Schumpeter J A. Theory of Economic Development. Cambridge, MA: Harvard University Press, 1912.

[160] Stahl B C. Responsible Research and Innovation: The Role of Privacy in an Emerging Framework [J]. Science and Public Policy, 2013, 40 (6): 708-716.

[161] Stilgoe J, Owen R, Macnaghten P. Developing a Framework for Responsible Innovation [J]. Research Policy, 2013, 42 (9): 1568-1580.

[162] Terwiesch C, Ulrich K. Innovation Tournaments: Creating and Selecting Exceptional Opportunities [M]. Cambrigde: Harvard Business School Press, 2009.

[163] Wallach W. A Dangerous Master: How to Keep Technology from Slipping Beyond Our Control [M], New York City: Basic Books, 2015.

[164] Wollschlaeger M, Sauter T, Jasperneite J. The Future of Industrial Communication: Automation Networks in the Era of the Internet of Things and Industry 4.0 [J]. IEEE Industrial Electronics Magazine, 2017, 11 (1): 17-27.

[165] Miles L, Keenan M, Overview of Methods Used in Foresight [A].Technology Foresight for Organizers, Ankara, Turkey, 2003: E1-E16.